CW01655788

Découvrez dans la même série

Gardiens des Cités Perdues

·6· Nocturna

Titre original:
Keeper of the Lost Cities - Lodestar

Loi n° 49-956 du 16 juillet 1949 sur les publications destinées à la jeunesse: mai 2019.

ISBN 978-2-266-29381-5

Dépôt légal: mai 2019

DES GARDIENS CITÉS PERDUES

• 5 • Projet Polaris

L'AUTRICE

Diplômée de cinéma à l'université de Californie du Sud, **Shannon Messenger** est l'autrice d'une trilogie Young Adult, *Sky Fall*, et de la série jeunesse *Gardiens des Cités perdues*, best-seller international. Elle vit en Californie avec son mari et un nombre embarrassant de chats, qui la surprennent souvent en train de dialoguer avec des créatures imaginaires.

Dans la même série

1 - *Gardiens des Cités perdues*

2 - *Exil*

3 - *Le Grand Brasier*

4 - *Les Invisibles*

5 - *Projet Polaris*

6 - *Nocturna*

Pour Katie et Jo,
qui donnent un nouveau sens
à l'expression « vers l'infini et au-delà ».

Prologue

C'est exactement ce qu'ils veulent...

Sophie montait quatre à quatre les marches de l'escalier en colimaçon quand ces mots déferlèrent dans son esprit. Elle comptait ses pas, tentant de deviner quelle porte prendre.

Elle en essaya une. Verrouillée.

Une autre s'ouvrait sur les ténèbres.

La troisième révéla un couloir éclairé par la lueur éthérée de chandeliers de flambeau.

Le sol se remit à trembler pendant qu'elle hésitait sur le seuil. Des filets de poussière tombèrent du plafond. La gorge irritée, elle commençait à avoir du mal à respirer.

Elle suivit les flammes.

Les corridors serpentaient à n'en plus finir – un labyrinthe soigneusement conçu pour tromper ses visiteurs. Les engloutir. Les séparer.

Les secousses se faisaient plus insistantes à chaque pas, dans un mouvement subtil mais tout de même perceptible.

Elles venaient de loin.

Personne d'autre ne sentirait les ondes enfler telles des vagues gagnant en vitesse.

Tous étaient trop occupés à faire la fête.

À célébrer leur victoire imaginaire.

Trop confiants.

Trop naïfs.

Ils réagiraient trop tard.

Un nouveau tremblement, plus violent, ébranla le sol, et les pierres commencèrent à se fissurer.

C'est exactement ce qu'ils veulent…

Chapitre 1

— C'est un véritable cauchemar d'un point de vue sécuritaire ! grommela Sandor, une grosse main grise posée sur son énorme sabre noir.

Sa voix couinante évoquait plus une souris douée de parole qu'un effrayant garde du corps.

Le gobelin attira Sophie contre lui lorsqu'un groupe de prodiges les dépassa en gloussant pour aller faire éclater les bulles remplies de bonbons qui flottaient près des arbres de cristal scintillant. Tout autour d'eux, les élèves couraient dans le préau jonché de confettis, vêtus de l'uniforme ambre et or du Niveau 3. Cape au vent, ils attrapaient friandises et flacons de jus de luxuriante ou fourraient des cadeaux tout enguirlandés dans de longs bonnets blancs accrochés aux casiers.

Loin de la catastrophe annoncée par Sandor, la fête de la mi-semestre était une tradition à Foxfire. Ce qui n'empêchait pas Sophie de comprendre l'inquiétude du gobelin.

Tous ces parents qui déambulaient dans les couloirs décorés.

Tous ces visages inconnus.

Derrière chacun d'entre eux pouvait se cacher un rebelle.

Un méchant.

L'ennemi.

Sandor regarda sa protégée s'arracher un cil – un tic nerveux qu'elle ne parvenait plus à contrôler.

— Il ne va rien se passer, promit-il avant de glisser une mèche blonde derrière l'oreille de Sophie d'un geste étonnamment délicat pour un guerrier de plus de deux mètres.

La jeune fille se réjouissait de l'avoir à nouveau à ses côtés, d'autant qu'il avait bien failli succomber à une terrible chute lors de la bataille de l'Everest. Il n'était d'ailleurs plus le seul gobelin en faction à Foxfire : les six ailes du bâtiment principal s'étaient chacune vu attribuer une patrouille, et deux escadrons supplémentaires surveillaient le domaine.

Le Conseil avait aussi renforcé les mesures de sécurité partout dans les Cités perdues.

Ils n'avaient guère le choix.

Les ogres menaçaient toujours de leur déclarer la guerre.

Et depuis que Sophie et ses amis étaient sortis de la clandestinité du Cygne Noir, trois semaines auparavant, les Invisibles avaient non seulement mis le feu aux portes du Sanctuaire, mais aussi pénétré la base de données du Service des identités.

Sophie n'avait aucun mal à deviner ce que les rebelles espéraient trouver dans le refuge animalier secret des elfes : à l'évidence, ils ignoraient qu'elle avait convaincu le Conseil de relâcher les précieuses alicornes. Le piratage du registre, lui, demeurait une énigme. Les Conseillers recensaient scrupuleusement chaque elfe né. Impossible de savoir si le moindre dossier avait été altéré ou subtilisé.

Une bulle éclata au-dessus de la tête de Sophie, et Sandor rattrapa la boîte de papotins qu'elle renfermait.

— Je ferais bien d'en vérifier le contenu, si vous comptez les manger, déclara-t-il.

Le nez large et épaté du gobelin ne détecta aucune toxine parmi les bonbons farfelus. Malgré tout, il insista pour examiner l'épingle. Chaque boîte de papotins contenait une broche à collectionner. Plusieurs fois, déjà, le Cygne Noir s'en était servi pour transmettre des messages à Sophie.

Sandor sortit la pochette de velours caractéristique. La jeune fille se surprit à serrer le flacon d'antiallergique qu'elle portait autour du cou. Elle gardait toujours le colibri d'argent que Calla avait accroché au cordon – souvenir de l'amie qu'elle avait perdue, mais aussi symbole du rôle qui lui revenait, et dont elle devait encore découvrir la nature exacte.

Le bijou avait la forme d'un étrange oiseau noir à la queue jaune : un boobrie.

— Tout semble en ordre, annonça Sandor. Je serais très surpris que cette babiole ait une quelconque signification, ajouta-t-il.

Sophie partageait son avis, d'autant que le Cygne Noir se montrait terriblement silencieux depuis quelque temps. Ni message, ni indice. Pas la moindre réponse à ses questions lors de leurs courtes entrevues.

L'organisation secrète « rassemblait ses troupes ». Tâche qui prenait une éternité, apparemment.

Au moins, pendant ce temps, le Conseil ne restait-il pas les bras croisés : non seulement il mettait en place des patrouilles gobelines, mais il préparait aussi des négociations de paix avec les ogres. Le Cygne Noir devrait au minimum…

À vrai dire, Sophie n'avait aucune idée de la stratégie qu'aurait dû adopter l'organisation. Pas étonnant : quand un de vos amis les plus proches passait à l'ennemi, on se retrouvait vite à court d'idées.

— Te voilà ! lança une voix familière derrière elle. Je commençais à croire que tu nous avais posé un lapin.

L'accent, reconnaissable entre tous, ne laissait aucun doute quant à l'identité de son propriétaire. Sophie eut pourtant un pincement au cœur en entendant sa plaisanterie. Comme elle aurait aimé se trouver nez à nez avec un autre…

Fitz avait fière allure dans son uniforme rouge de Niveau 5, mais son sourire parfait manquait de sincérité. Les récents événements avaient porté un sacré coup au moral de Sophie et de ses amis, mais parmi eux, Fitz était celui qui en avait le plus souffert.

Après tout, son frère aîné et son meilleur ami avaient rejoint les Invisibles.

Rendu méfiant par la trahison d'Alvar, Fitz en venait à douter de ses moindres souvenirs.

Quant aux agissements de Keefe…

Il ne voulait même pas en parler.

Non que les occasions d'aborder le sujet abondent : seule une poignée de personnes connaissaient la vérité. Les autres avaient gobé le mensonge élaboré par le Cygne Noir, selon lequel Keefe s'était retiré pour quelque temps afin de pleurer la disparition de sa mère. Même le Conseil ne soupçonnait pas la vraie raison de son absence. Et Sophie espérait bien que ça dure, car moins il y aurait de personnes dans la confidence, plus il serait facile pour Keefe de retrouver sa place à son retour.

Si d'aventure il revenait.

— Tout va bien ? demanda Fitz.

Elle avait oublié de lui dire bonjour.

— Ne me dis pas que tu t'inquiètes pour tes examens ? Je suis sûr que tu les as tous réussis haut la main !

— Je ne sais pas…

Certes, sa mémoire photographique lui était d'une grande aide, mais sa concentration laissait à désirer depuis quelques semaines. Elle n'avait guère la tête aux examens, de toute façon. Elle avait bien changé depuis son arrivée chez les elfes. Dire qu'à l'époque, la seule idée d'être renvoyée de Foxfire la remplissait d'effroi ! Depuis, elle avait été enlevée, présumée morte, bannie des Cités perdues, et avait dû contenir une épidémie qui menaçait d'éradiquer la population gnome. Elle s'était même introduite dans Ravagog, la capitale des ogres, où elle avait participé à la destruction de la moitié de la ville… raison pour laquelle le Conseil s'efforçait de négocier un nouveau traité avec le roi Dimitar.

— Détends-toi, lui intima Fitz.

Elle visualisait déjà une armée d'ogres aux visages boursouflés en train d'envahir les rues étincelantes des cités elfiques.

— On est censés faire la fête ! lui rappela son ami.

Sa joyeuse exclamation sonnait faux, mais il avait le mérite d'essayer.

C'est tout ce qu'il leur restait à faire.

Essayer.

Attendre.

Espérer.

— J'arrive, juste le temps d'attraper mon bonnet brouilleur, lui dit-elle avant de se diriger vers son casier.

Le port de ce couvre-chef long et mou était obligatoire pendant les examens, afin de brider les Télépathes et d'assurer l'équité des épreuves – même s'il en fallait plus pour restreindre les capacités augmentées de Sophie. Une fois les examens terminés, les bonnets faisaient office de sacs à cadeaux, que chacun remplissait de friandises, babioles et autres trésors.

— Je vais devoir inspecter vos présents avant que vous ne les ouvriez, l'avertit Sandor, qui l'aida à soulever son sac bourré à craquer.

— Parfait ! dit Fitz. En attendant, tu peux déjà ouvrir le mien.

Il sortit une petite boîte de la poche de sa cape. Elle était emballée dans un papier opalescent parsemé de paillettes bleu-vert, autour duquel il avait noué un ruban de soie assorti. Avait-il deviné qu'il s'agissait de sa couleur préférée ?

Pourvu qu'il n'ait pas aussi deviné pourquoi…

— J'espère avoir mieux choisi cette année, déclara son ami. D'après Biana, je m'étais complètement planté avec la plume-de-sphinx.

Certes, Sophie avait été déçue de recevoir un stylo à énigmes l'année précédente, mais…

— Je vais adorer, j'en suis sûre, promit Sophie. Et puis, le cadeau que je t'ai fait n'a rien d'extraordinaire.

Sandor avait décrété qu'il était bien trop dangereux de se rendre en Atlantide pour faire des emplettes, aussi Sophie avait-elle passé la journée de la veille à confectionner des pâtisseries pour ses amis.

Elle tendit à Fitz une boîte ronde en argent, dont il s'empressa de faire sauter le couvercle.

— Des crémantines ? demanda-t-il en lui adressant son premier vrai sourire de la semaine.

Les gâteaux, sorte de croisements onctueux entre un brownie et un cupcake renfermant en leur cœur un bonbon surprise, étaient emballés dans du papier argenté. La mère adoptive de Sophie, Edaline, lui avait appris la recette avant de l'aider à mettre au point de nouvelles saveurs.

— Comment as-tu deviné que menthe-chocolat était

mon parfum préféré ? demanda Fitz, qui ne fit qu'une seule bouchée de la crémantine qu'il venait de déballer.

— Je ne le savais pas, concéda Sophie. Sinon, je ne t'en aurais pas mis au caramel.

— Elles aussi ont l'air délicieuses… (Il fronça tout à coup les sourcils.) Tu n'ouvres pas mon cadeau ?

— On devrait peut-être attendre les autres ?

— Non. C'est mieux si ça reste entre nous.

Bien que sa remarque n'ait rien de suggestif, le cœur de Sophie se mit tout de même à battre plus vite. Les théories se pressèrent par dizaines dans son esprit tandis qu'elle défaisait l'emballage avec soin. Rien, pourtant, ne l'avait préparée à y trouver…

— Des bagues ?

— Elles se portent sur le pouce, expliqua Fitz. Spéciales Apparentés.

Qu'est-ce qu'un anneau de pouce pouvait bien avoir à faire avec leur connexion télépathique exceptionnelle ? Sophie remarqua alors que Fitz en arborait une paire identique. Chaque bague portait des initiales : « SEF » sur celle de gauche (pour Sophie Elizabeth Foster) et « FAV » sur celle de droite.

— Fitzroy Avery Vacker.

— Tu t'appelles Fitzroy ? s'étonna la jeune fille.

— Ne m'en parle pas… Je me demande encore ce qui a pris mes parents. Mais tu vas voir. Essaie d'ouvrir tes pensées aux miennes, puis fais comme moi.

Il tendit les mains, paumes vers l'avant, et attendit.

À peine l'eut-elle imité que les anneaux se mirent à chauffer et attirèrent leurs doigts les uns contre les autres comme des aimants.

— Ils sont en ruminel, un métal qui réagit à l'énergie mentale, poursuivit Fitz. Ça ne change rien, si ce n'est que maintenant, nous saurons que nos esprits sont connectés. Je me suis dit que notre concentration pourrait en être améliorée et… (Il hésita un instant.) Et tu les détestes, avoue.

— Bien sûr que non !

À vrai dire, elle les aimait un peu trop, même si elle s'efforçait de le cacher.

Un petit attroupement s'était formé autour d'eux, qui les observait.

Et murmurait.

Et gloussait.

D'une flexion des poignets, Fitz interrompit la connexion.

— J'aurais mieux fait de te prendre le collier que Biana me conseillait. C'est juste que tu en as déjà tellement, et le dernier vient de…

Il n'alla pas au bout de sa phrase, qui se serait terminée par « Keefe ».

— Je les adore, je t'assure. C'est mon cadeau favori !

Elle désigna l'anneau gravé des lettres « FAV ».

Fitz repoussa sa frange avec un nouveau sourire.

— Allez viens, Dex et Biana doivent en avoir assez de nous attendre.

— Où est passée Grizel ? demanda Sandor. Elle est censée vous suivre partout.

— Juste là, répondit une voix rauque.

Une gobeline émergea avec souplesse des ténèbres, vêtue d'une combinaison noire ajustée. Aussi grande que Sandor, elle était cependant bien plus élancée – et compensait la différence de carrure par une plus grande discrétion.

— Ma parole ! s'esclaffa-t-elle en tapotant le nez de son collègue. Tu es presque trop facile à berner.

— Se cacher dans un chaos pareil, n'importe qui en est

capable, grommela Sandor. Et l'heure n'est vraiment pas aux plaisanteries !

— Il n'y a pas d'heure pour ça…

Grizel accompagna sa boutade d'un jeté de queue-de-cheval qui semblait presque… aguicheur ?

Le geste n'avait pas échappé à Sandor, dont la peau grise se teinta de rose. Il se racla la gorge avant de se tourner vers Sophie.

— Je crois qu'il était question d'aller à la cafétéria ?

Avec un hochement de tête, la jeune fille suivit Fitz à travers les couloirs tortueux dont les parois cristallines miroitaient de mille couleurs dans la lumière vespérale. La cafétéria se trouvait au premier des cinq étages de la pyramide de verre sise au centre de la cour encadrée par le bâtiment principal.

En chemin, Sophie se demanda si Dex serait long à remarquer son nouvel accessoire. Il fallut en tout et pour tout trois secondes à son meilleur ami pour repérer les anneaux – et une autre pour se rendre compte que Fitz arborait les mêmes.

— Décidément, les bagues sont à la mode cette année ! dit-il d'une voix enjouée en dépit de ses yeux plissés.

Biana tendit la main pour exhiber un bijou d'allure familière… sans doute parce que Sophie en portait un autre de même facture, quoique moins brillant, un peu plus tordu et surtout beaucoup moins rose.

— Je t'en ai aussi fabriqué un, annonça Dex à Fitz. Je l'ai glissé dans ton bonnet brouilleur. J'en ai aussi pour Tam et Linh, si on les revoit. Comme ça, on aura tous des boutons d'alarme. Et j'y ai rajouté de puissants capteurs pour pouvoir localiser le signal même quand vous n'appuyez pas sur la pierre. Histoire de parer à toute éventualité.

— Nul besoin de vos astuces de Technopathe, déclara Sandor, qui désignait les gardes du corps des quatre amis.

— Mais il n'y a pas de mal à avoir une solution de secours, pas vrai ? argua Biana, en admiration devant sa bague.

La pierre était du même rose que l'ombre à paupières scintillante qu'elle avait appliquée autour de ses yeux bleu-vert, ainsi que le gloss qui rehaussait ses lèvres pulpeuses. La jeune fille rappelait à Sophie ces poupées avec lesquelles ses parents humains avaient tenté de la faire jouer petite : trop belle et stylée pour être vraie.

— Merci encore, dit Biana à Dex. Jamais je ne l'enlèverai !

Les joues de Dex s'empourprèrent sous sa chevelure blonde.

Sophie esquissa un sourire, ravie de voir ses amis s'entendre aussi bien – surtout sachant quelle rancœur Dex avait longtemps nourrie à l'égard des Vacker. Des années durant, il avait surnommé Fitz « le petit génie » et déclaré à qui voulait l'entendre que leur famille légendaire était bien trop snob et trop parfaite.

Les choses avaient bien changé.

Au point même que les bonnets de Fitz et de Biana se trouvaient moins remplis que l'année précédente. Leurs parents avaient refusé de couvrir la disparition d'Alvar comme le Cygne Noir l'avait fait pour Keefe. Plus d'une décennie durant, leur fils aîné avait menti à son entourage, profitant de sa position au sein de la noblesse pour espionner son père et le Conseil. Il avait aussi participé à l'enlèvement de Sophie et Dex. Il ne méritait aucune protection, même si sa disgrâce rejaillissait sur le reste de la famille.

Un silence inconfortable s'installa autour de leur table. Sophie s'efforça d'ignorer les chaises vides. Keefe n'était pas le seul à manquer à l'appel : Jensi avait pour sa part choisi de rejoindre ses anciens amis, dont il s'était rapproché pendant l'absence du petit groupe. Depuis leur retour à Foxfire, il semblait hésiter à les fréquenter, comme s'il craignait un nouvel abandon. Marella les évitait aussi – à la surprise de Sophie, elle n'était pourtant pas à la table de Stina Heks non plus. Elle restait toute seule, dans le coin le plus éloigné du réfectoire. Stina, elle, était assise en compagnie de l'ex-meilleure amie de Biana, Maruca.

Croisant le regard de Sophie, Stina se garda de lui rendre son sourire, sans pour autant lui adresser une grimace, comme elle en avait l'habitude. Sans doute était-ce tout ce qu'on pouvait espérer d'elle, à présent que son père travaillait avec le Cygne Noir.

— Tiens, dit Dex en glissant une boîte blanche dans les mains de Sophie. Je l'ai fait pour toi. Désolé pour l'absence d'emballage. Rex et Bex ont utilisé tout le ruban pour attacher Lex à un chandelier.

Les jeunes triplés étaient connus pour leurs facéties. Nul doute que c'étaient eux, justement, que Sophie entendait crier à l'autre bout de la salle… Elle ouvrit le cadeau de Dex, s'attendant à y trouver un nouveau gadget de son cru. C'était sous-estimer les talents d'alchimiste de son ami.

— De l'eau de panacier ? demanda-t-elle avant de secouer le fragile flacon de cristal dans lequel tournoyaient des pétales rose, violet et bleu mêlés à un liquide miroitant.

Les yeux clos, elle déboucha la fiole et en inhala le contenu. Le parfum riche et sucré la transporta aussitôt dans les pâturages de Havenfield, sous la ramure ondoyante de l'arbre de Calla. Un panacier ne poussait que si un gnome abandonnait volontairement son existence pour prendre sa forme végétale définitive. Calla s'était sacrifiée pour son peuple afin de mettre fin, grâce à sa floraison, à la terrible épidémie déclenchée par les ogres.

— Tu dois sentir leur odeur en permanence, dit Dex. Mais je sais combien elle te manque. En portant ce parfum, tu pourras garder un peu de son essence avec toi, partout où tu vas.

Les mots manquèrent à Sophie, qui se contenta d'agripper son ami pour le serrer de toutes ses forces… et peut-être un peu trop longtemps. Lorsqu'elle le relâcha, Dex avait les joues plus rouges que l'uniforme de Fitz.

Ils furent cependant bien vite tirés de leur embarras : les portes de la cafétéria s'ouvrirent avec fracas.

En dépit de son calme apparent, Sophie sentit ses paumes devenir moites tandis qu'elle scrutait la foule des parents pour y trouver Grady et Edaline. Elle repéra la chevelure blonde de son père d'abord. À peine le regard bleu azur de Grady se fut-il posé sur elle qu'il esquissa un immense sourire.

— Réussi haut la main ! annonça-t-il, à l'unisson de son épouse, pendant que Sophie courait à leur rencontre.

Elle se jeta au cou de ses parents.

— Même la linguistique ?

Il s'agissait de sa matière la plus faible – et de loin. Si ses talents de Polyglotte lui permettaient de comprendre naturellement les langues étrangères, elle se refusait cependant à travailler ses imitations depuis que Keefe s'était servi de ce même talent pour la trahir. De plus, elle entretenait avec sa Mentor une relation… compliquée. Lady Cadence, qui nourrissait une affinité particulière envers les ogres, n'appréciait pas du tout que Sophie ait participé à la destruction de leur capitale.

— C'est ta note la plus basse, concéda Edaline en repoussant une boucle ambrée de ses yeux. Mais tu es quand même largement au-dessus de la moyenne.

— Ta meilleure note est en instillation, ajouta Grady. D'après le Conseiller Bronte, tu as fait preuve d'un engagement remarquable lors de vos sessions. Il nous a même déclaré que tu étais prête pour le niveau le plus avancé.

— C'est grave ? demanda Sophie, qui avait remarqué sa perplexité.

Elle n'aimait guère instiller la douleur… bien que ce talent lui ait sauvé la vie. Au moins l'entraînement lui fournirait-il de nouvelles armes pour affronter les Invisibles le moment venu.

— Je tiens à pouvoir me défendre… poursuivit-elle. Bien sûr, Sandor m'accompagne, mais il n'est pas invincible. Mieux vaut toujours se préparer au pire, non ?

— Tu as raison, dit Grady. Mais je pense que nous devrions en discuter plus tard. D'accord ?

Sophie acquiesça mollement. Elle n'avait vraiment pas besoin d'un nouveau sermon sur le thème « les grands pouvoirs impliquent de grandes responsabilités ». Hélas, impossible d'y couper.

— Vous voulez qu'on s'en aille ? demanda-t-elle.

Ses parents n'aimaient pas trop les bains de foule. Avant son arrivée, Grady et Edaline avaient passé seize ans reclus dans leur domaine, à pleurer leur fille unique, Jolie. La jeune femme était morte dans un incendie provoqué, comme ils l'avaient récemment découvert, par son propre fiancé : Brant, Pyrokinésiste non déclaré et membre éminent des Invisibles.

— Tout va bien, lui assura Grady en lui pressant la main. Nous ne pouvons pas partir avant l'annonce du Magnat Leto, de toute façon.

Il n'avait aucun mal à prononcer le nom du proviseur, contrairement à Sophie. Depuis qu'il lui avait dévoilé son identité secrète, elle se surprenait à vouloir l'appeler *M. Forkle.*

Elle parcourut la pièce du regard. Ses amis fêtaient leur réussite, tout sourire. Même Alden et Della, les parents de Fitz et de Biana, semblaient plus heureux qu'ils ne l'avaient été depuis des semaines. Elle s'apprêtait à aller les saluer lorsque les lumières se tamisèrent : le visage du Magnat Leto fut projeté sur les parois de verre.

— Vous les gamins, vous savez réussir vos examens !

Il n'avait pas pu se retenir d'employer son expression favorite pour commencer son discours.

Sophie avait beau examiner ses cheveux noirs luisants et ses traits fins, elle n'y retrouvait toujours pas le visage ridé et boursouflé du chef du Cygne Noir. Pourtant, elle avait vu le déguisement de M. Forkle se dissiper devant ses yeux.

— Je sais que vous vous attendez à partir pour six semaines de vacances, poursuivit le Magnat Leto, mais à la lueur des récents événements, le Conseil a décidé de changer un peu le programme. Je ne vous en dirai pas plus : des rouleaux officiels vous seront envoyés en début de semaine prochaine. Je tenais cependant à vous avertir, afin que vous y soyez préparés. D'ici là, profitez bien de la fête. Et n'oubliez pas : le changement peut s'avérer une puissante source d'inspiration, à condition de garder l'esprit ouvert.

Les murmures se muèrent en brouhaha dès que la projection fut coupée, laissant chacun en proie aux spéculations.

— Une idée de ce qu'il veut dire par là ? demanda Grady.

Sophie n'en avait aucune, ce qui rendait la déclaration du proviseur plus frustrante encore. Après toutes ses discussions avec le Cygne Noir, ses innombrables prières pour qu'ils lui fassent confiance, l'organisation s'obstinait à la maintenir dans l'ignorance.

— On dirait que tout le monde s'en va, fit remarquer

Grady, qui proposa alors de rassembler ses cadeaux pendant qu'elle allait ranger son bonnet dans son casier.

L'atrium était vide, à l'exception de Sophie, de Sandor et de quelques bulles à bonbons délaissées par les fêtards. Elle posa son couvre-chef sur l'étagère médiane de son casier et s'apprêtait à tourner les talons lorsqu'elle remarqua, posée sur le rayon supérieur, une enveloppe blanche frappée d'un symbole familier.

— Enfin ! murmura-t-elle en déchirant l'épais papier sans ménagement.

À l'intérieur se trouvait un court message, accompagné d'un présent.

Elle passa le collier autour de son cou sans prendre la peine d'examiner le pendentif en forme de cygne, ni même la pièce de verre ronde sertie en son centre. Le Cygne Noir lui avait donné un monocle identique lorsqu'elle avait prêté allégeance à leur ordre. Elle était ravie de remplacer enfin celui que Brant avait détruit.

— Que dit la note ? demanda Sandor, comme pour lui rappeler que le temps des missions clandestines était révolu.

Elle lui tendit le message, plus direct qu'à l'accoutumée :

Bureau du proviseur.
Tout de suite.
Viens seule.

— Ça ne me plaît pas, grommela le gobelin.

— Pour changer…

Il la suivit vers la pyramide de verre sans rien ajouter. Sophie garda les yeux rivés au sol pendant tout le trajet et fut soulagée d'arriver à destination sans croiser ses amis. S'ils avaient vu le message, ils auraient insisté pour l'accompagner.

— Vous pouvez entrer, mademoiselle Foster, lança la voix grave du Magnat Leto à travers la lourde porte avant même qu'elle ait pu frapper. Je demanderai cependant à Sandor de rester en faction dehors. Cette conversation ne peut souffrir aucune indiscrétion.

Le garde du corps poussa un soupir maussade.

— Je suis juste devant… Et gare à vous si vous vous avisez de sauter sans moi !

— Veuillez fermer la porte, intima le Magnat Leto à Sophie.

Sa voix se répercutait sur les parois de verre.

Le soleil de l'après-midi déversait ses rayons par les fenêtres, éclairant la pièce d'une lumière aveuglante. Les murs pentus étaient parsemés de miroirs, vestiges du mandat de Dame Alina – la Conseillère que Sophie aimait le moins – à la tête de Foxfire.

— Je suis content que tu sois venue, déclara le Magnat Leto.

De dos, face à la vitre, il était caché par l'épais dossier de son énorme siège de bureau.

— Pardonne-moi ce message hâtif. La prochaine fois, je prendrai soin de faire des rimes.

Sa voix était montée dans les aigus sur la dernière phrase. Sophie tentait de deviner pourquoi lorsque le fauteuil pivota lentement pour lui faire face.

En lieu et place du proviseur se trouvait un jeune homme tout de noir vêtu, à la chevelure blonde savamment décoiffée et au talent indéniable pour imiter la voix des autres.

— Keefe ? souffla-t-elle.

Il sourit, content de lui.

— Je t'ai manqué ?

Chapitre 2

— Ouh là, sacrée vague d'émotions que tu m'envoies ! lança Keefe en chassant l'air entre eux. J'ai l'impression que tu hésites entre te jeter à mon cou et m'étrangler... Personnellement, je vote pour la première option.

Il s'enfonça dans son siège, les bras écartés.

— Alors c'est tout ? Tu vas tourner ça à la plaisanterie ? s'insurgea Sophie à voix basse.

Elle ne tenait pas à ce que Sandor se rue dans la pièce. Pas avant d'avoir obtenu des réponses.

— Je te déconseille d'approcher, lâcha-t-elle dès qu'elle vit Keefe se lever. J'ai travaillé mon instillation. Avec assiduité.

Elle porta une main à son estomac pour masser le nœud d'émotions logé sous son diaphragme. Bronte lui avait appris comment mettre ses sentiments les plus violents de côté, en réserve, jusqu'au moment où elle aurait besoin d'y laisser libre cours pour déchaîner son pouvoir.

Le sourire de Keefe s'évanouit.

— Ne me dis pas que tu as peur de moi ?

— C'est toi l'Empathe.

La pique résonna de longues secondes, dans une atmosphère de plus en plus lourde.

Le jeune homme regagna son siège.

— Eh bien… si je m'attendais à ça !

— À quoi t'attendais-tu au juste ? Tu es parti rejoindre les Invisibles ! Tu te rends compte qu'ils sont prêts à me tuer ? Ce sont eux qui ont assassiné Kenric et Jolie, failli anéantir les gnomes et…

— Je sais, l'interrompit Keefe. Mais tu me connais, moi, Foster.

— C'est ce que je croyais.

— Je suis toujours le même, je t'assure. Tout ce que je veux, c'est mettre fin à ce cauchemar. Si seulement je pouvais découvrir ce qu'ils mijotent…

— Non, rétorqua Sophie. Très mauvaise idée. Tu ne peux pas jouer les agents doubles. Un jour ou l'autre, ils te pousseront à prendre une décision.

Keefe remua sur son siège.

— Je sais que c'est risqué…

— Et idiot, ajouta Sophie. Et dangereux. Et…

— Je n'ai pas le choix. Tout va bien se passer. Ce qui compte, c'est de garder le juste équilibre.

— Il n'y a pas d'équilibre possible avec les méchants, Keefe. Ils sont mauvais. C'est aussi simple que ça.

— Tu sais aussi bien que moi que ce n'est jamais aussi simple. D'ailleurs, n'est-ce pas toi qui m'affirmais que les méchants ne sont jamais complètement mauvais ?

— Ce n'était pas pour que tu ailles les rejoindre ! Ce que je voulais dire, c'est que c'est précisément ce qui les rend si effrayants !

— J'ai bien compris. Mais… j'ai un plan. Et je dois m'y tenir.

Keefe posa sur elle son regard bleu glacier, en quête de compréhension.

Elle secoua la tête avant de lancer :

— Ensemble, on peut les battre. Team Foster-Keefe, tu te rappelles ?

— Et combien de fois manqueras-tu de mourir au passage ? Combien de consultations en urgence faudra-t-il ? Et si Elwin est un jour incapable de te soigner ?

— Et si Elwin est incapable de te soigner, toi ?

— Je... Aucune importance.

Et voilà.

Keefe et sa culpabilité.

L'émotion la plus dangereuse qu'un elfe puisse ressentir.

La plupart s'en trouvaient paralysés. Alden en avait perdu la tête, par le passé. Mais certains en devenaient intrépides.

— Ce n'est pas à toi de me protéger, décréta Sophie.

— Peut-être. Mais s'il arrive quoi que ce soit...

Elle attendit la suite – la seule raison pour laquelle il se sentait aussi responsable. Devant son silence, elle compléta pour lui.

— Je sais que tu t'en veux pour ce qu'a fait ta mère.

— Ça n'a rien à voir avec elle !

Oh, que si.

Sophie le connaissait trop bien.

Keefe n'avait jamais été heureux au sein de sa famille, la faute notamment à un père rigide et méprisant. La situation avait cependant empiré depuis qu'ils avaient découvert que sa mère occupait une position haut placée dans l'organisation des Invisibles. Elle avait effacé certains souvenirs d'enfance de la mémoire de son fils et dissimulé un traqueur sur sa broche afin qu'il mène les rebelles directement à ses amis. C'était bien avant que les Invisibles ne la laissent pour morte dans une prison ogre – son châtiment pour avoir laissé capturer l'un de ses subordonnés.

Keefe répétait à qui voulait l'entendre qu'il n'en avait que faire. Mais Lady Gisela n'en était pas moins sa mère… Et à peine les rebelles lui avaient-ils fait miroiter la possibilité d'un sauvetage qu'il les avait rejoints.

— Je t'en supplie, l'implora Sophie. Nous disposons d'autant de moyens qu'eux. Reviens… avant qu'il ne soit trop tard.

— Il est déjà trop tard.

Elle l'avait entendu parler du même ton plat lorsqu'il lui avait déclaré « ne plus pouvoir faire semblant d'être celui qu'elle voulait voir ».

— C'est à cause du Projet Polaris, alors ? demanda-t-elle.

Elle n'avait entendu parler de cette mystérieuse initiative qu'à deux reprises : la première, dans la bouche des Invisibles, et la seconde, dans l'esprit de Keefe, en revivant un souvenir que sa mère avait tenté d'effacer. Il s'agissait apparemment du projet-maître des rebelles. Et Keefe pensait y être mêlé.

Le jeune homme se mit à arpenter le bureau, à distance raisonnable de Sophie.

— Qu'est-ce que le Projet Polaris ? insista-t-elle. Et quels autres souvenirs as-tu retrouvés ? Tu m'as dit avoir mis la main sur plusieurs d'entre eux.

— Ils n'ont aucun intérêt.

— Je ne te crois pas.

Keefe leva la tête vers le plafond, les yeux rivés sur le point le plus élevé.

— Tout ce que tu as besoin de savoir, c'est que je ne suis pas comme toi, d'accord ? Les Invisibles ne me laisseront pas le choix.

Sophie se trouvait au cœur d'une grande entreprise, elle aussi – le Projet Colibri mené par le Cygne Noir. Ses pouvoirs avaient été génétiquement renforcés, son cerveau empli d'importants secrets, et ce, pour des raisons qui lui échappaient encore. Pourtant, M. Forkle avait toujours insisté sur un point : elle seule décidait de son engagement futur.

— On a toujours le choix, Keefe.

— Ben voyons ! Je vais chercher le moyen de mettre un terme à toute cette histoire, à ma façon. Le voilà, mon choix.

Le silence s'abattit sur eux. Sophie se mit à tripoter le monocle qu'il avait joint au message.

— C'est celui avec lequel Brant t'a ordonné de me marquer au fer rouge ?

— Non ! grimaça le jeune homme. Celui-là est à moi. Je le leur ai repris.

— Que se passera-t-il quand ils remarqueront son absence ?

Il haussa les épaules en signe d'indifférence.

— Ça ne marchera jamais, Keefe, soupira Sophie. Brant et Fintan sont peut-être fous, mais pas idiots. Pas plus qu'Alvar. L'un ou l'autre finira bien par te percer à jour. Qui sait alors comment ils te puniront ? Mieux vaut abandonner tout de suite. On peut échafauder un plan ensemble.

Elle lui tendit la main.

Keefe la fixa si longtemps que la jeune Télépathe sentit les muscles de son bras se raidir.

— Alors c'est tout ? demanda-t-elle lorsqu'il se détourna. Tu préfères blesser ceux qui t'aiment ?

— Je fais ça pour vous aider !

— Ce qui n'empêche pas que ça nous blesse ! Sais-tu comment Fitz a réagi quand je lui ai annoncé ton départ ?

Keefe se passa les mains dans les cheveux, ruinant sa coiffure savamment agencée.

— J'imagine qu'il a dû crier ?

— C'est ce que j'espérais. Mais il n'a pas haussé le ton.

Il s'est contenté de détourner le regard, pour cacher ses larmes. Tout comme Biana. Même Dex s'est mis à pleurer.

Les secondes s'écoulèrent, peut-être même les minutes.

— Et toi ? murmura Keefe au bout de ce qui sembla une éternité.

— J'ai pleuré plus fort que tous les autres, admit-elle. Avant de céder à la colère. Tu m'as volé la cache de Kenric. Tu as imité ma voix !

Le gadget, de la taille d'une bille, contenait sept Secrets oubliés – autant d'informations jugées trop sensibles pour être connues même du Conseil, dont chaque membre possédait une cache similaire. Kenric avait demandé à Oralie de confier la sienne à Sophie s'il venait à mourir. La jeune fille avait juré de la protéger au péril de sa vie, et si elle ne la recouvrait pas avant que les Conseillers n'aient vent de sa disparition…

— Je t'ai aussi aidée à t'enfuir, lui rappela Keefe.

— Certes, mais tu ne m'as fourni qu'une perle spéciale. Qu'en sera-t-il, la prochaine fois que les Invisibles retrouveront ma trace ? Ou celle de Dex ? De Fitz ? De Biana ?

— Je trouverai un autre moyen. J'ai déjà tenté deux ou trois expériences. Et si je n'avais préparé qu'une perle, c'était parce que je savais que les Invisibles ne tomberaient pas deux fois dans le même panneau.

— Tu continues à parler d'eux comme si tu n'étais pas des leurs…

— C'est le cas.

— En es-tu bien sûr ?

Elle désigna le blason qui ornait les manches de son long manteau noir, le symbole qui hantait les cauchemars de son amie : un œil blanc dans un cercle.

— Ce n'est qu'un costume, insista Keefe.

— Quand bien même, tes actes ont des conséquences. Cette cache pourrait tout détruire. Et tu la leur as livrée comme si de rien n'était…

— Parce que ce n'était pas grave ! Ils sont incapables de l'ouvrir. Ils ont eu beau faire plancher tous leurs Technopathes dessus, ils n'arrivent pas à en briser la sécurité.

— Et quand ce sera fait ?

— Je la leur aurai reprise bien avant. Je contrôle la situation, Sophie. C'est mon héritage.

— Que veux-tu dire ?

— Je suis encore en train de rassembler les pièces du puzzle. Mais j'en sais assez pour avoir la conviction que c'est ce que je dois faire. Et que mon plan fonctionne déjà. Chaque jour, ils me font un peu plus confiance.

— Et pourquoi donc ? lâcha-t-elle d'un ton sec. Quelles exactions te font-ils commettre afin de prouver ta valeur ?

Keefe voulut se remettre à faire les cent pas, mais Sophie lui barra le chemin.

— Les as-tu aidés à s'introduire dans le registre ?

— Bien sûr que non.

— Parce qu'ils ne te l'ont pas demandé ? Ou parce que tu as refusé ?

Le malaise évident du jeune homme lui fit presque regretter la question qu'il lui fallait poser ensuite.

— Et pour le Sanctuaire ?

Depuis des mois, les Invisibles tentaient de pénétrer dans la réserve pour y enlever Silveny et Greyfell, uniques représentants connus de la race des alicornes, et deux amis chers au cœur de Sophie.

— Tu étais là, avoue ! s'exclama-t-elle en le voyant s'écarter. Tu as aidé les Invisibles à brûler le portail ?

— Je me suis contenté de faire le guet.

Elle secoua la tête de déception.

— Comment as-tu pu y participer ?

Les Invisibles étaient prêts à tout pour capturer Silveny. Quitte à lui casser une aile. Simplement parce que les elfes redoutaient que la moindre disparition d'espèce ne mette en péril l'équilibre précaire de la planète tout entière. Quiconque mettait la main sur les deux dernières alicornes – et leur poulain à naître – pouvait faire chanter le Conseil. Et démontrer au monde combien il sous-estimait la protection de son plus grand trésor, alimentant ainsi la révolte qui grondait déjà.

— Je savais que Silveny et Greyfell n'étaient plus là, argua Keefe. C'est la seule raison pour laquelle j'ai accepté. Et avant que tu ne me le demandes, je n'ai rien dit aux Invisibles.

— Pour l'instant, rectifia Sophie. Même si tu ne leur parles pas, ils pourraient utiliser un Télépathe pour aller à la pêche aux secrets dans ta tête.

— Ils n'ont plus de Télépathe dans leurs rangs. Gethen était le seul, et le Conseil l'a emprisonné… grâce à nous, si tu te rappelles bien. Je te le dis, j'ai envisagé toutes les possibilités. J'ai seulement besoin que tu me fasses confiance.

Et elle l'aurait voulu.

Vraiment.

Elle avait fait de son mieux pour convaincre Fitz, Dex et Biana de ne pas baisser les bras.

Mais elle entendait encore les Invisibles dire à Keefe : « Vous devez bien vous rendre compte que changer de camp revient à trahir vos amis. »

— Je t'en supplie, l'implora le jeune Empathe. Je suis toujours le même, je te le jure. Et je peux réussir.

Il esquissa un pas vers elle.

Puis un autre.

Et encore un autre.

Jusqu'à se dresser juste devant elle, le sourire le plus triste au monde sur les lèvres.

— On retrouve ses bons vieux tics nerveux ? dit-il avant de chasser un cil solitaire de la joue de Sophie.

— Les dernières semaines ont été difficiles, murmura-t-elle.

— À qui le dis-tu…

Il souffla sur le cil. Avait-il fait un vœu ? Mais non, les elfes n'entretenaient pas ce genre de superstitions.

Sans doute aurait-elle dû suivre leur exemple. Elle ne put s'empêcher, pourtant, d'envoyer une prière silencieuse dans le néant.

— Ne me dis pas que tu as toujours peur de moi ? demanda Keefe. Me fais-tu confiance ?

Elle n'en avait pas la moindre idée. Aussi lui offrit-elle une main tremblante.

— À toi de me le dire.

Les doigts du jeune homme s'enroulèrent autour des siens. Il ferma les yeux, le front plissé.

— Merci… chuchota-t-il, les lèvres étirées dans un sourire triomphant. Je savais que je pouvais compter sur toi, Foster.

— J'espère que je ne vais pas le regretter.

— Promis. C'est la raison de ma venue : il me fallait te mettre en garde. Les Invisibles ont prévu une action d'envergure. Je n'en connais pas encore les détails, mais je sais qu'il est question de Grady et Edaline et… ouh là, tout doux !

Il dut la retenir par le coude tant ses genoux flanchaient.

— Tout va bien se passer, poursuivit-il. Tu comprends pourquoi je fais ça ? Je peux empêcher la catastrophe avant qu'elle n'arrive.

Sophie prit une grande rasade d'air. Avec ses talents d'Hypnotiseur, Grady disposait d'un avantage non négligeable. Elle l'avait vu forcer les douze Conseillers à se gifler eux-mêmes comme un seul homme. Il avait aussi poussé Brant à se brûler la main.

Mais les Invisibles étaient impitoyables.

Et rusés.

Ils avaient toujours un coup d'avance.

D'ailleurs, à ce propos...

— Tu ne peux pas retourner auprès d'eux, Keefe. C'était sans doute un test. Je parie qu'ils t'ont fourni ces informations afin de voir si tu allais m'alerter. Peut-être même t'ont-ils suivi jusqu'ici... Qu'y a-t-il ? demanda-t-elle dès qu'elle vit la grimace soucieuse de son ami.

— Ce n'est pas un test. Ils m'ont... envoyé ici.

— Pourquoi feraient-ils une chose pareille ?

Il se remit à fixer le plafond.

— Sans doute parce que je le leur ai suggéré. Il fallait que je t'avertisse... et eux avaient besoin d'éprouver ma loyauté. C'est la meilleure solution que j'ai trouvée.

La jeune fille sentit un frisson lui parcourir l'échine tandis que Keefe sortait deux objets de la poche de son manteau : un triangle doré plat et un pendentif bleu à facette unique.

— La suite va être plus mouvementée, murmura-t-il. Mais si tu te couvres le visage, tu seras en sécurité. Et au cas où... (Il dégrafa sa cape pour en vêtir Sophie, rabattant le capuchon sur la tête de son amie.) Je leur dirai que je l'ai perdue dans le chaos.

— De quoi parles-tu, Keefe ? Que fais-tu ?

— Je t'aide. Parfois, les choses ont besoin d'empirer avant de s'arranger.

Sophie tenta d'appeler Sandor, mais Keefe la bâillonna d'une main. De l'autre, il jeta le triangle doré vers le plafond. L'une des pointes se ficha au centre, puis le gadget émit une lueur verte.

— On a dix secondes, expliqua Keefe. Reste à terre, le visage couvert. Tout va bien se passer. Sandor ne risque rien. Les gobelins ont la peau dure… Fais-moi confiance, tu veux ?

Il libéra la jeune fille, qui tremblait trop fort pour crier. Elle tomba à genoux et tira davantage la capuche sur sa tête.

— Je t'en supplie, ne me déteste pas, murmura Keefe avant de brandir son cristal bleu vers la lumière afin d'ouvrir un sentier. Dis aux autres que je reviendrai dès que j'en aurai fini. Et n'oublie pas : je suis avec vous.

Il disparut dans une explosion lumineuse à l'instant où le gadget virait au rouge. Un gémissement suraigu s'échappa du plafond, déclenchant une vague sonique qui secoua les murs.

Et fit exploser toutes les vitres.

Chapitre 3

— Ce n'est pas aussi terrible que ça en a l'air.

Ce devait être la dixième fois que le Magnat Leto répétait cette formule. Sophie aurait tellement voulu le croire. Mais tout ce qu'elle voyait, c'étaient les éclats de verre brillants qui parsemaient les cheveux du proviseur.

Elle-même en était recouverte, même si la plupart s'étaient pris dans l'épais manteau de Keefe, lui épargnant coupures et autres égratignures. Son ami avait tenu parole.

La pyramide de verre, elle, n'avait pas eu cette chance. Le bureau du Magnat Leto était en ruines, ses cloisons à présent réduites à l'état de charpente métallique. Le reste de l'édifice n'était que craquelé, mais l'intégralité des vitres devrait être remplacée.

Au moins l'incident n'avait-il fait aucun blessé… et les autres bâtiments du campus demeuraient intacts. Ce qui ne changeait rien au fait que les Invisibles avaient attaqué Foxfire.

Sur une idée de Keefe !

Les douze Conseillers s'étaient déplacés pour évaluer les dégâts et soumettre Sophie à un interrogatoire poussé.

Le Magnat Leto l'avait ensuite raccompagnée chez elle pour entendre sa version complète des faits.

La lueur mourante du crépuscule filtrait à travers les parois vitrées de Havenfield, peignant l'élégant intérieur immaculé de nuances pourpres, grises et bleues. Même à la lumière vacillante des chandeliers, le monde prenait des couleurs d'hématome.

— Je t'assure, Sophie, lança le Magnat Leto, qui s'assit à côté d'elle sur le sofa moelleux. Depuis ma prise de fonctions, je comptais redécorer mon bureau. Je n'ai jamais été très fan de mon reflet… surtout sous cette forme.

— Vous savez bien que ce ne sont pas les miroirs qui m'inquiètent, répondit la jeune fille.

— Elle a raison, acquiesça Grady.

Il descendait l'escalier qui tournoyait au centre de la pièce, escorté de Brielle, la gobeline svelte aux cheveux frisés qui assurait sa sécurité.

— Le plus grave, c'est ce garçon ! Je sais que vous étiez amis…

— Nous le sommes toujours, précisa Sophie.

Même s'il collabore avec mes ennemis.

Grady s'accroupit devant elle.

— Ça ne change rien à ce qu'il a fait.

Il arracha un éclat de verre particulièrement dentelé de la manche de sa fille.

Les arêtes irrégulières du fragment auraient déchiqueté la peau de Sophie si Keefe ne lui avait pas donné son manteau.

D'un autre côté, elle n'en aurait pas eu besoin s'il n'avait pas fait sauter le bâtiment.

Elle effleura les mains de son père.

— Je vais bien. Et Keefe a agi pour nous prévenir.

— Ça n'excuse pas la destruction de Foxfire !

Non, bien sûr…

— Techniquement, il n'a détruit que mon bureau, fit remarquer le Magnat Leto. Et je suis en partie responsable. J'aurais dû flairer le piège dès l'instant où on m'a appelé dans l'atrium du Niveau 5 afin de chasser un couple de gremlins nichés dans les casiers. Semer la zizanie a toujours été une des spécialités de Keefe. Tout comme pénétrer par effraction dans le bureau du principal.

— Vous n'allez quand même pas traiter cette attaque comme une simple farce ? s'insurgea Grady. Il ne s'agit pas de l'incident du Grand Gulon !

N'était la fureur qui empourprait le front de son père, Sophie aurait volontiers exigé qu'on lui explique une bonne fois pour toutes l'histoire de cet incident, resté dans les mémoires comme le plus grand triomphe de Keefe.

— On navigue dans des nuances de gris, admit le Magnat Leto. Une couleur que nous connaissons tous bien, après tout, non ? Ne diriez-vous pas qu'elle teintait aussi votre comportement lorsque vous avez confronté Brant au sujet de la mort de votre fille ? Ou toi, Sophie, lorsque tu as drogué ta famille humaine afin de disparaître à jamais de leur vie ? Nul doute qu'elle qualifie également le moindre de mes faits et gestes aux yeux du Conseil. Après tout, j'ai participé à la fondation d'une organisation hors-la-loi. Expérimenté sur les gènes d'une enfant innocente. Que j'ai ensuite placée secrètement dans les Cités interdites pour qu'elle y soit élevée par des humains. Avant d'effacer deux de ses souvenirs, sans sa permission…

— Il y a plus pressant, l'interrompit Sophie, qui n'avait vraiment pas besoin qu'on lui rappelle combien sa vie comptait d'étrangetés. Oralie sait que je mentais lorsque je lui ai dit ne pas avoir vu qui avait déclenché l'onde sonique, j'en suis convaincue. J'étais bien trop bouleversée pour berner une Empathe.

— La Conseillère Oralie a toujours fait partie de tes plus ardents défenseurs, lui assura le Magnat Leto.

— D'accord, mais la Conseillère Alina semblait douter de mes propos, elle aussi. Or elle me déteste, elle. Il suffit que l'une d'entre elles découvre la vérité pour rendre tout retour de Keefe impossible.

— Pas nécessairement, plaida le Magnat Leto. Les actes condamnables peuvent être pardonnés s'ils sont motivés par des intentions pures. Rappelle-toi les raisons pour lesquelles les Anciens n'ont pas révélé aux gnomes que les ogres étaient en possession du virus. Avec le temps, la plupart ont fini par comprendre leurs scrupules.

La plupart. Pas tous.

S'agissant de Keefe, nombreux étaient ceux qui verraient un farceur célèbre passer à la vitesse supérieure. Ou pire : un fils loyal endosser le rôle taillé pour lui par sa mère.

Sophie se renfonça dans les coussins du sofa, comme pour mieux y disparaître. Tout plutôt que devoir décider que faire, penser, ou…

— Tout ceci est bien difficile à digérer, je le sais, dit le Magnat Leto. Mais uniquement parce que tu tentes d'interpréter les actes de Keefe avec ta tête. Une tête que tu as fort bien faite. Parfaitement logique, intelligente, solide. Sais-tu pourtant ce qu'il y a de plus puissant encore ?

Il désigna son cœur.

— Que voulez-vous dire ? s'emporta Grady. Qu'on ferait mieux de se reposer sur des sentiments adolescents ?

— À votre place, je ne les mépriserais pas aussi aisément. Votre fille comprend le jeune Sencen d'une façon qui nous échappe. Je les ai observés avec la plus grande attention durant leur séjour à Alluveterre. Il s'est ouvert à elle. S'est reposé sur elle. Lui a fait confiance. Alors… (Il croisa le regard de Sophie.) Que te dit ton cœur ?

La jeune Télépathe croisa les bras sur sa poitrine. Si seulement elle pouvait simplement y cueillir la réponse ! Au lieu de quoi, sa tête continuait à pérorer, inondant sa conscience de souvenirs :

Keefe qui pleurait sur son épaule, le jour où elle avait dû lui révéler que sa mère était peut-être morte.

Les soirées pyjamas à la fenêtre, afin de ne pas affronter la terrible solitude nocturne.

La chambre du garçon, aux murs recouverts de notes et de papiers froissés, tandis qu'il tentait désespérément de déchiffrer la vérité enfouie dans son passé.

Keefe, beaucoup plus jeune, assis au bord d'une fontaine en Atlantide, attendant une famille qui ne se souciait même pas assez de lui pour venir le chercher.

Encore et encore, les images défilèrent, jusqu'à être remplacées par une nouvelle.

Keefe, dans la Tente de soins d'Exillium, son humour et sa confiance habituels envolés, et le garçon effrayé, en colère, qui se cachait derrière cette façade, à nu.

Un souvenir qui n'éclairait rien. Mais lui serrait le cœur. Si seulement elle avait pu le prendre dans ses bras pour tout arranger…

Le Magnat Leto hocha la tête, comme s'il avait espionné ses pensées. À ce propos…

— En Alluveterre, est-ce que vous avez lu ses pensées ? hasarda Sophie.

Un Télépathe n'était pas censé pénétrer l'intimité de son prochain sans sa permission, mais le Magnat Leto n'était pas elfe à suivre les règlements.

— Tu me demandes si j'étais au courant qu'il allait rejoindre les Invisibles ? demanda-t-il. Je savais qu'il y songeait, reconnut-il. Mais il s'agissait d'une simple idée. Ce n'est que lors de votre périple à Ravagog qu'elle a véritablement pris forme… Et là encore, il semblait hésiter. Je puis cependant t'assurer qu'il voyait cette possibilité comme un mal nécessaire, afin de redresser les torts causés par sa mère.

— Un mal, le mot est bien choisi, grommela Grady. Et si ce garçon s'avise encore de t'approcher, je veux que tu le frappes de toute la puissance de ton instillation !

— Grady ! souffla Edaline, horrifiée.

Debout près du mur opposé en compagnie de Cadoc, un imposant garde du corps auprès duquel Sandor faisait figure de brindille, elle contemplait jusque-là les pâturages où broutaient dinosaures et autres créatures fantastiques, dans un silence tel que Sophie en avait oublié sa présence.

— Dois-je te rappeler que Keefe fait exactement ce que notre fille a tenté d'accomplir ? demanda-t-elle à son mari.

La remarque le fit reculer d'un pas.

Sophie accusa le coup, elle aussi.

Jolie avait essayé d'infiltrer les Invisibles. Son projet avait fonctionné… jusqu'au jour où ils lui avaient ordonné de détruire une centrale nucléaire humaine afin de prouver sa loyauté, ce qu'elle avait refusé de faire. Quelques jours plus tard, elle était morte.

Grady rejoignit Edaline et lui enlaça la taille.

— Pardonne-moi. Il faut croire que j'ai du mal à accorder ma confiance, après la trahison de Brant.

Sophie n'entendit pas le reste de ses paroles, obnubilée par la terrible réalité que devait affronter Keefe.

Même au paroxysme de l'inquiétude, jamais elle n'aurait pu imaginer l'impossible dilemme auquel son ami était confronté… sans parler du pire scénario :

Un arbre haut et élancé, au feuillage jaune et hirsute et aux fleurs bleu glacier, planté sur une colline herbeuse du Bois des Errants – le cimetière des elfes.

Chaque graine d'Errant, enveloppée de l'ADN de la personne qu'il était voué à commémorer, en conservait l'essence et la palette de couleurs.

— Il va se faire tuer, marmonna Sophie.

Le nœud au creux de son estomac se resserra violemment.

— Il faut le sortir de là, ajouta-t-elle.

— Que proposes-tu ? lui demanda le Magnat Leto.

Elle aurait aimé pouvoir lui répondre. Mais elle ne savait même pas où se trouvait Keefe. Des semaines durant, elle avait tenté de remonter ses pensées, comme lors de leurs parties de conquête. Tout ce qu'elle savait, c'est qu'il était loin, bien loin.

— Il reviendra quand il se sentira prêt, affirma le proviseur. En attendant, nous ferions aussi bien de profiter des informations qu'il s'est donné tant de mal à nous livrer. (Il se tourna vers Grady et Edaline.) J'espère que vous laisserez vos nouveaux gardes du corps faire leur travail ?

— Brielle et Cadoc sont parmi les meilleurs de notre régiment, ajouta Sandor.

— Ne craignez-vous pas que la soudaine présence de gardes du corps auprès de Grady et Edaline ne mette la puce à l'oreille des Invisibles ? ne put s'empêcher de demander Sophie.

— Keefe aura prévu ce détail, j'en suis certain, lui assura le Magnat Leto.

— On parle bien du même Keefe ? insista Sophie.

— Aucune importance, intervint Grady. Je n'ai pas besoin d'une escorte.

Brielle se racla la gorge.

— Sauf votre respect, monsieur Ruewen, ce n'est pas un hasard si les elfes s'en remettent aux gobelins. Seriez-vous prêt à tuer s'il le fallait ?

Elle accompagna la question d'un moulinet gracieux de son sabre qui fit pâlir Grady. L'esprit des elfes ne supportait pas la violence. Ils avaient l'intellect trop sensible, la conscience trop affirmée. Voilà pourquoi les Invisibles se montraient aussi instables – même si Fintan semblait bien plus solide que Brant, sur le plan psychologique.

— Et si on restait ici ? suggéra Edaline. Il y a des semaines que le Conseil n'a pas confié de mission à Grady, et nous avons de quoi faire avec les animaux. Nous pourrions faire passer Cadoc et Brielle pour les gardes supplémentaires de Sophie… ce qui n'étonnerait personne, après ce qui vient de se passer.

— Voilà une brillante solution ! s'exclama le Magnat Leto.

— À ceci près que nous serions assignés à résidence, protesta Grady.

— Votre sécurité en vaut bien la peine, tu ne trouves pas ? contra Sophie.

— Ça vaut aussi pour toi, fillette, lui rappela son père adoptif. Si j'accepte, tu dois renoncer à tes tête-à-tête avec tout membre des Invisibles… en particulier ce garçon.

— Il s'appelle Keefe ! grommela Sophie.

— Plus maintenant, non. Il devra en regagner le droit.

Et s'il est vraiment de notre côté, la présence d'un garde du corps ne devrait pas le gêner. Entendu ?

Elle acquiesça, consciente que Sandor l'assommerait en cas de refus.

— Qu'est-ce que les Invisibles vous veulent, à votre avis ? demanda Sophie à ses parents.

— Je soupçonne un jeu de pouvoir, déclara le Magnat Leto à voix basse. Un peu comme leurs tentatives de capturer les alicornes. En mettant la main sur un être qui t'est cher…

— Ils espèrent me contrôler, compléta Sophie.

— Ils imaginent sans doute, comme moi au demeurant, que Kenric ne t'aurait pas confié sa cache sans te permettre d'accéder aux informations qu'elle renferme. Peut-être espèrent-ils ainsi te forcer à l'ouvrir.

— De mieux en mieux ! Ainsi l'objet volé par ce satané garçon nous met tous en danger, gronda Grady.

— Si ce n'est pas ça, il doit y avoir autre chose, lui assura le Magnat Leto. Ils en ont après Sophie depuis le début. Et pour être honnête, plus elle aura de valeur à leurs yeux, plus elle sera en sécurité… relativement parlant.

— Je ne sais même pas comment ouvrir la cache ! leur rappela l'intéressée.

Techniquement, elle n'avait jamais essayé. Son esprit contenait déjà bien assez d'informations délirantes. Elle n'avait vraiment pas besoin d'y rajouter des secrets que même les Conseillers ne pouvaient supporter de connaître.

La théorie du Magnat Leto soulevait cependant d'autres questions – elle en avait la gorge nouée rien que d'y penser.

— Je sais que vous refusez de me révéler qui sont mes parents génétiques…

— Inexact, l'interrompit le Magnat Leto. Je ne peux pas te le dire.

Sophie adressa un regard à Grady et Edaline. Devait-elle abandonner le sujet ? Elle évoquait rarement ses géniteurs, ou même sa famille humaine, en leur présence. Avoir trois mères et trois pères différents était déjà bien assez compliqué, surtout quand l'un des couples n'avait plus aucun souvenir d'elle, et que le deuxième demeurait un mystère total.

Mais elle avait besoin de savoir.

— Kenric était-il mon père ? Il était Télépathe. Et il s'est toujours montré d'une grande gentillesse avec moi…

Elle se rappela avec émotion son sourire éclatant.

Le Conseiller roux avait été le plus ardent soutien de la jeune fille, jusqu'à sa mort tragique dans le Grand Brasier provoqué par Fintan.

Le Magnat Leto prit la main de Sophie et effleura du doigt la cicatrice étoilée qu'il lui avait laissée en lui restaurant ses pouvoirs.

— Kenric n'était pas lié au Projet Colibri. C'est tout ce que je puis te dire. Certains secrets ne doivent pas être éventés. De plus, nous avons d'autres questions plus urgentes à traiter, à commencer par l'information non négligeable que nous a livrée Keefe. A-t-il vraiment dit que Gethen était le seul Télépathe dont disposaient les Invisibles ?

— Quelle importance ? demanda Sophie.

— En général, la télépathie est considérée comme le talent le plus vital. Jamais nous n'aurions su que les humains prévoyaient de nous trahir, il y a de ça des millénaires, si nos Télépathes ne les avaient pas surpris en train de comploter. Voilà pourquoi la télépathie est le talent le plus représenté au sein de la noblesse. Donc, soit les Invisibles ont échoué à en recruter plusieurs, ce qui nous en dit long sur leur *modus operandi*… soit ils ont une raison d'éviter ce talent.

Dans un cas comme dans l'autre, je devrais convaincre le Conseil de nous laisser rendre visite à Gethen.

Sophie plissa les yeux, furieuse.

— C'est ce que je répète depuis des semaines !

— J'en ai conscience. Et si j'ai traîné des pieds, c'est en partie parce que j'avais promis de t'emmener. Or, Gethen a sans doute l'intention de te faire du mal si tu fouilles son esprit. Mais c'est aussi et principalement parce que avant de mettre au point notre plan d'action, je tenais à voir quel rôle, au juste, Keefe s'apprêtait à tenir.

— C'est chose faite, maugréa Grady en brandissant le fragment de verre qu'il tenait toujours.

— Je sais que pour vous, cet éclat symbolise violence et destruction, répondit le Magnat Leto. Pour ma part, j'y vois un jeune homme prêt à tout pour mettre à bas les Invisibles. Et je place volontiers ma confiance en lui, d'autant qu'il pourrait nous avoir octroyé sans le savoir un avantage supplémentaire. Veux-tu bien me donner ce manteau, Sophie ?

— Il est équipé d'un mouchard, j'en mettrais ma main à couper, l'avertit Sandor.

— J'y compte bien, justement. Peut-être qu'en le disposant à un endroit, disons, intéressant, nous pourrions les attirer hors de leur cachette.

— Vous voulez les rencontrer ? s'étonna Grady.

— Leur envoyer un message. Puis-je vous emprunter une dague ?

Brielle tira un couteau d'argent dentelé de sa botte et le tendit au Magnat Leto, qui ouvrit la doublure du manteau le long de l'ourlet inférieur. Entre les épaisseurs de tissu étaient cousus deux disques : l'un doré, l'autre noir.

Sandor fronça les sourcils, perplexe.

— Le disque doré est un mouchard, mais le noir… Je n'en ai jamais vu de tel. Il n'est même pas en métal.

— En effet, confirma le Magnat Leto, à présent occupé à sectionner les fils qui retenaient l'appareil à la doublure. Ce n'est pas de la magsidienne non plus.

D'une grande rareté, le minerai nain changeait de propriété suivant la forme dans laquelle il était taillé, et servait souvent à l'authentification dans les protocoles de sécurité.

— Prudence, souffla Sophie lorsqu'elle vit le proviseur brandir le disque à la lumière. Je suis certaine qu'il est couvert d'arômarque.

L'enzyme ogre, quoique inoffensive en tant que telle, était particulièrement coriace à éliminer.

— Je n'ai jamais vu d'arômarque ailleurs que sur du métal, murmura le Magnat Leto. Et ce symbole…

Du doigt, il effleura les fines inscriptions blanches tracées à la surface : une ligne barrée de tirets et enserrée entre deux cercles de tailles différentes.

— Savez-vous ce qu'il signifie ? s'enquit Sophie.

— Hélas, non, admit le Magnat Leto. Mais je l'ai déjà vu, ainsi que d'autres marques similaires, sur un éclat de souvenir récemment recouvré.

— Chez qui ? le pressa Sophie.

Le Magnat Leto soupira, avant d'ajouter, après de longues secondes de silence :

— Chez Prentice.

Chapitre 4

— Prentice, répéta Sophie, qui hésitait entre soulagement et colère. Le même Prentice qui, selon vous, ne pourrait supporter que je fouille son esprit ?

— Lui-même, acquiesça le Magnat Leto.

La colère l'emporta.

Prentice œuvrait comme Gardien pour le Cygne Noir : chargé de protéger leurs secrets les plus vitaux, il était allé jusqu'à se laisser briser l'esprit afin d'empêcher le Conseil de découvrir l'existence de Sophie. Il avait passé des années au fin fond d'une prison souterraine, à attendre qu'elle devienne assez puissante pour le soigner. Mais alors qu'elle était enfin prête, et que le Conseil avait libéré le captif, la conscience du Gardien avait disparu, le réduisant à l'état de coquille vide.

Rien ne semblait pouvoir le ramener… jusqu'au jour où il s'était réveillé, quelques semaines plus tôt. Sophie avait cru à une guérison miraculeuse. Hélas, son esprit demeurait gravement atteint. Elle avait imploré le Cygne Noir de la laisser le soigner. On lui avait systématiquement répondu qu'il avait l'esprit trop faible, trop fragile, trop instable.

— Pourquoi m'avoir menti ? aboya-t-elle alors qu'Edaline plaçait une main apaisante sur son épaule.

— Je ne t'ai pas menti, lui assura le Magnat Leto. Je t'ai dit qu'il était trop vulnérable pour être soigné… pas pour être sondé.

— Et je croyais être la seule assez puissante pour sonder un esprit brisé, rétorqua Sophie.

— C'est juste. J'ai d'ailleurs payé cher mon audace. Mais je me devais de tenter de comprendre pourquoi il avait poussé son chant du cygne.

Il s'agissait d'un code, au sein de l'organisation secrète, qui permettait à chacun de ses membres de prévenir les autres en cas d'extrême danger. Prentice avait lancé le signal juste avant son arrestation, comme s'il avait vu venir le coup.

— Pourquoi ne pas m'avoir laissée vous aider, alors ? demanda Sophie.

— Parce que… je craignais de me laisser aller à t'implorer de le soigner. Tu n'as pas idée de la peine que j'ai à le laisser prisonnier des ténèbres. Mais son esprit a besoin de se renforcer avant d'être rappelé à lui pour de bon. Son fardeau est bien trop lourd… et si son esprit se brise de nouveau, je crains que cette fois les fragments en soient trop infimes pour te permettre de le réparer.

L'émotion qui étreignait la voix du proviseur apaisa un peu la jeune fille.

Le reste de sa colère se dissipa lorsqu'elle admit partager ses inquiétudes.

Tant de choses avaient changé dans la vie de Prentice depuis son sacrifice. Son épouse, Cyrah, avait trouvé la mort dans un accident de saut lumineux. Sans parler de son fils, Wylie, qui le connaissait à peine. Avec un esprit affaibli, le choc serait trop dur à supporter.

— Vous auriez au moins pu me tenir au courant, maugréa Sophie.

— Je sais. Quand il s'agit de Prentice, je semble perdre toute capacité de jugement. Sans doute est-ce parce que je me sens responsable, moi aussi.

— Et moi, alors ? C'est à cause de moi s'il a l'esprit brisé !

— Attention, Sophie, l'avertit Grady. N'oublie pas où ce type de pensées a mené Alden.

L'Émissaire, présent lors de la capture et l'interrogatoire du Gardien, avait laissé la culpabilité lui briser l'esprit, alors même qu'il ne se doutait pas, à l'époque, que Prentice était du bon côté. Si Sophie n'avait pas eu la force de le guérir, Alden serait encore en proie à la folie.

Elle prit une profonde inspiration avant de désigner le disque noir.

— Il faut découvrir ce que signifie ce symbole. Le meilleur moyen serait de me laisser voir Prentice… afin de sonder son esprit en quête de souvenirs supplémentaires. Pas pour le soigner.

Le Magnat Leto serra les dents. Allait-il refuser ?

— Je peux m'arranger pour t'y emmener demain, finit-il par dire.

— Pourquoi pas dès maintenant ? le pressa Sophie.

— Le moment est mal choisi pour les escapades, lui rappela Grady, un doigt pointé vers son pendentif d'identification.

Le cristal servait à la localiser. Si un Technopathe pouvait fausser la donne, nul doute que les Conseillers devaient la surveiller de très près suite à l'attaque de Foxfire.

— Croyez-vous qu'il soit prudent de partir demain ? s'enquit Edaline.

— Avec les précautions nécessaires, oui. (Le Magnat Leto glissa le disque dans la poche de sa cape.) Je ferai un dépistage d'enzymes ce soir, par acquit de conscience. Je tâcherai aussi de découvrir de quoi il est fait. Et nous devrions nous débarrasser de ceci.

Il tendit le manteau de Keefe à Brielle.

— Voulez-vous que je récupère le mouchard ? demanda la gobeline.

— Non, mieux vaut éviter d'attirer l'attention des Invisibles tant que nous n'aurons pas saisi l'importance de ce disque. J'aime autant leur faire croire que nous avons détruit le manteau sans mettre au jour son secret.

Brielle se dirigea vers la porte – le mouvement de ses boucles accompagnait chacun de ses pas.

— Le feu suffira-t-il ?

— Tant que le mouchard fond complètement, répondit le Magnat Leto avant de se tourner vers Sophie. Je reviendrai te chercher à l'aube, ainsi que Fitz. La présence de ton Apparenté pourrait nous être précieuse : même incapable de pénétrer dans l'esprit de Prentice, il pourra renforcer ton énergie mentale.

Sophie sentit son estomac se nouer.

— Fitz sait-il que Keefe était derrière l'attaque ?

— Si ce n'est pas le cas, il l'apprendra bien assez vite. Son père m'a hélé avant que je ne quitte le campus, et j'ai promis de lui rapporter les détails de notre conversation. Il redoute peut-être que son fils aîné soit impliqué. Pourquoi ? Qu'il le sache poserait-il problème ?

— Peut-être. Fitz n'est plus lui-même depuis le départ de Keefe. Il fait comme s'ils n'avaient jamais été amis.

— Parfois, c'est plus facile, dit Edaline d'une voix douce.

L'absence d'un être cher est tellement douloureuse… Il est plus sain de se mettre en colère.

C'était précisément ce à quoi Sophie se serait attendue de la part de Fitz. Cette fois, pourtant, il réagissait différemment.

Il semblait moins fâché… qu'effrayé.

— En tout cas, reprit le Magnat Leto, sortant son éclaireur, une chose est sûre : tu sais comment aider tes amis lorsqu'ils traversent une épreuve. Peut-être pourras-tu aider Fitz demain ? D'ici là, tâche de te reposer. Tu auras besoin de toutes tes forces pour faire face à Prentice.

Ils le regardèrent disparaître dans un tourbillon lumineux, laissant derrière lui un silence gêné.

— Je vais prendre une douche et me coucher tôt, décréta Sophie.

Elle embrassa ses parents et monta dans sa chambre, qui occupait la totalité du deuxième étage.

— Vas-tu réussir à t'endormir ? lança Edaline derrière elle.

— Sans doute pas.

Malgré tout, ses parents ne lui proposèrent pas de somnifère. Ils savaient combien elle détestait les sédatifs – l'ennemi lui en avait assez administré par le passé. Même Sandor se garda de tout commentaire en terminant son inspection journalière de la chambre à coucher. Il se montra cependant plus minutieux qu'à l'accoutumée, examinant chaque recoin de placard, et ce alors même que le tapis floral ne portait pas la moindre trace d'intrusion.

— Tout est en ordre, annonça-t-il après avoir regardé sous le lit à baldaquin géant. Je suis juste derrière la porte si vous avez besoin de moi.

À peine l'eut-il refermée derrière lui que Sophie se jeta sous la douche pour laisser les flots tièdes et colorés chasser les derniers éclats de verre qui disparurent par la bonde, insignifiants. Pourtant, elle ne pouvait s'ôter de la tête les propos de Keefe.

« *Parfois, les choses ont besoin d'empirer avant de s'arranger.* »

Les émotions s'entrechoquaient dans son esprit. Crainte. Doute. Effroi.

Les yeux clos, elle visualisa chacune d'entre elles comme un fil avant de les inclure dans le nœud déjà formé au creux de son estomac, comme le lui avait enseigné le Conseiller Bronte. La pelote s'embrasa sous ses efforts. Elle appliqua les mains sur sa peau et respira profondément jusqu'à ce que ses sentiments se stabilisent.

« L'angoisse peut alimenter l'énergie, lui avait expliqué Bronte. Mieux vaut la prendre à bras-le-corps plutôt que l'ignorer. »

Alors qu'elle se glissait sous la couette, pourtant, Ella (l'éléphant en peluche bleu sans lequel elle ne pouvait dormir) fermement serrée contre son cœur, elle sentit de nouveaux fils de crainte s'enflammer. Même les ronronnements suraigus d'Iggy, son minuscule lutin à la fourrure bleue venu se blottir contre elle sur l'oreiller, ne suffirent pas à la détendre. Il n'y avait plus qu'une solution – une qu'elle avait eue jusque-là trop peur de tenter.

Ses pouvoirs télépathiques renforcés lui permettaient d'étirer sa conscience sur une distance exceptionnelle afin de transmettre ses pensées à des personnes ou créatures situées à l'autre bout du monde. Elle s'en servait surtout pour communiquer avec Fitz, ou pour prendre régulièrement des nouvelles de Silveny afin de s'assurer que sa gestation se passait bien. Mais ce soir-là, une autre personne occupait son esprit.

— *Keefe ?*

Son appel tourbillonna dans les profondeurs du néant, propulsé par toute la puissance de son énergie mentale. Jamais encore elle n'avait repoussé ses limites afin de communiquer avec un non-Télépathe… excuse commode pour ne pas tenter l'exercice plus tôt. Alors qu'en réalité, elle craignait surtout de ne pas pouvoir faire confiance au jeune homme.

Ou de ne pas recevoir de réponse.

— *Keefe ?* lança-t-elle, encore et encore.

Il était incapable de transmettre, aussi devait-elle se connecter directement à ses pensées. Elle poussa sa conscience plus avant, visualisant sa trajectoire comme celle d'une flèche qui fendrait les ténèbres pour atteindre sa cible : l'esprit de Keefe. Un flot de chaleur lui envahit le cerveau lorsqu'elle fit enfin mouche, accompagné d'une pensée tremblante, solitaire.

— *Foster ?*

— *Oui !* transmit-elle, un peu trop fort. (Elle baissa sa voix mentale avant de demander :) *Et là, tu m'entends ?*

— *ALORS LÀ ! C'est le tour de passe-passe le plus dingue que j'aie jamais vu !*

— *Désolée ! Je t'ai fait peur ?*

— *À ton avis ? Je parie que Fitz doit se faire dessus à chaque fois… AVOUE !*

— *Ne sois pas vulgaire.*

— *Ce n'est pas de la vulgarité, c'est du réalisme. Et, euh… ça signifie que tu es en train de farfouiller dans ma mémoire ?*

En était-elle seulement capable à une telle distance ? Peu importait. Elle avait déjà payé bien assez cher ses diverses violations du code de la télépathie.

Et puis, tant qu'à se fier à Keefe, autant le faire vraiment.

— *Je me concentre sur notre conversation*, lui promit-elle.

Ce qui n'empêchait pas les pensées du jeune homme de bourdonner à l'arrière-plan de sa conscience comme le bruit d'une télévision en fond sonore. Il était tellement soulagé de la savoir saine et sauve… et plus encore de constater qu'elle lui parlait toujours. Il semblait par ailleurs très angoissé à l'idée qu'on puisse surprendre leur conversation.

— *Je te dérange, peut-être ?* demanda Sophie.

— *Non, mais heureusement que Ruy et Alvar ont le sommeil lourd… parce que je n'ai pas pu me retenir de crier et de m'agiter en entendant ta voix !*

L'idée qu'il puisse se trouver aussi près de ses anciens ravisseurs – sans parler du Psionipathe qui les avait attaquées, Biana et elle – donna le frisson à Sophie.

— *Est-ce que tu peux aller dans un coin plus tranquille ?*

— *Je n'ai pas le droit de quitter ma chambre sans supervision. Mais ça ne devrait pas poser de problème, tant que je fais semblant de dormir. Alors… quoi de neuf ? Il s'est passé quelque chose ?*

— *À part la destruction partielle de Foxfire, tu veux dire ?*

— *Eh, tu n'es pas la seule à avoir le droit de faire sauter l'école. Chacun son tour, ma vieille !*

— *Ça ne me fait pas rire, Keefe.*

— *Ça te détendrait, pourtant. Allez, un petit effort !*

Avec un soupir, Sophie laissa sa frustration transparaître.

— *Personne n'a été blessé, au moins ?* demanda Keefe.

— *Tu as eu de la chance*, confirma-t-elle.

— *La chance n'a rien à voir là-dedans. J'ai tout planifié à la perfection.*

— *C'est exactement ce genre de fanfaronnade qui va te faire tuer.*

— *Pas forcément. Je sais que ça te contrarie, et, crois-moi, ça ne me fait pas plus plaisir qu'à toi, mais… j'ai une place importante dans leurs manigances. Enfin, je crois. Je suis encore en train de tout mettre au clair. Mais je sais qu'ils tiennent à ce que je sois présent. Je n'ai plus qu'à les convaincre de me faire confiance afin d'apprendre pourquoi… et j'ai fait de sacrés progrès aujourd'hui. Fintan semblait à deux doigts de rejoindre la Team Keefe quand je l'ai retrouvé au point de rendez-vous pour qu'il me ramène à la planque.*

Sophie en avait presque la nausée. Elle se rappela cependant qu'il agissait pour une raison – celle-là même qui l'avait poussée à prendre contact avec lui.

— *Si tu as l'intention de rester, tu vas avoir besoin d'aide. Tu ne peux pas continuer tes escapades… Un jour ou l'autre ils finiront par t'attraper. Donc, à partir de maintenant, je te contacterai tous les soirs pour que tu me communiques tes découvertes.*

— *Ce n'est pas une mauvaise idée*, admit Keefe. *Même si ça signifie que je ne pourrai pas mettre en application le plan génial élaboré pour ma prochaine évasion. Un plan qui ne contenait même pas d'explosion… juste une tonne de peau de selkie.*

Sophie se surprit à sourire malgré elle.

— *Mais je ne pourrai pas tout te rapporter*, ajouta-t-il à mi-voix. *Si je t'en dis trop, je risque de me faire prendre.*

— *Je sais.* (Que lui cachait-il déjà au juste ? Elle chassa la question de son esprit.) *Ça ira, le soir, point de vue sécurité ? Ou préfères-tu le matin ?*

— *Le soir, sans hésiter. L'entraînement commence horriblement tôt… et puisque tu dois être en train d'imaginer toutes sortes de choses épouvantables, sache que pour l'heure, je n'ai rien eu à faire d'exceptionnel.*

— *Ça changera quand tu auras gagné leur confiance.*

— *Oui, sans doute.*

Le moment était venu de lui révéler qu'il avait prévu un plan génial pour cette occasion, aussi. Pourtant, son esprit demeurait coi.

— *J'espère que tu sais ce que tu fais*, soupira Sophie.

— *Mais oui ! Je ne peux pas te promettre qu'on ne me fera pas faire des choses plus louches. Mais je sais où se trouvent les limites, et je me refuse à les franchir.*

La conviction du jeune homme était ancrée en lui aussi profondément que les racines d'un arbre dans le sol. Suffirait-elle cependant à le prémunir contre les tempêtes à venir ?

Elle devait le surveiller.

— *Ça te convient si je te contacte à cette heure-ci ?* demanda-t-elle.

— *C'est parfait. On a rendez-vous ! Dis à tes petits copains de ne pas crever de jalousie.*

Si seulement elle avait pu lever les yeux au ciel mentalement !

— *Je ne vois pas ce que tu veux dire.*

— *Vraiment ? J'en connais un ou deux qui ne doivent pas être fans de l'aventure Keefoster.*

— *Keefoster ?*

— *Ça sonne bien mieux que Sophitz ou Dophie, non ? Sans parler de Mister Frangette ! Au fait, ne va pas croire que je n'ai pas remarqué tes nouvelles bagues. Je parie que le Fitzou porte les mêmes ! Ça doit être trop mignon quand vous joignez les mains pour vous dévorer du regard.*

— *On ne se dévore pas du… Pourquoi est-ce qu'on parle de ça, au juste ?*

— *Tu préfères que je te dise que Ruy me casse les oreilles avec ses ronflements ? Ou que sa chambre empeste les ongles de doigts de pied pourris ? Ou qu'Alvar ne cesse de spéculer sur l'identité de M. Forklenator ?*

La dernière question rappela à la jeune fille que son ami avait déjà pris la fuite lorsque le Magnat Leto-Forkle avait tombé le masque devant elle.

— *Tu as découvert une autre de ses identités, avoue !* devina Keefe.

— *En effet. Mais à mon avis, ce ne serait pas une bonne idée de te la révéler. Tu gardes déjà assez de secrets comme ça.*

— *Voilà que tu recommences à jouer les rabat-joie !*

— *C'est mon boulot.*

— *Rien ne te force à y mettre autant de zèle... même si j'apprécie de te voir veiller sur moi.*

— *Tu ne me facilites pas la tâche.*

— *Encore un point commun entre nous !*

Ses pensées flottantes ne laissaient aucun doute quant à sa détermination à protéger Sophie. Elle en avait le cœur à la fois lourd et léger.

— *As-tu fait d'autres découvertes importantes ?* lui demanda-t-elle.

— *Si seulement... Ils se gardent bien de me laisser rencontrer les autres membres de l'ordre pour l'instant. Et la cabane miteuse où je suis accueille toutes les nouvelles recrues parce qu'on ne vaut pas mieux. Ils refusent même de me confier un cristal ou un éclaireur... Et ceux qu'ils me laissent emprunter mènent systématiquement à des lieux de rendez-vous en terrain neutre.*

— *Ils t'ont fait assez confiance pour te laisser participer à la mission du Sanctuaire*, lui rappela-t-elle.

— *Seulement parce qu'il était question de semer la panique. Ils savaient pertinemment qu'ils ne pourraient pas pénétrer dans la réserve. Leur but était surtout d'humilier le Conseil et d'attiser les mécontentements.*

— *Pareil pour le registre ?*

— *Non, cette mission, c'était du top secret. Ce piratage cache quelque chose. C'est l'un des points que je dois éclaircir.*

— *Qu'y a-t-il d'autre sur ta liste ?*

— *Pour être honnête, elle est longue comme le bras. Mais j'essaie de me concentrer sur les détails susceptibles de m'indiquer comment mettre fin à leurs actions.*

— *Dans ce cas... j'ai peut-être une piste pour toi.*

Sophie laissa paraître dans son esprit le symbole gravé sur le disque noir retrouvé dans le manteau de Keefe.

— *Suis-je censé savoir ce qu'il représente ?* demanda-t-il.

— *Tu ne l'as jamais vu ?*

— *Non. Pourquoi ? Où l'as-tu trouvé ?*

— *Si tu ne le sais pas, je ferais mieux de ne rien dire. C'est peut-être un élément qu'ils te cachent volontairement. Mais ouvre l'œil, d'accord ?*

— *Entendu. Autre chose ?*

— *C'est tout ce qui me vient à l'esprit pour l'instant.*

— *Parfait. À mon tour de te poser une question.* (Keefe hésita, comme s'il s'apprêtait à aborder un sujet crucial.) *Comment Dizznee a-t-il réagi en voyant tes nouvelles bagues ?*

Sophie secoua la tête. Elle refusait de s'abaisser à lui répondre.

— *Ignore la question autant que tu veux, Foster, mais tôt ou tard tu devras résoudre ce triangle. À moins qu'il ne faille se rendre à l'évidence et parler d'un quadrilatère ?*

— *Je ne vois pas ce que tu veux dire.*

— *Oh, bien sûr que si. Je parie que si j'étais à côté de toi, je pourrais sentir ton humeur changer.*

— Bien entendu : je suis en train de chercher le moyen de t'étrangler à distance !

— Ah, voilà, je te reconnais bien là ! Trop mignonne quand tu t'énerves. Je crois que c'est ce qui m'avait le plus manqué chez toi.

Il ne faisait que la taquiner, bien sûr. Malgré tout, elle ne put s'empêcher de lui répondre par :

— Tu me manques, toi aussi.

L'esprit de Keefe resta silencieux un moment. Avant de se manifester de nouveau, plus grave.

— Bon, je ferais mieux de me coucher. Une longue journée m'attend chez les méchants… et inutile de me dire d'être prudent. J'ai saisi le refrain.

Sophie en doutait. « Prudent » n'était pas un terme qu'elle associait à Keefe Sencen.

— *Très bien*, dit-elle. *Mais avant de partir, j'ai besoin que tu me promettes une chose.*

— Oui, bien sûr, je t'appellerai Maîtresse Sermon chaque fois que tu me transmettras tes pensées.

— Ce n'est absolument pas ce que je voulais dire.

— Miss Bourreau des Cœurs, alors ?

— Keefe !

— Bon, d'accord, je m'en tiendrai à la Mystérieuse Mademoiselle F. Marché conclu ?

— Entendu. Maintenant, si tu veux bien te concentrer une seconde ?

— Je peux toujours essayer…

— Je veux que tu me promettes de partir si ça devient trop dur. Peu importent tes avancées.

Edaline l'avait un jour poussée à faire une promesse similaire, après lui avoir confié qu'elle regrettait de ne pas en avoir fait de même avec Jolie.

— *Ça ne risque pas d'arriver.*

— *Dans ce cas, il n'y a aucun mal à me le promettre, pas vrai ?*

Les secondes s'écoulèrent, interminables, avant qu'il lui réponde :

— *Bon, très bien. Je te le promets. Maintenant, du balai, mademoiselle F. J'ai besoin de mes huit heures de sommeil pour conserver mon teint de rose.*

Chapitre 5

— Vous les gamins, vous passeriez la journée à dormir si je vous laissais faire, grommela une voix sifflante.

Tirée d'un sommeil agité, Sophie frotta ses paupières collées et attendit que ses yeux s'habituent à la pénombre de la chambre.

— Vous aviez dit l'aube… Une minute. Retour en mode Forkle ?

Elle n'avait pas revu le vieil elfe empâté depuis le jour où il lui avait révélé son autre identité. Mais voilà qu'il se dressait dans l'encadrement de la porte, avec sa peau ridée et boursouflée et son parfum nauséabond de froisselles.

Étrangement, Sophie l'aimait mieux ainsi.

Car c'était le visage qu'elle lui avait connu toute sa vie. Celui du voisin sans-gêne qui avait veillé sur elle alors qu'elle évoluait parmi les humains. De l'elfe qui avait restauré ses pouvoirs après qu'elle les avait perdus lors d'un saut lumineux manqué et combattu à ses côtés sur l'Everest. De l'elfe, aussi, qui l'avait rendue chèvre avec ses énigmes et ses secrets – mais qui semblait la connaître mieux que personne.

— Comme je te l'expliquais tantôt, dit M. Forkle, il m'est plus facile de compartimenter mon existence. Dans les Cités perdues, je me repose sur mes identités établies. Aujourd'hui, nous nous rendons à la Maison de Pierre.

Sophie se sentit tressaillir à ces paroles.

Elle ne gardait que des mauvais souvenirs de ses deux visites au petit cottage isolé. La première fois, ils y avaient ramené Prentice – après avoir découvert l'état déplorable dans lequel il se trouvait. La seconde, Calla l'y avait conduite afin d'annoncer la terrible nouvelle de l'épidémie gnome.

— Maintenant que j'y pense, la dernière fois, vous n'étiez pas en mode Forkle, lui rappela-t-elle.

Elle aurait sans doute dû percer son secret ce jour-là. Mais le Magnat Leto l'avait embobinée en expliquant que le Cygne Noir l'avait fait venir afin de couvrir la visite de Tiergan et de Wylie.

Sans doute valait-il mieux ne pas trop s'attarder sur son talent pour le mensonge.

— C'était pour le bien du jeune Endal, expliqua M. Forkle. Il n'est pas au courant de mes autres identités… et j'aime autant préserver le mystère pour le moment.

— Est-ce que Wylie sera là aujourd'hui ?

— Espères-tu l'éviter ?

Croiser Wylie n'avait rien d'agréable : il passait le plus clair de leurs brefs échanges à lui reprocher toutes les horreurs arrivées à son père.

Leur dernière rencontre s'était avérée un peu moins gênante, pourtant.

— Je veux juste me préparer psychologiquement, déclara Sophie. Il doit se demander pourquoi je n'ai pas encore soigné Prentice.

— À vrai dire, lorsque son père s'est réveillé, Wylie est venu nous supplier de ne pas intervenir avant d'avoir découvert ce qui a causé le problème. Il est terrifié à l'idée de ruiner les maigres progrès de Prentice. Pour rappel, Fitz et toi venez récupérer des informations dans son esprit, et non le soigner.

— Minute… Fitz est là ?

Dans sa panique, Sophie jeta accidentellement Iggy hors de son lit. La créature déploya ses ailes de chauve-souris noires pour voleter jusqu'au sommet du baldaquin en agitant ses petits bras bleus avec un regard mauvais.

— Ton ami nous attend en bas, dit M. Forkle avant d'allumer la lumière d'un claquement de doigts. Ton lutin, quant à lui, semble fomenter sa vengeance. Je vais donc te laisser te préparer. Mais tâche de faire vite. J'aime autant partir avant le lever du soleil.

Combien de temps avait-elle dormi au juste ? Sophie préféra chasser la question de son esprit tandis qu'elle se hissait hors de son lit pour enfiler une tunique simple et un pantalon.

— Un petit coup de brosse ne serait pas de trop, suggéra Sandor lorsqu'elle franchit le seuil de sa chambre.

Sophie prêtait rarement attention à son apparence, mais le sourire espiègle du gobelin la poussa à se jeter sur le premier miroir à sa portée.

Un minuscule visage apparut dans le coin de la glace, non sans un grand éclat de rire.

— Alors, on s'est fait électrocuter par un Chargeur ? demanda Vertina en rejetant sa chevelure noire et soyeuse en arrière.

Sophie fusilla le miroir spectral du regard. Si seulement elle pouvait convaincre ses parents adoptifs de se débarrasser de cette technologie exaspérante… Hélas, l'objet avait appartenu à Jolie. Et Vertina savait parfois se montrer utile.

Et puis, elle n'avait pas tort : la tignasse de Sophie rappelait une couronne d'ananas.

— Tu ne fais qu'empirer les choses, remarqua Vertina alors que la jeune fille s'efforçait de démêler les nœuds. Va me chercher une boîte d'épingles, que je te sauve de ce désastre annoncé.

D'abord tentée d'ignorer son conseil – après tout, Vertina disparaîtrait dès l'instant où elle s'éloignerait du miroir –, Sophie laissa tout de même la minuscule jeune fille la guider afin d'obtenir une sorte de queue-de-cheval torsadée et lisse.

— Si je ne suis pas un génie ! s'exclama Vertina lorsque Sophie cala sa dernière mèche rebelle.

— J'avoue… admit la jeune Télépathe à contrecœur.

— Bien ! Maintenant, le maquillage. Va chercher…

Sophie abandonna le miroir, satisfaite de son apparence.

— Eh bien ! laissa échapper Fitz lorsqu'il la vit descendre l'escalier. J'ai failli ne pas te reconnaître.

— Je ne ressemblais à rien, marmonna-t-elle en tripotant l'extrémité de sa queue-de-cheval.

— Au contraire, c'est magnifique, lui assura son ami. On ne voit plus que tes yeux.

Dans la bouche de Fitz, c'était sans doute un compliment. Sophie, elle, ne se faisait toujours pas à l'idée d'être la seule elfe aux yeux marron.

Pourquoi les manipulations génétiques du Cygne Noir n'avaient-elles pas pu lui donner des yeux verts ?

Ou violets ?

— Vous devriez vous coiffer ainsi plus souvent, déclara Grizel, émergeant de sa cachette. Vous rendriez fous tous les garçons.

— Hmm… peut-être.

Sophie se sentait mal à l'aise quand elle attirait l'attention. Surtout celle de Fitz. Qui, d'ailleurs, la dévorait des yeux.

— Qu'est-ce qu'il y a ? ne put-elle s'empêcher de lui demander.

— Rien, je… je m'assurais que tu n'avais pas de coupure ou d'égratignure. Qu'il ne t'avait pas blessée.

— Keefe, tu veux dire ?

Le nom fit grimacer Fitz. Il serra les poings tellement fort que ses jointures blanchirent.

Sophie se tourna vers M. Forkle.

— Pouvez-vous nous laisser seuls une minute ?

Le vieil elfe acquiesça et mena les gardes du corps à l'autre bout de la pièce.

Sophie indiqua le canapé à Fitz et prit place à côté de lui. Optant pour la télépathie, elle lui donna la permission de pénétrer dans son esprit, comme seuls M. Forkle et lui en étaient capables. Il franchit aisément sa barrière mentale. Sophie possédait apparemment un point de confiance, auquel il suffisait de transmettre la pensée adéquate, comme une sorte de mot de passe. Le tout, de façon subconsciente, si bien qu'elle n'avait aucune idée de la nature du mot de passe en question.

— *OK*, transmit-elle, les mains calées sous ses cuisses afin de ne pas s'arracher les cils. *Il faut qu'on parle de Keefe. Je sais que tu n'en as pas envie. Mais plus longtemps on ignore la question, plus ça risque de peser sur notre travail d'Apparentés.*

Leur entraînement supposait qu'ils ouvrent leur esprit sans aucune retenue, le but étant de ne plus avoir le moindre secret l'un pour l'autre.

— *Es-tu certaine que ce soit une bonne idée ?* demanda Fitz. *Tu sais aussi bien que moi que je ne tiens plus ma langue quand je suis en colère.*

— *Mais es-tu en colère, justement ? Je sais que tu en veux à Alvar… et je te comprends. Mais es-tu sûr de savoir ce que tu ressens envers Keefe ?*

— *Pardon, mais il a quand même détruit un bâtiment de Firefox hier, au cas où tu l'aurais oublié.*

— *Certes, mais ça ne s'est pas passé comme tu le crois.*

Dans l'esprit de Fitz, Keefe avait tout du méchant, qui partait d'un grand rire diabolique sous la pluie de verre brisé.

— *Regarde, tu veux ?*

Rassemblant sa concentration, Sophie lui rejoua les événements, depuis son entrée dans le bureau du Magnat Leto jusqu'à l'explosion finale. Sa mémoire photographique reproduisait la scène à la perfection, sans rien omettre.

— *Bon, ce n'est peut-être pas aussi terrible que je le pensais*, admit à contrecœur le jeune homme. *Mais je maintiens que tu aurais dû lui mettre ton coup fourré dans la figure dès qu'il est apparu dans le fauteuil.*

— *J'y ai songé*, confessa Sophie, effleurant le large bracelet que lui avait donné Dex afin de renforcer ses coups de poing. *Mais je suis contente d'avoir écouté ce qu'il avait à dire.*

— *C'est sans doute pour cette raison qu'il t'a contactée, toi, plutôt que moi*, soupira Fitz.

— *Ça te contrarie ?*

— *Non.*

La pensée du jeune homme semblait étrangement revêche, pourtant.

— *Qu'aurais-tu fait s'il t'avait laissé le message plutôt qu'à moi ?* s'enquit Sophie.

Fitz se renfonça dans les coussins, le regard rivé sur le chandelier de cristal.

— *Aucune idée.*

— *Vraiment?* insista la jeune fille. *Je sens les mots affleurer à l'arrière de ton esprit. Dis-le... Je suis prête.*

Fitz se mordit la lèvre.

— *Très bien. Je... je ne lui fais pas confiance. Je sais que tu le voudrais, et que je le devrais sans doute, étant donné qu'il s'agit de mon meilleur ami et qu'on a partagé beaucoup de moments difficiles, tous les deux. Mais il a tellement en commun avec mon frère... Mince, il disait même qu'Alvar était son héros!*

— *Keefe ignorait qu'Alvar faisait partie des Invisibles, à l'époque.*

— *Peut-être. Mais ça me débecte quand même. Savais-tu qu'Alvar avait assisté à la plantation de ton Errant? Après t'avoir droguée et ligotée, et fait croire à ta noyade? Il a même posé la main sur mon épaule et m'a offert son fichu mouchoir. Avant de regagner la planque des Invisibles pour aider à te torturer.*

Sophie sentit la peau de ses poignets lui brûler. Douleur fantôme, séquelle de son interrogatoire.

— *C'est Brant qui m'a soumise à la question*, rappela-t-elle à voix basse.

— *Certes, mais Alvar a laissé faire. Il savait ce qui se passait. Sans doute t'a-t-il même entendue hurler.*

Il frappa l'un des coussins si violemment que des fragments de duvet tourbillonnèrent dans les airs.

— *Tu as raison*, dit Sophie lorsque les plumes furent retombées. *Mais ça, c'est Alvar. Tu ne peux pas mettre Keefe dans le même sac. Ton frère est... je ne sais même pas quoi. Je ne comprends pas comment il a pu ainsi trahir sa famille, ni commettre de telles exactions. Keefe, lui, essaie vraiment de nous aider. La situation le dépasse, son plan est sans doute bourré de failles, et je parie qu'on va devoir le sauver avant que tout soit fini, mais... il est sincère. Je me dois de le croire.*

— *Comment peux-tu te montrer aussi confiante après tout ce que tu as subi ?*

— *Ce n'est pas toujours facile.* (Elle porta la main à son nœud d'émotions, au creux de son estomac.) *T'ai-je déjà raconté ce qui s'est passé avec le Conseiller Bronte ? Tu te rappelles comme il me détestait avant ?*

— *Oui, j'ai même entendu mes parents se demander ce qu'ils feraient si Bronte te faisait exclure, ou pire, bannir.*

— *Ce n'était pas faute d'essayer. Et quand le Conseil a fait de lui mon Mentor d'instillation, j'ai cru que mon heure était arrivée. Nos sessions se passaient tellement mal que Kenric a dû venir nous chaperonner afin de s'assurer que Bronte ne me maltraitait pas. Puis un jour, Bronte m'a demandé de lui montrer comment j'instillais des émotions positives. Et tout le bonheur que j'ai envoyé dans son esprit a provoqué chez lui une sorte de crise de nerfs mentale. Aujourd'hui encore, je suis incapable de l'expliquer. Mais j'ai dû aller repêcher sa conscience. Laisse-moi te dire que son cerveau est l'un des endroits les plus effroyables que j'aie jamais visités.*

Elle en tremblait rien que d'y penser.

— *Après ça, je me suis dit que notre relation ne pouvait qu'empirer*, poursuivit-elle. *Pourtant, Bronte est devenu l'un de mes rares appuis au sein du Conseil. Ce n'est qu'après le cauchemar de l'inhibiteur de talents que j'ai compris ce qui avait causé ce revirement. Ce soir-là, il a chargé le Magnat Leto de me transmettre un message. « Seul un être exceptionnel peut voir les ténèbres en son prochain et ne pas le condamner. » Mais le plus triste, c'est que je l'avais pourtant condamné ! J'étais persuadée qu'il nous avait trahis. J'avais même demandé à Keefe de jouer les détecteurs de mensonges afin d'obtenir la preuve qu'il livrait des informations confidentielles aux rebelles.*

Alors… maintenant, je m'efforce de devenir celle que Bronte pense voir. Voilà pourquoi je ne suis pas prête à abandonner Keefe. Pas encore.

— *Je peux te comprendre. Mais…*

— *Je n'essaie pas de te faire changer d'avis. D'ailleurs, il vaut peut-être mieux que nos avis divergent. Je serai la croyante, et toi le sceptique. Ainsi, on pourra s'équilibrer… mais seulement si tu te montres honnête avec moi et que tu me fais part de ton opinion.*

— *Tu te montres bien sage et pragmatique, tout à coup,* soupira Fitz.

— *Il faut bien que l'un d'entre nous le soit.*

La boutade le fit rire. Il tendit la main pour tirer gentiment sa queue-de-cheval.

Sophie tenta de contrer l'attaque. Les anneaux glissés à leurs pouces collèrent leurs paumes l'une contre l'autre… ce qui aurait déjà été bien assez surprenant sans l'intervention de M. Forkle.

— J'en déduis que vous avez réglé votre petit différend ?

— Je suppose… marmonna Sophie.

Elle dégagea sa main en s'appliquant à éviter le regard de Fitz.

— Très bien, car il est temps de partir. Il n'y a plus une minute à perdre.

— Tu as bien pris ton transmetteur ? demanda Grady, qui venait d'entrer dans le salon d'un pas vif.

Sophie lui montra le gadget d'argent qu'elle avait glissé dans sa poche. Un transmetteur était l'équivalent elfique d'un téléphone vidéo à commande vocale.

— Tout va bien se passer, assura M. Forkle à l'Émissaire. Nous nous rendons en lieu sûr.

Grady étouffa sa fille dans une embrassade.

— J'essaie de me faire à l'idée de te laisser prendre tous ces risques, dit-il. Mais chaque fois, je me surprends à vouloir t'escorter dans ta chambre *manu militari*.

— Vous n'êtes pas le seul, déclara Sandor. Je la tiens à l'œil, ne vous en faites pas.

— Quant à moi, je ne les lâcherai pas des yeux tous les deux, ajouta Grizel. Histoire de leur montrer la vie, un peu.

D'un mouvement de tête, elle balança sa longue chevelure – cette fois détachée – tandis que M. Forkle tirait un éclaireur rose de son manteau. Combien de cristaux différents les elfes utilisaient-ils pour leurs déplacements ? Le bleu menait aux Cités interdites, le vert chez les ogres, le jaune pâle en Territoire neutre. Les pierres incolores envoyaient quant à elles dans les Cités perdues. Elle avait aussi vu le Cygne Noir employer des cristaux violets… Mais c'était la première fois qu'elle en voyait un rose pâle – et dont les centaines de facettes miroitaient de couleurs différentes, comme un diamant.

— Ne me dites pas que ça va être comme quand on a sauté grâce aux étoiles non répertoriées… se plaignit la jeune fille.

Elle avait vécu ce supplice à plusieurs reprises et ne se sentait pas la force de l'endurer une nouvelle fois.

— Non, cet éclat opalin que tu aperçois n'est qu'une mesure de sécurité supplémentaire, lui assura le vieil elfe. Donnez-vous tous la main.

Le groupe forma une chaîne : Sophie, Fitz, M. Forkle, Sandor, Grizel.

— Prête pour ta nouvelle mission ? demanda Fitz.

— Bien entendu, répondit M. Forkle à la place de Sophie. C'est ce pour quoi elle a été conçue.

Chapitre 6

La peau de Prentice, d'ordinaire d'un brun profond, avait pris une teinte grisâtre. Des filets de sueur luisante coulaient sur son front et trempaient ses tresses emmêlées.

Il était éveillé, cependant.

De ses yeux bleu ciel au regard voilé, il parcourait la pièce d'un air absent.

Même ses murmures indistincts constituaient une nette amélioration par rapport au silence qu'il avait gardé jusque-là.

Sophie n'eut malgré tout aucun mal à comprendre les raisons qui avaient poussé M. Forkle à la tenir à l'écart.

La seule vue du filet de bave suspendu aux lèvres du Gardien lui donnait envie de plonger dans son esprit afin de le rappeler à la réalité. Il méritait d'être véritablement conscient, et non plus attaché à un lit afin de ne pas tomber par terre, trahi par ses membres incontrôlables.

— *Le moment venu*, transmit M. Forkle à la jeune fille. *Et non, je ne lis pas tes pensées, si c'est ce qui t'inquiète. Je te connais assez bien pour savoir que tu penses la même chose que moi. Nous devons rester forts.*

— Tout va bien ? demanda Fitz tandis que Sophie acquiesçait à contrecœur aux propos du vieil elfe.

Elle se força à sourire en prenant soin de ne surtout pas regarder Prentice.

L'intérieur de la maison, lisse, stérile, exigu, n'avait pas changé. Sandor et Grizel décidèrent d'aller patrouiller sur la lande pour échapper au cottage bas de plafond.

Le lit de camp sur lequel reposait Prentice et la table attenante, croulant sous les médicaments, constituaient le seul ameublement de la chambre. Le reste de la pièce était envahi par des étagères d'apothicaire qui couvraient la totalité des murs. Sous l'unique fenêtre se dressait un comptoir étroit supportant un équipement d'alchimie élaboré.

— Il n'y a personne pour le surveiller ? demanda Sophie.

Elle examinait les béchers posés sur le feu, dont le contenu, une sorte de liquide magenta brumeux, bouillonnait sous l'effet de la chaleur.

— Bien sûr que si, lui répondit une voix fantomatique depuis la mezzanine.

L'instant d'après, le manteau argenté de Spectre descendait avec panache l'escalier exigu – seul, en apparence, même s'il était à l'évidence mis en mouvement par un corps invisible. L'agent usait d'une technique appelée éclipse partielle afin de dissimuler sa physionomie (mais pas ses vêtements) et de préserver ainsi son anonymat.

Chacun des cinq membres du Comité à la tête du Cygne Noir possédait un nom de code assorti à son excentrique déguisement. Pour l'heure, seuls deux d'entre eux avaient révélé leur identité à Sophie et à ses amis. M. Forkle, d'une part, leur était à la fois connu sous les traits du Magnat Leto et de Sir Astin, même s'il avait confessé disposer d'autres alias encore mystérieux. Quant au deuxième…

— Granite ! s'écria Sophie sitôt qu'elle vit une étrange silhouette émerger à grand-peine du sous-sol.

On aurait dit une statue craquelée et inachevée, douée de vie : l'œuvre d'une poudre d'indurite qu'il ingérait afin de modifier son apparence. Sophie le connaissait mieux sous les traits de Tiergan, son Mentor de télépathie à Foxfire depuis plus d'un an… Comment avait-elle pu étudier si longtemps avec lui sans jamais soupçonner son implication au sein du Cygne Noir ?

— Blizzard est déjà partie, annonça Granite à M. Forkle. Elle ne sera pas revenue à temps pour notre réunion du soir.

— Je m'en doutais un peu, répondit le vieil elfe.

Blizzard utilisait ses talents de Givreuse pour se recouvrir d'une croûte de glace afin de dissimuler son identité réelle, qui semblait compliquer les escapades prolongées hors des Cités perdues.

— Brume ne devrait pas tarder, ajouta Granite.

Comme pour répondre à son appel, une silhouette vaporeuse franchit l'épaisse porte en bois close du cottage. Phaseur, Brume était capable de dissocier ses atomes afin de traverser n'importe quelle surface. Il avait la particularité de ne se recomposer que partiellement, afin de cacher son apparence naturelle. Tout ce que vit Sophie, c'étaient des taches de couleur et d'ombre dont l'ensemble formait une silhouette vaguement elfique tandis qu'il ouvrait le battant pour accueillir deux invités d'allure familière.

— Vous pourriez utiliser la porte, comme tout le monde, grommela Tam en entrant dans la pièce.

— Ce ne serait pas drôle ! rétorqua Linh, sur ses talons.

Elle s'apprêtait à ajouter une phrase lorsqu'elle remarqua Sophie et Fitz. S'ensuivit un festival d'embrassades. Son frère, lui, se contenta d'adresser des signes de tête à chacun depuis le seuil.

Les jumeaux se ressemblaient beaucoup physiquement, surtout avec leurs yeux bleu métallique et les pointes argentées qui agrémentaient leur chevelure noir de jais. Côté caractère, en revanche, ils étaient le jour et la nuit.

— Si j'avais su que vous veniez... marmonna Linh. J'étais tellement contente de pouvoir sortir que je n'ai même pas pris le temps de me changer !

Elle tripota les manches de sa simple tunique bleue, trempées aux ourlets. Elle avait dû travailler son hydrokinésie.

— Tu es ravissante, lui assura Sophie.

Ce qui était toujours le cas.

Tous les elfes étaient d'une beauté à couper le souffle, mais Linh en particulier était exceptionnelle, avec ses douces joues roses et ses lèvres assorties, qui contrastaient avec ses yeux tempétueux et sa chevelure sombre. Beau garçon lui aussi, Tam affichait un style plus audacieux, grâce à sa frange dentelée et à son regard perçant.

— Pourquoi ne les laissez-vous pas quitter Alluveterre ? demanda Sophie à M. Forkle.

— Pour la même raison que je t'ai interdit de leur rendre visite, répondit-il. Leur cachette est bien trop précieuse.

Tam et Linh continuaient à vivre dans les cabanes que Sophie et ses amis avaient habitées durant leur bannissement des Cités perdues, au cœur d'une forêt dissimulée dans les entrailles de la terre et à laquelle seul le Cygne Noir avait accès. Les jumeaux auraient pu regagner leur domicile une fois graciés, mais ils avaient préféré garder leurs distances avec leur famille – un choix guère surprenant au demeurant. Durant plus de trois ans, leurs parents les avaient laissés vivre de maigres expédients dans des tentes en lambeaux, au lieu de soutenir leur fille alors qu'elle apprenait à maîtriser son pouvoir.

— Donc vous n'allez plus à Exillium ? leur demanda Fitz.

— Si, le Cygne Noir nous laisse sortir pour aller en cours, mais uniquement sous la surveillance des nains, expliqua Tam.

— Sous leur protection, rectifia Brume. Et ils ne feront surface qu'en cas de danger.

— Le roi Enki a chargé quatre membres de sa garde personnelle de veiller sur Tam et Linh, clarifia Granite.

Il jeta un regard à Prentice, qui semblait parfaitement indifférent au bruit ambiant.

— Entre la surveillance de Ravagog et les patrouilles dans les Cités perdues, les gobelins sont à court d'effectifs. Et il vaut mieux pour Tam et Linh conserver la couverture que leur offre Exillium.

— Comment ça se passe, là-bas, d'ailleurs ? demanda Sophie.

— De mieux en mieux, grâce à toi, répondit Linh avec un sourire.

La jeune Télépathe haussa les épaules, modeste. Était-elle vraiment responsable du changement ? Elle s'était contentée de décrire les conditions de vie des indociles à la Conseillère Oralie, qui avait pris des mesures en conséquence.

— Jamais je n'aurais cru que l'endroit me manquerait, remarqua Fitz. Mais je dois avouer que j'y ai acquis des compétences assez géniales.

— C'est surtout vous qui nous manquez, renchérit Sophie. Dex et Biana vont être verts de jalousie !

— Dire que Biana boudait déjà à l'idée de ne pas pouvoir nous accompagner ce matin… Quand je lui dirai qu'on vous a vus, elle va piquer une crise !

— Tous me harcèlent depuis des semaines afin de vous rendre visite, ajouta M. Forkle. À mon avis, ils ont battu le record du jeune Sencen : je ne compte plus le nombre de visites qu'ils ont rendues au principal afin de plaider leur cause.

La mention de Keefe pesa comme un mammouth laineux géant dans la pièce.

Tam s'éclaircit la gorge.

— Au fait... avez-vous de ses nouvelles ?

— On peut dire ça, maugréa Fitz, non sans lancer un regard en coin à Sophie.

— Je l'ai vu hier.

Si seulement Tam pouvait s'en contenter... Mais elle rêvait, bien sûr.

— Il y a eu du grabuge, je suppose ?

— Keefe a emprunté une voie particulièrement difficile, déclara M. Forkle, choisissant ses mots. Mais nous ne perdons pas espoir. Et je tiens à ce que vous sachiez que nous ne cherchons pas à vous séparer. Mais il nous faut protéger Alluveterre. Le Conseil suit vos déplacements de très près, et même s'ils n'œuvrent pas ouvertement contre notre ordre, nous ne pouvons pas non plus les compter parmi nos alliés.

— Dex trouverait sûrement le moyen de couvrir une absence de quelques heures, argua Sophie.

— M. Dizznee est particulièrement créatif, convint Spectre. Mais les nouvelles mesures prises par le Conseil sont plus subtiles que vous ne l'imaginez. Il a fallu près d'une nuit entière à notre Technopathe pour mettre au point le leurre que nous employons en ce moment même. Et sa durée d'utilisation est limitée.

— De plus, Dex a d'autres occupations, ajouta Brume.

— Lesquelles ? demanda Sophie, surprise que son ami ne lui en ait rien dit.

M. Forkle lança un regard plein de reproches à son collègue avant de transmettre sa réponse à la jeune fille.

— *Nous avons donné à Dex accès à toutes les archives sur le fils aîné des Vacker, dans l'espoir qu'il puisse découvrir ce qui a poussé les Invisibles à aller aussi loin pour détruire les dossiers.*

— *Est-ce pour cette raison qu'ils se sont introduits dans le registre ?* demanda Sophie.

— *En partie. Les enquêteurs n'ont pas pu déterminer si d'autres fichiers avaient été atteints. Mais les dossiers de Brant, Fintan, Ruy et Alvar ont été effacés. Une chance que nous en ayons fait des copies avant l'effraction. Tu comprendras certainement pourquoi nous avons demandé à Dex de rester discret...*

— Je sais que vous parlez de moi, les interrompit Fitz en croisant le regard de Sophie. Vous êtes conscients que je peux vous espionner, au moins ?

— Mais vous ne le ferez pas, rétorqua Granite. Car vous respectez trop votre amie pour enfreindre les règles de la télépathie.

— Fichus Télépathes ! grommela Tam.

— Dixit le Ténébreux qui refuse de faire confiance à quiconque avant d'avoir lu sa sombrume... le taquina sa sœur.

Le talent de Tam lui permettait de manipuler les ombres, y compris celles tapies dans l'esprit de chacun. Il prétendait pouvoir déterminer si une personne était digne de confiance par simple évaluation de son taux de sombrume – à raison, semblait-il : il avait douté de la sincérité d'Alvar, mais aussi de celle de Keefe, lorsqu'ils avaient refusé de se soumettre à son test. Sophie attendait toujours qu'il lui fasse la leçon.

— Dites-moi ce qui se passe, les implora Fitz.

Sophie soupira. Il dissimulait bien mal son angoisse.

— Dex enquête sur ton frère, afin d'en apprendre plus sur les Invisibles. Nous n'avons pas été mis au courant parce que…

Elle désigna les poings de son ami, serrés si fort que ses anneaux lui entamaient la peau.

Il lui fallut de longues secondes pour se détendre avant de se tourner vers M. Forkle.

— Je veux savoir ce qu'il a trouvé.

— Rien, pour le moment. C'est l'autre raison pour laquelle nous avons tu l'information. Je vous invite à interroger Dex directement si vous ne me croyez pas.

— Je n'y manquerai pas, répondit Fitz.

Sophie se jura d'être présente le moment venu, afin d'éviter que la conversation ne tourne au désastre.

— Bien. Pouvons-nous revenir au sujet qui nous amène ici aujourd'hui ? demanda M. Forkle. Monsieur Song…

— Je vous ai déjà dit que je ne voulais plus être associé au nom de mes parents, le coupa le jeune homme.

— Bien sûr. Toutes mes excuses, Tam. Brume vous a-t-il expliqué le plan ?

— Il m'a parlé d'un nouveau voile à soulever… J'espérais avoir mal compris. Dois-je vous rappeler ce qui s'est passé la dernière fois ?

— Inutile, je m'en souviens très bien, dit le vieil elfe. Prentice s'est enfin réveillé.

— Certes, mais ce n'était pas tout, insista Tam. Jamais je n'oublierai ses hurlements.

— Pourquoi Prentice hurlait-il ? demanda Sophie tandis que Linh prenait la main de son frère.

— Ça n'a duré que quelques minutes, lui assura M. Forkle, ce qui n'avait rien de réconfortant. Sans doute ses cris étaient-ils provoqués par l'afflux de souvenirs relâchés pêle-mêle par le voile.

— Suis-je le seul à n'y rien comprendre ? s'enquit Fitz.

— Du tout, répondit Sophie.

Jamais, au cours de ses incursions dans l'esprit de son prochain, elle n'avait rencontré de voile.

— La sombrume forme des épaisseurs, expliqua Tam. Seuls les Ténébreux les détectent. Je parle de voiles car elles sont fines et clairsemées, et qu'elles couvrent systématiquement ce que l'esprit tente de dissimuler. Voilà pourquoi j'en apprends autant sur les autres en lisant leur sombrume. Plus il y en a, plus elle cache de secrets. Mais les voiles qui enveloppaient l'esprit de Prentice semblaient faits de métal. Il m'a fallu toute mon énergie pour soulever la première couche, après quoi sa conscience a sombré tandis que les souvenirs affluaient.

— Toutes ces années de folie et d'incarcération à Exil ont dû l'ensevelir dans les ténèbres, murmura Granite. Si seulement je savais ce qui a causé la dégringolade finale…

— Nous finirons par le découvrir, promit M. Forkle. Pour l'heure, nous devons nous appliquer à lever un autre voile, plus léger sans doute, maintenant que nous avons écarté la couche qui l'étouffait. Le fragment de souvenir que j'ai récupéré était relié à autre chose, comme un poids, qui l'ancrait dans les ténèbres. Avec un peu de chance, Sophie saura trouver de quoi il s'agit si l'on soulève le voile.

— Et si ça ne fait qu'aggraver son état ? souffla l'intéressée.

— Croyez-moi, je me suis posé cette question des milliers de fois, répondit Granite. Cependant, l'intervention de Tam lui a visiblement fait du bien. En toute logique, cette nouvelle tentative devrait l'aider.

De toutes les personnes présentes, Granite partageait le lien le plus étroit avec Prentice. Il avait démissionné de Foxfire après le brise-mémoire pratiqué sur le Gardien et méprisé la famille Vacker des années durant à cause de l'implication d'Alden. Il avait aussi adopté Wylie, qu'il avait élevé comme son propre fils.

L'optimisme du Télépathe était plutôt bon signe.

— Avez-vous prévenu Wylie ? demanda Sophie.

M. Forkle opina du chef.

— Nous avons sa bénédiction.

— Dans ce cas, pourquoi n'est-il pas là ? s'enquit Fitz.

— Il a beau savoir que c'est la bonne décision, ça ne rend pas la chose plus facile à voir, lui rappela Granite. Il sait cependant que je suis là pour protéger son père.

— Moi aussi, ajouta M. Forkle. Ainsi que toi, Sophie, et vous, Tam. Nous partageons le même but.

Le Ténébreux soupira.

— Quel souvenir cherchons-nous au juste ?

— Le fragment manquant du symbole que j'ai déniché lors de ma fouille malavisée. Nous en avons trouvé une partie gravée sur un disque en rapport avec les Invisibles… lequel, d'ailleurs, ne portait aucune trace d'enzymes, Sophie. Il est taillé dans une pierre appelée crépusculine, au demeurant ni rare ni précieuse. Elle a ceci de particulier qu'elle réagit à la lumière stellaire, ce qui pourrait être une piste quant à son utilisation, même si je n'ai pour l'instant aucune idée de sa finalité. Peut-être qu'une fois le symbole complet, nous y verrons plus clair.

— Puis-je consulter le souvenir que vous avez récupéré ? demanda Sophie.

Le vieil elfe la prit à part et posa deux doigts sur chacune de ses tempes. Un fragment irrégulier surgit dans l'esprit de la jeune fille. Elle frissonna à la vue du souvenir qui émergeait des ténèbres : trois lignes diagonales d'un blanc fluorescent, chacune barrée de motifs différents et surmontée d'un cercle ouvert. Celle du centre correspondait au disque trouvé dans le manteau de Keefe.

— Il se peut que plusieurs fragments manquent à l'appel, l'avertit M. Forkle.

— Comment saurai-je si je les ai tous récupérés ? demanda Sophie.

— Envoie-moi tout ce que tu trouves, lui proposa Fitz. Je les rassemblerai au fur et à mesure et te dirai quand ce sera fini. Et si tu as besoin d'un supplément d'énergie, tu n'auras qu'à me serrer les doigts.

Il lui tendit la main. Après tous ces mois de dur labeur, le soutien de son ami lui était aussi confortable qu'une paire de chaussons bien ajustés.

— Tout le monde est prêt ? demanda M. Forkle.

Tous les regards se tournèrent vers Tam.

Il dégagea sa frange de ses yeux et lâcha la main de sa sœur.

— J'espère qu'on ne va pas le regretter.

— Et nous donc, soupira Granite.

Soudain douée de vie, l'ombre du jeune Ténébreux rampa lentement à travers la pièce pour aller s'abattre sur le visage de Prentice et plonger dans son esprit.

Chapitre 7

Tam n'avait pas menti, les cris de Prentice étaient effroyables. Sophie n'oublierait jamais ses hurlements – ceux d'un être déchiré entre terreur pure et désespoir écrasant.

Chaque seconde semblait une éternité.

Chaque respiration, un coup de poignard dans la gorge.

Puis, tout fut fini, aussi vite que ça avait commencé.

La bouche close, Prentice dodelina de la tête pendant que Tam titubait en arrière, ses jambes tremblantes se dérobant sous lui. Linh se précipita pour le soutenir et l'aider à s'allonger sur le sol froid, non sans rassembler en même temps l'humidité en suspension dans la pièce afin d'en tirer une sorte de compresse flottante.

Fitz laissa échapper un sifflement ébahi, comme il ne manquait jamais de le faire devant les prouesses de l'Hydrokinésiste.

Sophie était impressionnée elle aussi, surtout par la maîtrise déployée par Linh. La jeune fille, autrefois bannie pour avoir provoqué bien des déluges, avait fait de sacrés progrès depuis leur rencontre.

— Je vais bien, grommela Tam. Comment va Prentice ?

— Il est fort, lui assura M. Forkle.

Sophie fit volte-face et, à la vue des yeux clairs du malade, éprouva un profond soulagement. L'ombre qu'elle avait remarquée plus tôt s'était dissipée, et son regard semblait stable et net. Même ses soubresauts avaient diminué, et ses gémissements n'étaient plus que de simples chuchotements.

— Que s'est-il passé ? demanda Linh à son frère, dont elle rajusta la compresse quand il se fut redressé. Ça ne t'a pas fait un tel effet la dernière fois.

— Peut-être parce que le voile n'était pas aussi lourd ! (Il se tourna vers M. Forkle.) Vous pensiez que la couche suivante serait plus légère… Eh bien vous vous êtes fourré le doigt dans l'œil ! J'ai eu l'impression de vouloir soulever une énorme baleine boursouflée !

— Belle image, gloussa le vieil elfe. Raison de plus pour être fier de votre réussite.

— Oui… Pour être honnête, reprit Tam, les genoux serrés contre la poitrine, il m'a semblé qu'il m'aidait.

Les quatre membres du Comité s'accroupirent autour de lui.

— Que voulez-vous dire ? demanda Granite.

À travers sa compresse vaporeuse, Tam tira sur sa frange.

— C'est difficile à expliquer. J'étais à bout de forces, et je me suis dit… que ma tâche serait plus aisée si Prentice savait que j'étais de son côté. J'ai donc utilisé mon ombre pour lui transmettre un message… Ce qui n'aura aucune incidence sur sa conscience, promis, s'empressa-t-il d'ajouter.

Le Ténébreux avait usé du même stratagème lors de sa rencontre avec Sophie. Le règlement très strict d'Exillium interdisait aux indociles de communiquer entre eux, si bien que leurs premières conversations avaient entièrement eu lieu dans la tête de la jeune fille. Dès que leurs ombres se croisaient, celle de Tam ouvrait un canal lui permettant de murmurer directement dans l'esprit de Sophie.

— Bref, poursuivit-il, je lui ai expliqué que je collaborais avec le Cygne Noir et que j'avais besoin de déplacer les ténèbres afin de permettre à Sophie de fouiller ses souvenirs. À peine avais-je prononcé son nom que Prentice a cédé et que le voile a commencé à bouger.

Granite murmura une phrase incompréhensible et se précipita au chevet de son ami pour lui saisir les deux mains.

— Prentice… tu m'entends ?

Tous retinrent leur souffle.

Et attendirent.

Intrigués.

Et… rien.

Il fouilla sa poche et en tira un sablier en cristal scintillant.

— Vous l'avez en permanence sur vous ? s'étonna Sophie.

— Un chef avisé se tient toujours prêt. Tu auras dix minutes. Il ne serait pas sage de t'attarder plus longtemps dans son esprit.

La gorge serrée, la jeune Télépathe demeura sans voix. Elle tenta de faire bonne figure tandis qu'elle s'approchait du lit de Prentice. Fitz, qui la suivait de près, lui prit la main pour calmer ses nerfs.

— Si tu as besoin de moi, serre, lui dit-il. Je t'enverrai aussi quelques salves d'énergie à intervalles réguliers, au cas où.

Sophie acquiesça et posa un dernier regard sur ses amis avant de se concentrer sur le seul visage qui comptait à présent.

— Je ne vous ferai pas de mal, promit-elle à Prentice.

Puis elle enfonça sa conscience dans l'esprit du Gardien.

Elle sombra, encore et encore, à travers les ténèbres, entre les éclats de souvenirs qui martelaient ses défenses mentales. Son estomac se contracta sous l'effet de l'adrénaline, en dépit de son immobilité.

Plus elle plongeait, plus le noir s'estompait.

Il vira d'abord au gris.

Puis au blanc.

Et enfin à quelque chose… d'autre.

Une couleur trop vive pour être identifiée.

Une couleur qui les rassemblait toutes, d'une perfection aveuglante, tant elle semblait pure. D'autres images prirent forme à mesure que la conscience de Sophie s'adaptait à son éclat.

Des motifs fractals.

Des flocons d'arc-en-ciel.

Autant de reflets opalins, tourbillonnants.

Au milieu de tant de beauté se dressait une silhouette.

Une jeune femme à la robe mauve pâle, aux longs cheveux blonds et au sourire éblouissant.

— Bonjour, Sophie, murmura Jolie. Je savais que tu reviendrais me voir.

Chapitre 8

Sophie avait beau savoir que Jolie n'était pas là, la vision n'en semblait pas moins réelle.

Prentice avait fait apparaître la fille de Grady et Edaline dans toute sa beauté avec une précision remarquable, jusqu'à la couleur de sa robe légère à volants. Il avait déjà eu recours à la même projection par le passé, lorsque Sophie avait tenté pour la première fois de lire son esprit, afin de la guider hors de son cerveau malade. Cette fois, pourtant, Jolie n'accueillait plus la jeune fille dans une prairie, mais dans un cocon ménagé parmi les fractales scintillantes.

— Je pensais que ton esprit me serait plus familier, dit-elle. Mais il est différent. Plus fort.

— *Tu te souviens de moi ?* transmit Sophie.

— Parfois oui, parfois non. La réalité est relative.

Les yeux turquoise de la jeune femme se posèrent sur ses doigts graciles, qu'elle agita comme pour s'assurer qu'ils lui appartenaient bien.

— N'ai-je pas raison ? Quelque chose a bien changé ?

— *La dernière fois, mes pouvoirs étaient brisés*, expliqua Sophie. *Il a fallu me soigner avant que je puisse revenir. Et alors, tu avais disparu.*

— J'ai dû partir, murmura Jolie. Je ne sais plus pourquoi. Mais me revoilà… et tout est bien plus clair cette fois !

Les bras levés, elle se mit à tournoyer sur elle-même. Sa jupe flotta autour d'elle.

— *Pourquoi utilisez-vous Jolie afin de communiquer avec moi ?* ne put s'empêcher de demander Sophie. *Avait-elle de l'importance pour vous ?*

— Tu cherches encore une raison. L'esprit peut se montrer capricieux. La logique n'assume pas toujours ses responsabilités. Souvent, elle cède le contrôle aux sentiments.

De sa main tendue, Jolie attrapa une fractale verte qui flottait à proximité. Le motif vira au bleu et enfla au point de les encadrer.

— Avec moi, tu te sens en sécurité, n'est-ce pas ?

— *C'est vrai.*

Les deux jeunes filles avaient beau ne s'être jamais rencontrées, Sophie savait qu'elles se seraient bien entendues. Tous ceux qui avaient connu Jolie l'adoraient. Même son assassin.

— Tu lui ressembles, je trouve, déclara Jolie, agitant sa chevelure dorée. C'est plus facile ainsi. J'ai tellement perdu le nord que je ne sais plus être moi-même.

— *Mais c'est bien à Prentice que je parle, là ?* demanda Sophie, intriguée.

Le sourire de la jeune femme s'estompa.

— Prentice est partout et nulle part. Lui ne peut rien pour toi. Même si toi, tu peux l'aider, à ce qu'il paraît.

— *En effet*, répondit Sophie, le cœur battant.

La petite troupe rassemblée dans la pièce entendait-elle ses martèlements ?

— *Mais c'est peut-être encore trop tôt. Il… enfin, vous avez besoin de reprendre des forces.*

Les fractales tournoyèrent de plus belle, projetant tant de couleurs différentes que Sophie avait l'impression de se trouver à l'intérieur d'une boule à facettes. L'image de Jolie palpita aussi, ses traits de plus en plus vagues et imprécis.

— Comme c'est étrange… Parfois, je me sens si saine d'esprit. À d'autres moments…

La lumière vola en éclats.

Dans un grincement qui rappelait celui d'ongles sur un tableau noir, des fragments glacés attaquèrent la conscience de Sophie tandis qu'elle tombait. Elle tenta de serrer la main de Fitz. Son corps, pourtant, semblait déconnecté de son esprit.

Plus de force.

Plus d'énergie propre.

Le noir s'abattit tout autour d'elle, tellement épais qu'il en devenait palpable… puis les ténèbres se tordirent pour former…

Un cygne ?

— Pardon, dit Jolie quelque part derrière elle.

À tâtons, Sophie tenta de s'agripper plus fermement au cou de l'oiseau sur le point de s'élancer.

Les bras de Jolie s'enroulèrent autour de sa taille, doux et tièdes en dépit du blizzard qu'ils traversaient à tire-d'aile. Une tempête de fragments flous, qui semblait déterminée à les abattre de nouveau.

— J'essaie de garder le cap, expliqua Jolie. Les cygnes noirs m'aident à m'orienter.

— *Je n'étais pas censée vous parler*, avoua Sophie. *Ils craignent que je n'aggrave votre état.*

— Rien ne peut être pire que là où j'étais.

— *J'en suis tellement désolée…*

Les mots semblaient bien faibles… mais Sophie n'avait rien de mieux à offrir.

— *Où allons-nous ?* demanda-t-elle.

Allaient-ils seulement de l'avant, en arrière, de côté ?

— Quelque part. Nulle part. Partout. Ça revient au même, ici. Toujours maintenant, jamais tantôt. Toujours tantôt, jamais maintenant.

— *Tout ceci n'a pas grand sens…*

— Bienvenue dans mon monde. Je te dirais bien de t'y faire, mais…

Le cygne entama une série de loopings, et Sophie fut prise de haut-le-cœur. Pouvait-elle vomir dans la tête d'un autre ?

— Tu cherches quelque chose, n'est-ce pas ? demanda Jolie. C'est ce que m'a dit la voix dans les ténèbres avant que tu n'arrives.

— *C'était Tam. Un ami.*

— Heureusement que je ne l'ai pas entraîné par le fond.

— *Vous faites ça ?*

— Parfois. Pas toujours par choix.

— *Donc… il vous arrive de le faire exprès ?*

— Pourquoi, tu as peur ?

— *Un peu. Mais je vous fais confiance.*

— Veux-tu dire que tu reviendras ?

— *Bien sûr*, promit Sophie. *Même si pour l'heure, je n'ai plus que quelques minutes devant moi. Pouvez-vous m'aider à retrouver le souvenir dont j'ai besoin avant de partir ?*

— Je peux essayer, déclara Jolie avant que le cygne ne plonge, les ailes repliées. Mais les souvenirs ici présents ne sont plus ce qu'ils étaient.

Ils s'enfoncèrent, toujours plus bas, jusqu'à atteindre un nuage d'éclats luisants qui s'entrechoquaient. Certains arboraient des images peintes. D'autres se mouvaient comme des fragments de film. D'autres encore ne contenaient qu'une cacophonie inintelligible.

— Tout ce qui était a disparu, constata tristement Jolie. Tout ce qui reste est fracturé, fragmenté.

— *J'ai juste besoin d'un morceau… quelques-uns tout au plus.*

Sophie projeta l'image que lui avait transmise M. Forkle. Elle se déploya devant eux tel un hologramme.

— Ça ne me dit rien, murmura Jolie.

— *M. Forkle l'a retrouvé lors de sa dernière visite.*

Jolie se figea.

— Quelqu'un d'autre est venu ?

— *Vous ne vous en souvenez pas ?*

— J'entends parfois des voix. Mais je ne sais jamais s'il s'agit d'échos… J'espère ne pas lui avoir fait de mal.

— *Il est parvenu à ressortir… de justesse. Voilà pourquoi il m'a envoyée.*

— Tu es le Colibri, murmura Jolie, resserrant ses bras autour de Sophie.

La jeune Télépathe en eut le souffle coupé.

À moins que la douleur qui affleurait dans sa poitrine n'ait été provoquée par la question suivante.

— Combien de temps s'est écoulé depuis que je ne suis plus moi ?

— *Je ne devrais sans doute pas vous le dire.*

— Mais tu es grande à présent, non ? Bien plus grande que mon fils lorsque…

— *N'y songez pas*, l'interrompit Sophie. *Il y aurait tant à vous expliquer… Mais nous devons attendre que vous soyez assez fort pour encaisser le choc.*

— Voilà qui n'augure rien de bon…

— *Oui et non. Vous avez des milliers de raisons de poursuivre le combat. Même si ce ne sera pas facile.*

Les éclats se mirent à trembler, ténus.

— Je crois que je suis en train de partir, prévint Jolie.

Une vague d'énergie inonda les sens de Sophie – une intervention de Fitz, sans doute. Elle la drapa autour de la silhouette de Jolie.

— *Je vous en supplie, si vous ne pouvez pas rester pour moi, faites-le pour Wylie.*

— Wylie, murmura Jolie.

Elle continua à répéter le prénom en agitant les bras pour faire apparaître une nouvelle bulle brillante autour d'eux, dans un tourbillon de fragments pareil à une tempête de neige.

— Je ne vois toujours pas ce que tu cherches.

— *Il est forcément là. Il doit se trouver parmi les souvenirs que vous protégiez. Peut-être même est-ce la raison pour laquelle vous avez poussé votre chant du cygne.*

La bulle éclata à ces mots.

— Je ne sais pas ce que ça signifie, dit Jolie alors qu'ils sombraient dans le néant scintillant. Mais la formule m'attire, comme un aimant, pour m'entraîner vers… j'ignore quoi.

Ils poursuivirent leur chute. Sophie pourrait-elle jamais retrouver son chemin vers la surface ? Un instant plus tard, cependant, sa patience fut récompensée.

— Voilà, murmura Jolie.

Elle écarta les fragments d'un mouvement pour révéler trois pièces à l'éclat aveuglant.

— Voilà ceux dont tu as besoin. Je…

L'image de Jolie disparut dans les ténèbres.

Sophie eut tout juste la force de draper sa conscience autour des morceaux lumineux avant d'appeler Fitz à l'aide.

Le jeune homme lui envoya une vague de chaleur qui la fit remonter, encore et encore… à travers la douceur, le brouillard, la douleur et le soulagement, jusqu'à ce qu'elle retrouve son corps tremblant, blotti dans des bras tièdes qui la serraient avec précaution pour la soutenir.

— Là, murmura Fitz. Tu es de retour. Saine et sauve.

— Comment va Prentice ? demanda Sophie.

M. Forkle pressait deux doigts sur les tempes de la jeune fille pour examiner ses souvenirs.

— Pas de changement, lui assura Fitz. Pourquoi ? Que s'est-il passé ?

— Des prodiges ! souffla M. Forkle, ses joues ridées baignées de larmes, avant de s'éclaircir la gorge. Je vous expliquerai plus tard. Pour l'heure, il faut faire vite, Fitz. Peut-être pouvez-vous vérifier que j'assemble les souvenirs comme il se doit ?

Le jeune homme se glissa dans l'esprit de son amie, qui regarda les fragments du symbole se mettre en place. Les trois lignes diagonales de l'image originale convergèrent avec les autres diagonales ornées de cercles et de traits similaires pour se croiser en un point central et se déployer tels les rayons d'un soleil.

Le symbole, quoique abstrait, rappela à Sophie un astérisque.

Ou une étoile.

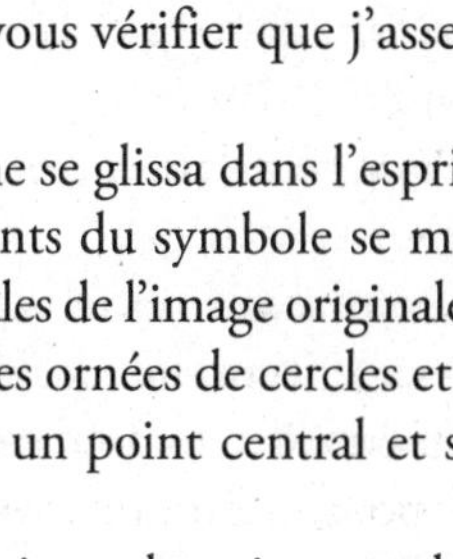

Chapitre 9

— C'est une étoile polaire, murmura Sophie. Pas vrai ?

— Rien n'est sûr, répondit M. Forkle. Techniquement, le terme « polaris » s'applique à tout astre susceptible de guider le navigateur.

— Mais on peut faire le rapprochement avec le Projet Polaris, argua Sophie.

— Ça nous aiderait peut-être si tout le monde pouvait voir ? suggéra Granite.

Brume tira un journal mémoriel d'un tiroir afin que Sophie y projette l'image. Tous durent se rendre à l'évidence.

— Quand bien même il s'agirait d'une polaris, dit Granite après un moment de réflexion, nous sommes encore loin de saisir sa signification. Tous ces traits et ces cercles ont forcément un sens. Tu n'as rien trouvé susceptible d'en faciliter la traduction dans l'esprit de Prentice, je suppose ?

— Si seulement ! Il ne semblait même pas se rappeler l'avoir déjà vu. Mais… ce n'est qu'après avoir entendu parler du chant du cygne qu'il m'a menée à ce souvenir. Il doit y avoir un lien.

Tous se mirent à examiner l'étoile sous différents angles, comme si une observation minutieuse suffirait à en faire surgir le sens.

— Alors… finit par hasarder Tam. Qui se dévoue pour expliquer l'importance des polaris ? À moins que vous ne préfériez ignorer notre présence, à Linh et à moi ?

— On ne vous a rien dit ? demanda Fitz avant de se tourner vers le Comité.

— Je leur ai annoncé que Keefe avait rejoint les Invisibles, lâcha Brume. Je ne leur ai pas expliqué le pourquoi du comment.

— Le moment est peut-être venu ? insista Tam, à l'évidence contrarié d'être maintenu dans l'ignorance.

M. Forkle expliqua aux jumeaux le peu qu'ils savaient du Projet Polaris, et notamment que la mère de Keefe semblait avoir participé à sa création.

— Ce projet avait-il un rapport avec ce qui est arrivé aux gnomes ? demanda Linh, qui tirait à présent nerveusement sur ses mèches argentées.

— Rien n'est moins sûr, s'empressa de répondre M. Forkle. Fintan a suggéré un lien lorsqu'il a menacé le Conseil. À l'entendre, le Projet Polaris constituait le plan majeur des Invisibles. Cependant, il a aussi admis avoir éliminé Lady Gisela afin de prendre la tête du projet. Il semble donc fort possible qu'il en ait modifié la teneur.

— Keefe sait-il en quoi consiste ce plan ? s'enquit Tam.

— Il dit mener son enquête… mais il me cache quelque chose, je le sens, répondit Sophie à voix basse. Peut-être se montrera-t-il plus loquace lorsque je lui aurai montré le symbole complété ?

— J'en déduis que tu as trouvé un moyen de lui transmettre tes pensées ? demanda M. Forkle.

— On s'échange des nouvelles tous les soirs.

— Pardon ? s'étonna Fitz d'une voix pincée.

Sophie avait oublié de lui faire part de ce détail.

— C'est plus sûr, expliqua-t-elle. Il pourra ainsi me mettre au courant de la moindre de ses découvertes sans avoir à s'échapper.

— Ou te faire gober des mensonges, fit remarquer Tam. Pas la peine de me lancer ce regard! Admets que c'est possible.

— Tout est possible, argua Sophie. Tout ce que je sais, c'est que si j'avais eu le courage de le contacter plus tôt, il n'aurait pas été contraint de détruire la moitié de Foxfire pour m'avertir.

— Minute, rétorqua Tam. Il a détruit Foxfire? Franchement, je ne peux pas être le seul à penser que c'est une mauvaise idée de faire confiance à ce type!

— En effet, répondit Spectre, croisant ses bras invisibles sous son manteau. Certains d'entre nous émettent des réserves.

— Pas moi, intervint Brume.

— Blizzard est aussi partagée que moi, poursuivit Spectre. Tout comme Granite.

— Vraiment? demanda Sophie.

Le Télépathe s'était pourtant montré assez confiant en apprenant les agissements de Keefe. Il avait même décidé de révéler son identité à Sophie afin de lui prouver qu'elle pouvait sans crainte se fier aux autres. Mais voilà qu'il bougeait lourdement d'un pied sur l'autre, emplissant la pièce du crissement de ses articulations cristallisées.

— J'admets qu'il est sans doute parti avec de bonnes intentions… mais nous ne pouvons ignorer la possibilité qu'il ait été corrompu. Ainsi immergé dans le monde des Invisibles, soumis à leurs méthodes d'entraînement, exposé à leurs enseignements et à leurs théories… Qui sait comment il pourrait changer?

— Tout juste, acquiesça Tam. Tu n'es pas d'accord avec moi, Linh?

Sa sœur secoua énergiquement la tête.

— Rappelle-toi comme on a pu douter de nous. Les murmures, les sarcasmes sur notre puissance. Le scandale quand tu as choisi d'être banni à mes côtés. Sans parler de la méfiance réservée aux jumeaux. Autant de sentiments justifiés par notre société… Avaient-ils pour autant raison ?

— Non… mais leurs motifs étaient ridicules, rétorqua Tam.

Les naissances multiples, rares dans le monde elfique, étaient traitées avec mépris. Comment un peuple aussi brillant et sophistiqué pouvait-il faire preuve d'une telle bigoterie ? Eux qui ne se souciaient ni de la couleur de peau, ni de la richesse, ni de l'apparence physique… Ils condamnaient pourtant toute personne dénuée de talent spécial ou dont le phénotype déviait de la norme.

— Donc pour toi, rejoindre l'ennemi est comparable à notre situation ? demanda Tam à sa sœur.

— Non, mais à mon avis nous devrions réserver notre jugement tant que nous n'aurons pas mesuré les conséquences de son choix. Les actes ne disent pas tout. On peut faire le bien pour de mauvaises raisons. Et il arrive que le mal soit interprété de travers.

— D'accord, maugréa Tam. Mais s'il s'approche de moi, je lance les nains à ses trousses jusqu'à ce qu'il accepte de se laisser lire. (Il se tourna ensuite vers le Comité.) Quant à vous, vous devriez nous tenir un peu mieux au courant de tout ce qui se passe.

— L'incident de Foxfire n'a eu lieu qu'hier, protesta M. Forkle. Mais je comprends : vous vous sentez mis à l'écart… à juste titre.

— Peut-être devrions-nous regagner les Cités perdues ? suggéra Linh à son frère.

— Tu tiens vraiment à retourner à Choralmere? demanda-t-il. Tu veux faire face à la peur panique de maman, chaque fois que tu regarderas l'océan? Écouter les interminables mensonges de papa, soi-disant humilié par notre simple existence?

— Bien sûr que non, rétorqua Linh. C'est juste que…

— J'ai peut-être une solution, intervint M. Forkle. J'ai négocié avec le Conseil de nouvelles dispositions afin de vous permettre de visiter régulièrement les Cités perdues. Rien d'officiel pour l'heure cependant, aussi vous demanderai-je de…

— Laissez-moi deviner, l'interrompit Tam. De faire preuve de patience?

Le vieil elfe esquissa un sourire.

— Un refrain chez moi, je sais. Que je me répète aussi à moi-même. J'ai souvent l'impression de vider l'océan à l'aide d'une cuillère percée. Quand bien même, nous avons le choix: baisser les bras, ou poursuivre notre labeur, cuillerée après cuillerée. Celle-ci s'avère particulièrement précieuse. (Il désigna le symbole projeté sur le journal par Sophie.) À nous de découvrir sa signification.

— Je peux toujours demander à Keefe, proposa la jeune Télépathe. Même s'il n'a pas reconnu le disque noir, ni le fragment de symbole que je lui ai montré hier soir… Je doute donc qu'il nous soit d'une grande aide.

— Je connais quelqu'un susceptible d'en savoir plus, marmonna Fitz. Mais… tu ne vas pas aimer.

Sophie s'apprêtait à lui demander de développer lorsqu'elle devina la suite. Elle laissa échapper un grognement.

— Ne me dis que nous devons nous en remettre à Lord Cassius?

Chapitre 10

Linh laissa échapper un « oh ! » d'admiration à la vue du gratte-ciel de cristal qui s'élevait devant eux.

— C'est vraiment là que Keefe a grandi ?

— Ça explique bien des choses, tu ne trouves pas ? marmonna Sophie.

M. Forkle avait hésité à laisser les jumeaux les accompagner, avant de céder devant l'insistance de Sophie. Peut-être l'excursion aiderait-elle Tam à comprendre le passif de Keefe ?

Le gravier crissa sous leurs pas tandis qu'ils franchissaient une arche ornementée annonçant « CANDLESHADE » en lettres de fer forgé. Lord Cassius, d'allure impeccable dans sa cape bleue aux broderies sophistiquées, ouvrit la porte dorée avant même que M. Forkle ait fini de frapper. Il ressemblait beaucoup trop à son fils au goût de Sophie. Mêmes cheveux blonds, mêmes yeux bleu glacier. Mêmes traits séduisants. À ceci près que chez le père, tout humour avait disparu pour ne laisser place qu'à l'amertume.

Même son sourire était effrayant – à la fois obséquieux et hypocrite.

— Tiens donc, mademoiselle Foster. J'ai manqué de ne pas vous reconnaître avec votre queue-de-cheval. C'est un plaisir de vous voir, comme toujours. Et vous aussi, monsieur Forkle. Et monsieur Vacker.

Son regard s'illumina d'une lueur de mépris lorsqu'il passa sur Sandor et Grizel, avant de s'attarder sur les jumeaux.

— Et qui sont donc nos invités surprise ?

— Je vous présente Tam et Linh Song, répondit M. Forkle, qui ignora la grimace du jeune homme à l'emploi de son patronyme.

— Song ? répéta Lord Cassius. Les enfants de Quan et de Mai ?

— Les jumeaux, oui, précisa Tam.

M. Song avait tenté de convaincre son monde que Tam et Linh étaient nés à un an d'intervalle, mais les deux jeunes gens refusaient de jouer le jeu.

— La ressemblance est indéniable, déclara Lord Cassius, qui les observait à présent de plus près. Je connais bien votre père. Il était mon aîné d'un niveau à Foxfire, mais nous étudiions souvent ensemble. Il nous arrive encore de nous retrouver pour un verre en Atlantide, à l'occasion.

Tam jeta un regard en biais à Sophie.

— Pourquoi n'en suis-je pas surpris…

— Vos parents savent-ils que vous avez rejoint le Cygne Noir ? s'enquit Lord Cassius.

— Qu'est-ce que ça peut leur faire ? rétorqua Tam. Et pour information, nous n'avons pas prêté allégeance.

— Pas encore, s'empressa d'ajouter Linh.

— Je comprends.

Lord Cassius s'était porté volontaire, lui aussi – ce qui donnait d'ailleurs envie à Sophie de vomir sur ses grands souliers incrustés de joyaux. Peu lui importait que l'Empathe ait fouillé les affaires de sa femme afin de dénicher des indices sur les activités des Invisibles. La découverte d'un tas de cartes et d'un kit à cristaux de saut ne suffirait jamais à réparer ses torts envers son fils.

— Eh bien ! s'exclama Lord Cassius en s'éventant de la main. J'oublie toujours combien vos émotions sont vives, mademoiselle Foster. Une sensation des plus étranges, proche de l'électricité statique… en plus piquant.

La plupart des Empathes avaient besoin d'un contact physique pour lire les émotions d'autrui. Keefe et son père, eux, étaient différents, du moins quand il s'agissait de Sophie.

— Disons que certaines choses en particulier suscitent chez moi des réactions fortes, rétorqua la jeune fille, non sans lui envoyer une énorme vague de dégoût.

Les abus prenaient bien des formes. Si Lord Cassius n'avait jamais frappé son fils, ses critiques, aussi incessantes que dénigrantes, avaient causé de terribles dégâts.

Il fit entrer ses visiteurs, sans même prendre la peine de demander des nouvelles de Keefe. Le foyer, austère, était aussi froid et accueillant qu'une morgue, avec son sol noir, ses murs lisses éclairés d'étincelles de flambeau bleu et son escalier en argent qui serpentait jusqu'au deux centième étage.

— Vous disiez avoir besoin de mon aide lorsque vous m'avez hélé, dit-il.

— Tout juste. Nous cherchons toute information disponible sur ce symbole, expliqua M. Forkle en tirant le journal mémoriel de sa poche pour le tendre à leur hôte.

Lord Cassius écarquilla les yeux.

— Polaris, lâcha-t-il.

— C'est donc bien le sens de ce motif ? demanda Sophie.

Les sourcils froncés, l'Empathe fit pivoter le journal pour étudier le symbole sous différents angles.

— Comme c'est étrange… Le mot m'est venu tout de suite à la vue de l'image, sans que je sache pourquoi.

C'était un effet possible des souvenirs, surtout lorsqu'ils avaient été effacés. Certains déclenchaient l'émergence d'un détail bien précis. D'autres débloquaient une scène entière, qui affluait alors dans un tourbillon d'adrénaline. Sophie connaissait bien le phénomène, elle dont le cerveau avait été trafiqué par le Cygne Noir pour y implanter quantité de secrets. C'était aussi la raison qui l'empêchait de jamais revoir sa famille humaine, au cas où son apparition réveillerait leurs souvenirs.

— Je sens qu'un détail m'échappe, déclara Lord Cassius.

Il se gratta la tête, ébouriffant sa chevelure jusque-là parfaitement coiffée.

— L'esprit peut parfois se montrer capricieux, dit M. Forkle, qui reprit le journal. Si quoi que ce soit vous revient, vous savez comment me joindre.

— Bien sûr. Même si je ne vois pas pourquoi vous auriez besoin de moi en particulier. Vous savez bien que je ne suis pas le mieux placé pour éclairer votre lanterne.

Sophie allait lui demander de préciser sa pensée lorsqu'elle comprit soudain de qui il parlait.

— Vous… vous voulez que nous interrogions votre femme sur le Projet Polaris ? demanda-t-elle, non sans frissonner.

— Pourquoi pas ? répondit Lord Cassius. Tout ce cirque n'est-il pas de son fait ? Qui d'autre pour résoudre un problème que sa première responsable ?

— Peut-être quelqu'un qui ne soit pas enfermé dans une prison ogre ? suggéra Fitz avec une grimace.

L'espace d'un court instant, le masque de Lord Cassius glissa pour révéler un mari endeuillé et un père brisé, seul dans sa tour vide et glaciale.

Un battement de paupières suffit cependant à ramener son sourire obséquieux.

— Quand on veut, on peut.

— Pas dans l'affaire qui nous occupe, rétorqua M. Forkle. Exprimer le moindre intérêt pour Lady Gisela reviendrait à en faire une monnaie d'échange pour les ogres… Et le coût en serait bien trop élevé.

— La diplomatie atteint rarement ses objectifs, acquiesça l'Empathe. C'est pourquoi je me passionne pour votre ordre. À ce qu'on raconte, le Cygne Noir a mis au point une mission couronnée de succès à Exil, il y a quelques mois. Pourquoi ne pas tenter votre chance une nouvelle fois ?

— Parce que nous avons gagné en maturité, répondit le vieil elfe. Et en expérience.

Leur expédition à Exil n'avait pas été de tout repos, entre la blessure presque fatale de Fitz et l'embuscade du Conseil, qui avait failli les faire tous arrêter. La suggestion de Lord Cassius avait pourtant de quoi séduire Sophie : non seulement Lady Gisela pourrait leur révéler tout ce que Keefe essayait désespérément d'apprendre des Invisibles, mais le jeune homme n'aurait aussi plus besoin de Fintan pour sauver sa mère…

— *Non*, l'interrompit M. Forkle. *Une intrusion dans une prison inconnue dirigée par une espèce particulièrement violente, c'est beaucoup trop risqué… d'autant que Lady Gisela n'est peut-être même plus en vie.*

Sophie sentit l'effroi lui nouer l'estomac.

— *Mais Fintan a dit à Keefe…*

— *Je sais ce qu'il lui a promis. Je sais aussi qu'il a fourni cette information à Keefe alors qu'il tentait de l'attirer dans leurs rangs. Quand bien même elle serait fiable, plusieurs semaines ont passé depuis… or Lady Gisela était gravement blessée lors de son arrestation. Et même si elle est encore en vie, il y a fort à parier qu'ils ont effacé sa mémoire avant de l'enfermer.*

— *Vous y avez beaucoup réfléchi*, fit remarquer Sophie.

— *Bien sûr. J'en ai longuement discuté avec le Comité. Si je ne t'en ai jamais fait part, c'est parce que je connais ta tendance à ignorer certaines possibilités.*

— *Ou peut-être était-ce parce que votre premier réflexe est de refuser toute suggestion. Vous vous rendez compte que 90 pour cent du temps, vous me faites un sermon sur mes propositions « trop dangereuses », avant d'y revenir quelques semaines plus tard ?*

Un sourire triste flotta sur les lèvres du vieil elfe.

— *Et à chaque fois, c'est parce que la situation devient désespérée. Heureusement, nous n'en sommes pas encore là. Nous n'avons pas exploré toutes les possibilités… comme celle de montrer le symbole à Gethen afin de lui soutirer des réponses.*

— *Vous avez sans doute raison*, admit Sophie à contrecœur.

Elle s'était attendue à des conseils moins pragmatiques, tels que « lire tout un tas de livres interminables » ou « travailler la télépathie avec Fitz ».

Gethen… Voilà qui pourrait marcher.

— *Bien. L'affaire est décidée*, décréta M. Forkle avant de se tourner vers le petit groupe.

— Veuillez nous excuser pour ce moment de distraction.

Lord Cassius hocha la tête.

— Nous connaissons tous les Télépathes. Avez-vous au moins pris une décision ?

— Uniquement celle de nous concentrer sur des stratégies alternatives. Merci cependant pour votre suggestion. Puis-je vous soumettre une dernière requête ? J'aimerais beaucoup faire le tour de votre demeure avant de repartir. Un regard neuf est toujours le bienvenu. Peut-être découvririons-nous quelque indice laissé par votre épouse.

— Où voulez-vous chercher ? demanda leur hôte. Ce ne sont pas les endroits qui manquent.

Bel euphémisme.

Même une armée de gnomes n'aurait pu venir à bout de la demeure en moins d'une semaine… or il s'agissait des créatures les plus efficaces et les plus zélées que Sophie ait jamais rencontrées. Cependant, Keefe avait passé sa dernière nuit à Candleshade avant de rejoindre les Invisibles. Quelque chose avait forcément précipité son départ, elle en aurait mis sa main à couper.

Certes, il semblait troublé en quittant Havenfield ce jour-là… Rien à voir pourtant avec son état le lendemain.

De nouveaux souvenirs lui étaient revenus, d'une façon ou d'une autre. Et c'est ce qui l'avait convaincu de son lien avec le Projet Polaris.

Peut-être qu'en fouillant sa chambre, elle pourrait découvrir l'élément déclencheur.

Chapitre 11

— Alors comme ça, c'est la chambre de Keefe ? s'étonna Fitz.

Sophie cligna des yeux.

— C'est vrai que tu n'y as jamais mis les pieds…

— Parce que toi si ? s'enquit le jeune homme.

— Moi aussi, j'aimerais savoir, renchérit Tam.

Elle secoua la tête pour le détromper.

— Keefe n'aimait pas recevoir ses amis chez lui. J'ai aperçu sa chambre dans ses souvenirs.

Des souvenirs tellement tristes qu'elle n'avait guère prêté attention au cadre. Les appartements de Keefe occupaient trois étages. Sophie avait rarement vu endroit plus chic : cloisons de cristal scintillant, chandeliers tournoyants, sans parler des meubles ornementés, dans une palette de noirs, blancs et gris.

— J'ai l'impression de me trouver dans notre ancienne chambre, murmura Linh. On n'avait pas le droit de la décorer non plus.

— Vous partagiez une chambre ? demanda Fitz.

— En punition pour avoir dit à qui voulait l'entendre qu'on était jumeaux, expliqua Tam, les yeux levés au ciel.

Linh passa un bras autour des épaules de son frère.

— Manque de chance, je préférais partager, justement !

— Ce qui ne t'a pas empêchée de m'abandonner dès notre arrivée à Alluveterre.

— Qui serait assez fou pour refuser d'avoir sa propre cabane dans un arbre ? plaida Linh.

— Certainement pas moi, lança Sophie.

Par où commencer leurs recherches ? Tout, dans cette chambre, semblait à l'opposé de Keefe. Difficile de l'imaginer évoluer dans un tel décor.

— Que cherchons-nous au juste ? s'enquit Tam. Keefe n'a pas l'air du genre à tenir un journal intime… Mais si on en trouve un, il est à moi !

— Oh, que non ! rétorqua Sophie. Nous ne sommes pas là pour fouiner. J'ai juste pensé qu'on ne perdrait rien à jeter un œil afin de ne pas passer à côté d'un élément important.

— C'est grand ici, rappela Fitz. Peut-être devrions-nous nous partager la tâche… Un groupe commence à l'étage supérieur, l'autre à l'étage inférieur, et on se retrouve au milieu ?

— Nouveau jeu ! lança Grizel. Les filles contre les garçons. Les perdants ont un gage. GO !

— C'est parti ! s'écria Fitz avant de s'élancer vers l'escalier.

La gobeline le doubla et dévala les marches. Il grimpa à l'étage supérieur.

— Les garçons, on est de corvée de toilettes et de garde-robe ! annonça-t-il.

— Que ce soit bien clair : hors de question que je m'approche des sous-vêtements de Keefe, rétorqua Tam.

Sandor suivit les jeunes gens avec un profond soupir.

— Si vous tenez à moi, mademoiselle Foster, perdez ce jeu idiot. Je compte sur vous.

Sophie et Linh échangèrent un regard amusé avant de se diriger vers le niveau inférieur, où Grizel feuilletait déjà les cahiers empilés sur un énorme bureau doré.

— Quelqu'un pour me donner un coup de main ?

Linh attrapa un volume.

— Eh bien ! Tout ce qu'il y a sur la première page, c'est « la barbe la barbe la barbe » répété à l'infini.

— Il griffonne aussi des notes plutôt drôles sur ses Mentors dans les marges, déclara Grizel. Mais rien de tout ceci ne nous sera utile. Ne perdons pas de temps. Nous sommes en train de gagner ! Pour couronner notre victoire, Sandor devra m'emmener danser.

— Pardon ? s'étrangla Sophie.

Elle tenta de s'imaginer la scène.

Non.

Son cerveau en était incapable.

— Peut-être que le mot a un autre sens pour les gobelins ? suggéra Linh.

— Je ne sais pas… c'est bien de ça qu'on parle ? demanda Grizel avant de se mettre à fredonner une mélodie au rythme enjoué et à secouer les hanches.

Le mouvement ressemblait à une danse du ventre, avec moins d'ondulations des bras et plus de hochements de tête.

— Tu crois vraiment que Sandor acceptera ? insista Sophie.

— Si vous l'y forcez, oui. Songez donc à la faveur que vous pourrez demander à votre joli garçon là-haut. Quant à notre petite Linh, je parie qu'elle sera ravie d'embarrasser son frère.

L'intéressée esquissa un sourire rusé.

— Que faut-il faire pour gagner ? Tu n'as même pas énoncé les règles.

— Bien entendu ! Comment pourrais-je les changer, sinon ? Allez, au travail !

La gobeline désigna le coin opposé de la pièce, une sorte d'étude avec fauteuils rembourrés et des murs entiers recouverts de livres. De loin, on aurait cru se trouver dans les appartements d'un élève modèle, voire d'un professeur un peu snob. À bien y regarder, cependant, Sophie devinait que Keefe était passé par là. Les sous-titres inscrits sur le dos des volumes, par exemple, étaient éloquents :

« *688 pages qui ne vous apprendront rien.* »

« *Qui s'intéresse à ce point aux champignons ?* »

« *J'ai arraché une page vers le milieu. Bon courage pour la retrouver !* »

— Ceci peut-il être important ? demanda Grizel, qui venait de sortir un transmetteur en argent de l'un des tiroirs du bureau.

— Il a dû le laisser pour éviter qu'on retrouve sa trace, dit Sophie. Mais tu peux le comparer au mien pour voir s'il a quelque chose de spécial.

Elle tendit son gadget à la gobeline qui étudia les deux appareils sous tous les angles.

— Vous avez sans doute raison. Ils semblent identiques… Oh, qu'avons-nous là ?

Linh leur montra le carnet qu'elle feuilletait, et dans lequel Keefe avait dessiné une carte détaillée de Foxfire. Plusieurs points portaient la mention « cacher gulon ici ».

Grizel s'esclaffa.

— Je dois lui accorder ceci : il est terriblement imaginatif.

— C'est vrai… acquiesça Sophie, qui s'efforçait à présent de voir la pièce à travers les yeux de son ami. Inutile de chercher les meilleures cachettes. Il serait du genre à dissimuler ses secrets en évidence, là où personne ne songerait à regarder. Il serait par ailleurs ravi d'abîmer les possessions de son père, comme les murs, le sol, ou…

Elle s'accroupit pour chercher la section S de la bibliothèque. Plus précisément, *Le Cœur du problème*, par Lord Cassius Sencen.

Selon le père de Keefe, un elfe développait ses émotions aussi bien dans son esprit que dans son cœur, le dernier renfermant les sentiments les plus purs. Sophie trouvait l'idée fascinante. Elle collait qui plus est avec certaines de ses expériences en rapport avec l'instillation. Keefe avait sous-titré le volume « *Plutôt me crever les yeux avec une épingle de papotin* ».

Elle souleva la couverture. Le jeune Empathe avait collé toutes les pages, avant d'en découper le centre pour créer un espace où ranger des flacons d'élixir.

— Victoire ! s'écria Grizel en rendant à la jeune fille son transmetteur.

— Ce n'est pas à qui fait une trouvaille le premier, mais à qui en découvre le plus ! objecta Sandor depuis le dernier étage.

Sophie l'entendit pourtant crier à Fitz et Tam d'accélérer le mouvement.

— Je doute que ce soit vraiment important, dit la jeune fille avant de soulever deux des fioles, l'une de rot-à-gogo, l'autre de poudre à pus. À mon avis, il s'agit de sa réserve pour ses farces.

— En partie seulement, constata Grizel. (Elle venait de tirer un gadget argenté en forme de fourchette du fond de la boîte improvisée.) Ceci est un effluxeur… aussi connu sous le nom de repousseur d'ogres. L'une de mes inventions elfes préférées, soit dit en passant.

— Certes. Mais qu'il utilise pour jouer des tours, argua Sophie. Je l'ai vu essayer d'en cacher sur le campus de Foxfire afin qu'ils se déclenchent sur le passage de la principale.

— Pas étonnant qu'il ne s'entende pas avec mon frère ! déclara Linh. Ils sont exactement pareils.

Comme par enchantement, la voix de Tam résonna dans la salle de bains.

— Je rêve… il utilise plus de lotions pour les cheveux que moi !

Grizel cala l'effluxeur dans sa ceinture, juste à côté de son sabre.

— En tout cas, ça compte comme une découverte. Personne n'a dit qu'elles devaient forcément avoir un rapport avec les Invisibles.

Elle adressa un clin d'œil aux filles.

— Mais nous ne sommes pas au bout de nos peines, ajouta-t-elle. Je ne veux pas seulement gagner. Je veux les écraser comme un sanguillic.

— Ai-je envie de savoir ce que c'est ? demanda Sophie en suivant la gobeline à l'étage supérieur.

— Tout dépend de tes goûts en matière de bestioles, répondit Linh. Imagine un croisement entre un cafard et un moustique. Qui ferait cinq kilos.

— Et… je crois que je ne pourrai plus jamais dormir.

Avec un rire, Grizel se mit à fouiller sous le lit et entre les matelas.

Sophie parcourut la pièce du regard. Que verrait Keefe ?

— Où est passée Madame Schlinguette ?

— Vais-je regretter de poser la question ? demanda Grizel.

— C'est un gulon vert en peluche qu'Elwin et moi lui avons offert pour l'aider à lutter contre ses insomnies. Il est parti sans sac, elle devrait donc être là.

Elles vérifièrent une nouvelle fois sous le lit, puis parmi les coussins empilés dessus, avant de monter à l'étage fouillé par les garçons.

Sandor leur barra aussitôt l'entrée de l'immense salle de bains aux murs couverts de miroirs et à la baignoire de la taille d'une piscine.

— C'est notre territoire, grommela-t-il.

Grizel lui caressa la joue.

— Pourquoi, on vous fait peur ?

Sandor s'écarta dans un sursaut, sans un mot, pendant que Sophie et Linh se dirigeaient vers la garde-robe. Fitz et Tam étaient en train d'inspecter les rangées de vêtements… il y en avait une montagne ! De quoi habiller Keefe pour une dizaine d'années.

— Personne n'a vu de peluche ? demanda Sophie. Je ne retrouve pas Madame Schlinguette.

Tam s'esclaffa, moqueur.

— La peluche est très en vogue en ce moment, l'informa Fitz.

— J'en déduis que tu as une Madame Schlinguette, toi aussi ? s'enquit Linh.

— Moi, j'ai un Monsieur Câlin.

— Eh bien, balbutia Tam, scotché. Si je m'attendais à ça…

Grizel tapa dans ses mains.

— Assez parlé doudous ! Qu'avez-vous trouvé, vous autres ?

Avec un sourire satisfait, Sandor présenta deux réserves d'élixirs farceurs cachés parmi les chaussures de Keefe, ainsi qu'un récipient des plus suspects, dont l'étiquette annonçait « ASSORTIMENT FÉCAL », et dissimulé derrière une rangée de tuniques.

— Nous avons aussi mis la main sur mon maillot de balle-piège préféré, ajouta Fitz. Je savais qu'il me l'avait volé!

— Ça ne compte pas, décréta Grizel.

— Quand bien même, nous avons gagné, dit Sandor. J'ai déjà ma faveur en tête.

— À ta place je ne me réjouirais pas trop vite, l'avertit Grizel. Les filles, aidez les garçons à fouiller ce placard. Ils ont forcément raté quelque chose.

Sandor protestait encore lorsque Linh remarqua l'arête d'un coffre en argent posé sur l'étagère la plus haute.

Sophie le fit descendre par télékinésie.

— Encore des réserves pour ses farces, on dirait: un autre effluxeur, quelques fioles vides et un flacon de brume baveuse.

La bouteille, enveloppée dans du papier vert froissé, reposait sur une carte décachetée. Sophie reconnut le cadeau qu'elle avait fait à Keefe après les examens, l'année précédente. Il n'avait eu de cesse de la taquiner à propos de la leçon de danse qu'elle avait été forcée de prendre en retenue avec Valin, l'un des « baveurs » dont Marella aimait se moquer, aussi avait-elle décidé de se venger. Sur la carte, elle avait inscrit: « Maintenant, à ton tour de baver! »

Il avait gardé le tout. Incroyable.

— Bon, reprenons nos recherches, décida Grizel. Je refuse le match nul. Vous, les garçons, avez trouvé trois caches. Nous en avons découvert deux, et appris que Madame Salopette avait disparu.

— Madame Schlinguette, la corrigea Sophie. Franchement, nous perdons notre temps. Si Keefe nous avait laissé un indice, il m'aurait sans doute demandé si je l'avais trouvé. Et s'il avait un objet à cacher, sans doute l'aurait-il emporté avec lui.

Grizel haussa les épaules, peu convaincue.

— Dans un cas comme dans l'autre, il nous faut un gagnant. Avez-vous déjà vérifié toutes les capes ?

— Certaines, répondit Fitz.

Avec un claquement de langue, la gobeline se précipita vers les manteaux.

— Je vais vous apprendre à travailler sérieusement, moi ! Mais seulement une fois que je vous aurai pulvérisés avec la trouvaille de la soirée. Allez, Sophie, Linh, mettons-leur la raclée !

— Pas si on vous bat d'abord ! s'écria Sandor avant de foncer dans la mêlée.

— Est-ce que tous les gobelins sont aussi compétitifs ? demanda Sophie.

Elle choisit d'observer la bataille de loin tandis que Sandor et Grizel fourraient leurs mains épaisses dans les poches étroites des capes.

— Juste elle, couina Sandor.

— Il n'y a pas de mal à savoir ce qu'on veut, protesta Grizel. Et tout ce que je veux, c'est te voir te trémousser dans ce pantalon argenté que tu gardes toujours, je le sais.

Sophie s'esclaffa.

— Je pourrai regarder, moi aussi ?

Sandor doubla la cadence.

— Non, parce que ça n'arrivera pas !

— Oh, mon chou, désolée de te décevoir, mais… TADA !

Grizel brandit un poing triomphant. De l'autre, elle agita une enveloppe cachetée sous le nez de son collègue.

— Si vous voulez bien nous faire les honneurs, Sophie… même si vous ne le méritez guère. La chasse à la cape, c'est trop vulgaire pour vous ?

Le cœur battant, la jeune Télépathe prit l'enveloppe, glissa un doigt sous le volet pour l'ouvrir et en tira une feuille de papier froissée et repliée.

— C'est Keefe qui l'a dessiné ? demanda Fitz, qui regardait par-dessus l'épaule de la jeune fille.

Le croquis, d'un réalisme photographique, représentait Lady Gisela, élégante et froide… mais esquissant le sourire satisfait de son fils.

— Je crois bien, répondit Sophie.

Elle avait aperçu le même dessin dans un souvenir que Keefe lui avait montré. Son père lui criait dessus pour avoir griffonné pendant ses sessions à Foxfire et arrachait ensuite toutes les pages du carnet avant de quitter la pièce, furieux. Mais la mère de Keefe, qui assistait à la scène, sauvait un dessin du désastre pour le conserver.

Sophie retourna le portrait de Lady Gisela. Au dos se trouvait un message tracé d'une écriture élancée.

Signé : *Tendrement, Maman.*

Chapitre 12

— L'enveloppe était encore cachetée, fit remarquer Fitz avant de prendre le dessin des mains de Sophie pour l'examiner de plus près. Autrement dit, Keefe n'a jamais vu cette note.

— Mais pourquoi Lady Gisela l'aurait-elle cachée là où Keefe n'irait pas la chercher ? s'étonna Sophie.

La missive leur donna la réponse.

Cher Keefe,

Tu crois sans doute avoir compris ce que tu as vu aujourd'hui sur la montagne. Mais j'aurais tant de choses à t'expliquer...

Tu es, je pense, prêt à découvrir la vérité. Même si elle risque de te troubler.

Je te demande de me faire confiance.

Je t'ai laissé le moyen de me retrouver. Tu es assez malin pour l'identifier, je le sais.

Ceci est ton héritage. Reste à faire le grand saut.

À bientôt.

Tendrement,

Maman

81/34/197

— On dirait que Lady Gisela a rédigé ce mot après la bataille de l'Everest, murmura Sophie en massant son nœud d'émotions. Elle a dû revenir le déposer ici après avoir disparu du versant de la montagne.

— Mais Keefe n'est pas rentré ce soir-là, ajouta Fitz. On a tous dormi à Everglen… avant de partir rejoindre le Cygne Noir. Donc, il n'a jamais trouvé ce message.

— Je me demande comment il aurait réagi, souffla Sophie.

La missive l'aurait-elle dissuadé de rejoindre les Invisibles ?

Ou aurait-elle au contraire précipité sa fugue ?

Mais plus important : qu'avait prévu de lui révéler Lady Gisela ?

— On dirait bien que vous ne nous avez pas tout raconté, déclara Tam après avoir lu la lettre par-dessus l'épaule de Fitz. Enfin, c'est sans doute ainsi que ça se passe avec les nouveaux.

— On essaiera de vous expliquer, promit Fitz.

Linh désigna les chiffres inscrits sous la signature.

— Savez-vous ce que ça veut dire ?

— C'est sans doute le fameux moyen qu'elle a laissé à Keefe de la localiser, hasarda Sophie. Même si je ne vois pas en quoi trois nombres pourraient l'aider.

La seule théorie qui lui venait à l'esprit ? Il s'agissait de coordonnées géographiques, latitude et longitude. Mais elles fonctionnaient toujours par paires et comptaient en général des décimales.

— Qu'est-ce que c'est que ces paillettes ? demanda Linh, qui indiquait à présent des miroitements au bord du papier.

Sophie s'était posé la même question. Les fragments étaient trop petits pour être des cristaux de saut, et l'enveloppe en contenait aussi, comme si Lady Gisela avait ajouté une pincée de micropaillettes avant de cacheter le tout.

Mais pourquoi se donner ce mal, surtout si elle était pressée ? Son écriture était bien moins soignée qu'à l'accoutumée.

— Pendant que vous vous interrogez, lança Grizel, n'oublions pas que les filles ont gagné !

— Laisse tomber ! aboya Sandor. Ça n'arrivera pas.

— Quoi donc ? demanda M. Forkle depuis le sommet de l'escalier, Lord Cassius sur les talons.

Grizel se mit à secouer ses hanches, tout sourire.

— Une soirée dansante. Sandor n'a pas fini de se trémousser !

— Je… j'ai dû manquer un épisode, lâcha le vieil elfe avant de se tourner vers Sophie.

Nul doute que son regard perçant avait remarqué la panique de Fitz, qui venait de cacher le message derrière son dos.

Le geste n'avait pas non plus échappé à Lord Cassius.

— J'en déduis que vous avez trouvé quelque chose ? dit-il.

Avant que Sophie n'ait pu mettre au point un mensonge adéquat, Tam sortit le bocal de matières fécales de sa cache pour le lancer à leur hôte.

— Un truc génial, oui ! Vous n'êtes pas d'accord ?

Non sans une grimace, Lord Cassius se dirigea à grands pas vers l'un des lavabos pour se laver les mains, bien qu'il n'ait touché que le récipient, pas son contenu.

— Vous savez aussi bien que moi que ce n'est pas ce à quoi je faisais allusion.

— Nous savons aussi que si Keefe a caché quelque chose ici, ce n'est surtout pas pour que vous le trouviez, rétorqua Tam. Croyez-vous vraiment que nous allons vous mettre au parfum ?

L'Empathe haussa un sourcil.

— Je comprends mieux les difficultés de votre père.

Toutes les ombres de la pièce semblèrent alors s'étirer.

— Inutile de faire un tel cirque, soupira Lord Cassius. Gardez donc vos secrets. Je n'ai plus la patience d'affronter des adolescents capricieux.

Sophie poussa un ouf de soulagement. La voix de M. Forkle vint lui emplir l'esprit.

— *De retour à Havenfield, je veux que tu me montres cette lettre.*

À voix haute, il ajouta :

— Quelqu'un peut-il me dire pourquoi Grizel est toujours en train de danser ?

— Parce que j'ai gagné ! lui répondit la gobeline.

Sophie expliqua au vieil elfe la règle du jeu.

— N'oublie pas que le joli cœur te doit une faveur, lui aussi, rappela Grizel. Sans parler du frangin, à la merci de sa jumelle.

— Laisse-moi deviner : on adopte un animal ? marmonna Tam.

Linh hocha la tête avec un grand sourire.

— Dès qu'on sera autorisés à sortir, tu m'accompagnes chez *Serres, Plumes, Cornes & Cie*.

Lord Cassius laissa échapper un sifflement.

— Je vois que vous avez considérablement gagné en maîtrise… à moins que vous n'aimiez inonder l'Atlantide ?

Pour toute réponse, Linh rassembla de l'eau pour former un petit oiseau qui plana à travers la pièce avant d'aller s'écraser sur les chaussures de leur hôte.

Fitz poussa un cri d'admiration, les yeux écarquillés, avant de se tourner vers Sophie.

— Et moi ? Quelle est ma punition ?

— Je… je suis encore en train d'y réfléchir, répondit-elle pour gagner du temps, l'esprit envahi de dizaines d'idées.

— Très bien. Mais nous ferions bien de fixer une date limite, afin que tu ne me tiennes pas éternellement la dragée haute. Que dis-tu de ça : si, dans un mois, tu n'as pas énoncé ton souhait, c'est à moi de te dicter une faveur.

La jeune fille accepta, étrangement nerveuse. Au pire, elle n'aurait qu'à sortir la première idée saugrenue qui lui viendrait à l'esprit.

— Quoi qu'il en soit, reprit M. Forkle, sortant son éclaireur, nous ne devrions pas abuser de l'hospitalité de Lord Cassius.

— Une chose encore avant que vous ne partiez, l'interrompit l'Empathe. (Il se tourna alors vers Sophie.) Je sais que vous avez vu mon fils hier. Et qu'il est responsable des dommages causés à Foxfire. Je tenais à vous remercier d'avoir gardé le secret à ce sujet.

— Ce n'est pas pour vous que je l'ai fait, rétorqua-t-elle.

— Je vous en suis tout de même reconnaissant. J'ai toujours chéri l'amitié qui vous liait à mon fils. Si quelqu'un peut le guider à travers cette épreuve qu'il a choisi d'affronter, c'est bien vous. J'imagine par ailleurs que vous serez de nouveau en contact… et j'espère que vous accepterez de lui délivrer un message.

Sophie se prépara à quelque menace cruelle. Elle se trompait.

— Dites-lui bien que quoi qu'il arrive, il aura toujours une chambre ici, à Candleshade. Je sais que nos relations n'ont jamais été bonnes. J'irai même jusqu'à reconnaître en être le principal responsable. Mais quels qu'aient pu être nos différends… Keefe reste ma famille. Où qu'il aille, quoi qu'il fasse, il aura toujours la possibilité de revenir à la maison.

Ce n'était pas exactement un discours chaleureux et réconfortant. Mais Lord Cassius se montrait plus généreux envers son fils que n'avaient pu l'être envers eux les parents de Tam et Linh.

— Je le lui dirai, promit Sophie.

Lord Cassius hocha la tête. Sur ces entrefaites, le petit groupe regagna Havenfield.

De retour au milieu des pâturages luxuriants, M. Forkle laissa dix secondes aux adolescents avant de leur tendre une main boudinée.

— Montrez-moi cette lettre.

Fitz s'exécuta docilement.

— Eh bien, dit le vieil elfe après l'avoir parcourue et retournée pour en étudier le dessin. Keefe est un artiste remarquable.

Tam étouffa un grognement.

— C'est tout? s'insurgea Sophie. Et le message? Les chiffres?

— Et les paillettes, ajouta Linh.

— Pardonnez-moi d'insister sur le talent de votre ami… Admirez donc ces détails! Savons-nous à quel âge il a dessiné ce chef-d'œuvre?

— Il était en Niveau 3 à Foxfire, répondit Sophie. Et vous essayez de gagner du temps.

— En effet, acquiesça M. Forkle. Mais uniquement parce que je sais que vous allez tous me crier dessus dans quelques secondes… y compris Sandor et Grizel.

— Pourquoi donc ? s'enquit Fitz.

— Parce que… je sais à quoi correspondent ces chiffres.

— SÉRIEUX ? s'époumonèrent six voix à l'unisson.

Le vieil elfe se massa les tempes.

— Qu'est-ce que je disais ! Et maintenant…

Il désigna le sentier qui menait à l'enclos du tyrannosaure. Grady accourait vers eux, recouvert de plumes de dinosaure vert fluo.

— Tout va bien ? s'inquiéta-t-il. J'étais en train de baigner Verdi quand j'ai entendu des cris.

— Rien de grave, grommela M. Forkle. Mais je vous en prie, joignez-vous à la conversation. Ça m'évitera de tout devoir répéter.

Il tendit à l'Hypnotiseur la missive de la mère de Keefe et désigna la ligne qui suivait la signature.

— 81, 34, 197. Je suis étonné que personne n'ait deviné après avoir remarqué la présence de poudre de cristal.

Grady soupira.

— Des angles de sentier.

M. Forkle confirma d'un signe de tête.

— Pour ceux qui n'ont encore jamais confectionné de cristal de saut temporaire, sachez que le rayon est émis par trois facettes convergeant en un point unique, avant de s'effondrer une fois le saut effectué. Dans ce cas précis, le cristal que Lady Gisela suggère à son fils de tailler possède un angle à 81 degrés, un deuxième à 34 et un dernier à 197. Elle lui a aussi fourni la poudre de cristal nécessaire à sa formation, afin qu'il puisse effectuer le grand saut et la retrouver.

— Donc on peut en faire de même ? demanda Sophie.

Pourvu qu'elle n'ait pas gaspillé la poudre en ouvrant la lettre !

— Je m'attendais à cette question, répondit M. Forkle. Vous êtes déjà tous en train d'imaginer des scénarii délirants impliquant un raid dans la planque des Invisibles qui nous permettrait de tout résoudre dans un revirement épique, je me trompe ?

— Ce serait pas mal, remarqua Tam.

— Je serais encore plus heureux de les voir se rendre sans se battre, admit Fitz.

Il massa la cicatrice sur sa poitrine, souvenir de leur mission à Exil.

— Personne ne s'introduira nulle part, sauf nous, lui assura Sandor en pointant son torse et celui de Grizel.

— Ce ne sera pas nécessaire, l'interrompit M. Forkle. Et non, Sophie, ce n'est pas pour jouer les rabat-joie que je dis ça. Il se trouve que je sais où mènerait ce fameux cristal, et ce n'est vraiment pas un lieu qui mérite une visite de notre part. J'ai utilisé les mêmes angles, le jour où je suis venu vous sauver, Dex et toi, des mains des Invisibles.

Chapitre 13

Le flash-back percuta Sophie de plein fouet.

Pas d'image. Que des sons.

Rires fantomatiques. Effrayantes menaces. Questions sans réponse.

— Tu te sens bien ? lui demanda Fitz lorsqu'elle fourra son poing sous son diaphragme pour empêcher ses émotions nouées de se déployer.

— Ça va, lui assura-t-elle.

Sa voix couinante disait pourtant le contraire. Elle s'éclaircit la gorge.

— Disons juste que je ne garde pas un très bon souvenir de cet endroit.

— Moi non plus, maugréa M. Forkle. Te voir ainsi brûlée, droguée, ligotée à cette chaise…

Tous frissonnèrent d'effroi.

Les souvenirs de Sophie étaient différents : on lui avait bandé les yeux pour préserver le secret de la planque, et les sédatifs au parfum doucereux avaient étouffé le reste.

Ne lui restait que la douleur.

Et la panique.

Sans oublier quelques détails épars : le poids de ses liens, la poussée de l'ascenseur emprunté dans leur fuite, les minutes interminables pendant lesquelles M. Forkle les avait portés, Dex et elle, dans les couloirs. Elle s'était ensuite réveillée sur le pavé parisien, pourvue de nouveaux talents et de trois vagues indices censés les guider vers les Cités perdues.

— Juste pour être sûr d'avoir bien compris… intervint Tam. Vous connaissez l'une des planques des Invisibles ?

— Une qu'ils ont abandonnée, oui, confirma M. Forkle. Ils sont parvenus à en détruire l'entrée dans l'intervalle qu'il m'a fallu pour soigner les blessures de Sophie et de Dex… Et le temps que je trouve un nouvel accès, ils avaient effacé toute trace de leur passage. Ce qui explique sans doute pourquoi Lady Gisela l'a choisie comme lieu de rendez-vous. Si le message était tombé dans les mauvaises mains, son détenteur n'aurait trouvé qu'une série de cavernes… et encore fallait-il saisir l'allusion.

— Autrement dit, les chiffres mènent à une impasse ? demanda Fitz.

— Hélas, oui. Toute sentinelle postée par Lady Gisela a dû partir depuis longtemps, maintenant qu'elle est incarcérée. De plus, nous surveillons la zone. Aucune activité inhabituelle n'a été détectée.

Fitz soupira, vaincu.

— Moi qui croyais qu'on avançait enfin…

— Oh, mais nous avançons, rassurez-vous, dit le vieil elfe. Cette missive n'est pas notre seule découverte du jour. Tout ce qu'il nous faut…

— J'aimerais la voir, l'interrompit Sophie. La planque, je veux dire.

— Ce ne serait pas raisonnable. Revivre ton trauma…

— Mon traumatisme peut se manifester n'importe quand, le coupa la jeune fille. Comme en ce moment, par exemple.

Grady la serra contre lui.

— Je vais bien, je t'assure, insista-t-elle, soulagée que sa voix ne la trahisse plus. Tout ce que je veux dire, c'est que je ne risque pas d'oublier ce qui m'est arrivé, de toute façon.

— Sans doute. (Grady déposa un baiser sur son front.) Mais tu risques de déclencher de nouveaux souvenirs.

— Ce qui pourrait servir, plaida Sophie. Nous découvririons peut-être des éléments importants.

— Crois-moi, Sophie, les minuscules vérités susceptibles d'émerger à la faveur de ces sombres réminiscences ne valent pas la peine d'affronter un tel stress. Ton esprit et ta santé mentale sont bien trop précieux pour t'exposer à ce risque.

— J'en suis capable, s'entêta-t-elle.

Les mois avaient passé depuis son enlèvement. Jamais elle n'avait envisagé de retourner un jour sur place. Mais visiter la planque des rebelles… même une coquille vide…

Peut-être l'exercice lui permettrait-il de mieux les comprendre ?

— Nous en savons bien plus sur les Invisibles maintenant qu'avant mon enlèvement, leur rappela-t-elle. À l'époque, nous ne connaissions même pas le nom de leur organisation, nous n'avions pas encore vu l'affreux emblème qui frappe leurs manteaux. Pas plus que nous n'avions entendu parler du Projet Polaris. Donc, il se peut que vous ayez manqué un indice quand vous y étiez. Ça vaut la peine de vérifier, au moins. Je tiendrai le coup, je vous assure, et comme vous le disiez vous-même, il n'y a aucun danger…

— C'est drôle, je ne me souviens pas de l'avoir dit, ironisa M. Forkle.

— Selon vous, aucune activité inhabituelle n'a été détectée, lui rappela-t-elle. Ça revient au même.

— Le simple fait que nous n'ayons pas vu les Invisibles ne signifie pas qu'on ne court aucun risque à s'introduire dans une Cité interdite, surtout quand le Conseil surveille tes déplacements d'aussi près.

— Nous sommes sur une piste importante, insista Sophie. Le Conseil comprendra que pour attraper les Invisibles, nous devons contourner quelques règles… Et dans le cas contraire, quelle importance ? Ce n'est pas comme si ça nous avait déjà arrêtés.

M. Forkle soupira tellement fort qu'il en fit claquer ses joues pouponnes.

— Pouvons-nous au moins y réfléchir quelques jours ?

— À quoi bon ? demanda Sophie. À part gaspiller un temps que nous ne pouvons nous permettre de perdre ? Puisque nous avons la possibilité d'en apprendre plus, pourquoi tarder ?

— Là, je suis d'accord avec elle, intervint Tam.

— Moi aussi, renchérit Linh.

— Vous les gamins, trop malins pour être honnêtes ! maugréa le vieil elfe. Très bien. Je vais contacter Brume.

Il s'écarta du groupe afin de chuchoter dans son transmetteur. Grady vint faire face à sa fille.

— Es-tu certaine que c'est une bonne idée ?

— Je ne suis jamais sûre de rien, lui confia Sophie. Mais je suis retournée dans la caverne où ils m'ont enlevée, et aucune crise ne s'est déclenchée.

— Cette fois, ce sera beaucoup plus difficile, l'avertit son père. Et tu as déjà eu une longue journée. Tu t'es levée avant l'aube.

— C'est vrai. (Elle bâilla rien que d'y penser.) Mais tu sais aussi bien que moi que je serai incapable de dormir tant que ce ne sera pas réglé.

— Je doute que tu dormes mieux après, répondit tristement Grady. Promets-moi juste que tu n'auras pas peur de l'admettre si tu ne tiens plus le coup et que tu as besoin de rentrer. Il n'y a aucune honte à reconnaître ses faiblesses.

Sophie en fit la promesse. M. Forkle revint vers eux, partagé entre détermination et résignation.

— Brume a envoyé deux de nos gnomes inspecter la zone, annonça-t-il. S'ils nous donnent le feu vert, nous irons y faire un tour rapide… Et j'insiste sur le « rapide ». Entendu ?

— Tous ensemble, vous voulez dire ? intervint Fitz.

— À Sophie de décider. Peut-être préfère-t-elle préserver l'intimité de ce moment.

L'idée d'amener un public dans sa chambre de torture avait quelque chose d'étrange, en effet.

Mais affronter l'endroit seule semblait pire encore.

— Ne paniquez pas si je me mets à pleurer, d'accord ? demanda-t-elle.

Tam et Linh acquiescèrent, Fitz se tapota l'épaule.

— Elle est prête à t'accueillir au besoin.

— Et Dex ? demanda Grady.

Sophie sentit son cœur se serrer en imaginant la colère de son ami s'il apprenait qu'elle l'avait laissé à l'écart.

Supporterait-elle cependant de le voir revivre ces horreurs, sachant qu'elle en était la cause ?

— Mieux vaut ne pas être trop nombreux, murmura-t-elle.

— Je suis d'accord, déclara Sandor. Ma tâche en sera facilitée.

— Tu viens ? s'étonna Tam.

— Partout où mademoiselle Foster va, je vais.

— Et partout où il va, je vais, le singea Grizel en attrapant Fitz par le bras.

— Mais vous êtes tout gris et vous faites au moins deux mètres ! protesta Tam.

Sandor ne s'en laissa pas compter.

— J'ai accompagné Sophie dans son ancienne maison.

— Certes, mais la rue est presque toujours déserte, lui rappela la jeune fille. Alors que Paris fait partie des villes humaines les plus populaires. Il y aura du monde partout, armé d'appareils photo et de caméras. Aussi drôle qu'ait pu être ton déguisement de mamie, il n'était pas particulièrement convaincant.

— Minute… quel déguisement ? s'esclaffa Grizel tandis que son collègue rougissait.

— Nul besoin de costume cette fois, annonça M. Forkle avec un sourire. Nous resterons principalement sous terre. Et je garde toujours ceci en cas d'urgence.

Il ouvrit sa poche pour révéler un obscurateur, orbe argenté qui distordait la lumière et le son afin de masquer la présence de son porteur.

— Certains d'entre nous n'auront pas besoin de vos gadgets, fanfaronna Grizel avant d'aller se fondre dans l'ombre d'un arbre proche.

Pressée contre le tronc, elle demeura tellement immobile que Sophie la perdit de vue.

« Frimeuse », sembla toussoter Sandor pendant que le transmetteur de M. Forkle affichait ce qui devait être l'équivalent elfique d'un texto.

— D'après les gnomes, la planque est déserte, annonça-t-il. Ils ont accepté de rester à proximité en cas de besoin. C'est parti, je suppose.

Il tira une poignée de cristaux de sa poche pour en choisir un d'un bleu pâle, en forme de poire.

— J'ai fait tailler un cristal permanent après avoir découvert l'existence du local.

— Ne devriez-vous pas enfiler des tenues humaines avant de partir ? suggéra Grady.

— Les gnomes ont annoncé de la pluie, répondit M. Forkle. Autrement dit, les rues seront presque vides, et nos capes n'auront rien d'extraordinaire aux yeux des rares passants susceptibles de nous voir au-delà de la protection de l'obscurateur. Aussi précipitée que semble cette mission, croyez-moi : jamais je ne la mettrais en œuvre si je soupçonnais le moindre danger… au risque de contrarier votre fille.

La remarque arracha un sourire à l'Hypnotiseur, qui étouffa Sophie dans un câlin avant d'accepter le sablier que lui tendait le vieil elfe.

— Il mesurera vingt-cinq minutes, expliqua-t-il.

— Je croyais que c'était dix ? s'étonna Sophie.

— C'est moi qui lui dicte sa durée. Tout le monde est prêt ?

M. Forkle tendit une main à la jeune Télépathe, qui s'efforça de ne pas trembler tandis que Fitz lui prenait l'autre et que le reste du groupe formait un cercle serré.

— Je vous attends, dit Grady, brandissant le sablier, prêt à le renverser.

M. Forkle opina du chef.

— Nous serons de retour avant la chute du dernier grain de sable.

Chapitre 14

Les nains ne s'étaient pas trompés sur la pluie, même s'il eut été plus approprié de parler de « déluge ». Les grosses gouttes s'abattaient à une telle vitesse qu'elles en brouillaient la vue, rebondissant sur le sol graveleux et trempant la petite troupe des pieds à la tête.

L'humidité crasseuse commençait déjà à transpercer ses bottes lorsque Linh agita un bras pour transformer la pluie en fins filets d'eau dont elle tissa une toile protectrice autour d'eux. Portant l'autre main à sa poitrine, elle sécha leurs cheveux et leurs vêtements.

— Tu es vraiment incroyable ! lui dit Fitz.

L'Hydrokinésiste rougit un brin.

— Avec mon talent, c'est facile.

— Ne soyez pas aussi modeste, protesta M. Forkle. Vous faites preuve d'un contrôle remarquable.

— Il a raison, renchérit Fitz, qui la dévorait des yeux.

— Et si on avançait ? demanda Sophie d'un ton grognon.

— Bonne idée, dit le vieil elfe. Laissez-moi me repérer.

Ils avaient atterri en bordure d'un parc dont les arbres soigneusement alignés menaient vers un extravagant palais entouré de parterres de fleurs, de bancs, de statues et d'une fontaine de la taille d'un lac. L'endroit devait attirer les touristes par cars entiers par beau temps, mais pour l'heure il était désert, à l'exception d'un couple qui courait se mettre à l'abri, agrippé à la poignée de parapluies bon marché.

— Détendez-vous, dit M. Forkle lorsque les deux gobelins portèrent la main à leurs sabres. Laissons l'obscurateur faire son travail.

Toujours protégés des intempéries, ils rejoignirent un étroit portail de fer forgé et doré. Linh, toute à ses efforts, atteignit la porte les jambes tremblantes.

— C'est bon, lui dit Tam. La pluie ne va pas nous tuer.

— Mais l'eau est sacrément polluée ! Et puis… si j'ai pu retenir un tsunami à Ravagog, je devrais pouvoir affronter une petite averse.

— Dans mon souvenir, il avait fallu te porter à Ravagog, lui rappela son frère.

— Cette fois ce ne sera pas nécessaire, s'entêta Linh.

Elle manqua pourtant de trébucher lorsqu'ils traversèrent l'allée au pas de course.

— C'est encore loin ? demanda Sophie tandis que Fitz passait un bras autour de la taille de l'Hydrokinésiste pour la soutenir.

La ville lui semblait familière, avec ses rues étroites, ses bâtiments de pierre aux balcons de fer forgé, ses charmants cafés aux auvents colorés et ses minuscules voitures qui ressemblaient plus à des jouets qu'à des véhicules. Rien de reconnaissable, pourtant. Aucun signe de la tour Eiffel, ni du pont Alexandre III, avec ses lanternes sophistiquées. Elle ne voyait même pas la Seine.

— Nous y sommes presque, promit M. Forkle au moment où il se faufilait dans une ruelle tellement étroite que les voitures se garaient sur le trottoir.

— Je me suis toujours demandé comment c'était de circuler dans l'une de ces machines, déclara Fitz.

— Tu as eu l'occasion de monter dedans ? demanda Tam à Sophie.

— Tous les jours, oui.

— Oh… Ça faisait peur ? demanda Linh.

M. Forkle répondit par l'affirmative pendant que Sophie prononçait un non catégorique.

— Vous conduisiez ? Vous ? s'étonna-t-elle.

— Bien sûr que non. Mais j'ai parfois dû me résoudre à jouer les passagers… Il n'y a rien de plus terrifiant que de mettre sa vie entre les mains d'un humain distrait aux commandes d'un engin mortel dont il ne comprend que vite fait le fonctionnement et qu'il est à peine capable de contrôler. Un miracle qu'ils en sortent vivants !

Une sirène hurla au loin, très différente du hululement des voitures de police auquel Sophie était habituée, suivie d'un crissement de pneus et d'un concert de klaxons.

— En voilà un parfait exemple, dit M. Forkle avant de s'engager dans une venelle encore plus étroite, encombrée de bennes à ordures.

— Ils ont bon goût, ces Invisibles, maugréa Tam.

Le vieil elfe s'agenouilla devant une bouche d'égout à la plaque encrassée.

— Ça ne va pas s'arranger, les avertit-il.

— N'est-ce pas leur symbole ? demanda Fitz, un doigt pointé vers les marques incurvées qui longeaient la circonférence de la plaque.

Il avait raison : le motif était entièrement composé d'yeux identiques à ceux brodés sur les manteaux des rebelles.

— Vous voyez ? dit Sophie. Je parie que vous ne l'aviez pas remarqué la dernière fois.

— En effet, concéda M. Forkle en soulevant la plaque.

Saisie par l'angoisse, la jeune fille contempla l'échelle qui plongeait dans les ténèbres.

— Il n'y avait pas un ascenseur ?

— Ils ont fait s'effondrer le conduit pour m'empêcher de revenir. Il m'a fallu une journée entière pour dénicher cette entrée de service… qui ne donne même pas un accès direct. Nous avons de la route à faire sous terre.

— Je passe devant, décréta Sandor, déjà engagé dans l'ouverture. Je pars en éclaireur.

— Veillez bien à vous baisser une fois au fond, l'avertit M. Forkle. D'après mes souvenirs, le plafond est assez bas. Vous aurez aussi besoin de ceci.

Il ôta un long collier de son cou et souffla sur le pendentif pour activer la flamme de flambeau captive à l'intérieur.

— Vous en avez d'autres ? demanda Fitz tandis que Sandor disparaissait dans les ténèbres.

— Hélas, non, répondit le vieil elfe. J'espère que vous n'avez pas oublié votre entraînement à Exillium. On vous y a appris à aiguiser votre vision nocturne, n'est-ce pas ?

— Oui, mais je n'étais pas doué, marmonna Fitz.

— Sans doute parce que tu réfléchissais trop, lui dit Linh. Il y a toujours de la lumière. Si tu arrives à en convaincre ton esprit, il l'amplifiera pour toi.

— Exactement. Faites confiance à votre esprit, non vos yeux. En dernier recours, rappelez-vous que vos autres sens peuvent vous guider. On se retrouve en bas.

M. Forkle passa de justesse dans l'ouverture avec sa bedaine arrondie avant de commencer à descendre l'échelle.

— À mon tour, annonça Tam, déjà à genoux sur le rebord et un pied posé sur le premier barreau. Peut-être pourrai-je éclaircir un peu les ombres pour vous faciliter la descente ?

— Je ferais mieux de passer en dernier, décida Grizel. Pour m'assurer que personne ne nous suive.

— Je passerai juste avant toi, alors, pour continuer à nous protéger de la pluie, déclara Linh.

Ce qui laissait Sophie et Fitz.

— Qu'est-ce que tu préfères ? demanda le jeune homme. Je peux rester quelques mètres devant toi, ou juste derrière. Dans tous les cas, je serai tout près.

— J'y vais.

Sophie s'autorisa cinq inspirations profondes – *si seulement l'air n'avait pas ce goût d'ordures putréfiées…* – avant d'emprunter l'échelle. Le métal froid lui griffait les doigts. Elle s'enfonça dans les ténèbres, maudissant la destruction de l'ascenseur.

L'esprit trop préoccupé pour se concentrer sur sa vision nocturne, elle ne distinguait que de vagues silhouettes floues. Les respirations rauques, les pas mal assurés de ses compagnons et les vibrations de l'échelle lui prouvaient cependant qu'elle n'était pas seule. Elle compta les barreaux pour se calmer. Elle venait d'arriver à 134 lorsque son pied rencontra la terre ferme.

— Par ici, dit Tam en lui prenant la main. Fais attention : le sol est inégal.

Elle ne manqua pas de trébucher. Plusieurs fois.

Sandor revint de son tour d'inspection. Le flambeau suspendu à son cou baigna la caverne d'une lueur bleutée pour révéler un plafond bas et des murs de pierre brute.

— Où sommes-nous ? demanda Fitz, qui venait à son tour de terminer la descente.

— Dans ce que les humains appellent les Catacombes, répondit M. Forkle.

— C'est bien ce que je craignais, marmonna Sophie. Vous savez que c'est plein de cadavres, ici ?

Linh se figea, encore agrippée à l'échelle.

— C'est vrai ?

— Oui, répondit le vieil elfe. J'ai traversé plusieurs fosses communes le jour où j'ai découvert ce passage. Mais nous en sommes loin.

— Quand même… des fosses communes ? (Linh remonta de quelques mètres.) Pourquoi les humains s'adonneraient-ils à pareille pratique ?

— C'est le lot des espèces à la longévité aussi réduite, expliqua M. Forkle. D'après ce que j'en sais, ils manquaient d'espace pour enterrer tous les corps, aussi les ont-ils transférés dans ces anciens tunnels miniers. Certains ossements forment même des motifs décoratifs. On peut y voir une forme d'hommage, quoique terriblement morbide.

— De combien de corps parlons-nous au juste ? s'enquit Grizel, occupée à forcer Linh à descendre.

L'Hydrokinésiste se déplaçait sur la pointe des pieds, comme si elle craignait de marcher sur un os.

— J'ai lu quelque part qu'il y en avait dans les six millions, hasarda Sophie.

— SIX MILLIONS ?

Le cri de Tam résonna contre les parois de la caverne.

— Pardon. Mais c'est… énorme.

— Pour une seule ville, en plus ? demanda Fitz.

— Et à une période historique donnée, renchérit M. Forkle. Les humains ont enterré des milliards de leurs congénères à travers les siècles. C'est précisément parce qu'ils sont si nombreux que les Anciens du Conseil ont décidé de leur laisser la majorité de la planète. Si seulement ils savaient en profiter… Mais l'heure n'est pas aux lamentations.

À l'aide du cristal de flambeau, Sandor illumina une ouverture étroite ménagée dans la paroi opposée et fit signe à la petite troupe de le suivre. Ils avancèrent en file indienne, dans l'ordre de descente. Fitz garda la main sur l'épaule de Sophie pour prévenir toute chute de son amie.

La jeune Télépathe compta ses pas afin de s'occuper l'esprit. Mais les souvenirs lui enflammaient les poignets à chaque battement de cœur.

— Bien, lança M. Forkle alors qu'elle faisait son 164e pas. En amont se déroule une série de virages abrupts qui mène à ce que vos yeux prendront pour un cul-de-sac. C'est une illusion. La paroi présente un point faible à travers lequel passer.

— Qu'entendez-vous par « point faible » ? demanda Sophie, imaginant un effondrement.

— Ils ont dû charger un Fluctuateur d'altérer la densité des pierres. Vous comprendrez en tâtant l'endroit. Tâchez de ne pas traîner, nous avons déjà assez perdu de temps.

Sophie suivit le couloir sinueux, son pas rythmé par les pulsations de son nœud d'émotions, jusqu'à un mur de roche en apparence impénétrable. Tam en tâtonna la surface en quête du point adéquat avant de passer le bras au travers. Sophie grimaça, s'attendant à voir la paroi s'effondrer. Il n'en fut rien.

— Prête ? demanda Fitz pendant que Tam achevait de franchir le mur. Sinon, je te raccompagne à la sortie.

— Je viens aussi, proposa Linh.

— Moi non plus, je ne raffole pas de cet endroit, maugréa Grizel. Je pourrais vous ramener à la surface pendant que les autres fouillent les lieux.

L'offre était tentante.

Terriblement tentante.

Mais… Sophie devait aller au bout.

Avant de changer d'avis, elle visa la même zone que Tam et passa l'épaule à travers la roche.

Chapitre 15

Sophie sentit les pierres rouler le long de sa peau, un peu comme si elle traversait l'une de ces piscines à balles dans lesquelles elle jouait, enfant. Parvenue de l'autre côté, il lui sembla avoir atterri dans un autre monde.

Disparus les parois rugueuses et autres plafonds bas de la caverne : elle se trouvait dans un couloir lisse, métallique et lumineux, éclairé par des milliers de minuscules torches de flambeau emprisonnées dans des cloisons de verre. Fitz franchit le mur sur ses talons, bientôt suivi de Linh et de Grizel.

— C'est le couloir dans lequel vous nous avez portés, Dex et moi, pas vrai ? murmura Sophie.

M. Forkle fit signe que oui.

— Dex était retenu là-bas.

Ses pas résonnèrent sur le sol métallique tandis qu'il les guidait vers la cellule en question. Fitz serra la main de Sophie lorsque le vieil elfe ouvrit un panneau pour révéler une petite pièce poussiéreuse.

D'épais barreaux noirs divisaient l'espace en deux. Pour le reste, la pièce était vide.

M. Forkle désigna une marque de combustion qui noircissait le sol au fond de la cage. Sophie ne put retenir un frisson.

— Ils l'avaient laissé là, ligoté. Il était inerte quand je l'ai trouvé et j'ai craint…

— Ils le brûlaient au moindre mouvement, murmura Sophie, les yeux emplis de larmes. Je n'arrive pas à croire que j'ai dû vous forcer à l'emmener.

— Je n'allais pas l'abandonner ici, promit le vieil elfe. Simplement, je pensais plus rapide de vous transporter un par un. Et moins douloureux pour vous… Vous étiez couverts de plaies à vif, tous les deux. Je voulais que ce soit le plus confortable possible.

Sophie se détourna. La voix de M. Forkle lui emplit l'esprit.

— *Je lis le doute dans ton regard… Sans doute l'ai-je bien mérité, après toutes les occasions où j'ai échoué à te protéger. Sache néanmoins que je préférerais mourir que laisser quiconque vous faire du mal, à tes amis et à toi.*

— Tout va bien ? demanda Fitz.

Sophie hocha la tête et quitta la cellule lugubre de Dex.

— Et moi, où m'avez-vous trouvée ?

M. Forkle leur fit signe de le suivre pour ce qui s'annonçait comme la visite guidée la plus déprimante au monde. Ils traversèrent le couloir jusqu'à une pièce aux murs d'argent, entièrement vide à l'exception d'une pile d'esquilles de bois. L'air semblait saturé de sucre… à moins que l'esprit de Sophie ne lui joue des tours. Elle sentit ses pensées et son regard se brouiller.

— Je te tiens, déclara Fitz en la soutenant.

Tam et Linh lui prirent les mains. Même Sandor se rapprocha pour poser une large paume sur son épaule.

— C'est tout ? demanda Sophie. Je n'étais pas en cellule ?

— Tu étais attachée à une chaise.

Du bout de sa semelle, M. Forkle écarta les débris de bois pour révéler d'épais câbles noirs.

Sophie se pencha pour effleurer les liens, hantée par le contact des fibres rêches contre sa peau. Les morceaux de bois étaient lourds et solides. Inébranlables.

Elle ramassa un fragment qui ressemblait à un accoudoir et le retourna avec un soupir de surprise.

— Des marques de brûlure, souffla-t-elle.

Elle lâcha son butin, assaillie par les cauchemars.

— *Tu es en sécurité*, lui transmit Fitz avant de lui emplir l'esprit d'un doux filet de chaleur.

Leurs bagues de pouce s'alignèrent tandis qu'il l'écartait doucement de la pile de bois.

— Je savais que c'était une mauvaise idée, maugréa M. Forkle, qui donna un coup de pied dans l'une des planches et l'envoya se pulvériser contre le mur.

— Ça va aller, assura Sophie. J'ai juste… besoin de sortir de cette pièce.

Avec l'aide de Fitz, elle regagna d'un pas titubant le couloir, où elle se laissa glisser au sol, la tête entre les genoux, afin de surmonter son vertige.

— *Veux-tu que je te porte ?* proposa Fitz.

— *NON !*

Il sursauta devant la véhémence de sa réponse.

— *Pardon, je… je ne veux pas ressortir d'ici dans les bras de quelqu'un, comme une petite fille sans défense.*

— *Personne ne te voit comme ça. Mais je te comprends. Est-ce que je peux faire quelque chose ?*

— *Ta présence me suffit.*

Il serra les mains de son amie plus fort.

— On peut repartir ? demanda M. Forkle.

Les yeux clos, Sophie s'efforça de rattacher ses filaments de panique à ses autres émotions. Le nœud dans sa poitrine, énorme, semblait lui écraser le cœur. Après deux ou trois profondes inspirations, cependant, la douleur se fit plus supportable.

— On n'a pas encore tout vu, il me semble ? demanda-t-elle.

— Il ne reste que l'ancienne entrée, répondit M. Forkle. Rien de très intéressant, juste une simple pièce vide, avec un tunnel effondré.

— On ferait quand même mieux d'y jeter un œil. Puisqu'on est là.

Fitz aida Sophie à se relever. Elle constata avec satisfaction qu'elle pouvait marcher seule, même si elle lui était reconnaissante de son soutien.

— Bon, j'ai une question, déclara Tam. Sans doute est-ce encore l'une de ces fameuses histoires que vous devez toujours nous raconter, mais… comment avez-vous pu déjouer la surveillance des Invisibles ? Je ne vois pas la moindre cachette possible.

— À mon avis, ils ont baissé la garde après avoir eu vent des plantations au Bois des Errants. Personne ne viendrait chercher deux enfants déclarés morts, expliqua M. Forkle. Quand j'ai déclenché ma diversion, ils ont tous quitté leur poste, sans exception, pour voir de quoi il retournait.

— Pourquoi ne pas avoir monté une embuscade ? demanda Fitz. Vous auriez pu les capturer et mettre un terme à toute cette histoire.

— Nous y avons songé, dit M. Forkle. Mais il y avait trop d'impondérables. Nous ne pouvions courir le risque d'exposer Sophie ou Dex à davantage de sévices. Je n'étais même pas certain de pouvoir les sauver… C'est pourquoi je n'avais pas de plan établi pour les ramener dans les Cités perdues. J'ai dû me résoudre à restaurer les pouvoirs de Sophie et à les laisser retrouver leur chemin d'eux-mêmes. J'ai tenté de me consoler en me disant qu'elle était bien préparée pour de telles aventures, mais… pas un jour ne passe sans que je regrette cette décision. Une chance que tu aies eu la présence d'esprit d'appeler à l'aide, Sophie, et que Fitz ait pu te retrouver avant ton évaporation complète, j'en suis bien conscient. Ce cauchemar a eu sur nous l'effet d'un rappel à l'ordre. Personne, au sein du Cygne Noir, ne pensait que nos ennemis se montreraient aussi audacieux.

Le plus triste était encore que l'enlèvement de Sophie et de Dex paraissait à présent bien peu de chose, comparé aux récentes exactions commises par les Invisibles.

Elle tenta de chasser cette pensée de son esprit.

Mieux valait ne pas penser du tout.

Se concentrer sur sa respiration.

Et ses mouvements.

Poser un pied devant l'autre. Jusqu'à aboutir dans une pièce ronde et vide.

La moitié du mur s'était effondrée en une pile de verre brisé et de métal tordu, prêts à déchiqueter les jambes de quiconque aurait la prétention de grimper dessus.

— Le fameux ascenseur, je suppose ? demanda Fitz.

M. Forkle confirma d'un hochement de tête.

— Ils ont minutieusement effacé la moindre trace.

Même le plafond présentait une fêlure en son centre, comme si on y avait arraché un lustre.

— Je n'arrive pas à croire qu'il ne reste rien d'exploitable, murmura Sophie.

— Les Invisibles ne sont pas idiots, répondit M. Forkle.

— Sans doute, dit Tam. Mais je doute qu'ils connaissent le fonctionnement des empreintes ombrageuses. Vous voyez ? (Du pied, il poussa un éclat poussiéreux qui gisait au centre de la pièce et désigna la trace apparue en dessous.) Si la même lumière frappe le même cristal au même endroit un nombre suffisant de fois, elle finit par jeter une ombre à l'intérieur des facettes. La plupart des elfes ne s'en rendent jamais compte. Mais en ajoutant un peu de ténèbres…

Il agita les mains pour attraper chaque ombre présente dans la pièce et les attirer au centre. Les traces s'assombrirent avant de dessiner peu à peu un motif.

Tous reculèrent pour le contempler.

— Est-ce… souffla Fitz, ébahi.

— Polaris, confirma Sophie.

Chapitre 16

— Vous voyez tous le symbole ? murmura Sophie. Je ne rêve pas ?

— Oh, il est bien là, confirma Fitz. Même si je ne me souvenais pas de ce détail.

Il désigna l'un des rayons, dont le cercle ouvert était parcouru en son centre de fines lignes.

Linh fit le tour du dessin jusqu'au segment le plus proche du tas de ruines.

— C'est l'angle sous lequel on le verrait en sortant de l'ascenseur, non ? D'ici, la nouvelle marque ressemble à deux runes qui forment le mot… Alabastrine.

— Comme l'étoile ? demanda Sophie.

Fitz sourit de toutes ses dents.

— J'oublie toujours que tu connais les étoiles et les constellations par cœur.

— C'est vrai ? s'étonnèrent les jumeaux à l'unisson, estomaqués de voir Sophie acquiescer.

— Qu'est-ce que ça doit être de vivre dans ta tête… murmura Tam.

— C'est très compliqué, dit Sophie, examinant la rune. Le symbole représente donc une constellation ?

— Si c'est le cas, elle m'est inconnue, déclara M. Forkle. Certes, ma mémoire fait pâle figure comparée à la tienne, mais d'après mes souvenirs, Alabastrine est ce qu'on appelle un astre solitaire, isolé de tout corps céleste.

— Ils sont nombreux ? s'enquit Sophie.

— Des millions. Je ne vois pas ce que celui-ci aurait de spécial…

M. Forkle fit plusieurs fois le tour du motif, la tête penchée afin de l'examiner sous tous les angles.

— Le problème, c'est que même s'il s'agissait d'une constellation de leur cru, il nous faudrait identifier plus d'étoiles afin de trouver des correspondances. Et quand bien même… Je ne sais pas trop ce que ça nous apporterait.

Sophie n'en menait pas plus large.

Il y avait forcément un sens, pourtant.

— Corrigez-moi si je me trompe, reprit le vieil elfe, tourné vers Tam. Vous avez pu créer cette marque parce que ce symbole était projeté à cet endroit précis ?

— Oui, et à mon avis grâce à un gadget suspendu là-haut.

Tam pointait du doigt la fissure visible au centre du plafond.

M. Forkle se gratta le menton, songeur.

— Je ne comprends pas comment il a pu m'échapper lors du sauvetage. Certes, j'avais d'autres préoccupations… Mais je n'arrive pas à croire que j'aie pu ignorer une marque lumineuse projetée au sol.

— Peut-être le gadget n'était-il pas allumé en permanence ? suggéra Linh.

— Il faudrait tout de même qu'il l'ait été la plupart du temps afin de laisser une marque ombrageuse aussi dense, lui rappela son frère.

Une question bien plus terrifiante se forma dans l'esprit de Sophie.

— Est-ce que ça signifie... que mon enlèvement faisait partie du Projet Polaris ?

Certes, les Invisibles étaient à l'initiative de l'incident, mais elle les avait jusque-là soupçonnés de vouloir comprendre pourquoi le Cygne Noir l'avait conçue. Jamais elle n'aurait imaginé que le kidnapping faisait partie d'une stratégie plus vaste.

— Je craignais que tu ne t'inquiètes à ce sujet... soupira M. Forkle. Et avant de paniquer, n'oublie pas qu'ils peuvent très bien avoir choisi cette planque pour son aspect pratique. Voilà qui expliquerait d'ailleurs pourquoi le symbole n'était pas illuminé lors de ma venue.

— Peut-être... Mais les barreaux dans la cellule de Dex étaient installés de façon permanente, non ? Donc, même si l'endroit n'a pas été construit pour moi, il était bien destiné à accueillir un prisonnier.

— C'est tout le problème quand on ne dispose que d'une information partielle, rétorqua le vieil elfe. On se trouve face à plus de questions que de réponses. Nous allons devoir nous attacher à en apprendre le plus possible sur ce symbole... sans trop nous inquiéter du reste. As-tu mémorisé les détails de l'empreinte ombrageuse ? J'aurai besoin que tu me la projettes, de retour à Havenfield. À ce propos, je crois que nous avons allègrement dépassé le délai convenu avec ton père.

C'était bien le cas.

Et dire que Grady n'était pas content aurait été un euphémisme.

— J'étais à deux doigts de héler le Conseil pour les implorer de remonter la piste de vos pendentifs ! éructa-t-il lorsque Sophie courut l'embrasser. (Leur étreinte sembla cependant le calmer.) Toi aussi, tu m'as manqué, fillette. Tout va bien ?

Oh que non.

Mais elle se sentait mieux à présent qu'elle était chez elle.

— Avez-vous trouvé quoi que ce soit ? demanda Grady.

M. Forkle lui parla du symbole.

— Eh bien, murmura l'Hypnotiseur, non sans serrer sa fille de plus belle. Vous avez bien fait d'y aller, semble-t-il.

— C'est aussi mon avis, acquiesça M. Forkle avant de tendre un journal mémoriel à Sophie.

Elle y projeta l'empreinte sur la page adjacente au souvenir de Prentice. Les marques étaient identiques – à l'exception des runes.

Le motif disposait de seize rayons surmontés de seize cercles. À supposer que chacun soit lié à une étoile, voilà qui faisait beaucoup de secrets à découvrir.

— Raison de plus pour aller parler à Gethen, annonça M. Forkle. Tâche de trouver le moyen de le pousser à coopérer. Nous aurons besoin d'une astuce pour attirer son attention, et ce symbole ne sera sans doute pas suffisant. Tout tourne au jeu avec lui. Avant de l'affronter, nous devons trouver comment le battre.

Sophie lui rendit le journal.

— Quand le Conseil nous laissera-t-il le voir, à votre avis ?

— Je m'en vais de ce pas à Éternalia pour le savoir. Monsieur Ruewen, certains de vos gnomes auraient-ils l'amabilité de raccompagner Tam et Linh à Alluveterre pour moi ?

— Lur et Mitya s'y sont justement installés, suggéra Grady.

— Parfait. Il serait peut-être aussi judicieux de leur demander s'ils savent quoi que ce soit sur ce symbole, ajouta M. Forkle.

Les deux gnomes avaient été les premiers à découvrir la planque parisienne des Invisibles. Sans leur intervention, Sophie et Dex ne seraient plus en vie.

— Alors c'est tout ? demanda Tam. Vous nous renvoyez à la maison ?

— Uniquement parce que les étapes suivantes relèvent de ma responsabilité, lui expliqua M. Forkle. J'aurai d'autres missions à vous confier une fois réglée la question de l'entrevue avec Gethen.

— Allez-vous voir le Conseil sous cette apparence ? s'étonna Grady en englobant d'un geste la silhouette du vieil homme boursouflé.

— Bien sûr. C'est la seule de mes identités connues du Conseil. Et, pour être honnête, ça rend les négociations bien plus amusantes. Le Conseiller Emery semble toujours terriblement frustré lorsqu'il tente de franchir mes barrières mentales. Quant à la Conseillère Alina, elle adore faire semblant de presque me reconnaître. Le ciel lui tomberait sur la tête si elle apprenait que j'ai failli être élu à sa place.

— Je me suis d'ailleurs posé la question, déclara Grady. Qu'auriez-vous fait s'ils vous avaient élu au rang de Conseiller ?

— Pas la moindre idée. Durant tout ce temps passé à œuvrer dans l'ombre, pas une seule fois je n'avais songé qu'une de mes identités puisse être sélectionnée pour le Conseil. Vous n'imaginez pas les remous suscités au sein du Comité… Personnellement, je ne m'en faisais pas trop, persuadé que je ne serais jamais choisi. Mais dans le cas contraire, j'aurais accepté la nomination. Après douze années passées à vivre chez les humains, nul doute que j'aurais sans peine pu mener de front mes activités de Conseiller et de membre du Cygne Noir.

— Mais vous refusez toujours de nous expliquer comment vous y parvenez ? demanda Sophie.

— Un jour, peut-être… À présent, si vous voulez bien m'excuser, je dois me mettre en route. Je compte sur vous quatre, dit-il en désignant Fitz, Sophie, Tam et Linh, pour agir comme des membres responsables de l'ordre et attendre nos instructions avant de vous lancer dans vos petites enquêtes.

— Linh et moi ne faisons pas partie de l'ordre, lui rappela Tam.

— En effet, et peut-être devriez-vous y réfléchir, sans vouloir vous mettre la pression. Après tout, vous avez le chic pour vous incruster dans nos activités.

Tam tira sur sa frange.

— Je prêterai allégeance bien assez tôt. J'ai juste…

— Une tendance à la paranoïa, termina M. Forkle à sa place. Loin de moi l'idée de vous juger. Mais n'oubliez pas que viendront peut-être des moments où nous devrons exclure de la confidence toute personne extérieure à l'ordre.

— Sommes-nous forcés de prêter allégeance en même temps ? s'enquit Linh.

— Bien sûr que non. Chacun est libre de sa décision. À ce propos, Sophie, as-tu l'intention de faire part à Keefe de nos découvertes ?

La jeune fille sentit ses cils lui démanger.

— Le devrais-je ?

— À ta place… je m'en tiendrais au strict minimum. Si je me rappelle bien, la dernière fois qu'il a trouvé un message de sa mère, il a eu du mal à encaisser le coup.

Bel euphémisme.

Keefe s'était mis en tête de courir à Ravagog affronter tout seul le roi Dimitar – une impulsion en partie motivée par le fait que Sophie lui avait tout d'abord caché le message.

— Tiens-moi au courant de sa réaction, dit M. Forkle avant de sauter.

Tam et Linh partirent quelques minutes plus tard en compagnie de Lur et Mitya.

— Veux-tu que je reste pendant que tu le contactes ? demanda Fitz.

Sophie secoua la tête.

— Tout va bien se passer, j'en suis sûre.

Belle erreur.

L'esprit de Keefe explosa en une multitude de flash-back chargés de fureur. Il semblait particulièrement obnubilé par le terme « héritage ».

— *Je n'aurais peut-être pas dû t'en parler...* dit Sophie.

— *Au contraire, c'est... peu importe. Je devrais m'y faire, à force.*

— *As-tu la moindre idée de ce qu'elle voulait te dire ?*

— *Si seulement !*

Le symbole de Polaris ne lui disait rien, lui non plus.

— *En es-tu certain ?* insista Sophie. *Regarde-le avec attention.*

— *C'est ce que je fais ! Tout ce que je reconnais, c'est le fragment que tu m'as déjà montré. Et je ne comprends pas pourquoi mon imbécile de père imagine que c'est en lien avec le Projet Polaris.*

— *Ça ne t'effraie pas ?* demanda Sophie.

— *Un peu,* concéda-t-il. *Mais j'ai fait une découverte importante aujourd'hui. Savais-tu que Fintan possédait une cache ? Et je ne parle pas de celle que je t'ai volée pour lui.*

Il en a gardé une de son mandat de Conseiller. C'est Alvar qui me l'a dit. Il m'a demandé comment je tenais le coup après l'incident de Foxfire. Il a essayé de jouer les grands frères, en s'assurant que ça n'affectait pas ma santé mentale…

— *Beurk !* l'interrompit Sophie.

— *Je sais. Mais j'ai pu lui demander comment l'esprit de Fintan avait tenu après ce qu'il avait fait à Kenric. Il m'a expliqué que Fintan était capable d'effacer ses propres souvenirs et d'enfermer toutes les données graves mais importantes dans sa cache avant de purger son esprit afin de ne pas se laisser miner.*

— *Crois-tu que c'est pour cette raison qu'il n'a pas recruté d'autres Télépathes ?* demanda Sophie. *Parce qu'il n'en a pas besoin ?*

— *Peut-être… je n'en sais rien. Mais tu comprends en quoi c'est important ? Sa cache contient sans doute tout ce que nous avons besoin de savoir sur les Invisibles !*

— *À condition de pouvoir l'ouvrir*, lui rappela Sophie. *Et puis, je doute qu'elle contienne leurs projets en cours. Comment pourrait-il travailler dessus sinon ?*

— *Quoi qu'il en soit, cette cache est ma nouvelle cible*, déclara Keefe. *Je te parie qu'il la garde au même endroit que l'autre. Et je vais trouver le moyen de les subtiliser toutes les deux.*

Chapitre 17

— Tu es en vie ! s'écria Sophie.

Sandor leur fraya un chemin à travers la foule afin de rejoindre Dex et sa garde du corps dégingandée, Lovise, sur la pelouse violette du campus de Foxfire.

— Je commençais à m'inquiéter, ajouta-t-elle.

Une estrade d'argent scintillant se dressait au centre de la pelouse, prête à accueillir le Conseil pour une annonce officielle. Des rouleaux, expédiés le matin même, avaient enjoint à chaque famille d'envoyer au moins un représentant.

— Désolé, marmonna Dex. Je sais que je n'ai pas été très présent ces temps-ci.

— À qui le dis-tu... Je ne t'ai pas vu depuis les examens !

Le regard de Sophie s'attarda sur la pyramide endommagée à l'arrière-plan, dissimulée sous une bâche orange vif frappée de l'écusson de Foxfire.

Une semaine s'était écoulée depuis l'incident. Hormis la visite à Prentice et l'expédition dans la planque des Invisibles, le quotidien avait été bien morne. On attendait toujours une réponse du Conseil concernant Gethen. Quant à Alden et Della, ils avaient réclamé la présence de leurs enfants à Everglen, pour « passer du temps en famille ». Même les prises de contact nocturnes avec Keefe n'avaient rien donné. Il tentait toujours de découvrir si Fintan conservait sa cache à la manière des Conseillers – à savoir dissimulée dans une poche de vide à laquelle seuls Invocateurs et Téléporteurs avaient accès. Si c'était le cas, et si Keefe parvenait à deviner le mot clé qui la contrôlait, il pourrait subtiliser l'objet de la même façon qu'il avait volé la cache de Kenric à Sophie. Pour l'heure, Fintan et Alvar n'avaient laissé filtrer aucun indice.

Désireuse de se distraire, Sophie avait donc passé la semaine à discuter par télépathie avec Silveny, afin de s'assurer que les alicornes étaient en sécurité et heureuses, à l'abri des regards. Silveny, qui était encore au premier trimestre d'une gestation censée durer onze mois, semblait ravie de partager force informations gênantes sur sa vie de future maman – son sujet de prédilection étant les nausées matinales.

Apparemment, le vomi d'alicorne était tout aussi scintillant que leur crottin.

Elle paraissait aussi développer son instinct maternel et insistait pour que Sophie lui promette de l'appeler en cas de danger. Bien que touchée par sa sollicitude, jamais la jeune fille ne se risquerait à mettre en péril la sécurité du poulain. Et Silveny avait beau lui assurer qu'elle n'était pas si fragile, ses protestations ne la feraient pas changer d'avis.

Sophie avait consacré le reste de son temps à se renseigner sur Alabastrine, même si la bibliothèque de Grady ne lui en avait pas appris beaucoup. Seul détail vaguement intéressant : isolée des autres étoiles, Alabastrine émettait une lueur blanche jugée « pure » car non affectée par la lumière des autres astres.

Mais elle n'était pas la seule. Et la lumière « pure » ne possédait semble-t-il aucune propriété particulière... L'information rappela cependant à Sophie qu'elle avait vu un miroir appelé Polaris dans le Salon de l'Illumination situé dans la Tour d'Argent, réservée aux élites de Foxfire. Chacun des miroirs de la pièce, unique en son genre, était censé permettre aux prodiges d'en apprendre plus sur eux-mêmes.

Le Polaris reflétait une lumière pure. Ce qui devait forcément avoir un sens. Mais... la glace en question était vieille de plusieurs siècles.

Lorsqu'elle avait interrogé M. Forkle à ce sujet, il lui avait rappelé que les Invisibles n'avaient pas inventé le terme de « polaris ». La coïncidence n'en demeurait pas moins troublante.

— Alors, quoi de neuf ? demanda-t-elle à Dex. J'ai essayé de te héler plusieurs fois mais tu ne m'as jamais répondu.

Le jeune homme tapota les poches de sa cape, le front plissé.

— Tiens, j'ai dû oublier mon transmetteur chez *Slurp & Burp*. Je l'avais tout le temps sur moi, pourtant, et je n'ai pas reçu d'alerte. J'ai donné un coup de main à mon père pour tenir les commandes à jour. Tout le monde fait le plein de remèdes. À mon avis, tous ont peur que la prochaine attaque des Invisibles ne fasse des victimes.

Sophie partageait cette crainte – mais plus encore, elle redoutait que Keefe ne soit mêlé à l'affaire.

— Et tes... autres projets ? demanda-t-elle à mi-voix, même si personne ne semblait leur prêter attention. Ceux que le Cygne Noir t'a tenu de garder secret ?

Les oreilles de Dex virèrent au rouge.

— Tu es au courant ?

— Brume m'en a parlé. Ne t'inquiète pas : je ne t'en veux pas. Je sais combien il est difficile de remplir une mission secrète pour le Cygne Noir. À mon tour de t'offrir mon aide.

— Tu peux aussi compter sur moi, ajouta Biana en apparaissant entre les deux amis.

La jeune Éclipseuse avait le chic pour surprendre son monde. Ce qui n'arrangeait pas du tout les affaires de son garde du corps, Woltzer.

Le gobelin approchait justement, jouant de ses bras maigrichons pour fendre la foule dans leur direction. À peine fut-il arrivé que Sandor se lança dans un sermon épique sur le devoir qui était le leur de ne jamais quitter leurs protégés d'une semelle.

Biana adressa un sourire contrit à Woltzer avant de se tourner vers ses amis tel un conspirateur.

— Je ne sais pas ce que vous avez prévu, mais j'en suis. Et je vous interdis de partir encore en mission secrète sans moi !

Dex se crispa.

— Que veut-elle dire ?

— Je ne crois pas… tenta Sophie.

— Sophie, Fitz, Tam et Linh ont visité la planque abandonnée où M. Forkle vous a arrachés aux Invisibles, l'interrompit Biana.

Le jeune homme pâlit.

— Ne m'en veux pas, l'implora Sophie. C'était l'une de ces journées étranges où une chose en entraîne une autre et ainsi de suite.

— Si ça peut te consoler, ajouta Biana, ils m'ont laissée sur le carreau, moi aussi. On devrait monter notre propre équipe. Team Bianex !

Dex soupira.

— Pas terrible, comme nom.

— Tu as raison. Que dis-tu de Dizznacker ? Ou Vackiznee ?

— Je ne sais pas de quoi il retourne, dit Fitz, qui venait de les rejoindre, accompagné de Grizel, mais je vote pour Dizznacker.

— Les traîtres n'ont pas voix au chapitre, l'informa sa sœur.

— Tu me tannes encore avec ça ? s'impatienta Fitz. Franchement… Dois-je te rappeler que vous vous êtes éclipsées, Sophie et toi, avec Calla pour aller affronter seules le Psionipathe des Invisibles ? Tu crois que c'est mieux ?

— La différence, c'est que vous vous êtes rendus à l'endroit de mon incarcération. Sans moi.

Dex avait parlé à voix basse, mais la remarque attira quelques regards.

— *C'est vrai*, transmit Sophie, faisant sursauter son ami. *J'ai pris une décision égoïste. Je te demande pardon. Je ne voulais pas voir la douleur dans tes yeux tandis que tu revivais ces moments atroces, sachant que j'en étais responsable. Mais j'ai eu tort de te tenir à l'écart. Je t'en supplie, ne m'en veux pas.*

Dex se mordit la lèvre.

— Autre chose que vous m'auriez cachée ?

Sophie acquiesça et le mit mentalement au courant de leurs différentes découvertes : le symbole de Polaris, le message de Lady Gisela à son fils, les ombres sur le sol de la planque abandonnée, la rune d'Alabastrine et le projet que nourrissait Keefe de voler la cache de Fintan.

— J'avais prévu de tout te raconter, lui assura-t-elle. C'est pour cette raison que je n'arrêtais pas de te héler.

— Ce fichu transmetteur ! Je parie qu'il doit y avoir un faux contact, maugréa Dex.

— Alors, tu me pardonnes ? demanda Sophie.

— Seulement si tu me promets qu'à partir de maintenant, tu me tiens au courant, quoi qu'il arrive.

— C'est valable dans les deux sens, murmura Fitz, non sans jeter un regard discret à la foule, qui était retournée à ses occupations. Je veux savoir ce que tu as appris dans les archives de mon frère.

— Moi aussi, opina Biana. Et je veux aider.

— Vous vous rendez compte de ce qu'on me fait faire, au moins ? demanda Dex. Le Cygne Noir espère que je trouve le moyen de suivre les mouvements d'Alvar pour remonter sa trace. Si j'y parviens, dans le meilleur des cas, il sera envoyé à Exil. Le châtiment pourrait être bien plus sérieux.

Fitz haussa les épaules avec un regard glacial.

— Personne ne l'a forcé à agir comme il l'a fait.

— Ça ne rendra pas les choses plus faciles, murmura Dex. Je sais que tu es en colère, mais… c'est quand même ton frère. Tu es certain de pouvoir tenir le coup ?

— Le jour où je commencerai à m'en faire pour lui, je n'aurai qu'à me rappeler le nombre de fois où j'ai surpris mes parents en larmes ces dernières semaines, grommela Biana. C'est pour ça qu'ils ne sont pas là aujourd'hui. Ils n'étaient pas prêts à affronter les regards et les murmures… surtout si l'annonce a un lien avec les Invisibles.

— Quant à moi, je n'aurai qu'à me rappeler ce qu'il vous a fait, à Sophie et à toi, ajouta Fitz. J'ai vu les traces de combustion dans ta cellule et les restes calcinés de la chaise sur laquelle Sophie était ligotée.

Dex se frotta les côtes à l'endroit où il avait gardé une cicatrice de l'incident.

— J'ai tenté de comprendre mon frère, murmura Biana. J'ai passé des semaines à éplucher l'histoire familiale, dans l'espoir de saisir ce qu'il entendait par « l'héritage des Vacker ». Jusqu'à présent, je n'ai rien trouvé de négatif… ni la moindre raison de penser que je puisse le comprendre, moi, et pas Fitz. Mais ça n'a plus d'importance. Je sais que notre monde n'est pas aussi parfait que je le pensais… je ne serais donc pas surprise qu'il en soit de même pour notre famille. Rien, cependant, ne justifie les terribles exactions qu'a commises Alvar. Quelqu'un doit y mettre fin. Je sais que ce ne sera pas facile, mais… tu veux bien nous laisser t'aider ?

— Vous pouvez toujours essayer, soupira Dex. Mais toutes les archives sont codées. Je doute que vous puissiez les déchiffrer.

— À toi de le faire, dans ce cas, et je t'aiderai à repérer les dates significatives, suggéra Biana. J'ai en tête un tas de fois où j'ai vu Alvar filer, sans penser à lui demander où il allait.

— Pareil, acquiesça Fitz.

— Si c'est ce que vous voulez, céda Dex. Mais je vous préviens : il n'y a pas plus ennuyeux. Je pensais que rien ne pouvait être pire que la base de données de Lumenaria, mais là-bas, au moins, j'ai pu construire le fagoteur pour trier les entrées… Alors que là, tout ce qu'on peut faire, c'est lire rouleau après rouleau de dates, d'heures et de chiffres codés imprimés en minuscule. C'est à peine si j'y vois encore clair.

— Les archives sont sur papier ? s'étonna Sophie.

— Oui, c'est plus facile de repérer les anomalies de cette façon.

— En tout cas, ça ne peut pas être pire que nos dernières réunions de famille, rétorqua Biana.

— Tout se passe bien ? demanda Sophie.

— On s'en sort, répondit Fitz. Mes parents traversent une sale période, c'est sûr. Mais s'ils nous ont gardés à la maison, c'est parce que apparemment ils ont décidé qu'ils voulaient absolument tout savoir sur nous. Un peu comme s'ils doutaient de leur propre jugement depuis la trahison d'Alvar.

— Mon père m'a tenu le discours le plus gênant du monde sur les garçons, déclara Biana avec un frisson.

— À vrai dire, c'était plutôt génial, la taquina Fitz.

Elle leva les yeux au ciel.

— Tu veux que je te dise ce qui était génial ? Quand les parents t'ont interrogé sur les filles. Tu aurais dû voir sa tête, Sophie ! Ils lui ont posé tout un tas de questions sur les filles susceptibles de l'intéresser… c'était encore pire qu'avec moi. Puis ils l'ont emmené chez les Entremetteurs.

Chapitre 18

— P... pardon ? demanda Sophie, horrifiée, avant de se mordre la langue.

Elle devait avoir mal entendu...

— Tu es allé voir les Entremetteurs ?

Fitz jeta un regard assassin à sa sœur.

— Oui, enfin, ce n'était pas pour retirer une liste. Je me suis contenté de récupérer mon dossier, comme tous les Niveau 5 après les examens de mi-semestre, pour avoir le temps de le remplir d'ici la fin de l'année.

— Le dossier en question est énorme ! précisa Biana en mimant une pile de plusieurs centimètres d'épaisseur. Je ne me doutais pas qu'il serait aussi détaillé. Et les questions sont délirantes !

— Qu'est-ce que tu en sais ? rétorqua Fitz.

— Je peux me rendre invisible, tu as déjà oublié ? Croyais-tu vraiment que je ne m'introduirais pas dans ta chambre pour le lire ? Tes réponses sont trop chou, au passage.

— Je te déteste, mais à un point ! maugréa le jeune homme.

Sophie eut tout le mal du monde à se retenir de le harceler de questions.

— Je n'arrive pas à croire que tu as déjà ton dossier. Ça semble si… tôt.

— Pas vraiment, répondit Biana. Arrivé en Niveau 5, on sait tous si on va manifester un talent spécial ou non. C'est tout ce qui compte pour la compatibilité. Une fois les dossiers renvoyés, il leur faudra une année entière pour éplucher toutes les informations. On n'aura nos premières listes qu'à la fin du Niveau 6.

— C'est quand même tôt, marmonna Sophie.

Rien d'étonnant à ce qu'ils aient entamé les démarches, pourtant. D'après Edaline, Jolie avait reçu sa liste de prétendants possibles avant même d'intégrer les niveaux d'élite.

Simplement, Sophie n'avait jamais réfléchi à l'âge de la jeune fille.

Les niveaux d'élite acceptaient les élèves dès dix-sept ans.

— Personne ne se marie tout de suite, de toute façon, reprit Biana. Enfin, quelques-uns, peut-être. Mais la plupart prennent juste leurs listes pour évaluer leurs options. Il faut du temps pour faire connaissance avec tout le monde, tu sais ? Chaque liste comporte une centaine de noms… et ce n'est que la première sélection. C'est assez effrayant, quand on y réfléchit.

— Et puis, tout le monde ne récupère pas sa liste tout de suite, non plus, ajouta Fitz. Pour ma part, je compte attendre un peu.

— Vraiment ? demandèrent Sophie et Dex à l'unisson.

— Oui. Un an ou deux, au moins.

— Pourquoi ? s'étonna Biana. N'es-tu pas impatient de voir qui aura été sélectionné ?

— Un peu… Mais on n'a droit qu'à cinq listes.

— J'imagine que c'est amplement suffisant pour le commun des elfes ? demanda Sophie.

— Pas toujours. Parfois, il faut du temps aux Entremetteurs pour découvrir les meilleures compatibilités. Or, plus on attend, plus il y a de candidats… Je veux m'assurer d'avoir la meilleure sélection possible.

Dex et Biana le dévisagèrent, abasourdis. De son côté, Sophie se livrait à un rapide calcul.

Si elle était en Niveau 3 et ne pouvait pas s'inscrire avant d'avoir atteint le Niveau 5…

— Oh, ne fais pas cette tête, dit Fitz à sa sœur. Regarde ce qui est arrivé à papa. Tu es au courant, Sophie ?

— Je ne crois pas, non.

La jeune fille savait seulement que la Conseillère Alina avait tenté de s'interposer entre Alden et Della.

— Mon père a environ cent ans de plus que ma mère : de toute évidence, elle n'était donc pas sur sa première liste. À vrai dire, je doute qu'il ait fréquenté qui que ce soit parmi ses prétendantes initiales. Et après avoir terminé les niveaux d'élite, sa carrière a décollé en flèche… Il n'a pas demandé de nouvelle liste avant des années.

Selon Edaline, Jolie avait dû attendre un mois au minimum entre chaque liste additionnelle. Jamais elle n'avait imaginé qu'on pouvait choisir d'attendre plus longtemps.

— Et c'est là qu'il a reçu la liste portant le nom de la Conseillère Alina ! intervint Biana. C'est comme ça qu'ils ont commencé à se fréquenter. Mais elle se montrait trop étouffante, alors ils ont rompu, et quelque temps plus tard, mon père a demandé une nouvelle liste, la troisième… Cette fois, maman était en tête de classement.

— Autrement dit, s'il n'avait pas attendu, Biana et moi ne serions pas là aujourd'hui, conclut Fitz.

Sophie laissa échapper un soupir de surprise. Impossible

d'imaginer Alden et Della autrement qu'ensemble : ils formaient l'un des plus beaux couples qu'elle ait jamais connus.

Difficile, pourtant, de se faire à la chronologie que venaient de lui décrire ses deux amis. Quel contraste avec ce qu'elle avait pu observer chez les humains, qui épousaient souvent des personnes proches en âge ! Trentenaires et nonagénaires appartenaient presque à des espèces différentes… Distinction qui ne semblait pas avoir cours chez les elfes.

À en croire Edaline, d'ailleurs, c'était l'une des raisons pour lesquelles ils s'en remettaient aux Entremetteurs. Leur longévité exceptionnelle, associée à leur apparence juvénile, rendait les affaires de cœur particulièrement délicates. Si on n'y prêtait pas attention, le risque d'épouser un parent éloigné existait bel et bien, et alors… brrr !

Ce qui n'en rendait pas la perspective plus réjouissante. La procédure à proprement parler semblait aussi arbitraire qu'à l'opposé du romantisme, surtout quand on savait que les Entremetteurs s'attachaient à des détails tels que le « taux idéal de diversité génétique ». Et on ne plaisantait pas avec le protocole ! Qu'un elfe épouse une personne absente de sa liste, et l'union, jugée « mal assortie », attirait le mépris de tous, non seulement sur le couple, mais sur sa descendance.

Sophie avait été témoin des problèmes et des griefs qu'un tel système pouvait engendrer. Et ça ne lui plaisait guère, c'était peu de le dire.

— Libre à toi de jouer les rabat-joie, déclara Biana à son frère. Pour ma part, j'irai chercher ma liste dès l'instant où j'en aurai le droit. Pas vrai, Sophie ?

Pour toute réponse, elle dut se contenter d'un haussement d'épaules indifférent.

La jeune Télépathe hésitait entre l'espoir que les elfes reconnaissent les défauts d'un tel système et décident de l'abolir avant qu'elle ait à y faire face elle-même, et l'envie irrépressible de découvrir qui figurerait sur ses listes.

— Et toi ? demanda Biana à Dex.

Il prit une profonde inspiration.

— J'en suis encore à me demander si je m'inscrirai.

Biana haussa les sourcils si violemment qu'ils semblèrent se décoller de son front.

— Mais… tu serais condamné à n'être qu'un mal-assorti !

— Et alors ? Mes parents sont très heureux.

Kesler et Juline semblaient l'être, en effet, même s'ils avaient connu leur lot de complications au fil des ans. À en croire Edaline, le couple avait hésité à avoir des enfants, conscient qu'ils se trouveraient exposés aux jugements négatifs de leurs semblables. Sophie avait entendu les moqueries dont Dex faisait l'objet… et la situation devait être mille fois pire pour les triplés.

— Enfin, regardez le bazar causé par les Entremetteurs, maugréa Dex. Brant n'aurait jamais rejoint les Invisibles si son union avec Jolie n'avait pas été estampillée mal assortie. S'ils veulent donner des recommandations, d'accord. Mais leur assentiment ne devrait pas être obligatoire.

— Je comprends ce que tu ressens, concéda Biana. Mais tu peux toujours choisir d'ignorer tes listes si elles ne te plaisent pas… Pourquoi ne pas tenter le coup ? Peut-être trouveras-tu l'âme sœur par ce biais. Ça t'éviterait bien des tracas.

Dex regarda ses mains.

— Peut-être. Mais, en m'inscrivant, j'aurais l'impression… d'approuver le système. De valider le traitement réservé à ma famille, alors qu'il était tout sauf juste. Enfin, j'ai encore le temps d'y réfléchir, heureusement.

— Tout à fait, acquiesça Sophie avant de passer à un sujet moins épineux. À quelle heure veux-tu que nous passions pour éplucher les dossiers d'Alvar ?

— Oh, vous voulez venir chez moi ? s'étonna Dex.

— Pourquoi ? Ça t'embête ? Ce n'est pas là que tu conserves tout ?

À la réflexion, Dex n'avait jamais invité Sophie chez lui. Pas même lorsqu'ils révisaient leur alchimie ensemble… mais peut-être était-ce parce qu'il craignait qu'elle ne mette le feu à sa chambre ?

— Préfères-tu venir chez moi ? proposa-t-elle.

— Non, chez nous ce sera très bien. Mais les triplés seront là.

Il désigna un point parmi la foule, où sa mère se démenait pour empêcher deux mini-Dex et une fillette rousse de se jeter les uns sur les autres.

— Et là, ils se tiennent bien, précisa-t-il.

— Comment s'appellent-ils, déjà ? demanda Biana, hilare.

— Rex, Bex et Lex. Mon père se croit drôle.

— Mais c'est mignon, tous ces prénoms qui riment ! plaida l'Éclipseuse.

— Parce que tu aimerais t'appeler Bitz, peut-être ? rétorqua Dex.

— Oh, on tient là un nouveau surnom ! décréta Fitz avec un sourire narquois.

— Essaie un peu, et je t'appellerai Fiana.

— Une chance que Keefe ne soit pas là, s'esclaffa Sophie, ou ça deviendrait vos surnoms officiels !

Leur bonne humeur retomba aussitôt. Tous échangèrent un regard gêné.

— Il me manque, finit par murmurer Biana.

— À moi aussi, admit Dex.

— C'est peut-être ça, son véritable plan, déclara Fitz. Nous faire oublier combien il peut être agaçant, afin qu'on le laisse nous embêter deux fois plus à son retour. Sauf Sophie, qui lui parle tous les soirs... Comment ça se passe, d'ailleurs ? As-tu appris des choses intéressantes ?

— Pas encore. Je vous mettrai au courant chez Dex. On se retrouve directement là-bas après l'annonce ?

— Ah, je ne peux pas aujourd'hui, répondit Dex. J'ai promis à mon père de l'aider à la boutique. Mais on peut se voir demain matin, même si vous risquez d'avoir du mal à trouver : Rimeshire n'est pas souvent répertorié par les luminateurs. Et puis, nos familles n'évoluent pas dans les mêmes cercles.

— Une erreur qu'il est temps de corriger, répondit Biana, non sans désigner la bague qu'il lui avait donnée. Vive la Team Vackiznee !

— Je me doutais bien que vous seriez en train de manigancer quelque chose, murmura une voix derrière eux.

Tous sursautèrent en remarquant la présence d'un elfe aux longs cheveux blonds et à la peau translucide : Sir Astin, leur Mentor d'Univers.

— Qu'est-ce que vous faites sous ce déguisement ? chuchota Sophie. Le Conseil ne s'attend-il pas à voir le Magnat Leto, aujourd'hui ?

— Le Magnat Leto est en train de leur rendre service ailleurs. Mais je ne pouvais pas manquer une annonce d'une telle importance.

— Savez-vous ce qui nous attend ? demanda Fitz.

— Dans les grandes lignes. Le Conseil n'a pas fini de nous surprendre.

— Les autres membres du Comité sont-ils là, eux aussi ? s'enquit Biana, qui parcourait la foule du regard.

— Vous perdez votre temps à tenter de les repérer, l'avertit Sir Astin. Si vous n'avez pas encore deviné leurs identités, il y a fort à parier que vous ne les découvrirez jamais.

— Autrement dit nous les connaissons déjà ? lança Sophie.

— Certains d'entre eux, oui. Maintenant, veuillez adopter un comportement normal, s'il vous plaît. Inutile de nous donner en spectacle. Oserai-je seulement vous demander ce que vous tramiez quand je suis arrivé ?

Il sembla soulagé d'apprendre que les jeunes gens prévoyaient juste de consulter ensemble les archives d'Alvar. Il prit cependant soin de leur rappeler qu'il devrait vérifier toute découverte avant qu'ils ne l'explorent plus avant.

— Des nouvelles de Gethen ? murmura Sophie.

— Pas celles que j'espérais, admit le Mentor. Lumenaria serait fermée à tout visiteur, ce qui semble... étrange. Je vais m'efforcer de les faire changer d'avis.

— Le Conseil est-il en retard ? s'étonna Fitz, un doigt pointé vers l'estrade vide. J'ai l'impression d'être là depuis des heures.

Sir Astin jeta un coup d'œil au ciel.

— Je m'attendais à les voir arriver il y a quelques minutes. Ils ne devraient plus tarder.

— Avez-vous remarqué que les rouleaux envoyés par le Conseil précisaient que chaque famille devait « obligatoirement » envoyer au moins un représentant ? demanda Biana. C'est la première fois que je vois ça.

— Moi aussi, acquiesça Fitz. J'ai posé la question à papa, et d'après lui, la dernière fois remonte à l'arrêt du programme d'assistance aux humains.

— Tu es sérieux ? s'étonna Sophie.

Elle parcourut la foule du regard. Elle semblait plus considérable qu'à l'accoutumée – plusieurs milliers de personnes au bas mot. La totalité des familles elfes était-elle vraiment représentée ?

Sir Astin sembla lire dans ses pensées.

— La première partie de l'annonce s'applique aux familles des élèves de Foxfire, expliqua-t-il. Après quoi, la nouvelle se répercutera parmi les différentes couches de notre société à mesure que le nouveau programme avancera.

— Il s'agit donc d'un changement majeur, conclut Sophie.

— En effet. Le Conseil a pris une décision courageuse. Mais, comme te l'aura fait remarquer le Magnat Leto, le changement peut s'avérer une puissante source d'inspiration.

Sir Astin avait adopté la voix de son alter ego pour cette dernière remarque. Sophie tentait encore de digérer l'effet lorsque deux cohortes de gobelins lourdement armés fendirent la foule pour délimiter un périmètre sécurisé de leurs bras musclés.

— Accrochez-vous ! lança Sir Astin à l'instant où l'appel d'une fanfare éclatait à travers le campus pour accompagner l'entrée en scène du Conseil. Le spectacle devrait valoir le coup d'œil.

Chapitre 19

— Il y a sept jours, notre monde a subi une attaque, lança le Conseiller Emery, qui s'était avancé au centre de la scène. Même s'il serait sans doute plus juste de parler d'une nouvelle attaque. Jamais de tels événements n'auraient dû se produire, et pourtant, il s'agit là du troisième incident en autant de semaines. Il survient dans le sillage de l'épouvantable épidémie qui s'est abattue sur les gnomes innocents. Vous n'aurez pas non plus oublié le Grand Brasier qui a ôté la vie de notre cher Conseiller Kenric et détruit la majeure partie de notre belle capitale. Depuis un an, notre monde est la proie d'un mal proprement inimaginable. Au point que nous avons dû recourir à l'aide de la police gobeline et poster des gardes armés dans nos écoles.

Il marqua une pause, parcourant la foule nerveuse de ses yeux saphir dont le brillant contrastait avec sa peau brune.

Ses talents de Télépathe lui avaient valu d'être propulsé porte-parole du Conseil. L'Ancien Emery arbitrait mentalement toutes les discussions en interne afin de s'assurer que les Conseillers paraissent unis aux yeux du monde. Un détail dans son attitude, aussi, commandait l'attention. Peut-être était-ce son port altier, ou l'ondulation élégante de sa chevelure noire qui lui arrivait aux épaules ? Quoi qu'il en soit, plus Sophie l'observait, plus elle se surprenait à retenir son souffle.

Elle finit par détourner le regard pour se concentrer sur les autres Conseillers, impeccablement alignés de chaque côté de la scène. Chacun portait une tenue de couleur différente, assortie d'une cape et d'un diadème orné de joyaux scintillants. Tête haute, ils se tenaient droits comme des i, les épaules rejetées en arrière.

Leurs fronts étaient parcourus de rides discrètes, pourtant, et leurs lèvres étroitement serrées. Sophie avait souvent fait face au Conseil, en bien plus d'occasions qu'elle ne l'aurait souhaité, même… et rarement elle les avait vus aussi tendus.

Elle dévisagea ses trois plus fidèles soutiens en quête d'un indice quelconque. Bronte, les oreilles rendues pointues par l'âge, faisait la grimace, comme à son habitude. Oralie affichait une mine tout aussi indéchiffrable : ses joues roses et ses douces boucles blondes lui donnaient toujours un air serein, éthéré. Quant à Terik…

Il regardait Sophie droit dans les yeux.

Ses prunelles cobalt braquées sur la jeune fille, il semblait essayer de l'évaluer une nouvelle fois. Terik était le seul Discerneur en activité chez les elfes. Une fois, déjà, il avait tenté de lire le potentiel de la jeune fille, et était ressorti de l'exercice perplexe. Tout juste avait-il pu lui dire qu'il avait ressenti en elle « quelque chose de puissant ».

— Notre monde a changé, poursuivit l'Ancien Emery. La sécurité et la paix qui étaient les nôtres depuis des millénaires se meurent. Mais nous ne les laisserons pas disparaître ! La puissance des rebelles n'est qu'une illusion. Bientôt, tout ceci ne sera plus qu'un court chapitre de notre longue histoire, un chapitre témoignant de notre capacité d'adaptation, de réinvention… Mais nous y reviendrons. Pour l'heure, nous tenons à vous assurer que tous les dommages subis durant cette douloureuse épreuve seront réparés. Conseiller Darek, si vous voulez bien…

L'un des Conseillers dont Sophie ignorait le nom jusqu'à présent rejoignit le fond de la scène. Doté d'une peau d'un brun chaleureux et de cheveux noirs et luisants recourbés aux pointes, il rappelait à Sophie un toréador, sans doute à cause de sa cape rouge vif, dont l'étoffe ondula avec style tandis qu'il levait les bras vers la pyramide.

La bâche se mit à remuer – s'agissait-il d'un Rafaleur ? L'air, pourtant, demeura parfaitement immobile lorsque l'épais matériau se souleva en son centre, comme ôté par une main géante.

La bâche en lévitation projetait une ombre épaisse sur la structure en ruines. Il fallut un moment à Sophie pour prendre conscience du spectacle.

La pyramide de verre avait été réparée !

Chaque panneau luisait d'un reflet opalescent et projetait des volutes colorées à travers la cour. Lorsque Darek retira enfin la bâche pour laisser la lumière du soleil illuminer le verre, le bâtiment se mit à scintiller de toutes les couleurs du spectre, comme un bouquet de feux d'artifice.

— Oui, dit le Conseiller Emery sous les applaudissements de la foule. Grâce aux généreux efforts de nos alliés gnomes et nains, nous avons pu rendre à notre académie tout son lustre. Même l'intérieur de la pyramide a été complètement repensé et amélioré.

— Ils auraient pu consulter le proviseur avant de redécorer son bureau, maugréa Sir Astin dans sa barbe.

— Vous n'étiez pas au courant des réparations ? murmura Sophie.

— Je savais qu'ils y travaillaient. Pas que c'était terminé. Et personne ne m'a parlé de modifications.

— Que ceci serve de leçon aux plus inquiets d'entre nous, proclama Emery, ainsi qu'à quiconque juge notre monde vulnérable. Toute tentative de nous affaiblir ne fera que nous rendre plus forts. Notre résilience, notre ressource ont fait de nous ce que nous sommes : des elfes. Nous vivons pour rêver et pour inspirer notre prochain. Et lorsqu'il le faut, nous resserrons les rangs. Nous reconstruisons. Nous changeons, même, parfois – uniquement pour le bien de notre peuple. Le moment est venu d'accepter une certaine dose de changement. Peut-être d'ailleurs l'aurez-vous déjà remarqué…

Il marqua une pause. L'assemblée commença à crier des suggestions.

— Oui, Timkin, répondit le Conseiller Emery, le doigt pointé vers un endroit sur sa gauche. Très juste.

Tous se tournèrent vers la famille Heks, qui se redressa avec fierté. Stina et sa mère rayonnèrent d'orgueil lorsque l'Ancien demanda à Timkin de se répéter.

Le Sans-Talent bomba le torse. Comme Sophie aurait aimé pouvoir révéler à tous qu'il aidait le Cygne Noir sous l'apparence de Toison, un caniche bipède géant, couvert des pieds à la tête d'une épaisse fourrure blanche et bouclée !

— Le Conseiller Darek a usé de télékinésie pour soulever la bâche, cria-t-il.

Emery hocha la tête.

— Je ne devrais pas être étonné que vous l'ayez remarqué, étant donné votre passif. En effet, Darek a déplacé la bâche par la force de son esprit. C'est le télékinésiste le plus puissant au sein du Conseil. Nous nous sommes adonnés à quelques matches d'éclaboussures afin de le vérifier… mais passons. Plutôt que de demander à la Conseillère Liora de faire disparaître la bâche d'un claquement de doigts, ou à la Conseillère Zarina de la faire se désintégrer d'une décharge électrique, ou même à la Conseillère Clarette d'appeler des oiseaux pour l'enlever, nous avons choisi de laisser le Conseiller Darek employer la télékinésie : une compétence, et non un talent. Ceci afin de vous rappeler l'existence d'un arsenal sous-employé, à la portée de tous. C'est là la beauté des compétences : elles peuvent s'acquérir.

— Êtes-vous en train de nous dire qu'elles valent mieux que les talents ? lança une voix dans la foule.

— Ce n'est pas une question de valeur, mais d'opportunité, répondit Emery. Nous négligeons nos compétences depuis bien trop longtemps. Nous nous sommes laissés aller en limitant notre intérêt aux pouvoirs et aux études académiques.

— Mais vous venez de nous dire qu'elles auraient pu faire la même chose avec leurs pouvoirs, argua une nouvelle voix.

— Certes, mais qu'auraient fait un Empathe, un Télépathe ou un Éclipseur ? demanda Emery. Je ne tiens à dénigrer aucun talent… Nous savons tous le rôle vital joué par chacun. Ils sont cependant chacun limité à un but bien précis, alors que nos compétences nous donnent un avantage bien plus vaste, au-delà de tout ce que vous pouvez imaginer. Nous en abordons vite quelques-unes lors des sessions d'éducation physique à Foxfire, mais ce n'est rien en regard de l'entraînement qu'il faudrait leur consacrer.

« Une erreur que nous allons dès à présent nous attacher à rectifier. Et avant de protester… (Il leva les mains pour faire taire une nouvelle vague de murmures.) Rappelez-vous la position précaire qui est la nôtre en ce moment. Il est de notoriété publique que les elfes ne sont pas des guerriers. Nos esprits se brisent face à la violence et à la barbarie. Une particularité qui a mené certains à la conclusion erronée suivante : nous serions sans défense. D'aucuns vont même jusqu'à croire qu'une fois séparés de nos protecteurs gobelins, nous verrions notre monde s'effondrer… Et même si c'est bien entendu faux, la question a tout de même de quoi nous interpeller. Combien d'entre nous seraient capables de se protéger en cas de besoin ? Une infime partie de la population, seulement. C'est inacceptable ! Heureusement, nous avons déjà mis en place un système d'entraînement.

— Oh ! souffla Sophie.

Sir Astin esquissa un sourire.

— Quelque chose me dit que tu commences à voir où il veut en venir.

Sa remarque ne rendit cependant pas les propos de l'Ancien moins surprenants.

— Voici pourquoi, à compter de la semaine prochaine, le campus d'Exillium s'installera à l'endroit même où nous nous trouvons. Chacun d'entre nous entamera un programme d'entraînement spécialisé avec ses Instructeurs.

Chapitre 20

— Ils envoient tout le monde à Exillium ? demanda Sophie en se tournant vers ses amis. J'ai bien entendu ?

Tous les elfes rassemblés autour d'eux semblaient crier la même question.

— Oui, j'ai bien dit chacun d'entre nous, confirma le Conseiller Emery par-dessus le tumulte. Jeunes, vieux, Anciens, tous participeront à ce nouveau programme, car tous, nous possédons des compétences vitales. Nous sommes en train de mettre en place un calendrier afin d'organiser au mieux cet ambitieux projet. Vous et vos familles constituerez la première vague de participants. Vous serez divisés en groupes, avec un jour et un horaire attitré pour vos entraînements hebdomadaires. Les emplois du temps seront finalisés et envoyés à chaque foyer d'ici le week-end. L'entraînement débute lundi prochain.

Biana sourit de toutes ses dents.

— Je me demande si on va tous devoir porter ces uniformes ridicules !

— Ou en passer par la Répartition, ajouta Dex.

À leur arrivée à Exillium, Sophie et ses amis s'étaient retrouvés pris au piège d'épais cordages et suspendus la tête en bas à une grande arche métallique sous le regard des autres indociles. La méthode employée par chacun pour échapper à ses liens servait à déterminer l'Hémisphère auquel il appartenait : Hémisphère Gauche pour les partisans de la logique et de la raison, Droit pour les esprits impulsifs et créatifs, et Ambi pour ceux mélangeant les deux approches.

— Pourvu que personne ne mette le feu au campus… soupira Biana. Pas vrai, Sophie ?

— Sans cet incendie, on ne serait peut-être jamais devenus amis avec Tam et Linh, lui rappela son amie.

— Et puis, ce ne serait pas une école si Sophie n'essayait pas de la détruire, ironisa Fitz.

— À mon avis, Keefe a décidé de lui voler la vedette dans ce domaine, murmura Biana. Je n'arrive pas à savoir qui influence l'autre.

— Disons qu'ils sont aussi épuisants l'un que l'autre, déclara Sir Astin avec un sourire malicieux. Et même si je serais ravi de voir les plus frileux de nos semblables endurer les rituels pour le moins créatifs d'Exillium, les Instructeurs ont mis au point un système de répartition bien plus rapide et moins inventif. Pour ce qui est de la tenue, chacun se verra remettre une simple cape à porter par-dessus ses vêtements habituels. Et avant que vous ne me posiez la question, oui, vous participez aussi au programme. De même que tous les indociles d'Exillium.

— Est-ce à ce changement que vous faisiez allusion lors de votre discussion avec Tam et Linh ? demanda Sophie.

Le Mentor acquiesça.

— Ils viendront à Foxfire deux fois par semaine. Au cas où l'expérience se passerait bien, j'ai négocié avec le Conseil la possibilité d'établir un jumelage permanent de nos établissements. Une sorte de programme d'échange hebdomadaire, pour permettre aux deux écoles d'interagir et de s'enrichir mutuellement. Mais pour l'heure, nous devons nous concentrer sur l'entraînement à l'autodéfense.

Dex désigna la foule grondante.

— Tout le monde n'a pas l'air très enthousiaste.

Leur réaction n'avait rien de surprenant : la plupart des elfes méprisaient Exillium, persuadés que l'établissement était uniquement destiné aux cas désespérés. Tous les indociles avaient été bannis des Cités perdues, et peu d'entre eux avaient pu, à l'instar de Timkin Heks, y retrouver une place.

D'un geste, le Conseiller Emery réclama le silence.

— À l'évidence, il vous faudra du temps pour vous faire à cette idée, lança-t-il. Sachez cependant qu'il s'agit d'un changement nécessaire.

La remarque engendra une nouvelle salve de protestations. Bronte sortit du rang pour s'avancer.

— Préférez-vous vraiment risquer vos vies, plutôt qu'apprendre à exploiter vos compétences ? s'écria-t-il.

— Non, nous préférerions que vous fassiez votre travail et exiliez ces crétins en robe noire ! rétorqua une voix, déclenchant les applaudissements de l'assemblée.

Sophie n'entendit pas la réponse du Conseiller, mais son visage affichait une expression de pur dégoût.

— Du calme, tonna l'Ancien Emery, ou je charge Noland d'instaurer le silence ! Je n'ai pas besoin de vous décrire la migraine qu'un Vociférateur de sa trempe est capable de déclencher.

La foule se tut. Seuls quelques grommellements, çà et là, se firent encore entendre, fustigeant l'Ancien. Menacer de les punir à coups de talent après pareil discours ? Quelle hypocrisie !

— Quel que soit votre sentiment face à cette décision, poursuivit Emery, n'oubliez pas que le programme n'a rien d'optionnel. Quiconque refusera l'entraînement devra en assumer les conséquences.

— C'est-à-dire ? murmura Sophie à l'adresse de Sir Astin. Ils ne vont quand même pas exiler les récalcitrants ?

— Pour être honnête, je n'en suis pas certain, concéda le Mentor. Mais le Sanctuaire a toujours besoin de bras supplémentaires pour ramasser le crottin de ses pensionnaires.

— Et les ogres, alors ? cria une voix féminine sur le côté.

Sophie n'eut pas besoin de voir apparaître sa propriétaire pour reconnaître le timbre de sa Mentor de linguistique. Lady Cadence s'avançait vers la scène d'un pas vif, sa robe gris sombre aussi serrée que son chignon noir. Son regard furieux complétait parfaitement son apparence.

— Pourquoi ne suis-je pas surpris de vous voir interrompre cette annonce ? soupira Emery.

— Peut-être parce que vous avez ignoré toutes mes demandes de réunion privée, répondit du tac au tac la Polyglotte. Et je ne suis pas la seule à protester, loin de là. Nul doute que vous aurez entendu crier jusque dans les Cités interdites. Si la plupart de leurs arguments se révèlent faibles et biaisés, ça ne change rien au fait que votre raisonnement, lui, souffre de sérieux défauts. Améliorer nos compétences ? À quoi bon, face à un guerrier ogre ? Nous ne pouvons nous permettre d'en faire nos ennemis. Personne ne maîtrise mieux qu'eux la force brute.

Les gobelins présents dans l'assistance s'esclaffèrent.

— Oh, riez tout votre soûl ! rétorqua Lady Cadence. Vous aussi, vous êtes puissants, à votre façon… et vous avez vécu bien des combats. Mais vous devez surtout votre survie à vos tactiques judicieuses. Des tactiques qui ne peuvent rivaliser avec la rage impitoyable déployée par les ogres dans le feu de la bataille.

— Les ogres constituent des adversaires redoutables, concéda l'Ancien Emery. Mais le roi Dimitar est assez sage pour éviter de déclencher une guerre qu'il sait perdue d'avance.

— En êtes-vous certain ? demanda Lady Cadence. N'a-t-il pas ignoré toutes vos tentatives de négociation ?

L'Ancien Emery jeta un coup d'œil aux autres Conseillers. Il se massa les tempes plusieurs secondes, avant de finir par hocher la tête et lever son regard sur la foule.

— Nous avions prévu de vous faire cette annonce par rouleaux coordonnés, afin que chacun soit mis au courant de façon simultanée. Mais… étant donné vos appréhensions, il nous semble judicieux de vous rassurer dès à présent, avant d'en informer le reste de la population ce soir. Le roi Dimitar a accepté de nous rencontrer dans le cadre d'un sommet de la paix. Nous sommes en train d'organiser la rencontre à Lumenaria. La date exacte ne sera pas rendue publique, pour d'évidentes raisons de sécurité. Mais nous espérons trouver une solution satisfaisante dans un futur très proche.

La clameur qui s'ensuivit avait tout d'un soupir de soulagement collectif.

— Étiez-vous au courant ? murmura Sophie.

— Non, avoua Sir Astin. Voilà cependant qui explique pourquoi mes demandes de visites à Gethen ont été systématiquement déclinées. Je doute que nous puissions approcher de la capitale avant la fin du sommet. La zone entière sera bouclée par mesure de sécurité.

— N'y a-t-il pas moyen de s'y introduire discrètement ? demanda Fitz.

— Aucun. À bien des égards, Lumenaria est plus sécurisée qu'Exil.

— Dans ce cas… il aurait mieux valu rencontrer Gethen avant que les ogres n'acceptent la tenue du sommet, fit observer la jeune Télépathe.

— Oui, Sophie, quelle perspicacité, comme toujours ! ironisa le Mentor. Même si, pour être honnête, nous n'aurions pas eu l'idée de l'interroger sur le symbole. Difficile donc de dire si cette entrevue nous aurait beaucoup avancés.

— Quand même, c'est dommage, maugréa la jeune fille.

— Je suis bien d'accord. Mais j'ai déjà tellement de regrets de toute façon…

Son regard se perdit dans le vague. Sophie fut tentée de lire ses pensées, au mépris du règlement.

— Votre curiosité est-elle satisfaite ? demanda l'Ancien Emery à Lady Cadence.

— À vrai dire, je n'en suis que plus inquiète, rétorqua la Polyglotte. Sa Majesté Dimitar est bien des choses, mais certainement pas un imbécile. Il n'acceptera pas facilement de signer un traité. Je ne doute pas qu'il surveille notre monde de très près… Et lorsqu'il saura que chaque elfe bénéficie d'un entraînement au combat, il nous soupçonnera de former une armée.

— Une armée d'enfants ? lâcha la Conseillère Alina sans même attendre la médiation de l'Ancien Emery.

— Face à un adversaire redoutable, mieux vaut être sous-estimé que surestimé, pointa Lady Cadence. Plus les ogres douteront de notre puissance, moins ils seront préparés à nous affronter, dans le cas où ils feraient le mauvais choix.

— Aussi compréhensibles que soient vos préoccupations, elles ne justifient pas de laisser notre peuple sans défense, rétorqua Emery. Les ogres ne sont pas la seule menace à l'horizon.

— Alors pourquoi ne pas concentrer nos efforts sur la fuite ? suggéra Lady Cadence. Je me suis souvent demandé pourquoi nous ne portions pas d'anneaux d'urgence, ornés de cristaux nous permettant de sauter vers un endroit caché et sécurisé. Avec l'aide des nains, une telle mesure pourrait être mise en place en quelques jours, j'en suis certaine.

— Une idée… que nous allons examiner, répondit Emery. Mais nous devons veiller à ne pas céder à la peur. Notre autorité est menacée aussi bien de l'intérieur que de l'extérieur : nous nous devons de réaffirmer notre puissance face à ceux qui osent la mettre en doute. Ce ne sont pas quelques années passées chez les ogres qui vous auront préparée aux complexités de notre monde.

— Certes… mais j'en sais bien plus que vous sur ces ennemis supposés, argua Lady Cadence. Soit vous ignoriez mes rapports, soit le traître à qui vous aviez accordé votre confiance a fait en sorte qu'ils ne vous parviennent jamais.

Fitz et Biana baissèrent la tête sous les huées de l'assemblée, qui maudissait Alvar.

— Les informations recueillies par mes soins auraient pu vous éviter bien des problèmes, ajouta la Polyglotte. Vous auriez tout intérêt à m'écouter si vous voulez mener à bien vos négociations.

— Nous serons ouverts à vos conseils… en temps voulu, lui répondit l'Ancien Emery. (Il s'adressa de nouveau à la foule.) Et qu'une chose soit claire. Rien ne viendra freiner la mise en place du nouveau programme d'entraînement. Nous ne fléchirons pas devant la menace, pas plus que nous ne fuirons les confrontations.

— Nous l'avons fait par le passé, lui rappela Lady Cadence. Les anciens Conseillers optèrent pour l'immersion de l'Atlantide afin de convaincre les humains de notre disparition, nourrissant au passage toutes sortes de mythes et légendes ridicules, car ils savaient cette option plus judicieuse qu'une guerre.

— Autres temps, autres mœurs, rétorqua le Conseiller Bronte. Nous étions alors un peuple chétif, dispersé, et ne maîtrisions pas encore les différents mondes dont nous allions devoir accepter la responsabilité. Je le sais : j'étais là. (Il tapota ses oreilles pointues, preuves de son grand âge.) Nous avons pris la meilleure décision possible, mais aussi la plus controversée. L'un des plus grands reproches que nous adressent les ogres est d'avoir laissé les humains vivre dans une relative liberté… et j'ai entendu plusieurs voix dans le public qui nous entoure émettre le même grief.

« Je ne dis pas que c'était une erreur. Mais les temps ont changé. L'heure est venue de se montrer forts. Et confiants. De rappeler à tous pourquoi, au juste, nous avons la charge de cette planète. Nous n'avons pas choisi de gouverner le monde. C'est le monde qui nous a choisis, pour nos talents et nos compétences… car, oui, je mets les deux sur le même plan. Je ne sais pas comment notre peuple a pu ainsi perdre de vue la valeur de nos compétences. Moi-même, je me suis rendu coupable de telles erreurs de jugement. Le moment est venu d'ouvrir nos esprits et d'accepter la vérité.

Lady Cadence, sur le point de répliquer, se ravisa avant d'esquisser une révérence particulièrement raide.

— Très bien, dit-elle. De toute évidence, vous avez fait votre choix. J'espère, pour le bien de tous, que ces compétences sont aussi puissantes que vous le prétendez. Nous en aurons grandement besoin, une fois la guerre déclarée.

Chapitre 21

— A-t-elle raison, à votre avis ? demanda Sophie à ses parents adoptifs après leur avoir résumé l'annonce. Le Conseil devrait-il écouter les avertissements de Lady Cadence ?

— Je dirais qu'elle n'a pas tout à fait tort, hasarda Grady, occupé à aligner une dizaine de seaux en argent vides. Le temps des réponses simples semble bien loin…

— A-t-il seulement existé ? s'interrogea Edaline. D'après mes souvenirs, l'histoire des elfes regorge de catastrophes évitées de justesse.

— Sans doute, concéda Grady. Même si je ne me rappelle pas m'être fait autant de soucis quand j'étais jeune… ni même quand Jolie avait l'âge de Sophie.

Ils se turent, perdus dans leurs souvenirs. D'un claquement de doigts, Edaline invoqua une grande brassée de grésillisse. L'heure du repas avait sonné dans les pâturages de Havenfield, une tâche qui pouvait se révéler acrobatique, d'autant que les animaux placés sous la charge de Grady et Edaline devaient s'habituer à un régime végétarien.

Dans le cadre du programme de conservation, toute espèce considérée comme « éteinte » ou « mythique » par les humains se trouvait relogée dans une réserve spéciale afin d'assurer sa survie – un projet qui n'avait de sens que si le Sanctuaire ne comptait aucun prédateur. Les elfes avaient donc développé des méthodes afin d'apaiser l'instinct carnassier des animaux pour leur servir des fruits et légumes cultivés par les gnomes et pour la plupart au goût de viande.

— Pour être honnête, ajouta Grady sans cesser de jeter des poignées de tubercules coupés en morceaux dans chaque seau, Lady Cadence a au moins raison sur un point : les ogres nous surveillent. Et je ne serais pas surpris que ce nouvel entraînement occasionne des tensions lors des négociations. Mais des représailles violentes ? Je n'y crois pas. Les ogres n'ont jamais attaqué les elfes directement.

— Et l'épidémie ? demanda Sophie.

Les ogres avaient tenté d'assujettir les gnomes, conscients que leur départ précipiterait les Cités perdues dans le chaos. Elfes et gnomes partageaient un lien symbiotique exceptionnel, chaque espèce dépendait étroitement de l'autre. Trop vulnérables pour se défendre contre les espèces les plus féroces qui peuplaient la planète, les gnomes affectionnaient le travail de la terre. Ces créatures plus végétales qu'animales tiraient par ailleurs leur énergie du soleil et n'avaient besoin que de peu de nourriture et de sommeil. Elles partageaient donc leur production excédentaire et participaient aux tâches intéressantes en échange d'un logement et de la protection des elfes. Ce n'est qu'en voyant les plantes faner et le désordre s'installer suite à la contamination des gnomes que Sophie avait compris leur importance cruciale pour le bien-être des Cités perdues.

— Un coup particulièrement audacieux de leur part, répondit Grady. Mais à mon avis, ils ne l'auraient jamais tenté sans les encouragements des Invisibles. Ils conservaient ce virus depuis des millénaires : c'est sur la suggestion de Fintan qu'ils sont passés à l'acte. Et n'oublions pas qu'en fin de compte la menace ne leur a pas profité.

— Grâce à vous, dit une gnomide à Sophie.

Coiffée d'une tresse et vêtue d'une robe de paille, elle transportait une pile de seaux deux fois plus grande qu'elle.

— Comme j'aurais aimé être là pour voir le raz-de-marée que vous avez provoqué avec vos amis ! J'espère qu'il a suffi à laver toute la fange de Val-Serein.

La plupart des gnomes appelaient encore Ravagog par son nom d'origine, puisqu'elle avait abrité leur peuple avant que les ogres ne les en chassent, abattent tous les arbres et contaminent sol et eau.

— Voici les cravattelles, annonça un autre gnome vêtu d'une chemise de feuilles assortie à sa peau ocre.

Il traînait un sac rempli de ce qui ressemblait à des cacahuètes bleu électrique, qu'il laissa aux pieds de Grady en souriant de toutes ses dents vertes.

— N'hésitez pas à demander s'il vous en faut plus… et je parie que ce sera le cas. Jamais, de mon expérience, un tyrannosaure n'a pu résister à cette friandise.

— C'est mal connaître Verdi, répondit Grady. Difficile comme elle est, elle est bien partie pour rester ici jusqu'à la fin de ses jours. Mais j'ai quand même hâte d'essayer.

Le gnome s'éloigna avec un signe de la main. Sophie ne connaissait même pas son nom, pas plus que celui de sa congénère, qui aidait Edaline à remplir les seaux de grésillisse.

À sa décharge, les gnomes avaient déménagé par dizaines à Havenfield pour se rapprocher du panacier. Depuis la transformation de Calla, cependant, la jeune fille n'avait plus le cœur de faire connaissance avec eux. Chaque regard de leurs grands yeux gris ravivait son chagrin.

— Pour ma part, j'apprécie la prise de position du Conseil, déclara Edaline. Surtout cette volonté de protéger tout le monde, en particulier les Sans-Talent. Je serai curieuse de voir jusqu'où nous pourrons développer nos compétences avec un entraînement adéquat.

— Voilà qui risque de poser problème, intervint Cadoc, qui se tenait jusque-là en retrait. Si vous quittez le domaine, Brielle et moi devrons vous accompagner, et tout le monde saura alors que nous sommes vos gardes du corps.

— Mais le Conseil a rendu l'entraînement obligatoire, leur rappela Sophie. S'ils restent à la maison, les Invisibles seront d'autant plus soupçonneux.

— Et si tu montrais un peu de foi dans notre capacité à nous défendre ?

— Imaginez que votre fille utilise cet argument, rétorqua Brielle.

— Certes. Mais peut-elle faire ceci ?

Grady concentra son regard sur Edaline, dont les bras se dressèrent de chaque côté de sa tête pour s'agiter comme les tentacules d'une pieuvre en colère.

— Combien de fois t'ai-je dit de ne pas utiliser ton pouvoir sur moi ! aboya l'Invocatrice en le frappant de ses membres flageolants.

— Je sais... Pardon ! Je me suis dit que tu m'en voudrais encore plus d'utiliser Sophie comme cobaye.

Les spasmes d'Edaline cessèrent. D'un claquement de doigts, elle invoqua un tombereau de duvet de dinosaure et inonda son mari de plumes orange vif.

— Comme ça, on est quittes !

— Sans doute, dit-il. Heureux de voir que tu as préféré le duvet au crottin.

— Tu ne perds rien pour attendre, l'avertit Edaline.

— Tu vois, reprit l'Hypnotiseur à l'adresse de Sophie. User d'un pouvoir puissant a toujours des conséquences. À ce propos… nous n'avons pas encore parlé instillation, tous les deux. Et si tu venais avec moi donner ces cravattelles à Verdi ? Nous pourrions discuter en travaillant.

— Un sermon en plus de la bave de Verdi ? gémit Sophie. Tu cherches à me punir ?

— Loin de là ! Ton aide me serait précieuse. Peut-être pourrais-tu la convaincre que ces nouvelles graines sont délicieuses ?

Plus facile à dire qu'à faire : l'odeur des cravattelles suffit à donner un bruyant haut-le-cœur au tyrannosaure vert, qui s'empressa de faire volte-face pour renverser son auge d'un coup de queue.

— Allez… l'encouragea Grady avant de redresser le récipient en argent pour le remplir de nouveau. Goûte, au moins !

Il paraît que tous tes congénères en raffolent, transmit Sophie, non sans accompagner ses paroles silencieuses d'images de dinosaures béats en train de se goinfrer de cravattelles.

Verdi lui répondit d'un grognement plein de dégoût.

— Tu sais comment ça se passe, l'avertit Grady. Si tu refuses de goûter, je serai contraint de t'y forcer.

Verdi renversa son énorme tête en arrière et poussa un « RAAAAAAAAAAAAAAH ! » de défi.

— Très bien, tu l'auras cherché.

Grady décrocha un lasso d'argent suspendu à sa ceinture et le fit tournoyer largement au-dessus de sa tête avant de le jeter avec adresse.

« RAAAAAAAAAAAAAAAAAHHHHHHHHH ! »

— Elle n'a pas mal, au moins ? demanda Sophie tandis que le tyrannosaure tentait d'arracher la corde passée à son cou de ses bras minuscules.

— Je doute qu'elle le sente, vu l'épaisseur de son plumage, lui assura Grady, les talons plantés dans le sol. Et ne t'inquiète pas : les animaux résistent toujours à ce qui est bien pour eux.

Il n'avait pas tort. Sophie avait aidé sa mère humaine à donner des médicaments à leur chat : à en croire les hurlements que la bête avait alors poussés, elles l'avaient forcée à avaler du poison bouillant.

Grady traîna Verdi jusqu'à son auge.

— Allez, ma belle, on va goûter cette nouveauté.

« RAAAAAAAAAAAAAAAAHHHHHHHHHH ! »

Profitant de la distraction, l'Hypnotiseur tira d'un coup sec sur le lasso pour précipiter Verdi, gueule ouverte, tête la première dans le récipient dont le contenu vola dans toutes les directions. Tout ne fut pas perdu, cependant : une seconde plus tard, le tyrannosaure croquait les friandises avec ardeur.

— Tu vois ? dit Grady. Il paraît qu'elles ont un goût de ptérodactyle.

Verdi continua à croquer…

Avant de recracher le tout bruyamment.

— Merveilleux, soupira le père de Sophie.

Il chassa les fragments de graines à moitié mâchées vaporisés sur lui.

— Tu veux bien me donner un coup de main ? demanda-t-il à Brielle tandis que le tyrannosaure tentait de le traîner dans son enclos.

La gobeline attrapa Grady par la taille et, ensemble, ils ramenèrent Verdi à son auge.

Rugissement.

Croquement.

Crachement, et ainsi de suite.

Arrivée à la dixième bouchée (accompagnée d'une vague de transmissions apaisantes), pourtant, Verdi déglutit et…

Se pourlécha les babines.

— Si tu m'avais écouté dès le début, nous n'aurions pas gaspillé la moitié de ton dîner ! maugréa Grady pendant qu'elle engloutissait le reste des graines. Espérons que nous tenons là un aliment qu'elle aime vraiment, susceptible d'apaiser son instinct carnassier. La semaine dernière, un vol de mouettes est passé un peu trop près de son enclos… elle en a fait son quatre-heures.

Sophie ne put retenir un frisson.

— Je parie que tu aimerais pouvoir l'hypnotiser.

— Ça me faciliterait la tâche… En attendant, c'est la transition toute trouvée pour notre conversation !

— Je sais déjà ce que tu vas me dire.

— Tiens donc. Quoi, au juste ?

Il se mit à enrouler le lasso autour de son avant-bras pour le ranger.

— Tu vas me dire que l'instillation est un pouvoir néfaste et que je dois prendre garde de ne pas en abuser car les autres risquent d'en être effrayés, tout comme ils l'ont été de ton pouvoir quand il s'est manifesté. À quoi je te répondrai que je l'utilise à doses homéopathiques. Quand Biana et moi sommes tombées sur le Psionipathe des Invisibles il y a quelques mois, mon pouvoir n'a rien pu contre son champ de force. Il se tenait là, juste devant nous… et je n'ai rien pu faire. Je refuse que ça se reproduise. Fitz pense que notre télépathie aurait suffi, grâce à notre lien d'Apparentés. Mais mon instillation ne dépend de personne d'autre que moi… et si j'avais travaillé dur, j'aurais peut-être pu empêcher Ruy de s'échapper. Tu vois ? Pour reprendre le refrain d'Alden : aucune raison de s'inquiéter.

— À vrai dire, ce n'est pas ce que j'avais l'intention de te dire… même si j'apprécie la citation d'Alden. Et je te comprends. Je me rappelle avoir testé mon pouvoir contre un Psionipathe, et c'était terriblement déstabilisant. Mais il faut que tu comprennes que l'entraînement a un coût. Je l'ai appris à mes dépens… j'ai bien failli me laisser détruire par mon pouvoir.

— Détruire ?

Elle était à présent tout ouïe.

— Tu as vu comme sa soif de pouvoir a égaré Fintan, poursuivit Grady d'une voix douce. Moi aussi, j'ai perdu le contrôle. Je n'ai tué personne, mais je commençais à utiliser mon talent pour un oui ou pour un non. Qu'on me ralentisse alors que j'étais pressé ? Je « motivais » l'importun à dégager le plancher. Et quand j'avais besoin de quelque chose mais manquais de temps pour l'obtenir ? Je « motivais » quelqu'un à me l'apporter. J'ai touché le fond lorsque le Conseil a refusé ma demande d'enquêter sur les trolls. Selon eux, je ne disposais pas de preuves suffisantes pour justifier les mesures drastiques que je proposais d'appliquer. J'étais persuadé qu'une fouille me fournirait tous les indices nécessaires. Alors j'ai hypnotisé Bronte pour lui faire signer le rouleau.

— S'en est-il rendu compte ? demanda Sophie.

— Bien sûr. S'il avait voulu, il aurait pu me faire exiler. Au moins aurait-il pu déchaîner son instillation sur moi. Au lieu de quoi, il m'a fait asseoir pour me raconter comment il avait failli tomber dans le même piège avec son pouvoir. Après de longues années d'entraînement, il avait atteint le point où la moindre contrariété le faisait sortir de ses gonds. Jusqu'au jour où il s'en était pris à sa mère.

— Alors… qu'essaies-tu de me dire ? Que je ne peux pas utiliser mon pouvoir ? Pourquoi le Conseil m'ordonnerait-il de m'entraîner, dans ce cas ?

— Parce que s'il y a pire qu'abuser d'un pouvoir, c'est de ne pas apprendre à le contrôler. La clé, c'est la modération. L'instillation constitue un atout exceptionnel, et je suis content que tu en disposes. Mais elle ne doit pas contrôler ta vie. Bronte a accumulé tellement de colère et de frustration qu'il doit les garder nouées au plus profond de ses entrailles… et lutter quotidiennement contre la pression pour éviter qu'elles ne se déploient. D'après ses dires, il a été forcé de t'enseigner cette technique à cause de tous les événements que tu affrontes et des émotions qui en découlent.

— N'ai-je pas le droit d'être en colère face à tout ce qui s'est passé ?

— Bien sûr que si. Et je sais que tu tiens à te protéger, ainsi que tes amis. Tout comme je sais que tu ressens une énorme responsabilité, en tant que Colibri… quoi que puisse recouvrir ce statut. Autant de raisons mille fois plus nobles que mes vieilles motivations. Il n'empêche que l'entraînement a des répercussions. Je ne suis pas dupe, tu sais.

Il désigna la main qu'elle utilisait pour masser le point sous son diaphragme.

— Ce n'est pas qu'un nœud d'émotions, expliqua-t-elle. C'est aussi une réserve de puissance dans laquelle je peux puiser à tout moment.

Grady l'attira contre lui avec un soupir.

— Je sais. Promets-moi simplement de lever un peu le pied. À trop te surmener, tu finiras par t'effondrer.

Elle acquiesça, autant pour se convaincre elle-même que son père.

Elle essaierait de lever le pied.

Mais pas avant de se sentir prête.

Pour l'heure, elle avait une montagne d'ennemis, de questions et de soucis.

Sans compter que Keefe n'arrangea pas son état lors de leur réunion télépathique ce soir-là.

— *ENFIN!* s'écria l'esprit du jeune homme. *J'étais à deux doigts de passer au plan d'urgence.*

— *Pourquoi ? Que se passe-t-il ?*

— *Je n'en suis pas certain. Quelque chose d'énorme se trame pour demain. Personne ne veut me donner de détails... mais d'après ce que j'ai pu entendre, ils vont débarquer à Havenfield pour capturer Grady et Edaline.*

Chapitre 22

Personne ne ferma l'œil de la nuit.

Havenfield bourdonnait d'activité : gobelins et gnomes se préparaient, le plus discrètement possible toutefois.

Tout devait paraître normal, afin de ne pas révéler que Keefe les avait mis au courant. Ils trouvèrent cependant divers moyens d'améliorer la sécurité des lieux.

On posa des pièges. Le Cygne Noir envoya des renforts nains qui se dissimulèrent sous terre, prêts à intervenir au moindre signe d'attaque. Grady et Edaline reçurent chacun un atomiseur, sorte de pistolet elfe qui provoquait une paralysie temporaire. Ils prévoyaient de se poster dans les pâturages abritant les animaux les plus dangereux.

Sandor leur avait tout d'abord suggéré de rester à l'intérieur, mais personne ne tenait à donner à Brant l'occasion de mettre le feu à la maison.

Quant à Sophie…

— Pas question que je m'en aille ! décréta-t-elle, non sans taper du pied pour faire bonne mesure. Je ne suis plus une gamine !

— Ce n'est pas une question d'âge, répondit Grady en la prenant dans ses bras. Tout ce que nous voulons, c'est protéger ce qui nous est cher.

— Je n'ai pas besoin de protection.

— Tout le monde en a besoin... pourquoi prenons-nous de telles précautions, à ton avis ? Tout est prévu. Tu n'as pas à t'inquiéter.

— C'est justement ce qui m'inquiète ! rétorqua Sophie. Nous pensions avoir tout prévu pour l'embuscade sur l'Everest. Ce qui n'a pas empêché les Invisibles d'arriver accompagnés d'ogres et de nains, parfaitement au courant de notre venue.

Jamais elle n'oublierait la sensation de ces énormes bras d'ogre qui l'avaient attrapée et enlevée par le plafond de la grotte pour la traîner à travers roches et glace. Sans l'intervention de Sandor, jamais elle n'aurait pu s'échapper. Et en récompense de ses efforts, le gobelin, lui, avait fini au fond d'un ravin.

— Et les deux Pyrokinésistes n'étaient même pas là, rappela-t-elle à son père. Brant et Fintan vont essayer de brûler la maison.

D'un geste tendre, Grady dégagea une mèche du front de sa fille.

— C'est pourquoi je garde une réserve de mouchevite à portée de main. Alden nous a aussi fourni du Frissyn après ma confrontation avec Brant. Nous sommes donc prêts à étouffer la moindre flamme, y compris de Grand Brasier.

Voilà qui avait de quoi la rassurer.

Même si c'était loin d'être suffisant à son goût.

Elle ajouta sa frustration et sa colère montantes à son arsenal d'émotions nouées sous son diaphragme.

— Si vous ne voulez pas que je reste, alors au moins venez avec moi.

Grady secoua la tête, déterminé.

— Je ne vais pas me laisser chasser de ma maison. Ni manquer l'occasion d'en attraper un. C'est la seule solution. Il faut démanteler cette organisation, membre après membre.

— Dans ce cas, laisse-moi vous aider ! l'implora Sophie.

— Tu as assez risqué ta vie comme ça. C'est mon tour.

— C'est idiot.

— Peut-être bien. Tant que tu es en sécurité…

— Et nous veillerons à ce qu'il le soit, lui aussi, promit Brielle. (La gobeline brandit son sabre et le fit tournoyer tellement vite que ses cheveux volèrent en tous sens.) Votre père est sous ma responsabilité. Il ne lui arrivera rien.

— Et votre mère sera en sécurité avec moi, ajouta Cadoc. Sandor a prévu de rester, lui aussi.

— C'est vrai ? demanda la jeune fille à son garde du corps.

— N'est-ce pas ce que vous voulez ? répondit le gobelin. Mais je n'accepte de me séparer de vous qu'à la condition que vous ne changiez pas votre programme et vous rendiez chez Dex. Lovise vous protégera. C'est une excellente guerrière.

— Mais…

— Pense à la situation dans son ensemble, l'interrompit Grady. Où seras-tu le plus utile ? Ici ? À perdre ton temps à attendre que l'ennemi sorte de l'ombre ? Ou avec tes amis, à travailler sur l'un de vos projets ?

— Nous avions juste prévu de parcourir quelques archives, maugréa Sophie.

— Une tâche nécessaire, déclara Grady. Et je ne serais pas surpris que vous en tiriez quelque information cruciale. Pense à tous les problèmes que vous avez déjà résolus ensemble !

— On a aussi survécu à quantité de batailles, lui rappela Sophie.

Il déposa un baiser sur son front.

— Je sais. Mais celle-ci ne vous appartient pas. Va donc faire ton sac. Tu ne rentreras pas tant que la menace n'aura pas été éradiquée.

— Tes affaires sont déjà prêtes, annonça Edaline.

Elle descendait l'escalier, la cage d'Iggy dans une main et le sac à dos violet de Sophie dans l'autre.

Le même sac que la jeune Télépathe avait utilisé au moment d'abandonner sa vie humaine… puis de rejoindre le Cygne Noir dans sa planque.

Elle détestait devoir se cacher.

— Kesler et Juline sont au courant de ta venue, la rassura Edaline. J'ai aussi hélé les Vacker. Alden et Della semblaient prêts à nous rejoindre. Je leur ai expliqué les risques, mais ils ne veulent pas manquer cette occasion de parler à Alvar. Ils enverront Fitz et Biana dormir chez Dex.

— Ben voyons… Soirée pyjama pour les petits, grommela Sophie.

Edaline esquissa un sourire.

— Adresse-moi tous les reproches que tu veux, je ferai toujours en sorte de veiller à ta sécurité. C'est mon devoir de mère.

— Notre devoir de parents, rectifia Grady. J'ai la peau dure, mais s'il t'arrivait quoi que ce soit…

Il embrassa Sophie de nouveau. Edaline se joignit à leur étreinte et déposa un baiser sur la joue de sa fille.

— Je t'en supplie, laisse-nous faire, l'implora-t-elle. Laisse-nous te protéger comme nous n'avons pas pu le faire pour…

Elle ne termina pas sa phrase. Elle n'en avait pas besoin. Mais utiliser Jolie comme prétexte ? C'était mesquin.

— Très bien, soupira Sophie. Mais promettez-moi de sauter pour vous mettre à l'abri si jamais la situation devient trop dangereuse.

— Promis, répondit Grady en la serrant de plus belle avant de la relâcher. Et merci !

Sophie avait prévu de leur adresser son regard le plus assassin au moment d'enfiler son sac et de ramasser la cage d'Iggy. Avant de se rappeler que c'était peut-être la dernière fois qu'elle voyait ses parents.

— Je vous aime fort tous les deux, murmura-t-elle.

— Nous aussi, nous t'aimons très fort, répondirent-ils de concert.

— Soyez prudents, insista-t-elle.

Grady essuya une larme.

— À très vite.

Chapitre 23

Les oreilles de Sophie furent assaillies de hurlements dès l'instant où elle se matérialisa dans une vallée par ailleurs silencieuse, entourée de montagnes enneigées aux sommets masqués par les nuages bas.

— C'EST MA BOÎTE DE PAPOTINS !

— PLUS MAINTENANT !

— MAMAAAAAAAAAAAAAAAN… REX M'A VOLÉ MES BONBONS !

— PAPAAAAAAAAAAAAAAAA… BEX SENT LE CROTTIN DE DRAGON !

— REX AUSSI ! ajouta une troisième voix.

— RESTE EN DEHORS DE ÇA, LEX !

— PAS QUESTION ! CES PAPOTINS SONT À MOI !

S'ensuivit un concert de couinements et de craquements, ponctué d'un « ARRÊTEZ VOTRE CIRQUE ! » de Dex.

— Bienvenue à Rimeshire ! lança Kesler.

Sophie fit volte-face. L'alchimiste l'attendait en compagnie de Juline sur un large sentier pavé. Il affichait un sourire identique à celui de son fils.

Kesler et Dex arboraient les mêmes fossettes, les mêmes cheveux blond paille et les mêmes yeux pervenche. Seule différence : l'âge… et la taille.

— Tu te feras vite au bruit, assura-t-il à la jeune fille alors qu'un nouveau cri résonnait à travers la vallée.

— Oh, que non ! rétorqua Juline.

La mère de Dex était la sœur d'Edaline (ce qui faisait techniquement des deux jeunes gens des cousins par adoption), et partageait avec elle ses yeux turquoise et sa crinière ambrée. À ceci près que Juline semblait toujours harassée et échevelée.

— Ne t'en fais pas, dit-elle en rassemblant ses cheveux épars en un chignon négligé qu'elle épingla à l'aide d'un crayon mâchouillé. J'ai de quoi les tenir tranquilles cette après-midi.

— C'est ce que nous nous disons tous les matins, ironisa Kesler. J'attends toujours de voir la prophétie se réaliser.

De nouveaux couinements retentirent, accompagnés de piétinements et d'un « AÏE ! C'ÉTAIT MON BRAS, ESPÈCE DE… »

— Ce n'est rien, dit Sophie.

Ayant vécu des années chez les humains, la jeune Télépathe avait développé une grande résistance à la cacophonie. De plus, son programme de la journée consisterait à consulter sans cesse son transmetteur dans l'attente de nouvelles de sa famille. Les cris d'enfants n'y changeraient pas grand-chose.

— Tu dois être contente de porter des manches longues, je parie ? demanda Juline lorsqu'une brise glaciale vint agiter la chevelure de Sophie.

Rimeshire était, de l'expérience de la jeune fille, la zone la plus froide des Cités perdues – à l'exception de l'entrée du Sanctuaire, située dans l'Himalaya. Même l'architecture de la demeure des Dizznee rappelait celle d'un palais de glace : ses parois, taillées dans du verre bleu, formaient des angles aigus spectaculaires. Quant aux cinq tours qui l'ornaient, elles rappelaient des stalagmites. L'endroit dégageait pourtant une atmosphère chaleureuse. Peut-être était-ce dû à la lumière qui luisait à travers les murs, ou aux volutes de fumée blanche qui s'échappaient des cheminées en spirale.

La maison, massive, semblait plus grande qu'Everglen, et le domaine tout aussi vaste. L'aménagement paysager, simple, correspondait à l'austérité de la vallée, avec ses sentiers pavés bordés d'arbres au feuillage persistant et ses vastes pelouses jade s'étirant au pied de collines rebondies.

— Tu ne t'attendais pas à un tel spectacle, pas vrai ? demanda Kesler.

— Pour tout dire… non, admit Sophie.

Elle avait assez vécu dans les Cités perdues pour savoir que le statut social n'affectait pas la fortune. Chaque elfe se voyait octroyer les mêmes fonds à la naissance – une somme assez conséquente pour leur permettre de vivre dans le confort jusqu'à la fin de leur longue existence. Elle avait malgré tout imaginé la maison des Dizznee à l'image de *Slurp & Burp*, avec une architecture chaotique et une façade bariolée digne d'un livre de Roald Dahl.

Au lieu de quoi, Rimeshire s'avérait… sobre.

Élégante.

Impressionnante.

— Nous ne sommes excentriques qu'en public, expliqua Kesler, car ça nous amuse d'enquiquiner ces riches snobinards. Mais dans le fond, nous sommes d'une banalité à pleurer.

— Je ne suis pas d'accord ! répondit Sophie.

Juline esquissa un large sourire.

— Je suis ravie que notre maison te plaise. Dex angoissait à l'idée de vous recevoir. Il tente désespérément de ranger sa chambre, même si vous passerez sans doute la nuit dans le solarium.

— Ne t'inquiète pas, ajouta Kesler. Les triplés vous prêtent leurs sacs de couchage… que les gnomes ont lavés avec soin.

— Parfait, répondit Sophie.

Jamais elle n'aurait pensé qu'ils dormiraient tous dans la même pièce. Voilà qui ne serait pas gênant du tout…

À supposer qu'ils dorment tout court, ce qui semblait peu probable.

Elle consulta son transmetteur.

Rien.

L'absence de nouvelles ne fit qu'aggraver son anxiété.

— Est-ce que Fitz et Biana sont déjà arrivés ? demanda-t-elle d'une voix forte pour couvrir une nouvelle dispute des triplés.

Apparemment, Bex avait volé le jackalope en peluche préféré de Rex et menaçait de lui arracher les bois.

— Pas encore, dit Kesler. Tu peux les attendre à l'intérieur, si tu veux.

Un bruit de chute et de casse leur parvint depuis la maison.

— Ça ne me dérange pas de rester ici, décréta Sophie.

Kesler s'esclaffa.

— Bonne idée ! Espérons qu'ils ont enfin détruit cette affreuse statue de yéti en cristal que mon frère nous a offerte en guise de cadeau de mariage. Je l'ai installée dans l'entrée il y a quelques années, connaissant le goût des triplés pour les bagarres à cet endroit. Mais je parie qu'ils font exprès de l'épargner, rien que pour m'embêter.

— Vous avez un frère ? demanda Sophie.

— Trois, même. Et deux sœurs.

— Votre mère a eu six enfants ?

Même pour des humains, c'était beaucoup – chez les elfes, une fratrie aussi nombreuse paraissait inouïe.

— Je vois que mon fils parle beaucoup de sa famille, constata Kesler.

— Oh non, il…

— Je plaisante ! Vous avez bien plus important à discuter que des oncles et tantes qu'il ne voit jamais.

Certes. Quelle piètre meilleure amie elle faisait, pourtant ! Il lui semblait négliger Dex, par moments.

— Quoi qu'il en soit, ajouta Kesler, mes parents se fichaient pas mal de ces histoires de « pureté génétique optimale ».

— Encore une recommandation des Entremetteurs, expliqua Juline. Selon eux, nos gènes les plus puissants et les plus purs se transmettent au premier né, après quoi ils se font de plus en plus faibles. Voilà pourquoi nombre de familles s'arrêtent à un enfant.

— Ne me dites pas que c'est vrai, quand même ? s'étonna Sophie.

— Difficile à savoir avec certitude, répondit Kesler. Même si je connais des deuxièmes et troisièmes enfants exceptionnels… D'après mon expérience, il y a du vrai dans cette affirmation. Je suis moi-même le benjamin, et le seul de ma famille à n'avoir manifesté aucun pouvoir.

Juline lui prit la main.

— Mais j'ai épousé le meilleur des Dizznee.

— Ha ! Ce n'est pas ce que disaient tes listes de prétendants !

Juline avait-elle été assortie à l'un des frères de Kesler ? La question brûlait les lèvres de Sophie. Serait-il trop indiscret de la poser ?

Avant qu'elle ait pu se décider, Fitz et Biana apparurent dans la vallée.

— Eh bien ! souffla Biana, embrassant du regard le paysage. Je n'arrive pas à croire que Dex vive ici.

— Pourquoi donc ? demanda Kesler d'une voix tendue.

Sans s'en soucier, Biana s'approcha, son plus beau sourire aux lèvres.

— Je n'en reviens pas que vous viviez dans la Vallée crépusculaire ! D'après ma mère, c'est ici que la rivière Alenon se jette dans l'océan. C'est l'habitat des kelpies sauvages, n'est-ce pas ? J'ai toujours rêvé de les voir !

Le père de Dex se détendit un brin.

— À vrai dire, nous sommes de l'autre côté de la montagne. Mais je suis surpris que ta mère en sache autant sur cet endroit. Peu de gens s'y intéressent.

— Ils ont tort, répondit Biana. Il paraît que le spectacle des kelpies regagnant le rivage est unique.

— En effet, acquiesça Juline. Nous tâcherons de vous emmener à la plage lors d'une prochaine visite. Je l'aurais bien fait aujourd'hui, mais le garde du corps de Dex insiste pour que nous restions près de la maison afin de lui faciliter le travail.

— Tu tiens le coup ? demanda Fitz à Sophie, qui consultait de nouveau son transmetteur.

— Oh, tu sais… Des êtres qui me sont chers courent un grave danger, mais tous les adultes refusent mon aide. La routine.

— À qui le dis-tu, maugréa le jeune homme.

— Tes parents sont à Havenfield ? demanda Sophie. C'est pour cette raison que Grizel et Woltzer ne vous accompagnent pas ?

Fitz confirma d'un hochement de tête.

— Woltzer n'avait pas envie de nous quitter, mais Grizel l'en a convaincu après avoir appris que Sandor se trouvait à Havenfield. J'ai plaidé pour y aller moi aussi, mais ma mère m'a tenu un long discours comme quoi elle ne voulait pas qu'il nous arrive quoi que ce soit.

— Quel culot, ces parents, de vouloir protéger leurs enfants ! ironisa Juline.

— Je comprends, bien sûr, répondit Fitz. Mais quand même ! Nous avons affronté une armée d'ogres… nous devrions pouvoir tenir tête à mon frère !

— Rien n'indique qu'Alvar sera là, dit Biana, la gorge serrée. Et quand bien même… c'est à papa de l'affronter. De toute façon, nous avions prévu de venir ici aujourd'hui, non ? Où est le problème ?

Fitz se tourna vers leurs hôtes avec un soupir.

— Biana a raison. Je vous demande pardon. Merci de votre hospitalité. Mon père tenait à vous dire que les portes d'Everglen vous seront toujours ouvertes en cas de besoin.

— Est-ce que l'offre vaut pour les triplés ? demanda Kesler. Je serais ravi de vous les confier au plus vite… même si je doute qu'Alden apprécie de les voir mettre le bazar dans sa demeure ancestrale.

— On pourrait les enfermer dans la chambre d'Alvar et les laisser casser ses affaires, suggéra Biana, avant de remarquer la cage que tenait Sophie. Oh, tu as amené Iggy ?

Le lutin la salua d'un pet retentissant.

— J'en connais un qui a mangé trop de poisticots hier soir ! toussota l'Éclipseuse. Une chose est sûre : il va falloir revoir ton régime.

— Bon courage ! rétorqua Sophie. Les derniers légumes que je lui ai donnés ont fini écrabouillés sur mon plafond.

— Je suis certaine qu'il acceptera d'en manger pour moi… pas vrai, bonhomme ? demanda Biana. Je te ferai une double dose de câlins, et tu pourras dormir sur le coin le plus doux de mon oreiller.

— Parce que tu comptes dormir avec le lutin ? s'enquit Kesler, surpris.

— Bien sûr ! Nous partagions un oreiller à Alluveterre. Ses ronflements m'ont manqué.

La jeune fille glissa les doigts entre les barreaux de la cage pour venir caresser le museau d'Iggy. Kesler semblait l'étudier d'un œil neuf : sous ses dehors de princesse gâtée, Biana n'avait rien d'une fleur délicate… si l'on oubliait son surplus de bagages.

— Puis-je te donner un coup de main ? proposa l'alchimiste. Tes sacs semblent lourds.

— C'est le cas, répondit Fitz, qui souleva le sien, à moitié rempli, en guise de comparaison. Biana a dû prendre de quoi habiller vingt personnes.

— Ne l'écoutez pas, rétorqua l'intéressée. Je le connais : demain matin il viendra me chiper mon pot de boucles d'air pour se coiffer.

Un hurlement strident couvrit la réponse de Fitz, suivi d'une cavalcade digne d'un troupeau de brontosaures au galop alors que la porte de Rimeshire s'ouvrait à la volée pour laisser débouler les triplés.

Bex faisait la course en tête, les joues battues par sa chevelure rousse tandis qu'elle agitait un lapin cornu en peluche.

— RENDS-LE-MOI ! s'époumona l'un des garçons, Rex semblait-il, en plongeant sur elle.

Sa sœur l'esquiva d'un bond.

— PAS AVANT DE LUI AVOIR DONNÉ UN BAIN DE BOUE !

— VAS-Y ! VAS-Y ! VAS-Y ! scanda l'autre garçon.

— SI TU SALIS HARRY JE TE…

Ils s'arrêtèrent net, interdits, en remarquant la présence de Sophie, Fitz et Biana.

— DEX ! appela Bex, tournée vers la maison. TES PETITES COPINES SONT LÀ… AVEC LE BEAU GOSSE DE L'ÉCOLE !

— Je vous demande d'excuser notre fille, dit Kesler, non sans la fusiller du regard. Elle a un vrai talent pour embarrasser son monde. Nous y travaillons.

— Si elle t'embête, dis-le-moi et je m'en occupe, lança Rex à Biana.

— N'importe quoi ! s'esclaffa Lex. Elle vient de te voir pleurer pour ton jackalope en peluche !

— JE NE PLEURAIS PAS !

— Parce que Harry n'a pas encore piqué une tête ! fanfaronna Bex en agitant la peluche sous son nez avant de s'élancer vers les arbres.

— Bien, dit Lex lorsque son frère eut pris leur sœur en chasse. Maintenant on sait tous qui est le plus mature.

Il adressa un clin d'œil à Sophie et Biana.

— Quelles pestes ! grommela Dex, sorti les rejoindre, son garde du corps sur les talons. Je ne peux pas demander à Lovise de les attacher quelque part ?

— Je doute que mes cordes soient assez solides, l'avertit la gobeline.

— Il est juste jaloux, glissa Lex à Biana. Il sait que je suis le chouchou de ces dames.

— Bon, dit Kesler en attrapant le bras de son fils avant qu'il ait pu le passer à la taille de Biana. J'ai comme l'impression que la leçon sur les bonnes manières n'est pas encore rentrée, Lex. Règle numéro un : on ne touche pas les filles sans leur permission.

— D'ailleurs, ajouta Dex, elle est beaucoup trop bien pour toi.

— ENFIN, ELLES SONT TOUTES LES DEUX TROP BIEN POUR TOI ! hurlèrent Bex et Rex, de retour de leur course-poursuite.

Dex tourna vers sa mère un regard implorant.

— Tu m'avais promis de les tenir à distance.

— Je le ferai, lui assura Juline. J'attendais juste que tout le monde soit là.

Les yeux clos, elle éleva les bras et esquissa des mouvements amples et gracieux de ses mains.

— Seriez-vous Givreuse ? demanda Biana à la vue des minuscules flocons blancs qui se formaient tout autour d'eux.

Les particules de glace ondoyèrent en suivant les motifs esquissés par Juline, comme le contenu d'une boule à neige secouée par une main invisible.

Les triplés cessèrent leurs escarmouches pour regarder leur mère former un nuage qui s'étira jusqu'à couvrir la propriété tout entière. Puis, dans un souffle, elle baissa les bras et laissa tomber la neige, transformant le parc en paradis hivernal.

— Incroyable ! murmura Sophie.

Quelque chose clochait pourtant.

— Je croyais que tu trouvais les Givreurs ridicules ? lança-t-elle à Dex à voix basse. N'est-ce pas ce que tu m'as dit après avoir passé le test ?

— Possible, grommela son ami. Ce n'est pas mon talent préféré. Mais… je devais être remonté par mon échec. Je pensais que c'était celui que j'avais le plus de chances de manifester, tu comprends ?

Biana, de son côté, semblait plongée dans une tout autre réflexion. Elle regarda tour à tour Juline et la neige, avant de soudain écarquiller les yeux.

— C'est vous, pas vrai ?

— Je ne vois pas de quoi tu parles, répondit la Givreuse.

Sa voix la trahit pourtant.

— Je suis vraiment la seule à l'avoir remarqué ? s'étonna Biana en se tournant vers ses amis. Regardez-la bien… et concentrez-vous sur sa voix.

— Non, vraiment, tu dois me confondre avec quelqu'un d'autre, insista Juline. Nous devrions…

— Minute, l'interrompit Fitz. Je crois avoir compris, moi aussi.

— Compris quoi ? demanda Dex.

— Rien, s'empressa de répondre sa mère.

— Vous comptez vraiment le lui cacher ? demanda Biana.

— Me cacher quoi, à la fin ? s'impatienta Dex, les yeux plissés.

— J'ignore ce qui se passe, intervint Kesler, mais si vous accusez ma femme de quoi que ce soit…

— Ce n'est pas une accusation, le coupa Biana, les yeux toujours rivés sur Juline. Si vous préférez que je me taise, je le ferai.

La Givreuse esquissa un sourire triste.

— Il est trop tard pour ça, tu ne crois pas ?

Elle se gratta nerveusement le cou tandis qu'elle regardait les triplés disparaître entre les arbres sans cesser de se lancer des boules de neige.

— Sans doute aurais-je dû vous en parler plus tôt. Je n'ai cessé de repousser l'échéance en attendant le moment opportun…

— De quoi parles-tu ? lui demanda son mari.

— Ce sera plus simple de vous le montrer.

Avec une profonde inspiration, elle leva les bras pour conjurer une nouvelle vague de neige. Cette fois, pourtant, au lieu de créer une tempête, elle attira les flocons à elle pour laisser le givre lui couvrir l'épiderme.

Couche après couche, la glace se fit plus épaisse, jusqu'à enfermer son corps tout entier dans une armure gelée.

— Vous voyez ? dit Biana.

Sophie retint un hoquet de surprise. Dex, lui, contemplait sa mère, bouche bée.

— Est-ce que quelqu'un veut bien m'expliquer ce qui se passe ? demanda Kesler.

Il fallut quelques secondes à son fils avant de murmurer :

— C'est… Blizzard.

Chapitre 24

— Blizzard ? répéta Kesler, qui saisit les mains gelées de sa femme. Qui est Blizz… Es-tu des leurs ? Comme le type qui se gave de froisselles ?

— Le Cygne Noir, oui. (Juline chercha du regard les triplés, toujours occupés à se livrer bataille au milieu des arbres, et baissa la voix.) Il va falloir que je réfléchisse à ce que je peux leur révéler. J'aurais dû mieux me préparer… mais je ne m'attendais pas à être démasquée. Après tout, je ne suis pas la seule Givreuse en activité !

— Désolée, murmura Biana. Votre voix me semblait tellement familière… Quand j'ai vu la neige, j'ai eu le déclic. Sans doute parce que Blizzard était, ou plutôt vous étiez, le membre du Comité qui m'intriguait le plus. J'ai d'abord pensé que vous étiez une Conseillère, comme vous aviez toujours des obligations dans les Cités perdues.

— Voilà qui aurait été bien plus palpitant, dit Juline avant de tournoyer sur elle-même pour se débarrasser de son déguisement de glace. Je suis le seul membre du Comité dont la famille serait susceptible de remarquer l'absence. Spectre craignait que Dex ne me reconnaisse.

L'intéressé s'esclaffa d'un rire sombre.

— Il n'aurait pas pu se tromper davantage. Quel imbécile je fais !

— Pas du tout, lui assura Sophie.

— Elle a raison, ajouta Kesler. Rien de plus normal que de ne pas soupçonner ta mère de mensonge.

— Je ne vous ai pas menti, protesta doucement Juline. Certes, je vous ai caché des secrets. Mais je n'avais pas le choix : quiconque est au courant se retrouve impliqué. Je n'étais pas prête à vous faire courir les risques et endurer les sacrifices que ça suppose.

— Et si j'avais voulu m'engager à tes côtés ? demanda Kesler. Je ne porte pas le Conseil dans mon cœur, tu le sais.

— C'est vrai.

Elle tendit une main vers celle de son mari. Il sembla hésiter à se dégager, avant de la laisser enlacer leurs doigts avec un soupir.

— En participant tous les deux à une rébellion, nous aurions mis notre famille entière en danger. Qui se serait occupé de nos enfants en cas de capture ?

— Et moi alors ? demanda Dex. Je fais partie du Cygne Noir ! J'ai prêté allégeance ! Comment as-tu pu me côtoyer à Alluveterre sans rien me dire ?

— Décision du Comité, que je soutenais, soit dit en passant. (Elle lui tendit la main. Contrairement à son père, Dex s'écarta.) Je regrette, mon chéri. Je sais que ça fait beaucoup à encaisser. Mais je me devais de protéger notre organisation. Jamais nous n'aurions cru devoir vous laisser rejoindre…

— Pas même moi ? l'interrompit Sophie.

— Pas si tôt, non. Mais s'il y a une leçon que nous avons retenue au fil des ans, c'est qu'il faut s'adapter pour survivre.

Nous vous avons donc laissés prêter allégeance, sans oublier de prendre des mesures pour couvrir nos arrières. L'une d'entre elles consistait à garder l'anonymat jusqu'à ce que vous ayez prouvé votre capacité à protéger nos secrets. Sage décision, à en juger par les agissements de Keefe.

La frustration transparaissait dans sa voix. Spectre avait laissé entendre qu'elle ne faisait pas confiance au jeune homme.

— D'accord, dit Dex. Mais Forkle et Granite nous ont révélé leur identité il y a quelques semaines. Tu aurais pu en faire autant !

Juline baissa le regard au sol, où de minuscules cristaux de glace tournoyaient à ses pieds.

— J'aurais beau te présenter mille excuses, ça ne changera rien au fait que je m'y suis mal prise. J'aurais dû t'en parler avant que tes amis ne me démasquent.

— Je suis vraiment désolée, réitéra Biana, toute penaude.

— Tu n'y es pour rien, répondit Juline. C'est bien la preuve que nous n'aurions pas dû vous sous-estimer, tous les quatre.

— Tous les trois, tu veux dire, rétorqua Dex, qui donna un coup de pied rageur dans la neige. Inutile de compter le crétin incapable de reconnaître sa propre mère.

— Je te rappelle que mon frère a passé sa vie à espionner notre famille, sans que je m'en rende compte, dit Fitz. Au moins ta mère se trouve du bon côté, elle.

Dex haussa les épaules, peu convaincu.

— Je ne sais pas. Le Cygne Noir a commis son lot d'actes répréhensibles… inutile de le nier.

— Je n'en ai pas l'intention, répondit Juline. Raison de plus pour ne pas impliquer ma famille. Je n'ai rien fait qui trahisse mes convictions… mais ça ne signifie pas que je n'aie pas dû franchir certaines limites.

Sophie se rappela les cauchemars qui l'avaient hantée après avoir appris que Blizzard gèlerait les ongles de Gethen afin de retirer l'enzyme permettant aux Invisibles de le suivre à la trace. Blizzard lui avait assuré que la procédure était indolore, mais…

— Tu vois ? ajouta Dex, qui avait remarqué le frisson de son amie. Sophie est de mon avis.

— C'est vrai, confirma l'intéressée. Mais nous savons tous que notre cause exige de faire des choix difficiles. On ne combat pas une bande de meurtriers à coups d'arcs-en-ciel et de bonbons.

— Je sais bien, maugréa Dex. C'est juste… étrange.

— Je croyais que tu aimais tout ce qui était étrange ? le taquina Juline.

Elle tenta à nouveau de se rapprocher de son fils. Cette fois, il la laissa lui effleurer la joue sans broncher.

Il gardait pourtant sa mine lugubre.

— Puis-je vous demander depuis combien de temps vous faites partie du Cygne Noir ? s'enquit Sophie.

— Pas aussi longtemps que tu l'imagines. Le Projet Colibri était bien entamé quand j'ai prêté allégeance. Tu étais déjà née, à vrai dire.

— Quand, alors ? insista son mari.

Juline se mordit la lèvre.

— Quelques mois après la naissance des triplés.

— Pardon ? s'étranglèrent Kesler et Dex.

— On parle de nous ? s'écria Bex depuis les arbres.

— Je raconte des histoires de l'époque où vous étiez bébés. Vous voulez vous joindre à nous ?

La réponse de Juline fit mouche.

— NON MERCI ! aboyèrent les triplés à l'unisson.

— Tu fais partie du Cygne Noir depuis onze ans ? demanda Kesler à voix basse.

— Plutôt dix, rectifia son épouse. Une éternité, je sais. Je n'y avais pas vraiment réfléchi. J'étais au centre de naissance, mes trois adorables et innocents bébés dans les bras, la tête emplie des horreurs que notre monde leur réservait. Je voyais ça d'ici. Les médecins ne cessaient de mettre en avant leur statut de triplés, comme s'il fallait revoir nos ambitions à la baisse. « Ils sont en bonne santé "pour des triplés". Leurs capacités d'élocution sont normales "pour des triplés". Leur intelligence est développée "pour des triplés". » J'en avais le cœur brisé. J'avais envie de pleurer, de frapper tous ces imbéciles, de faire nos valises et de quitter à jamais les Cités perdues.

Kesler bondit à ses côtés pour passer un bras aimant autour de ses épaules.

— Pourquoi ne m'avoir rien dit à l'époque ?

— Parce que je ne voulais pas que tu t'en veuilles. Parfois, tu sembles croire que tu m'as gâché la vie en m'épousant... et je ne le supporte pas. Je t'aime. Pas une fois je n'ai regretté mon choix, même s'il m'a ouvert les yeux sur les défauts de notre monde. J'ai eu tellement de chance de rencontrer Médoc.

— C'est Médoc qui vous a recrutée ? s'étonna Sophie.

Elle échangea un regard avec Fitz.

La doctoresse avait soigné la terrible blessure qu'il avait récoltée lors de leur expédition à Exil, lui sauvant la vie.

— Oui, répondit Juline. Lorsque j'ai quitté le centre de naissance, j'ai demandé à Elwin une liste de pédiatres susceptibles de se montrer plus... ouverts.

— Alors, Elwin connaît l'identité de Médoc? voulut savoir Biana.

— Il la connaît, mais ça ne veut pas dire qu'il en a conscience. Je ne doute pas que Médoc se révélera bientôt à vous. Elle n'aime pas les subterfuges. D'ailleurs, jamais elle n'a cherché à me cacher ce qu'elle était. Lors de notre première consultation à domicile, elle m'a demandé pour quoi j'avais quitté le centre. Devant ma réponse évasive, elle m'a ouvertement demandé si je craignais que le Conseil ne ferme les yeux sur les injustices de notre monde. Après quoi, elle n'a cessé de m'interroger, jusqu'à ce que je lui rapporte toutes les horreurs qu'on m'avait dites ou fait subir. Quelques mois plus tard, elle m'a demandé si je serais prête à changer le monde, si j'en avais les moyens. J'ai répondu par l'affirmative. Elle m'a ensuite demandé si ma réponse serait la même s'il fallait pour atteindre ce but briser les règles. Je me suis surprise à déclarer que peu importait. Alors, elle m'a parlé du Cygne Noir et proposé de les rejoindre. Quelques semaines plus tard, je prêtais allégeance et commençais comme simple informatrice. Avec le temps, j'ai gagné leur confiance. Lorsque Médoc a démissionné du Comité, elle leur a suggéré de me prendre comme successeur… position que j'ai acceptée.

— Médoc faisait partie du Comité? s'étonna Fitz. Pourquoi a-t-elle démissionné?

Juline jeta un regard en coin à Sophie.

— Était-ce à cause de mon allergie? hasarda la jeune fille.

Des deux souvenirs que le Cygne Noir lui avait volés, celui qu'il leur restait à lui rendre concernait son réveil à l'hôpital, à l'âge de neuf ans, après une grave réaction allergique. Les médecins humains avaient échoué à en identifier la cause. Quelque temps après son arrivée dans les Cités perdues, cependant, elle s'était découvert une intolérance au limbium, une substance elfe. Autrement dit, la maladie avait été provoquée par un elfe. Qui, et comment, le mystère demeurait entier.

— Vous n'allez pas me dire ce qui s'est passé, je me trompe ? demanda Sophie.

— Nous avons dévoilé assez de secrets pour aujourd'hui, répondit Juline. Pour être honnête, Forkle et Médoc ne nous ont jamais révélé le fin mot de l'histoire. Mais l'incident l'a poussée à se concentrer de nouveau sur la médecine. Elle m'a donc nommée à sa place au sein du Comité. À l'époque, les triplés avaient commencé leur scolarité et Dex aidait son père à la boutique, ce qui me permettait de consacrer quelques heures supplémentaires par jour à notre cause.

— N'aurais-tu pas pu m'en parler à ce moment-là ? s'insurgea Kesler.

— J'y ai songé. Mais j'étais terrifiée. Je ne supportais pas l'idée que tu puisses me haïr.

— Jamais je ne le pourrais, lui assura son mari.

— Tu m'en veux quand même.

— Je crois avoir le droit de me montrer un peu fâché, non ? Ma femme m'a menti pendant dix ans !

— Je n'ai pas menti, insista Juline. J'y ai fait très attention. Quand je disais aller quelque part, je m'y rendais vraiment. Simplement… je faisais un détour. Je sais que c'est discutable. Mais je ne veux pas que tu doutes de moi. Tout, dans notre vie commune, est authentique.

— Vraiment ? demanda Dex. Par exemple, quand je t'ai raconté la première visite de Sophie à la boutique, tu as feint la surprise.

— Ma surprise était réelle ! Je ne me doutais pas qu'elle emménagerait avec Grady et Edaline. De ce que j'en savais, elle était censée vivre chez les Vacker. Tout peut changer d'une minute à l'autre. Nous ne comptions pas ramener Sophie aussi tôt dans notre monde. Mais les Invisibles ont déclenché les premiers feux blancs… et il a fallu la mettre à l'abri. (Elle se tourna vers l'intéressée.) Je ne peux imaginer combien cette période a dû être éprouvante pour toi. Je regrette tellement la brutalité avec laquelle nous t'avons exfiltrée ! Mais je suis vraiment heureuse que tu aies atterri chez ma sœur.

— Moi aussi.

Les yeux brûlants, Sophie consulta une nouvelle fois son transmetteur.

Toujours pas le moindre message.

— Vas-tu mettre tes parents au courant ? demanda Juline.

— Vous ne le souhaitez pas ?

— Disons… que je préférerais le leur annoncer moi-même. Ils auront sans doute beaucoup de questions à me poser.

— Moi aussi, décréta Dex. Parce qu'il y a beaucoup de trous dans ton histoire. Par exemple, que s'est-il passé quand j'ai été enlevé ? Pourquoi avoir planté mon arbre dans le Bois des Errants si tu savais que le Cygne Noir me cherchait toujours ? Pourquoi est-ce Forkle qui est venu nous chercher ?

— Les jours qui ont suivi ton enlèvement ont été les pires de ma vie, murmura Juline. Personne ne comprenait ce qui s'était passé, et les rapports étaient trop contradictoires pour que je garde espoir. Ma famille avait besoin de réponses… Le monde entier s'attendait à me voir en deuil. J'ai donc donné mon accord pour la plantation. Je ne voyais pas d'autre solution. Quant à Forkle, sa barrière mentale est plus puissante que la mienne, or nous ne savions pas si un affrontement se profilait. Si j'avais su qu'il vous abandonnerait dans les rues de Paris, jamais je ne l'aurais laissé y aller seul. Quand il est rentré, bredouille, je l'ai giflé tellement fort qu'il a gardé l'empreinte de ma main pendant trois jours.

Sophie ne put retenir un sourire, en dépit de la gravité du moment.

— C'est une sacrée révélation à encaisser, dit douce ment Kesler.

— Je sais, soupira Juline. Voilà pourquoi les Conseillers n'ont pas le droit à une vie de famille. Le Cygne Noir pratiquait la même politique. Ils ont changé leurs dispositions pour Tiergan, mais lui faisait déjà partie du Comité lorsqu'il a adopté Wylie. S'ils ont accepté de me promouvoir, c'est parce qu'ils étaient persuadés que notre famille tiendrait le coup. Et ce sera le cas. Je vous demande juste de me faire confiance.

— Pas avant de savoir une chose, dit Dex, évitant son regard. Lorsque tu m'as amené à Havenfield, le premier jour, était-ce pour que j'espionne Sophie ? Comme la mère de Keefe l'a fait pour Fitz ?

Juline attrapa son fils par les épaules.

— Je te promets, Dex, que si je t'ai emmené, c'est uniquement parce que tu me l'as demandé. C'est tout. D'ailleurs, j'ai hésité à le faire. Je sentais mes deux vies entrer en collision. Mais tu brûlais de la rencontrer, et je tenais tellement à ce que tu aies une amie ! Je n'avais pas envie que tu passes une année de plus à déjeuner en session d'alchimie.

— Tu déjeunais dans une salle de cours ? s'étonna Biana.

Dex acquiesça, les joues brûlantes de honte.

— Désolée, murmura l'Éclipseuse, tout aussi rouge. J'étais vraiment bête à l'époque.

— Moi aussi, ajouta son frère.

Juline esquissa un sourire triste.

— Nous commettons tous des erreurs. Tout ce que nous pouvons faire, c'est essayer de tourner la page. Vous le voulez bien ?

Elle retint son souffle tandis que son mari et son fils échangeaient un regard.

— Je pense que oui, décréta Kesler.

Dex hocha la tête.

Juline les serra dans ses bras et déposa un baiser sur la joue de Dex avant d'embrasser Kesler plus longuement.

— BEEEEEUUURK ! s'écrièrent les triplés, qui sortaient en courant du bosquet. VOUS N'ÊTES PAS CENSÉS FAIRE ÇA DEVANT NOUS !

— Il faudra vous y faire, rétorqua Kesler avant d'embrasser de nouveau son épouse, puis de lancer une poignée de neige vers ses enfants.

— Bien, dit Juline alors que le trio infernal répliquait à coups de boules de neige fondue. Il est temps de quitter le champ de bataille.

Elle attrapa la cage d'Iggy et l'un des sacs de Biana avant de se diriger vers la maison.

Fitz et Biana lui emboîtèrent le pas. Dex, en revanche, traînassait.

— Tout va bien ? lui demanda Sophie.

— À ton avis ?

Il donna un coup de pied dans la neige.

— Certes, ça fait beaucoup à digérer, mais… je n'arrête pas de penser au serment que nous avons prêté. Tu t'en souviens ?

— « Je ferai tout ce qui est en mon pouvoir pour aider ce monde », répondit Dex à voix basse. Ce n'était pas aussi classe que ce que j'espérais.

— Pareil. Mais cette phrase traduit parfaitement ce que nous essayons d'accomplir. Parfois, il nous faut garder des secrets. Parfois, c'est douloureux. Et parfois aussi, les adultes nous mettent à l'écart au lieu de nous laisser combattre à leurs côtés. Mais… tous, nous faisons notre possible pour aider notre prochain.

Dex poussa un soupir interminable.

— Pour ce que ça vaut, je me fiche de savoir ce qui a motivé ta présence à Havenfield ce jour-là, ajouta Sophie. Je suis contente que tu sois venu. Moi aussi, j'avais besoin d'un ami. Je n'aurais pu en rêver de meilleur.

— DÉ-GOÛ-TANT… VOUS ALLEZ VOUS EMBRASSER ? hurla Bex.

— IGNOREZ-LA ! lança Kesler.

L'alchimiste rassembla alors une large brassée de neige qu'il renversa sur la tête des triplés.

Les enfants s'enfuirent vers les arbres en gloussant, leur père sur les talons.

Les joues de Dex avaient pris une teinte violette.

— Quel cauchemar, les frères et sœurs !

— Parfois, oui, acquiesça Sophie.

Sa sœur humaine lui manquait, pourtant. Elles avaient passé leur temps à se disputer. Normal, pour des sœurs.

— Mais ne t'en fais pas, reprit-elle. Je sais qu'elle te mène la vie dure. Ce n'est pas…

— Oui.

Les sourcils froncés, Dex semblait vouloir ajouter une phrase. Il secoua la tête.

— Allez, rentrons. Je ne sens plus mes orteils.

Fitz et Biana les attendaient sur le seuil, prêts à lui témoigner encouragement et soutien. Dex semblait véritablement heureux de leur présence. Le petit groupe avait parcouru bien du chemin – et affronté au passage des épreuves aussi effroyables que frustrantes par moments.

Mais ils se serraient les coudes. Ce qui valait tout l'or du monde.

Chapitre 25

La maison des Dizznee était encore plus belle à l'intérieur, toute en tons bleus et gris scintillants assortis de volutes blanches qui simulaient les vagues de l'océan.

Kesler avait cependant raison : le yéti en cristal installé dans l'entrée aurait gagné à être cassé. Sa fourrure hirsute évoquait une espèce d'immense porc-épic enragé. Une fois de plus, les triplés l'avaient épargné, préférant pulvériser un vase rempli de billes de verre qui inondaient à présent le sol de pierre blanche.

— Faites attention où vous mettez les pieds, les avertit Juline.

Sophie tint une dizaine de pas avant de rouler sur une bille qui l'envoya planer tel un personnage de dessin animé glissant sur une peau de banane. Sans les réflexes de Fitz, elle aurait récolté de sacrés hématomes.

— Je ferais peut-être mieux de te porter, dit-il lorsqu'elle trébucha de plus belle.

Son sourire narquois ne rendit sa propre chute que plus ridicule.

— Ouf ! laissa-t-il échapper en atterrissant sur les fesses.

Hilare, Biana manqua de choir à son tour. Dex la rattrapa de justesse par les épaules.

— Peut-être devrais-je tous vous porter, proposa Lovise. (La gobeline les remit debout avec aisance.) L'astuce consiste à patiner, afin de ne rien laisser se glisser entre votre pied et le sol.

Elle avait raison, même si l'astuce en question faisait d'eux les patineurs les plus désordonnés de la planète.

— Tu t'es fait mal ? demanda Sophie à Fitz, qui se frottait le bas du dos.

— Il n'a rien, répondit sa sœur à sa place. Je le renverse bien plus violemment que ça quand on joue à la balle-piège. Au fait, il m'a parlé de la faveur qu'il te doit. Si tu es à court d'idées, je peux te suggérer toutes sortes de tortures…

— Tu vois, Dex ? s'exclama Fitz. Tu n'es pas le seul à avoir un monstre pour sœur.

— On échange ! proposa le Technopathe.

— Seulement si tu prends Alvar avec.

Le nom suffit à tous les rembrunir. Sophie consulta son transmetteur.

— À votre avis, c'est mauvais signe si on n'a toujours aucune nouvelle ? murmura-t-elle.

— On est partis il y a à peine une heure, lui rappela Biana.

— Seulement ? s'étonna Sophie. Cette journée va être interminable…

— Je sais. (L'Éclipseuse taquina le bouton d'alarme sur son index.) Mieux vaut rester occupés si on ne veut pas devenir chèvres.

Ils entrèrent dans le salon, au tapis gris et moelleux heureusement dépourvu de projectiles roulants, et dont le plafond laissait percer les rayons chaleureux du soleil. Cinq escaliers incurvés divisaient l'espace et menaient à chacune des tours. Tous les meubles bleu-gris étaient ordonnés autour d'une immense cloche de verre centrale. Des flammes argentées à la crête bleue crépitaient sous le dôme avec force étincelles. Des nombreuses variétés de feu que Sophie avait pu observer depuis son arrivée dans les Cités perdues, jamais elle n'en avait vu d'aussi beau.

— Ça va aller ? lui demanda Fitz. Je sais que tu n'en mènes pas large près des flammes.

— C'est vrai. Mais étrangement, celles-ci ne me dérangent pas.

— Sans doute parce qu'il s'agit d'un hologramme, expliqua Juline.

Un claquement de doigts remplaça le brasier par un orbe noir qui représentait un ciel nocturne étoilé.

— Une invention de Dex, ajouta-t-elle.

— Extraordinaire ! souffla Biana. (Elle claqua à son tour des doigts et une sphère crépusculaire apparut.) C'est vraiment toi qui l'as créé ?

— Ce n'était qu'un jeu d'enfant. Il m'a suffi de bidouiller un émulateur de flammes.

— Tu es trop modeste, répondit l'Éclipseuse.

— Sophie n'est pas plus à l'aise avec les compliments, fit remarquer Fitz. Regarde comme ils sont rouges, tous les deux.

— Ils ne sont pas trop mignons ? demanda sa sœur.

— Qui a invité les Vacker au juste ? soupira Sophie.

— C'est toi, lui rappela Dex. Mais au moins nous avons des victimes toutes trouvées pour nos farces. Dès qu'ils seront endormis…

— Dormir ? C'est pour les faibles ! le coupa Biana. D'autant que Sophie ne va pas arrêter de nous déranger avec ses transmissions à Keefe. Minute… ne me dis pas qu'il est en mission à Havenfield, quand même ?

— C'est bien possible. À mon avis, si c'était le cas il ne pourrait sans doute pas refuser, marmonna Sophie. Mais jamais il ne ferait de mal à nos familles.

— Et si on l'y force ? s'interrogea Fitz.

— Espérons qu'il trouve une parade, dit la jeune fille. Comme celle de la perle pour me permettre de fuir du Lac de Sang.

— Et dans le cas contraire ? insista le garçon.

Sophie ne trouva que répondre.

— Venez, les enjoignit Juline pour briser le silence étouffant. Le solarium est par là.

Elle les guida vers l'arrière de la demeure, jusqu'à une vaste bulle de verre qui évoquait un bocal à poissons géant. À l'intérieur, la paroi était bordée d'une étroite rangée de plantes aux feuilles émeraude qui luisaient d'une fine couche de givre. Le reste de la pièce était vide, à l'exception de quelques buissons sculptés éparpillés autour d'une pile de sacs de couchage roulés.

L'endroit offrait une vue incomparable sur le jardin, qui abritait vignes en fleur, fontaines d'argent étincelantes et sculptures de glace les plus vivantes que Sophie ait jamais vues – un mélange de printemps et d'hiver dont seule une Givreuse avait le secret.

La fourrure ciselée du mammouth laineux (en taille réelle) semblait douce et soyeuse. Quant au tigre aux dents de sabre, ses yeux donnaient le frisson.

— C'est magique ! murmura Biana.

Le compliment fit rougir Juline.

— Merci… Nos vies sont trop chaotiques pour nous permettre d'avoir des animaux. J'ai donc conclu un accord avec les triplés : à eux de choisir quelles créatures je sculpte chaque semaine. À ce propos, ton lutin a-t-il besoin d'un coin toilettes ? On peut lui installer une caisse si tu ne veux pas le mettre dehors.

— Ou on pourrait étoffer sa fourrure ! lança Biana. Peut-être même en changer de couleur ! Tu as des élixirs avec toi, Dex ? Je pensais le teindre en violet cette fois... ou vert, pourquoi pas.

— Je vais voir dans ma chambre, répondit le jeune homme.

Biana tapa dans ses mains.

— Youpi, premier relooking de la soirée !

— Le seul, tu veux dire, rectifia Fitz.

— Oh, allez... Vous m'avez bien laissée faire une fois, Keefe et toi, gémit sa sœur.

— Vraiment ? s'étonna Sophie. J'adorerais en savoir plus !

— Moi aussi, ricana Dex.

— On n'était pas censés consulter les archives d'Alvar ? de manda Fitz.

Biana posa son sac sur le sol.

— On ne va pas en avoir pour toute la nuit.

— Peut-être bien que si, l'avertit Dex. Il y a une montagne de rouleaux... Je vais avoir besoin d'aide pour les descendre tous.

Fitz se porta volontaire, et les deux garçons montèrent à l'étage, sous le regard boudeur de Biana.

Juline lui tendit son autre sac avant de rendre à Sophie la cage d'Iggy.

— Je compte sur vous pour vous amuser un peu ce soir. Je sais que vous vous inquiétez pour vos parents... et que vous travaillez d'arrache-pied pour tout résoudre. Sachez tout de même que nous tenons à ce que vous ayez une vie d'adolescents normaux.

— Mais nous ne sommes pas des adolescents normaux, lui rappela Sophie. Pas moi, en tout cas.

La Givreuse lui prit la main.

— Mais si. Malgré tout ce que tu as traversé, et tout ce qui t'attend, tu restes une jeune fille de quatorze ans, qui mérite de se détendre et de s'amuser avec ses amis.

— Autrement dit… j'ai votre permission pour relooker Dex ? demanda Biana.

Juline s'esclaffa.

— Je te laisse voir directement avec lui.

Elle leur fit un clin d'œil avant de se retirer. Les deux amies s'attelèrent à l'installation des sacs de couchage – une tâche bien plus ardue que prévu : l'agencement en rang d'oignon semblait ridicule, mais la forme de la pièce ne permettait pas d'assigner un coin à chacun. Elles se décidèrent en fin de compte pour une disposition en X. Ainsi, leurs têtes seraient assez proches pour permettre les conversations, mais chacun disposerait de tout l'espace nécessaire.

— Keefe va faire une de ces têtes quand il apprendra ce qu'il rate ! s'exclama Biana. (Elle s'octroya le sac le plus proche de l'entrée.) En se serrant un peu, on aurait pu lui faire une place juste là.

Sophie tenta d'ignorer la forme qu'auraient alors dessinée les duvets : une étoile.

Elle déposa ses affaires sur le sac de couchage situé à gauche de celui de Biana.

— Tu veux que je te dise ce qui m'agace ? Si les Invisibles attaquent Havenfield ce soir, et que tout le monde s'en sort, alors ils sauront que Keefe nous a prévenus. Nous avons essayé de faire passer toutes les nouvelles mesures de sécurité pour un protocole destiné à me protéger, moi. Mais je n'y suis même pas !

— C'est vrai, mais ton absence n'a rien d'inhabituel, lui rappela son amie. Et Keefe sait improviser.

— Il sait bien mentir, aussi, marmonna Sophie.

Mais les Invisibles n'avaient que faire des belles paroles. En cas de doute, Keefe devrait une nouvelle fois prouver sa loyauté. Et de façon plus spectaculaire encore qu'il ne l'avait fait à Foxfire…

— Tu veux savoir ce qui m'agace, moi ? rétorqua Biana.

Elle tira sur une languette de son sac pour le gonfler comme un oreiller, et Sophie l'imita avant de s'asseoir sur son couchage. Il sembla à la jeune Télépathe qu'elle s'enfonçait dans un morceau de guimauve géant.

— Je déteste me demander combien de fois j'aurais dû me rendre compte de ce que manigançait mon frère, poursuivit l'Éclipseuse dans un murmure.

— Edaline a bien raison : il n'est jamais bon de revisiter le passé, lui rappela Sophie.

— Je sais. Mais j'ai l'impression que sa traîtrise aurait dû me sauter aux yeux. Par exemple, le jour où mon père a eu l'esprit brisé, Alvar a décidé de passer la nuit à Everglen parce que ma mère avait eu une journée harassante. Comme je ne parvenais pas à dormir, je me suis promenée dans la maison. Je l'ai entendu dans le bureau de papa, en pleine discussion sur son transmetteur… J'ai pensé qu'il essayait de boucler l'un des projets de mon père.

— Te rappelles-tu ses paroles ?

— Des fragments, seulement. J'aurais dû tendre l'oreille. Je l'ai entendu parler de changer la chronologie. Et poser des questions sur des sujets tests. Je l'ai entendu employer le terme « critères » à plusieurs reprises. Mais je n'ai aucune idée de ce que tout ça signifie.

Sophie sortit Ella de son sac à dos et blottit sa joue contre le ventre moelleux de l'éléphant en peluche.

— Tu sais ce qui me manque ? Quand je suis arrivée dans les Cités perdues, alors que le Cygne Noir dirigeait ma vie, tapi dans l'ombre, il me suffisait d'entendre un mot pour débloquer de nouveaux souvenirs et savoir que j'étais sur la bonne voie. Aujourd'hui, j'ai l'impression que toutes les informations que nous découvrons sont même inconnues du Cygne Noir.

— Ils ne te préparaient pas pour la bonne menace, tu penses ?

Sophie laissa échapper un hoquet de surprise.

— Maintenant, oui !

Juste quand elle songeait avoir atteint le summum de l'angoisse…

Et si le rôle auquel on l'avait préparée n'était pas le bon ?

Le Projet Colibri pouvait-il être… un échec ?

Chapitre 26

— Oh oh… Que s'est-il passé ? demanda Fitz lorsqu'il entra dans le solarium chargé d'une malle noire qui semblait aussi lourde que lui. Des nouvelles de Grady et Edaline ?

Sophie vérifia une nouvelle fois son transmetteur.

— Non, toujours rien.

Le jeune Vacker déposa son chargement au centre du X et choisit le sac de couchage vide le plus proche de Sophie.

— Dans ce cas, pourquoi sembles-tu vouloir t'arracher les cils ?

Elle soupira.

— Biana m'a rapporté une conversation qu'elle a surprise entre Alvar et un tiers il y a quelque temps. J'essaie de comprendre ce qu'elle peut cacher.

— Quelle conversation ? demanda Dex.

Il déposa une seconde malle, tout aussi massive, près de celle que Fitz venait d'apporter.

Biana les mit au parfum pendant que le Technopathe s'installait sur le dernier sac de couchage disponible, entre les Vacker.

— Donc… tu crains que le Projet Colibri soit un fiasco ? devina Fitz.

Sophie acquiesça sans le regarder.

— Mais quand bien même… poursuivit-il, je croyais que tu détestais l'idée de n'être qu'une marionnette ?

— Bien sûr, mais c'est beaucoup plus inquiétant de se dire qu'il n'y a pas de filet de sécurité, marmonna Sophie. Même si je n'aime pas me sentir contrôlée… j'appréciais l'idée que les gentils aient un plan.

— Ne trouverais-tu pas étrange que le Cygne Noir ait prévu toutes ces horreurs sans rien faire pour les empêcher ? la pressa Fitz.

— Et rien ne dit que leur plan a été bouleversé dans sa totalité, ajouta Biana. Tu disposes toujours de tes pouvoirs exceptionnels. Et de notre aide. On est parés !

— Sans doute, murmura Sophie. Si seulement on savait ce que trament les Invisibles, ou ce que le Projet Polaris recouvre exactement… Pourquoi votre frère parlerait-il de « sujets tests » et de « critères » ? Il était sans doute question d'une expérience.

Dex soupira.

— Bon, vous allez me prendre pour un fou, mais… écoutez-moi jusqu'au bout. Et si le Projet Polaris était le pendant, chez les Invisibles, du Projet Colibri ?

— Je ne suis pas certaine de te suivre, répondit Biana.

— Moi si, dit son frère. Mais par pitié, ne me dis pas qu'ils essaient de fabriquer une nouvelle Sophie ?

— Pourquoi pas ? demanda le Technopathe. Ils savent bien qu'elle existe. Tu ne penses pas qu'ils chercheraient un moyen de la contrer ?

— Ils l'ont déjà fait, argua Fitz. Ils l'ont cherchée, avant de la capturer. Et maintenant, ils essaient de la contrôler.

— Possible, acquiesça Dex. Mais l'un n'empêche pas l'autre.

— Vous voulez bien arrêter de parler de moi comme de la créature de Frankenstein ? maugréa Sophie.

— Encore un truc d'humains ? s'enquit Biana.

— Oui, c'est une espèce de géant effrayant avec des boulons dans le cou, fabriqué à partir de morceaux de cadavre, expliqua Fitz. Je me rappelle avoir vu des images quand j'ai visité les Cités interdites. Il y a eu un film, je crois ?

— Un livre, surtout, grommela Sophie.

— Désolé, murmura Dex. Ce n'est pas ce que je voulais dire. Mais… ça expliquerait pourquoi Alvar parlait de « sujets tests ». Quant au terme « critères », je l'ai entendu employé en rapport avec des questions d'ADN et de génétique.

Sophie serra Ella tellement fort que toute la bourre monta à la tête de l'éléphant. Biana tapota l'épaule de son amie.

— Allez, même s'il a raison, ça ne change pas qui tu es… ni Keefe.

— D'ailleurs, je ne suis pas certain qu'il ait raison, ajouta Fitz. La mère de Keefe fait partie des fondateurs du Projet Polaris, or elle n'a rien d'une scientifique. Et n'essayez même pas de me faire dire que Keefe serait leur version de Sophie. Il est plus âgé et n'a pas été élevé par des humains. Il ne dispose que d'un seul talent. Il ne lui arrive pas à la cheville.

Il adressa un large sourire à Sophie, qui était trop paniquée pour apprécier le compliment.

— Lui aussi possède une mémoire photographique, pourtant, fit remarquer Biana, ce qui n'arrangea rien à l'affaire. Et son empathie est bien plus puissante que celle de ses semblables. Croyez-vous que sa mère ait pu faire trafiquer son patrimoine génétique après sa naissance ?

— On pourrait toujours interroger Forkle, suggéra Dex.

— Il balaierait notre théorie d'un revers de la main, décréta Fitz.

— Possible. Mais nous savons que les Invisibles ont trafiqué la mémoire de Keefe, plaida Dex. Peut-être se sont-ils contentés d'implanter des souvenirs dans sa tête, comme le Cygne Noir l'a fait avec Sophie. Admets que c'est crédible.

La jeune Télépathe se refusait à admettre quoi que ce soit.

C'était trop étrange.

Trop choquant.

Trop… non.

NON.

Elle tenta d'enfouir cette hypothèse loin, très loin, parmi toutes ces choses-auxquelles-elle-ne-voulait-pas-penser.

Ce qui n'empêcha pas l'idée de prendre racine.

Ainsi qu'une question plus vaste, plus effrayante encore, qui ne cessait de résonner dans son esprit.

Si Dex avait raison et que le Projet Polaris était le pendant chez les Invisibles du Projet Colibri… cela faisait-il de Keefe sa Némésis ?

Chapitre 27

— « Tu as été conçue pour devenir l'héroïne, marmonna Sophie. J'ai été élevé pour de venir… un autre. »

— Pardon ? demandèrent ses amis à l'unisson.

— C'est ce que m'a déclaré Keefe. Sur les rives du Lac de Sang. Au moment de partir avec les Invisibles. Croyez-vous qu'il voulait dire que…

Elle n'eut pas le cœur de finir sa question.

Fitz s'installa à côté d'elle sur son sac de couchage.

— À mon avis, ce n'est pas ce que tu penses. Brant et Fintan étaient présents… Keefe avait besoin de les convaincre de sa sincérité. Il devait jouer le rôle du traître en train de s'expliquer… Et je te rappelle que j'ai toujours du mal à digérer son geste.

— Certes. Mais toi, Dex, tu penses que ces paroles confirment ta théorie, pas vrai ?

— Je ne sais pas, répondit le jeune homme. C'est possible. Mais je ne fais que spéculer.

— Exactement, intervint Biana. Tout ce que nous savons, c'est que nous ne savons rien.

C'était là le plus déprimant.

Sophie s'allongea en frottant son nœud d'émotions afin de contenir les sentiments qui la tiraillaient. Elle leva les yeux vers la coupole de verre pour contempler le ciel. Comme elle aurait aimé pouvoir étirer sa conscience pour assaillir Keefe de questions ! Il était encore trop tôt, cependant – bien trop tôt pour leur rendez-vous quotidien. Et puis, mieux valait ignorer ce qu'il faisait.

— Bon, dit Fitz. Changeons de sujet avant que le cerveau de Sophie n'explose.

— Bonne idée, acquiesça sa sœur. Peut-être qu'en trouvant où Alvar se rendait en cachette, nous pourrons comprendre le sens de cette fameuse conversation secrète.

Dex se rapprocha des malles pour les ouvrir et révéler des rouleaux tellement serrés que Sophie se demanda s'il restait encore du papier à travers le monde.

— Je vous avais prévenus que ça serait barbant, leur rappela Dex.

Biana venait de dérouler un document et s'étranglait devant les milliers de minuscules nombres imprimés dessus. Le Technopathe désigna la colonne la plus étroite.

— Vous devriez pouvoir déchiffrer cette partie. Il s'agit de l'indication temporelle : jour, année et heure à la seconde près. Tout le reste, c'est du code, qui a été en partie altéré. J'essaie de déterminer comment exactement, mais pour l'heure je ne suis pas parvenu à dégager de schéma.

— As-tu vérifié les dates de votre enlèvement ? demanda Biana. C'est le seul moment où Alvar ne se trouvait pas où il était censé être… et nous savons précisément où il était.

— Pas encore, admit Dex. Les triplés se sont introduits dans ma chambre pour farfouiller dans les malles et… disons que je prépare un élixir de vengeance de mon cru.

Fitz soupira.

— Alors tout est mélangé ? On va en avoir pour des siècles !

— Pas forcément, rétorqua Biana. Nous sommes quatre sur le coup. Sophie et Fitz, vous vous chargez de reclasser les documents, pendant que Dex et moi cherchons les archives correspondant à la période de l'enlèvement. Quand nous les aurons trouvées, Dex vérifiera le code afin de dégager le schéma qui nous intéresse.

— En espérant que les modifications soient cohérentes, lui rappela le garçon.

— N'est-ce pas logique ? demanda Biana. Quand on trouve une méthode efficace, on continue de l'appliquer, non ?

— Sans doute.

— Très bien. Nous avons donc un plan !

Le processus se révéla interminable. Il leur fallut des heures avant que Biana ne trouve le premier rouleau correspondant à la période recherchée.

— Il va m'en falloir trois, au moins, pour que la comparaison tienne la route, les avertit Dex, penché sur les chiffres.

Quelques heures plus tard, Sophie trouva le deuxième document.

— Plus qu'un ! se félicita Biana.

— À supposer que je dégage un schéma, dit Dex. Et que celui-ci s'applique à ses autres escapades. Et que je découvre seulement ce que ça signifie.

— Ça en fait, des suppositions, marmonna Fitz.

— C'est vrai, acquiesça Biana. Mais Dex a pu dénicher des informations sur l'épidémie au cœur d'une base de données couvrant des siècles entiers. Ce ne sont pas deux malles de paperasse qui vont nous mettre en échec.

Présentée ainsi, la situation semblait moins désespérée. Mais lorsque Juline leur apporta le dîner (qui ressemblait à des frites bleues et avait un goût de nachos avec supplément de fromage), ils n'avaient toujours pas trouvé le troisième rouleau.

— Vous cherchez encore ? demanda la Givreuse. Toujours pas de nouvelles de Havenfield, je suppose ?

Sophie secoua la tête.

— Je n'arrête pas de consulter mon transmetteur. Je vais devenir folle.

— Tu es certaine qu'il fonctionne correctement ? demanda Biana. Je croyais que tu avais des problèmes avec…

— Le souci venait de celui de Dex, je crois, déclara Sophie.

L'intéressé sortit son gadget de sa poche.

— J'ai fait toute une batterie de tests, mais les résultats étaient normaux. As-tu réessayé de me héler ?

Sophie porta son transmetteur à ses lèvres.

— Montre-moi Dex Dizznee, ordonna-t-elle.

L'appareil de Dex ne s'alluma pas.

— Je ne comprends pas, dit le jeune homme. Fitz, tu veux bien essayer de me héler ?

Le Télépathe s'exécuta. Son portrait apparut aussitôt sur l'écran de Dex.

— Hmm… Le problème doit venir du tien, dit Dex à Sophie. Un instant.

Il courut chercher des outils à l'étage. Sophie contemplait son gadget capricieux.

— Je devrais contacter ma famille avec ton transmetteur, dit-elle à Fitz. Et s'ils avaient essayé de me héler ?

— Mes parents sont avec eux, et ils n'ont pas tenté de me joindre, lui rappela son ami.

Dex reparut armé de l'assortiment des tournevis les plus minuscules au monde. En quelques minutes, il eut démantelé l'appareil et réparti les centaines de rouages microscopiques qui le composaient sur son sac de couchage.

— Tu vois un truc qui cloche ? demanda Sophie alors que son ami soulevait une pièce particulièrement minuscule.

Il fit non de la tête.

— Tout se trouve exactement à sa place. Je ne…

Il se pencha soudain, les yeux plissés, pour examiner une dent du rouage.

— De la graisse ? demanda Biana, regardant par-dessus son épaule.

Sans un mot, Dex sortit son médaillon du Cygne Noir des plis de sa tunique pour s'en servir comme d'un monocle et inspecter une tache noire.

— Ça alors ! murmura-t-il avant de se couvrir la bouche.

— Qu'y a-t-il ? demandèrent ses trois amis et sa mère d'une seule voix.

— Je… je crois qu'un peu de crasse a grippé le mécanisme, répondit-il. Vous pouvez me passer du papier et un crayon afin que je note la référence de la pièce à remplacer ?

Juline tira un crayon de sa chevelure tandis que Biana retournait l'un des rouleaux.

— Alors c'est juste une panne ? demanda Sophie.

— À priori, oui.

La note de Dex contredisait pourtant ce diagnostic.

Il porta un index tremblant à ses lèvres pour les faire taire avant de leur montrer ce qu'il avait écrit.

« On nous écoute peut-être. »

Chapitre 28

— La bonne nouvelle, c'est que ton transmetteur fonctionne toujours, déclara Dex, occupé à écrire une nouvelle phrase.

« Faites comme si de rien n'était. »

— Une fois remonté, il devrait se connecter à tout sauf à mon transmetteur, ajouta-t-il. J'avais oublié que j'avais installé un protocole de sécurité supplémentaire sur le mien, pour l'empêcher de communiquer avec toute technologie anormale.

Il griffonna de nouveau.

« On peut parler par télépathie ? »

Juline attrapa le mot pour l'amender :

« TOUS sans exception ! »

Lovise s'empara du parchemin à son tour : « Je tiens à être au courant, moi aussi. »

Sophie acquiesça et se tourna vers Fitz, qui lui tendit la main. Leurs anneaux de pouce se connectèrent dans un bourdonnement d'énergie. Ils ouvrirent leurs esprits à Dex, Biana et Juline.

— *OK*, transmit Sophie tandis que leurs voix mentales lui emplissaient la tête. *Je crois que nous sommes en train de faire comme le Conseiller Emery lors des délibérations... et c'est terriblement bruyant!*

— *Tu peux le dire*, confirma Fitz en se frottant les tempes.

Sophie tenta de réfléchir, mais les questions se succédaient bien trop vite.

— *Bon, voici ce que je vous propose*, intervint Fitz. *Nous entendons chacun d'entre vous, Sophie et moi, mais vous ne vous entendez pas mutuellement. Vous allez donc vous exprimer chacun votre tour. Nous transmettrons vos propos au reste du groupe afin que chacun puisse suivre.*

— *Dex d'abord*, ordonna Sophie. *Comment ça, on nous écoute? Pourquoi ne pas détruire l'appareil pour y mettre fin?*

— *Parce que, tant qu'ils ne sauront pas que nous les avons démasqués, ils ne couperont pas la connexion de leur côté. Ce qui me donne une chance de remonter à la source. Mais pour ça, je dois réassembler le transmetteur.*

Il avait déjà commencé à réunir les minuscules rouages.

Fitz relaya l'information aux autres, allant jusqu'à noter quelques explications pour Lovise, avant de transmettre la question de Biana: « *Qui cela peut-il être, hormis les Invisibles?* »

— *Le Conseil*, répondit Fitz. *D'après M. Forkle, ils nous surveillent de près.*

— *Est-ce qu'ils entendent tout ce qu'on dit?* demanda Sophie. *Ou seulement les conversations relayées par le transmetteur?*

— *Je n'en suis pas certain*, répondit Dex. *Voilà pourquoi j'aime mieux ne pas parler, au cas où.*

— *Mais un tel silence ne leur semblera-t-il pas suspect?* s'inquiéta Fitz. *D'autant qu'ils seraient au courant que nous avons démonté le transmetteur, non?*

— *Bien vu*, admit Dex.

— *Vous feriez bien de parler à voix haute*, dit Fitz à Juline et Biana.

La jeune Éclipseuse agita bruyamment quelques rouleaux.

— J'ai besoin d'une pause. Tous ces chiffres commencent à me donner la migraine.

— *Je dois prévenir le reste du Comité*, songea Juline avant de déclarer à haute voix : Je vais vous préparer des tasses de cannelle-crème. Le remède parfait contre les nuits froides.

— Oh, merveilleux !

Biana se lança dans une description détaillée du breuvage en question – qui semblait véritablement délicieux. Mais Sophie était plus intéressée par l'avis de Dex.

— *Depuis combien de temps nous écoutent-ils, à ton avis ?* demanda-t-elle.

— *Depuis peu, sans doute. Il y a un moment que j'ai installé cette sécurité sur mon transmetteur, et jamais encore il ne t'avait bloquée. Voilà pourquoi je n'ai pas saisi tout de suite. Maintenant, tout s'explique. Mon transmetteur ignore tout signal non sécurisé.*

— *Autrement dit, quelqu'un a trafiqué ton appareil*, dit Fitz à Sophie.

— *Mais quand ? Je l'ai toujours sur moi. Ou dans ma chambre. S'il y avait eu une intrusion, Sandor l'aurait détectée… non ?*

— *Brant n'a-t-il pas déjà trompé les sens de Sandor par le passé ?* songea Dex. *Avec de la cendre ou je ne sais quoi ?*

— *Mais il aurait quand même laissé des empreintes sur le tapis floral…* argua Sophie.

— *À moins d'avoir eu recours à la lévitation*, décréta son Apparenté.

Il avait raison, hélas – et Sophie détestait ce qu'une telle éventualité impliquait.

— *J'avais mon transmetteur le jour où Keefe est venu à Foxfire*, dit-elle. *S'il était sur écoute, les Invisibles sont peut-être au courant de la trahison de Keefe.*

Son cerveau fit défiler des images de l'Empathe traîné dans une prison ogre, en sang, implorant leur clémence, comme sa mère.

— *Allez*, l'enjoignit Fitz en lui pressant la main. *Tâche de ne pas penser au pire. Nous ne savons même pas encore à quoi nous faisons face !*

— *J'ai presque pisté leur signal*, annonça Dex. *Mais nous devrions faire plus de bruit.*

Aiguillonnée par son frère, Biana chercha quelque chose à dire.

— *Ah, je sais !* pensa-t-elle. (À voix haute, elle lança :) C'est parti pour l'atelier relooking ! Qui passe en premier ?

— Je vote pour Dex, répondit Sophie.

— *Pardon, mais je suis un peu occupé*, protesta Dex.

— *Je sais, mais justement : si on leur fait croire que tu es en train de te faire bichonner, ça calmera un peu leurs soupçons.*

Le Technopathe soupira.

— D'accord… mais pas de maquillage !

— Bien entendu, rétorqua Biana. Je vais juste arranger tes cheveux.

— Qu'est-ce qu'ils ont, mes cheveux ?

— Un tas de problèmes ! Je vais te montrer.

Biana fouilla l'un de ses sacs pour en sortir une pochette rose pailletée remplie de pots de gels de couleurs différentes. Elle choisit une concoction jaunâtre et en dévissa le couvercle.

— J'espère qu'il n'y a pas d'urine dedans, grommela Dex.

— Ne sois pas dégoûtant. Et cesse de faire l'enfant.

— Tu vois ce que je subis au quotidien ? ricana Fitz.

— *Qu'est-ce que ça donne ?* demanda Sophie.

— *Je progresse. Je finis juste de mettre des alias pour couvrir mes signaux de recherche et...* Ah ! Qu'est-ce que tu fabriques ? s'écria-t-il.

Biana s'était rapprochée pour lui masser le cuir chevelu.

— Détends-toi... Je fais juste en sorte que ta tignasse ne colle pas à ton front comme ça. Ne bouge pas.

Elle trempa les doigts dans la pâte jaune avant de reprendre son travail.

Jamais Sophie n'avait vu Dex aussi rouge.

— Cette coiffure mettra bien mieux en valeur tes yeux, décréta Biana. Et les pépites d'or contenues dans le gel feront ressortir les reflets blonds de ta chevelure. (Elle lui tendit un miroir.) Tu vois ? C'est pas génial ?

Dex sourit à s'en creuser les joues.

Sophie bougea pour mieux voir.

— Eh bien ! C'est... dingue !

Qui aurait cru qu'un simple changement de coiffure puisse faire une telle différence ? Bien sûr, Dex était mignon quoi qu'il arrive – il s'agissait d'un elfe, après tout. Mais il avait toujours eu un côté presque enfantin, à présent envolé.

— *On n'était pas censés trouver une solution à notre problème d'écoutes ?* transmit Fitz. *À moins que vous ayez décidé de les abrutir d'ennui en parlant cosmétiques ?*

Biana ricana.

— À mon avis, Fitz mérite d'être mon deuxième client. Ses cheveux font un peu casque, ces temps-ci.

— N'importe quoi ! protesta son frère.

Ce qui ne l'empêcha pas de porter la main à sa tête pour ajuster sa coiffure.

— *Bon*, songea Dex. *Je suis prêt à remonter le signal… surtout continuez à parler.* (Il ajouta à voix haute :) Puisque Fitz joue les bébés, pourquoi ne pas s'occuper d'Iggy d'abord ?

Avec un couinement joyeux, Biana accepta le flacon de liquide fumeux qu'il lui tendait et courut à la cage du lutin pour lui faire absorber l'élixir. Iggy renifla le sérum laiteux avant de l'engloutir d'une seule lampée. À peine avait-il fini de se lécher les babines qu'il éternua. Sa fourrure gonfla en tous sens. Seules les pointes de ses oreilles, de ses mains, de ses ailes et de son nez émergeaient encore de la boule de peluche bleue qu'il était devenu.

— Il ne change pas de couleur ? s'enquit Sophie.

— Patience, répondit Dex.

À juste titre : quelques secondes plus tard, la robe d'Iggy se mit à scintiller pour passer au violet vif.

— Oh, et moi qui croyais qu'il ne pouvait pas devenir plus chou ! roucoula Biana.

Le lutin bondit sur place en battant des ailes.

— Qui veut une cannelle-crème ? demanda Juline, de retour avec un plateau chargé de quatre tasses fumantes.

Elle se figea à la vue de la coiffure de Dex.

— Verdict ? demanda Biana.

Juline contemplait son fils d'un œil humide.

— Bah, pourquoi les parents sont-ils toujours aussi embarrassants ? maugréa le garçon.

— Ça fait partie du contrat, ironisa Juline avant de se mettre à distribuer les boissons qui avaient un goût de spéculoos fondu.

— *Qu'a dit le Comité ?* lui demanda Sophie.

— *J'ai seulement pu joindre Spectre. Il est parti chercher les autres.*

— *Croyez-vous…*

Un éclair blanc venu de son transmetteur interrompit la question de la jeune fille.

Dex tapota l'écran, les sourcils froncés.

— *Un problème ?* s'enquit Sophie.

— *Pas forcément. Il semblerait que j'aie à la fois une bonne, une mauvaise et une étrange nouvelle. La bonne : je suis à peu près certain que personne ne nous écoute en cet instant. Le signal n'a plus de destinataire… c'est la mauvaise nouvelle : je ne peux plus voir où il aboutit. Le récepteur est soit éteint, soit détruit.*

— *Et l'étrange nouvelle ?* le pressa Fitz.

Dex tendit le gadget à Sophie.

— *Ce n'est pas ton transmetteur.*

Chapitre 29

— *Comment ça, ce n'est pas mon transmetteur?* s'étonna Sophie. *Je l'ai ramené de la maison.*

— *Je sais*, répondit Dex. *Mais je viens de consulter le journal d'activité. Et à moins que tu passes ton temps à te héler toi-même – et je ne suis même pas certain que ce soit possible –, il appartient à quelqu'un d'autre. Quelqu'un qui hèle souvent Fitz, aussi, et parfois Lord Cassius, en coup de vent.*

Sophie écarquilla les yeux.

— *Keefe?*

Dex confirma d'un hochement de tête.

— *Comment a-t-il atterri entre tes mains?* demanda Fitz. *Keefe te l'aurait-il glissé dans la poche le jour où il a fait sauter Foxfire?*

— *Mais dans ce cas, j'en aurais deux, non?*

— *À moins qu'il ne les ait échangés*, fit remarquer Fitz. *Quand il t'a passé son manteau, peut-être?*

Sophie se rejoua la scène. Tout ce qui lui revenait, c'étaient les mains de Keefe sur ses épaules.

— *C'est possible*, admit-elle. *Mais pourquoi aurait-il fait une chose pareille? D'autant qu'il aurait difficilement pu me le cacher durant nos débriefings quotidiens. Je distingue assez de ses arrière-pensées pour savoir ce qui le tracasse.*

— *Comment te serais-tu procuré son transmetteur, sinon ?* demanda Dex.

— *Aucune idée. Si, attends ! Quand Grizel a trouvé un transmetteur dans le bureau de Keefe, je lui ai prêté le mien afin qu'elle les compare. Elle a dû se tromper en me le rendant.*

— *Voilà qui expliquerait bien des choses*, constata Fitz. *Si tu veux mon avis, c'est grâce à cet appareil qu'ils ont su pour l'embuscade sur le mont Everest. La mère de Keefe devait épier ses conversations. Elle nous aura entendus préparer le piège.*

Sophie grimaça. Comme si ce n'était pas assez répugnant de mettre un mouchard sur sa broche…

— *OHÉ, LES AMIS ! VOUS VOUS SOUVENEZ DE MOI ?* pensa Biana en agitant les bras pour attirer leur attention. *Moi aussi j'aimerais savoir ce qui se passe !*

Fitz lui résuma leurs dernières découvertes avant de mettre Juline et Lovise au parfum.

— *Alors on peut se parler en toute sécurité ?* demanda Biana.

Dex loucha sur le transmetteur.

— *Il vaut mieux rester prudents… sauf si tu veux que je le démonte une nouvelle fois.*

— *Je préférerais qu'on évite*, maugréa Juline après que Sophie eut transmis l'information. *Plus on tripote ce gadget, plus on risque d'annuler les modifications qu'ils lui ont apportées. On n'a peut-être pas encore épuisé tous ses secrets.*

— *Retour à la case relooking, dans ce cas*, transmit Sophie tandis que Juline partait voir si Spectre était parvenu à contacter le reste du Comité.

— On pourrait jouer à action ou vérité, suggéra Biana avec un sourire malicieux.

— Pas question ! La dernière fois, ça a dérapé, rétorqua Fitz.

Sa sœur agita sa chevelure.

— Je ne vois pas de quoi tu parles.

— Bien sûr que si… de même que tu savais très bien ce que tu faisais quand tu as tourné la tête au dernier moment.

Sophie s'apprêtait à demander plus d'explications lorsqu'elle se rappela une confession de Keefe : il avait embrassé Biana suite à un défi – « au coin de la bouche », selon ses dires.

— Et si on retournait à nos rouleaux ? proposa-t-elle.

Les jeux, c'était trop risqué. Action ou vérité ? Hors de question. Et tout ce qui lui venait d'autre à l'esprit, c'était le jeu de la bouteille… très mauvaise idée.

Biana fit la moue.

— Tu as sans doute raison.

Les heures s'écoulèrent, passées à examiner de minuscules chiffres noirs sur des parchemins sans fin, entrecoupées de brèves pauses réservées à la consultation de leurs transmetteurs désespérément muets.

— Deuxième tournée ! annonça Juline lorsqu'elle revint dans le solarium chargée d'un nouveau plateau de cannelles-crèmes. *J'ai enfin eu des nouvelles de M. Forkle. Il était à Havenfield.*

— *PARDON ?* transmirent Sophie et Fitz à l'unisson.

— *Que s'est-il passé ?* la pressa Sophie.

— *Rien… La situation n'a pas changé. Et puisqu'il est minuit passé, techniquement, la journée est terminée.*

— *Croyez-vous vraiment que les Invisibles se soucient de ce genre de détail ?* rétorqua la jeune fille.

— *Je ne suis pas dans leur tête*, admit Juline. *Tout ce que je sais, c'est que pour l'heure, tout le monde est sauf, ce qui est un soulagement. Ils vont rester en alerte toute la nuit, bien sûr.*

Mais il y a fort à parier que la menace est passée. Quant à M. Forkle, il s'accorde à dire que nous devrions éviter les conversations importantes tant qu'il ne sera pas venu récupérer le transmetteur. Pourquoi ne pas en profiter pour dormir un peu ?

— On y est presque, déclara Biana lorsque Sophie eut transmis le message. Autant finir maintenant.

Ce qu'ils firent. Dex examina le dernier rouleau avec une grimace.

— Je ne connais pas leur Technopathe, mais c'en est un de sacrément doué. Je ne parviens pas à saisir le sens de ces chiffres.

— *Rassure-moi : tu dis ça pour le transmetteur, n'est-ce pas ?* demanda Fitz.

— *Si seulement ! Voici le code que j'ai trouvé enfoui dans les archives d'Alvar correspondant à la période de notre enlèvement.*

Il griffonna au dos du rouleau le plus proche :

0-11-<<-1-1-1-0*

Sophie étudia la suite sous différents angles.

— *Oui, en effet, ça n'a pas de sens.*

— *On est bien d'accord,* dit Dex. *Le code numérique le plus basique – si basique que même les humains l'utilisent – est composé de un et de zéros. Mais je ne vois vraiment pas ce que ces autres symboles sont censés représenter, ni comment ils fonctionnent.*

— *Eh bien… l'astérisque représente sans doute Polaris, non ?* s'interrogea Fitz.

— *Possible. Mais certains codes du registre normal emploient aussi des astérisques. Et celui-ci change parfois de position sur les autres phrases de code que j'ai dénichées dans les archives d'Alvar. Comme celle-ci, dont je suis à peu près certain qu'elle correspond au jour où Sophie a vu le Garçon qui a disparu.*

*0-1->-1->-111-0

— *Et voici ce que j'ai trouvé*, poursuivit-il, *pour la période durant laquelle Alden avait l'esprit brisé.*

*0->-111->>>-1-0
0-<<-1-1-11-<-0*

— *À mon avis, ces séquences diffèrent parce qu'elles représentent chacune un endroit visité par Alvar*, ajouta Dex. *Mais j'ai beau les examiner sous toutes les coutures, je ne comprends pas comment lire ces chiffres et ces symboles et AARRGGRRHHH!*

Il se laissa retomber sur son sac de couchage avec un rugissement sonore.

Biana l'imita, bientôt suivie de Sophie et Fitz.

— *On avance, quand même*, transmit Sophie pour leur remonter le moral. *N'oubliez pas que c'est toujours comme ça. On progresse pas à pas, avec l'impression qu'on n'y parviendra jamais… avant de trouver un nouvel indice, et alors tout se met en place.*

— *J'aimerais tellement pouvoir sauter directement à la case « révélation finale », pas toi?* demanda Fitz dans un bâillement.

Biana partageait sa fatigue.

— Je n'en reviens pas de le dire, mais je suis épuisée. Je vous propose donc une trêve. Plus de farces, tout le monde au lit. Est-ce le signe que je ramollis?

— C'est surtout le signe que tout ça nous dépasse, répondit son frère. Et qu'on s'en sortirait mieux avec des cerveaux en état de marche. Je propose donc ceci : le premier qui enfreint le pacte devra se brosser les dents avec de la puantine.

— Marché conclu, répondit Dex. Je préfère garder mes élixirs pour torturer les triplés, de toute façon.

— Ça me va aussi, acquiesça Sophie.

Biana invita Iggy sur son oreiller, et quelques secondes plus tard, un ronronnement suraigu emplit la pièce. Dex se mit bientôt à ronfler doucement. Le silence se fit.

— *Tu essaies de joindre Keefe?* transmit Fitz à Sophie, qui sursauta. *Désolé, je ne voulais pas te faire peur.*

— *Ce n'est rien. Et… je crois que je vais sécher notre rendez-vous, cette nuit.*

— *Par peur de le mettre en danger? Ou parce que tu crains de découvrir ce qu'il est en train de faire?*

— *Les deux*, avoua-t-elle en serrant Ella contre son cœur.

— *J'aimerais trouver les mots pour te réconforter.*

— *Je doute qu'ils existent.*

Keefe était plongé dans une situation inextricable.

— *Si ça peut te consoler*, reprit Fitz, *je garde mon transmetteur tout près de ma tête. Comme ça, si mes parents me hèlent, je suis sûr de l'entendre.*

— *Tu me réveilleras?*

— *Parce que tu crois vraiment pouvoir dormir?*

— *Aucune idée.*

— *Je peux te prêter Monsieur Câlin, si tu veux.*

Sophie esquissa un sourire.

— *Non, je ne me permettrais pas de vous séparer. Merci quand même!*

— *Je t'en prie.*

L'esprit de Fitz se tut. Sophie en conclut qu'il s'était assoupi à son tour. Mais alors qu'elle-même commençait à somnoler, il ajouta:

— *Je serai toujours là en cas de besoin.*

Chapitre 30

Les conversations flottaient doucement dans l'esprit de Sophie, les mots se mêlant à ses rêves… jusqu'à ce qu'une question en particulier retienne son attention.

— *Ne sont-ils pas mignons ?*

Les voix se précisèrent. Des adultes se pressaient autour d'elle pour la regarder dormir. Elle était trop soulagée pour s'en agacer.

— Maman ? s'étonna-t-elle avant de sortir de son sac de couchage, le regard encore trouble. Papa ?

— Nous sommes là, murmura Edaline.

Ils l'étouffèrent dans une étreinte affectueuse.

— Désolés de te réveiller, fillette, dit Grady. Juline nous a dit que vous aviez veillé la moitié de la nuit, après une journée mouvementée qui plus est. Tu dois être épuisée.

C'était le cas. Elle était toujours plus fatiguée après un court somme qu'après une nuit blanche… même si ça n'avait aucune importance en cet instant.

— Vous êtes saufs ?

— Pour l'heure, répondit Edaline, qui la serra plus fort. Et ne t'inquiète pas, nous retournerons à la maison cet après-midi. J'avais juste besoin de parler à ma sœur de vive voix. Elle m'a mise au courant… pour tout.

Sophie suivit le regard d'Edaline. Entourée de Spectre, Brume et M. Forkle, Juline, agitée, ne cherchait pas à cacher son engagement au sein du Cygne Noir.

Alden et Della étaient là aussi, sans oublier Sandor, Brielle, Cadoc, Woltzer, Grizel, Lovise et Kesler. Ne manquaient plus que Granite et les triplés.

— Eh bien ! murmura Biana depuis son sac de couchage. Sacré comité d'accueil !

— En effet, dit Della, qui traversait la pièce en clignotant pour aller embrasser sa fille. As-tu oublié de prendre ton pyjama ?

Biana rougit : elle avait dormi tout habillée.

— Non, on a juste oublié de se changer. Et de se brosser les dents, aussi.

Elle porta une main à sa bouche afin d'éviter que son haleine matinale n'incommode ses amis.

— Que s'est-il passé hier ? demanda Sophie. Les Invisibles ne sont vraiment pas venus ?

— Pas à Havenfield, répondit Grady. Nous avons passé la journée à traquer des ombres… contrairement à vous ! Pourquoi ne suis-je pas surpris que vous vous soyez montrés plus productifs ?

— *Est-ce qu'on doit toujours jouer la comédie ?* transmit Fitz en s'étirant.

M. Forkle brandit une petite boîte noire.

— Le transmetteur de Keefe se trouve dedans. Notre Technopathe y a glissé un minuscule haut-parleur destiné à diffuser des conversations ordinaires en attendant de pouvoir l'examiner de plus près pour voir si Dex n'a rien manqué.

— À ce propos, dit Biana en désignant le jeune homme recroquevillé dans son duvet. On devrait peut-être le réveiller, non ?

— Je t'en prie, lui dit Kesler. Bonne chance. Tirer Dex du sommeil, c'est comme essayer de sortir un ours de son hibernation. Seuls les triplés sont pires… Heureusement, ils dorment à poings fermés à l'étage.

Biana tenta de secouer Dex par l'épaule. Lui tapota l'oreille. Lui donna des coups de pied dans les jambes. En vain… Elle déposa alors Iggy à côté de son visage. Un rot du lutin, et le Technopathe se redressa d'un seul coup, terrassé par la toux, désorienté.

— Je me suis dit que tu ne voudrais pas manquer ça, lui dit Biana.

Elle désigna les adultes rassemblés autour d'eux et qui s'efforçaient de ne pas éclater de rire.

— Merci, répondit Dex, non sans se frotter les yeux. Alors… quelle est la mauvaise nouvelle ?

— Qui t'a parlé d'une mauvaise nouvelle ? demanda Juline.

— Enfin… jamais vous ne seriez rassemblés ici à moins d'avoir une mauvaise nouvelle à nous annoncer.

Les adultes échangèrent un regard.

— Et si vous preniez votre petit-déjeuner d'abord ? suggéra Kesler. Les Vacker ont ramené de délicieuses pâtisseries, on dirait des nuages de beurre et de sucre.

— N'essayez pas d'esquiver le sujet, rétorqua Sophie, ignorant les gargouillements de son estomac. Dites-nous ce qui se passe.

M. Forkle ouvrit la bouche, mais sa voix refusa de coopérer.

— Pour l'instant, nous essayons encore d'en apprendre plus, murmura Alden. Mais… il semblerait que les Invisibles avaient bien une mission hier, comme le supposait Keefe. Leur cible, cependant, n'était pas Grady et Edaline. C'était…

Sa voix se brisa. Il détourna le regard.

Mentalement, Sophie parcourut quantité de scénarios catastrophes. Aucun, pourtant, n'était aussi choquant – ou déchirant – que ce que leur annonça Della.

— Les Invisibles ont attaqué Wylie.

Chapitre 31

— Wylie ? répéta Biana. Le fils de Prentice ?

M. Forkle acquiesça, le visage sombre.

— Il a subi un interrogatoire poussé.

Sophie frotta ses poignets encore hantés par le spectre de ses vieilles blessures.

— Est-ce qu'il…

— Médoc est en train de le soigner, lui assura Juline. Mais il devra rester plusieurs jours sous sédatifs.

— Plusieurs jours… souffla Sophie.

La seule fois où son traitement avait duré aussi longtemps, elle avait failli mourir.

Sa vision s'empourpra et le nœud dans son estomac menaça de se déliter. Elle prit une profonde inspiration afin de calmer la fureur qui bouillonnait sous son épiderme.

— Ça va aller, murmura Grady, avant de l'étreindre de plus belle. Ne leur donne pas ce pouvoir.

Les dents serrées, elle utilisa sa colère pour contenir ses émotions.

— Est-ce que Médoc va pouvoir le guérir ? demanda Fitz.

— Elle semblait optimiste, répondit Brume. Selon elle, les blessures ont été soignées assez tôt pour ne pas laisser de cicatrices… du moins physiques. Psychologiquement, c'est une autre histoire.

— Granite est en ce moment à ses côtés et sonde son esprit pour en apprendre plus, ajouta M. Forkle. Nous déciderons ensuite quels souvenirs effacer.

En règle générale, Sophie n'aimait pas trop l'idée d'altérer la mémoire de son prochain. Cette fois, pourtant, elle comprenait le bien qu'il y avait à en tirer.

— Granite tient-il le coup ? s'enquit Biana.

— Personne n'est préparé à voir de telles horreurs s'abattre sur sa famille, répondit Spectre.

— C'est à peine s'il a ouvert la bouche depuis que nous avons retrouvé Wylie effondré sur le seuil de la Maison de Pierre, ajouta Brume. Wylie a usé de ses dernières forces pour se traîner jusqu'à la porte. Qui sait ce qu'il a dû faire pour s'échapper…

— Il avait toujours les pieds liés… Ses poignets étaient partiellement entravés, aussi, et il empestait les sédatifs, déclara Spectre d'une voix triste.

— Sait-on d'où il s'est enfui ? demanda Sophie.

M. Forkle racla sa gorge nouée.

— Hélas, non. Tout ce que nous savons, c'est qu'il a été enlevé dans sa chambre, au cœur de la Tour d'Argent.

— Comment ? s'étonna Fitz. Je croyais que les gobelins patrouillaient sur le campus ?

— Ils n'étaient pas au complet, avoua M. Forkle. En cette période de congés, la plupart d'entre eux ont été renvoyés à Lumenaria afin de préparer les négociations de paix. La seule patrouille encore en poste concentre ses efforts sur la protection des tentes fraîchement arrivées d'Exillium.

— En admettant qu'ils aient échappé à la patrouille, comment ont-ils pu s'introduire dans la tour ? demanda

Dex. La sécurité des niveaux d'élite est légendaire. Mon Mentor de technopathie ne cessait de nous rabâcher qu'elle avait été conçue dans la lignée de celle de Lumenaria, c'est-à-dire par une équipe de Technopathes anonymes dont chacun n'a élaboré qu'un petit fragment de l'ensemble, afin que personne n'en connaisse la totalité ni le fonctionnement.

— Pour être honnête, dit M. Forkle, je ne sais absolument pas comment ils y sont parvenus. J'ai déjà consulté le journal de sécurité : pas de visiteur non autorisé. D'après les enregistrements, Wylie était le seul prodige présent dans la tour pendant les vacances… et rien ne prouve que le fichier ait été modifié. Et avant que vous ne m'interrogiez sur le miroir Polaris… (Il marqua une pause pour laisser le temps à chacun de digérer le nom.) Permettez-moi de vous dire qu'il se trouvait à sa place. Rien, dans le Salon de l'Illumination n'avait été dérangé. Pas la moindre empreinte de doigt ni de pas. Et il n'y a pas moyen d'ôter le miroir du mur pour passer derrière. Le miroir n'est qu'un miroir, conçu pour apprendre aux élites que leur version la plus pure vient de leur pouvoir, non de leur apparence.

— Un Phaseur pourrait-il traverser les murs pour s'y introduire ? demanda Biana.

— La tour est impénétrable, répondit Brume. Faites-moi confiance : j'ai essayé.

— Alors, quelqu'un les aura fait entrer, lâcha Fitz.

— J'étais parvenu à la même conclusion, lui dit M. Forkle. Mais au risque de me répéter, les enregistrements montrent que Wylie était seul. J'ai soigneusement observé les prodiges lors de mon mandat de Héraut, et aucun d'entre eux n'a trahi une quelconque affiliation aux Invisibles.

— Alvar non plus, remarqua Della à voix basse.

Le silence s'installa, pesant.

— S'il y a participé, murmura Alden. S'il…

Sophie partageait la même inquiétude vis-à-vis de Keefe. Le jeune homme lui avait assuré qu'il ne franchirait pas les limites… mais Wylie en faisait-il partie ? Ou son agression relevait-elle de ces « choses plus louches » auxquelles il était prêt à participer afin de donner le change ?

Les manches de Spectre se tendirent vers Alden pour poser une main invisible sur son épaule.

— Vous n'êtes pas responsables des actes de votre fils.

— Mais si nous avions remarqué…

— Ne t'engage pas sur cette voie, l'implora Edaline. Nous avons pris soin de Brant seize années durant, et jamais nous ne l'avons suspecté non plus.

— C'est l'un de mes plus grands regrets, ajouta Grady. Même si j'apprends à faire la part des choses. Certes, j'aurais dû me montrer plus attentif, lui poser plus de questions. Mais tout le reste relevait de ses choix. De ses actes. De sa malice. Il en va de même pour Alvar.

— Je tâcherai de me le rappeler, déclara Alden.

— Tâche de t'en convaincre, insista Grady.

— Où se trouve Wylie ? demanda Dex. Toujours dans la Maison de Pierre ?

— Non, Médoc l'a transporté à Alluveterre dès que son état a été assez stable. Nous pensions qu'ils étaient à ses trousses, expliqua Brume. Son évasion semble indiquer qu'ils n'en ont pas fini avec lui.

— Mais que lui voulaient-ils ? demanda Kesler. Quelqu'un a une idée ?

— Pas la moindre, maugréa M. Forkle. Et jusqu'à présent, son esprit demeure trop embrumé par le traumatisme pour nous permettre de recouvrer grand-chose.

— Il n'est pas brisé, au moins ? s'inquiéta Sophie.

— Heureusement, non. L'absence de Télépathe dans les rangs des Invisibles joue en notre faveur… même si je me doute qu'elle explique aussi la gravité de ses blessures : ils ont dû recourir à la torture.

Un frisson parcourut l'assistance. M. Forkle tendit le transmetteur en boîte à Brume.

— Puis-je vous confier ceci pour notre Technopathe ? Je dois retourner à Alluveterre.

— Je vous accompagne.

Ce n'est qu'en voyant tous les regards posés sur elle que Sophie prit conscience d'avoir parlé.

— Personne ne pourra fouiller la mémoire de Wylie mieux que moi, plaida-t-elle.

Elle se garda d'énoncer son autre motivation, trop terrible pour être partagée : elle avait besoin de consulter les souvenirs de Wylie afin de s'assurer que Keefe n'y figurait pas.

Elle pouvait pardonner à son ami d'avoir détruit la pyramide de Foxfire et brûlé le portail du Sanctuaire… mais d'avoir assisté à une séance de torture sans rien dire ?

Elle devait en avoir le cœur net.

— Es-tu certaine de pouvoir tenir le coup ? lui demanda Edaline. Wylie ne doit pas être beau à voir.

— Bel euphémisme, confirma Spectre.

Malgré sa gorge nouée, Sophie parvint à répondre :

— J'ai bien tenu le coup à Paris, non ?

— Ça n'a rien à voir, rétorqua M. Forkle.

— Peu importe, s'entêta la jeune fille. Wylie a besoin de mon aide.

— Pour ce que ça vaut, intervint Brume, je suis de son avis. Vous devriez l'emmener.

— Nous emmener, rectifia Fitz. C'est une mission pour des Apparentés !

— S'ils y vont, alors Dex et moi aussi, ajouta Biana.

M. Forkle se massa les tempes.

— Wylie n'est pas en état de recevoir des visites.

— Dans ce cas, nous attendrons dehors, proposa Biana. Mais nous devons être là. Vous apprendrez peut-être des choses utiles. Et puis, Sophie et Fitz risquent d'avoir besoin de soutien moral.

Les membres du Comité échangèrent un regard, sans doute en pleine délibération télépathique.

— Très bien, finit par soupirer M. Forkle. J'ai cependant une faveur à vous demander. (Il se tourna vers Sandor.) J'ai besoin que vous abandonniez votre charge pour la journée. Sophie sera bien protégée par les cohortes de nains postées à Alluveterre. Vos sens exceptionnels nous seront plus utiles dans la Tour d'Argent. Peut-être saurez-vous repérer quelque indice qui nous aurait échappé…

— Si vous cherchez des sens affûtés, je ferais bien de l'accompagner, intervint Grizel. Sandor manque de… sensibilité, si je puis dire ?

— Si vous ne voyez aucun inconvénient à vous séparer de Fitz, nous vous saurons gré de votre assistance, répondit M. Forkle. Plus nous ferons preuve de diligence, plus nous aurons de chance de résoudre ce mystère.

— À une condition, décréta Sandor, qui avait posé un regard grave sur Sophie. Jurez-moi de ne pas vous rendre ailleurs qu'à Alluveterre ou à la maison.

— Est-ce que Havenfield est sûr, au moins ? demanda Sophie. Peut-être les Invisibles ont-ils quand même prévu d'attaquer ?

— Une grande partie des sécurités mises en place le sont toujours, lui assura Brielle. Et Cadoc et moi ne bougerons pas de là. Vous pouvez nous confier le sort de votre famille, tout comme vous confiez votre vie à Sandor.

Voilà qui résolvait la question. Sophie et ses amis se changèrent à la hâte, sans dire un mot, avant d'embrasser leurs parents et de se donner la main.

M. Forkle créa le sentier lumineux qui allait les mener à Alluveterre et lança avant de sauter :

— J'espère que vous avez le cœur bien accroché. Rien ne saurait vous préparer à ce que vous allez voir.

Chapitre 32

Sophie n'avait pas remis le pied dans la forêt souterraine d'Alluveterre depuis le jour où elle était partie avec ses amis en mission à Ravagog. Le paysage était plus majestueux que jamais. Ses souvenirs assombrissaient cependant le tableau.

Partout où portait son regard, elle voyait les traces du passage de Calla. La terre que la gnomide avait foulée. Les arbres qu'elle avait caressés. Les racines qu'elle appelait pour transporter la petite troupe vers diverses aventures. Jusqu'à l'air qui semblait porter l'infime murmure de ses chansons – même s'il s'agissait sans doute d'une illusion.

— Par ici, annonça M. Forkle avant de les mener sur un sentier escarpé, contournant un arbre massif pour les conduire vers l'une des maisons perchées.

Chaque pas brûlait les entrailles de Sophie comme si elle avalait du jus de citron mêlé d'épices.

M. Forkle avait opté pour la cabane ouest. Habitée par les garçons lors de leur précédent séjour, elle n'avait pas changé d'un iota : les mêmes hamacs pendaient au plafond, le même foyer crépitait en son centre. Cette fois, pourtant, le garçon installé sur l'un des poufs en forme de rocher arborait des mèches argentées.

Tam leva le nez du livre dans lequel il était plongé.

— Salut ! Wylie a été installé dans l'autre maison. L'une des chambres abrite une plante susceptible de le calmer, apparemment.

— La rêvecloche, murmura Sophie.

Calla avait créé à son intention cette espèce de vigne décorative qu'elle avait fait pousser sur le baldaquin de son ancien lit. Le parfum doucereux des fleurs lui avait apporté une sérénité inédite.

— Son état s'est aggravé ? demanda M. Forkle.

— Pas tout à fait, répondit Tam. Mais il met plus de temps à se remettre que ne l'espérait Médoc. Granite, ou Tiergan, je ne sais plus, craint que l'esprit de Wylie ne s'assombrisse. Il m'a demandé d'essayer de lever un voile… mais la sombrume de Wylie est parfaitement normale. Il en a même moins que je ne l'aurais cru, étant donné les horreurs qu'il a traversées.

M. Forkle ferma les yeux.

— Tu avais raison d'insister, Sophie. Il n'y a pas une minute à perdre.

— Vous feriez mieux de rester avec moi, conseilla Tam à Dex et Biana. Médoc filtre les entrées. Et ici, au moins, vous pourrez discuter.

— Tu as raison, acquiesça Biana. D'ailleurs, on ne s'est pas vus depuis une éternité.

Le Ténébreux esquissa un sourire timide.

— Il paraît que ça va bientôt changer.

Sophie avait complètement oublié le jumelage avec Exillium. L'agression de Wylie mettrait-elle un frein au programme ?

— Vous ne venez pas ? demanda M. Forkle sur le seuil.

Sophie et Fitz se pressèrent à sa suite. Dex demeura immobile. Sans doute avait-il envie de rester avec Biana et Tam… Pourtant, ils atteignaient le pont reliant les deux maisons quand le Technopathe les rattrapa au pas de course.

— Je ne suis pas Télépathe, marmonna-t-il, mais j'ai traversé les mêmes épreuves que Wylie. Peut-être pourrai-je me rendre utile.

Main dans la main, les trois jeunes gens franchirent la passerelle grinçante. Sophie aurait juré humer le fumet d'un ragoût de rigoufleur, spécialité de Calla, à hauteur du belvédère central. La gnomide avait eu beau lui en apprendre la recette, sans elle, il n'avait pas la même saveur.

Dex et Fitz poussèrent un soupir admiratif lorsqu'ils pénétrèrent dans l'ancienne cabane des filles.

— Linh n'a pas chômé, murmura Sophie.

La fontaine centrale, autrefois un maigre filet d'eau, déversait à présent un torrent en cascade. Au lieu d'éclabousser le sol, le flux ricochait en une myriade de jets qui remontaient vers le plafond avant de retomber dans les pots de plantes disposés à travers la pièce.

— Attendez-moi ici, leur ordonna M. Forkle. (Il désigna les fauteuils-buissons parsemés de rosée.) Je vais prévenir Médoc de votre présence.

Il laissa derrière lui un silence assourdissant.

— Où est Linh ? chuchota Dex.

Sophie se pencha sous un jet d'eau pour jeter un regard dans le couloir désert.

— Au chevet de Wylie, sans doute.

— Je me demande de quoi il aura l'air… s'interrogea Fitz. Pire que moi après Exil, vous croyez ?

La pointe noire qui lui traversait alors le torse constituait l'un des spectacles les plus effroyables que Sophie eût jamais vus – sans parler des flots de venin noir bouillonnant sous sa peau. Un horrible pressentiment lui soufflait pourtant que ce n'était rien comparé à la souffrance que Brant et Fintan n'hésiteraient pas à causer afin d'obtenir ce qu'ils voulaient.

— Mieux vaut se préparer à une scène affreuse, déclara-t-elle.

Elle s'était déjà arraché trois cils lorsqu'une silhouette familière entra dans la pièce, suivie d'un M. Forkle défait. Médoc arborait un loup de carnaval rouge bordé de paillettes dorées qui illuminaient sa peau sombre.

— Toujours déguisée ? s'étonna Sophie.

— Je ne voudrais pas tirer la couverture à moi, répondit le médecin, entortillant une fine tresse noire ornée de perles écarlates autour de son doigt. Je suis contente de vous voir ici. La santé de Wylie s'améliore, même si Tiergan craint que son esprit ne se détériore. Je n'en ai pas la preuve physique, mais je tiens à ce que vous procédiez à un examen minutieux. Tâchez de ne pas oublier en le voyant que la guérison démarre au niveau cellulaire… Pour l'heure, la plupart des changements échappent à tout œil autre que le mien, et encore, à la faveur d'une lumière et de lentilles spéciales. Malgré tout, il se remet plus vite que je ne l'espérais, en grande partie grâce à Linh. Elle l'a enveloppé d'un cocon d'eau froide afin d'évacuer toute chaleur résiduelle pendant que je prépare un onguent pour ses brûlures.

— Avez-vous besoin d'aide ? demanda Dex. Voulez-vous que j'aille chercher des remèdes ?

— Je commence à manquer de certains ingrédients, admit Médoc, mais ils ne seront pas disponibles dans la boutique de ton père.

— Dites toujours.

Elle haussa un sourcil, dubitative.

— D'accord. Du venin de jaculus, par exemple ?

— Clair ou trouble ? Les deux figurent dans la « réserve spéciale » de mon père.

— Intéressant, dit Médoc. J'aime beaucoup ta coiffure, au passage.

Les joues du Technopathe prirent la teinte du masque de la doctoresse.

— On parle bien de ces espèces de serpents volants qui sucent le sang ? demanda Sophie, qui se remémorait sa première rencontre avec Grady, occupé à en arracher un du plumage de Verdi.

— Tout juste, acquiesça Médoc. Leur venin comporte un anticoagulant puissant qui se transforme en régénérateur de tissu plus puissant encore si je le mélange à quelques gouttes de sueur de phœnix.

— On en a aussi, dit Dex. Ainsi que des larmes de bennu. Vous aurez aussi besoin de pus de pooka, je suppose ? Je peux vous en proposer sous forme solide ou liquide.

— J'avoue être impressionnée, déclara Médoc.

— Pour ma part je suis à deux doigts de vomir, rétorqua Fitz.

Le médecin haussa les épaules.

— C'est soit ça, soit l'urine de yéti… et crois-moi, l'urine de yéti est bien plus coriace à nettoyer.

Sophie en avait fait l'amère expérience.

— Très bien, reprit Médoc. Je te confie ma recette. Vois ce que tu peux me trouver chez *Slurp & Burp*. Vas-y avec Forkle, ça vous permettra de revenir d'un saut… et il ne traînera plus dans mes pattes. Bientôt il n'aura plus d'ongles à ronger, et je n'ai vraiment pas besoin d'un nouveau patient.

Sophie avait presque oublié la présence du vieil elfe, dont la peau avait pris une teinte cireuse. Il n'avait pas soufflé mot.

— Si tu trouves qu'il a une sale mine, tu devrais voir Tiergan, ironisa Médoc. Je n'arrive pas à lui faire lâcher la main de Wylie. Même lorsque Linh a fait son numéro d'hydrokinésie, il est resté là à se faire tremper. Je n'ai jamais rien vu d'aussi triste. Ni d'aussi touchant... Vous êtes prêts ?

Sophie acquiesça et laissa Fitz lui prendre la main avant de suivre Médoc dans le couloir qui menait à son ancienne chambre.

— Pour rappel, il est assommé d'antidouleurs et de sédatifs, les avertit le médecin. Si vous n'arrivez pas à démêler ses pensées, pas d'inquiétude : son esprit n'est pas altéré, juste affecté par les médicaments.

Fitz resserra son étreinte. Médoc ouvrit la porte pour les laisser pénétrer dans la chambre. Sophie inhala le parfum apaisant des rêvecloches avant de laisser son regard errer dans la pièce, en évitant autant que possible la silhouette alitée.

Dos à eux, Tiergan se dressait, en partie pétrifié, comme si son séjour prolongé au chevet de son fils adoptif commençait à estomper les effets de l'indurite. Son épaule gauche était pierreuse, son cou grisâtre. Même ses pâles cheveux blonds étaient maculés de poussière et de gravillons.

De l'autre côté du lit, Linh était penchée sur le patient. Les yeux clos, elle murmurait doucement une incantation, les mains suspendues au-dessus de Wylie. À regret, Sophie baissa le regard et...

Retint un haut-le-cœur.

Fitz eut la même réaction. Ils se soutinrent mutuellement.

Elle avait espéré que l'eau tournoyant autour de Wylie atténuerait l'horreur de ses blessures. Mais les cloques et cratères qui lui grevaient les membres étaient trop énormes, trop rouges, trop suintants pour être ignorés.

Ils formaient des empreintes de main.

— *Je suis désolée qu'ils t'aient fait ça*, transmit Sophie, le poing enfoui sous ses côtes pour contrôler ses émotions. *Si seulement je savais comment les neutraliser... Si seulement je savais ce qu'ils veulent !*

— *À nous de le découvrir*, répondit Fitz.

Leurs anneaux de pouce s'aimantèrent tandis que l'énergie mentale circulait entre eux. Ils s'approchèrent du lit. Sophie posa une main sur l'épaule rocheuse de Tiergan.

— Allez vous reposer. Nous sommes là.

Il ne sembla pas l'entendre.

— Lâchez-lui la main, murmura-t-elle. Je prends la relève.

Huit longues secondes s'écoulèrent avant que Tiergan ne se retourne en clignant des yeux.

— Il refuse de me parler, murmura-t-il. Son esprit ne me renvoie rien que le néant glacé.

— Devrions-nous attendre ? demanda Sophie. Je ne voudrais pas forcer Wylie s'il n'est pas prêt.

— Je...

Tiergan se tourna de nouveau vers le lit et appliqua les doigts de sa main libre sur les tempes du blessé.

— Est-ce que tout va bien ? demanda Fitz.

— Je ne sais pas.

Tiergan posa sur Sophie un regard à la fois soulagé, déçu et craintif.

— Il demande à te parler.

Chapitre 33

— *J'arrive*, transmit Sophie, deux doigts pressés sur la tempe droite de Wylie.

Fitz l'imita du côté gauche. Le cocon liquide invoqué par Linh leur éclaboussa les mains tandis qu'ils introduisaient leur conscience dans l'esprit du convalescent.

Les ténèbres semblaient presque solides, comme un mur. Une transmission de Sophie suffit cependant à liquéfier la barrière. Ils s'enfoncèrent dans le néant.

L'esprit de Wylie se faisait plus froid à mesure qu'ils plongeaient dans le tourbillon gelé de ses pensées jusqu'à atterrir dans un bassin de lumière chaude. Une silhouette émergea des ombres, gagnant des bras et des jambes, puis un visage, pour former un jeune garçon.

— Bonjour, dit-il avec un salut timide.

Ses mains tremblantes jouaient avec la broche agrafée sur sa cape bleu clair – un soleil aux rayons jaunes, orange et rouges. Il avait le visage plus rond que Wylie et couronné d'une chevelure sombre coupée en afro impeccable. Ses traits étaient tout de même parfaitement reconnaissables.

— *Quel âge as-tu en ce moment ?* transmit Sophie.

Wylie se gratta le menton.

— Six ans.

— *Pourquoi revenir à cet âge-là pour s'adresser à nous?* s'étonna Fitz.

— *Un mécanisme de défense, sans doute. Il devait avoir sept ou huit ans quand son père a perdu l'esprit. Peut-être régresse-t-il vers un âge plus heureux, plus sécurisant.*

— J'étais certain que tu comprendrais, lui dit le petit Wylie. Tu sais ce que ça signifie, d'avoir un avant. Et un après.

Il frémit à ces mots. Le frisson provoqua une poussée de croissance : sa silhouette s'étira, ses épaules s'élargirent. Son menton se fit plus carré, sa coiffure plus courte.

Il avait tout de l'adolescent maussade... mais ses yeux semblaient bien plus âgés. C'était le Wylie qui avait perdu ses deux parents.

— *Je doute de pouvoir jamais comprendre tout ce que tu as traversé*, lui dit Sophie. *Mais je suis là pour t'aider.*

— Le peux-tu seulement ?

— *Je ferai de mon mieux. Veux-tu me raconter ce qui s'est passé ?*

Les mains du garçon tremblaient tellement fort qu'elles arrachèrent la broche de sa cape. Le bijou disparut dans le néant.

— *Si tu n'es pas prêt, on peut...*

— Non, l'interrompit-il. Ça sera toujours aussi difficile.

Il enfouit le visage dans ses mains. Des taches rouges commencèrent à apparaître.

— *À quoi penses-tu ?* lui demanda Fitz.

— À toutes les choses auxquelles je ne devrais pas penser.

Wylie se mit à se gratter les bras jusqu'à ce qu'ils ruissellent de rouge.

— *Je crois qu'on va trop vite*, constata Sophie tandis que l'adolescent prenait la forme du Wylie qui gisait inconscient sur son lit, couvert de sang et de cloques, tordu par la douleur. *Y a-t-il un moyen de faire revenir le petit garçon de six ans ?*

Avec un soupir, Wylie ferma les yeux et commença à fredonner une berceuse. Ses plaies se refermèrent, son corps rapetissa, son visage s'arrondit.

— C'est mieux ? demanda le garçonnet.

— *À toi de me le dire*, répondit Sophie. *Est-ce que tu souffres ?*

— Je me sens tout drôle. Mais pas drôle, amusant. Disons plutôt que ça me démange. C'est supportable.

— *Tu ne vas sans doute pas me croire*, déclara Sophie tandis qu'il examinait ses bras, *mais la douleur n'existe que dans tes souvenirs. Quand tu te réveilleras, tu auras entièrement guéri et retrouvé ton apparence normale.*

— Mais je ne serai plus le même. Je me trompe ?

Impossible de mentir.

— *La douleur ne partira jamais tout à fait. Mais tu es un survivant, non ?*

— Pas par choix.

— *Ce n'est jamais le cas*, plaida Fitz. *Mais c'est une preuve de ta force.*

— J'aurais dû me montrer plus fort, murmura Wylie. Je n'aurais pas dû les laisser me capturer.

— *Tu n'aurais pas pu les en empêcher*, lui assura Sophie. *J'ai essayé, de toutes mes forces, mais je n'ai pas réussi.*

Wylie acquiesça lentement.

— Je ne leur ai pas donné ce qu'ils voulaient.

— *Et que voulaient-ils au juste ?* demanda Fitz.

— Si j'en parle… les autres moi reprendront le dessus.

— *Ce n'est pas un problème pour nous*, promit Sophie.

— *Nous pourrons t'aider à tenir le coup*, ajouta Fitz alors que l'espace autour d'eux se faisait plus clair et chaleureux. *Je t'ai transmis de l'énergie. Tu sens comme tu es fort à présent ?*

Le petit Wylie fléchit ses bras maigrelets et tapota la petite bosse formée par ses biceps.

— D'accord. Je vais essayer.

— *Tu vas t'en tirer comme un chef !* l'encouragea Sophie. *Vois ça comme une histoire à raconter. Commence au début. Comment t'ont-ils trouvé ?*

— Je ne sais pas. Je lisais dans mon lit quand la porte s'est ouverte à la volée pour laisser entrer une tornade.

— *Il y avait un Rafaleur parmi eux ?* demanda Fitz.

— Sans doute. Le vent m'a plaqué au sol. Ensuite j'ai entendu des gens débouler dans la pièce.

— *Les as-tu vus ?* l'interrogea Sophie. *Ou as-tu reconnu leurs voix ?*

— Je n'entendais pas grand-chose à cause du vent. Celui qui m'a sauté dessus devait être un Éclipseur, car je ne l'ai pas vu quand il a arraché mon pendentif.

Fitz fut traversé d'un frisson.

— *Mon frère.*

Sophie lui pressa la main. Comme elle aurait aimé le consoler… mais il fallait garder le cap.

— *Autre chose ?* demanda-t-elle à Wylie.

— Je me rappelle avoir frappé des poings et des pieds, griffé et gratté. Puis une lumière blanche m'a enveloppé et immobilisé.

— *Ruy était donc là*, transmit Fitz. *C'est un Psionipathe. Il a dû t'enfermer dans un champ de force.*

— À chaque contact je récoltais une décharge électrique, déclara Wylie. Et le champ était rempli de drogues. Ma vue s'est brouillée quand j'ai inspiré.

— *Ils étaient trois, alors?* demanda Sophie. *C'est tout?*

— Non, je crois qu'ils étaient quatre. Quelqu'un maintenait le sentier ouvert pour eux, d'après leurs dires.

— *Le Rafaleur?*

— J'en doute. À les entendre, le sentier se trouvait ailleurs. Mais tout me semblait très loin à ce moment-là. Je me rappelle avoir senti quelqu'un m'attraper par les pieds et me traîner. Je ne sais pas combien de temps ça a duré avant que la chaleur m'emporte… Après quoi, je ne voyais plus rien. Mes oreilles sifflaient. Tout avait un parfum doucereux. J'avais envie de vomir, mais je ne savais même pas si j'étais éveillé. C'était pareil pour toi?

— *Plus ou moins*, songea doucement Sophie. *Ils m'ont gardée bien plus longtemps que toi.*

— Combien de temps m'ont-ils gardé?

— *Nous n'en sommes pas certains*, déclara Fitz. *Moins d'une journée, en tout cas. Sais-tu à quelle heure ils t'ont enlevé?*

— Non. Mais je n'avais pas encore pris mon petit-déjeuner.

Wylie porta les mains à son estomac grommelant.

— *Veux-tu que Médoc te réveille pour te donner à manger?* lui demanda Fitz.

Le garçonnet secoua la tête.

— Le réveil… ça va être dur.

— *Au début, oui*, répondit Sophie. *Mais tu te sentiras de mieux en mieux au fil des jours. Prends le temps de te remettre. Quand tu seras prêt, tu te réveilleras.*

— *Te rappelles-tu autre chose susceptible de nous aider?* demanda Fitz.

— Seulement les interrogatoires. J'avais la tête embrumée dans ces moments. Tout ce dont j'étais capable, c'était m'armer de patience. Je savais qu'ils commettraient une erreur, que ce serait l'occasion pour moi de bouger. Il a fallu des heures et des heures… mais ils ont fini par brûler l'un de mes liens. Ils ne l'ont pas totalement rompu, mais j'ai pu bouger les mains juste assez pour glisser les doigts dans la poche secrète de ma manche, où je garde le cristal qui me mène à mon père. J'ai dû me casser le pouce en l'attrapant : j'ai entendu un craquement. (Il brandit la main et contempla son pouce indemne, perplexe.) Mais ça en valait la peine, car dès que j'ai eu le cristal en main, j'ai pu lancer une balle de lumière et sauter au loin.

— *Une balle de lumière ?* songea Sophie. *Tu es Flasheur ?*

— Oui. Tout comme…

— *Qui ?* demanda Sophie en le voyant trembler. *Comme qui ?*

Wylie se gratta furieusement le cou.

— Ils n'ont pas arrêté de me reposer la même question encore et encore, malgré mes protestations. Ils n'en avaient que pour elle.

Sophie s'apprêtait à demander une explication quand elle eut une révélation.

— *Ta mère ?*

Wylie retrouva sa forme d'adolescent maussade.

— *Que voulaient-ils savoir à son sujet ?* le pressa Sophie.

— Ils pensaient que je l'accompagnais lors de son dernier saut. J'ai eu beau leur répéter que non, ils ont continué à me brûler, en disant qu'ils arrêteraient quand je cesserais de mentir. Ils ne comprenaient pas… Si elle est morte, c'est parce que je suis arrivé trop tard.

Des larmes se mirent à couler le long de ses joues et le Wylie blessé et criblé de douleur réapparut.

Fitz tenta d'envoyer une nouvelle vague de chaleur et d'énergie, en vain. Sophie essaya l'instillation. Incapable de trouver du bonheur, elle lui transmit un rai d'espoir. La respiration de Wylie se fit plus stable.

— Désolé, dit-il. Je ne suis pas aussi fort que tu le pensais.

— *Bien sûr que si*, lui assura Sophie. *Tu as traversé tellement d'épreuves…*

— Trop. Je ne sais pas si je peux en supporter davantage.

— *Peut-être n'en auras-tu pas besoin. M. Forkle et Granite ont prévu d'effacer les pires souvenirs…*

— NON ! Il ne faut pas !

— *C'est étrange de les imaginer farfouiller dans ta tête, je sais… mais pourquoi garder les cauchemars ?*

— Parce qu'ils contiennent peut-être une information cruciale ! Il ne faut pas les laisser effacer quoi que ce soit, Sophie. Promets-moi de les en empêcher.

— *D'accord*, dit-elle devant son insistance. *Je te le promets.*

— Tu dois tenir ta promesse, l'implora Wylie, de nouveau âgé de six ans. Tu m'es redevable.

— *Je sais*, répondit Sophie. *Tu ferais mieux de dormir à présent. Ton esprit a besoin de repos.*

Il disparut dans les ténèbres.

— Je vais essayer. Mais j'ai une faveur à te demander. J'aimerais que tu enquêtes sur la mort de ma mère. Je ne crois plus qu'il se soit agi d'un accident.

Chapitre 34

— Tout ce que nous savons sur l'évaporation de Cyrah se trouve là-dedans, expliqua M. Forkle, qui brandissait un orbe doré de la taille d'une balle en caoutchouc. Toutes les preuves rassemblées menaient à la même conclusion : elle avait été victime d'un malheureux accident.

Il fit pivoter les deux hémisphères de l'orbe dans des directions opposées jusqu'à un déclic, avant de tendre l'objet ainsi déverrouillé à Dex.

Sophie et Fitz avaient rassemblé tout le monde dans le salon des garçons afin de ne pas déranger Wylie – et pour permettre à Biana et Tam de se tenir au courant. Seule Médoc était restée à son poste : elle désirait procéder à des tests supplémentaires pour s'assurer que la douleur perçue dans l'esprit du jeune homme se confinait à ses souvenirs.

— Vous l'avez toujours sur vous ? demanda Sophie à M. Forkle.

Comment pouvait-il ranger un tel bazar dans ses poches ? Et pourquoi n'avait-elle jamais remarqué qu'il transportait tant d'objets étranges ?

— Bien sûr, répondit le vieil elfe. Cet orbe est identique aux caches des Conseillers, à ceci près qu'il contient ce dont j'ai besoin de me souvenir, et non ce que je souhaite oublier.

— Il renferme donc toutes sortes d'informations sur Sophie ? demanda Dex.

— Il y a des dossiers sur Sophie, en effet… mais avant que vous ne vous fassiez des idées, sachez que je suis le seul capable d'y accéder. Pouvons-nous donc nous concentrer sur le projet urgent que nous a confié Wylie ?

— Bien sûr, répondit Dex.

Il pressa les extrémités des hémisphères de l'orbe pour faire jaillir un hologramme de son centre.

Tous se rapprochèrent pour examiner la projection, qui commençait par une photo de famille.

Prentice avait été saisi en plein éclat de rire, le regard posé sur son épouse dont la chevelure auburn luisait, incendiaire, sous les rayons du soleil. Entre eux se dressait le garçonnet auquel Sophie avait parlé dans les souvenirs de Wylie. Ses traits représentaient un parfait mélange de ses parents : de sa mère, il avait hérité le sourire et le teint crémeux, de son père, il tenait ses yeux, son nez et ses cheveux.

— Ils semblent tellement heureux, murmura-t-elle.

— Ils l'étaient, confirma Tiergan, non sans essuyer ses joues humides de larmes.

D'une torsion du gadget, Dex révéla un simple document.

— Ce n'est pas grand-chose.

— Je sais, dit M. Forkle. Cyrah était seule lors de son dernier saut. Lorsque Wylie l'a retrouvée, il était impossible de savoir depuis combien de temps elle gisait ainsi, inconsciente. C'est à peine si elle respirait. Wylie a aussitôt hélé Elwin, mais les dommages étaient irréparables. Et quand Alden est arrivé pour fouiller dans ses souvenirs, son esprit était trop faible pour en tirer quoi que ce soit. Le reste de sa silhouette s'est dissipé peu après, sous leur regard impuissant.

Sophie retint ses larmes en imaginant la scène.

Lors d'un saut lumineux, l'organisme de l'elfe se décomposait en minuscules particules. Le seul moyen de se reformer ensuite consistait à maintenir toutes les pièces ensemble, soit par l'intermédiaire d'un bracelet appelé nexus (obligatoire pour les plus jeunes, le temps que leur force mentale atteigne le niveau requis), soit par sa seule concentration. Et si l'elfe perdait trop de lui-même…

Il y avait pire façon de mourir, bien sûr. De toutes les mésaventures presque fatales de Sophie, d'ailleurs, l'évaporation s'était révélée la plus agréable. Elle commençait par une douleur cuisante, mais bientôt la peine s'estompait pour laisser la place à une irrésistible vague de chaleur qui vous taquinait comme une douce brise, vous priant de la suivre dans un monde tout de scintillements, de paillettes, de couleurs et de liberté.

Qui n'en représentait pas moins la mort.

— Wylie a tenté de me joindre, dit Tiergan, tourné vers la fenêtre. Il m'a hélé quatre fois avant d'abandonner et de laisser Elwin contacter Alden. Peut-être que si j'avais répondu, nous aurions pu recouvrer quelque donnée dans l'esprit de Cyrah.

— Savez-vous d'où elle a sauté ? s'enquit Sophie.

— Elle avait dit à Wylie être retournée à Mystérium… ce qui correspond aux données enregistrées par son pendentif, déclara M. Forkle. Elle s'y était rendue pour faire l'inventaire de son stand.

— Cyrah tenait une petite boutique de rue, où elle vendait des rubans pour les cheveux faits main, expliqua Tiergan. On était loin du luxe du magasin qu'elle possédait avant l'arrestation de Prentice… Peu de nobles acceptaient de faire commerce avec l'épouse d'un criminel, aussi avait-elle déménagé dans une ville ouvrière.

— Je me souviens de son stand, dit Biana. Mon père m'y a emmenée quand j'étais petite… j'ai toujours les peignes qu'il avait achetés. Et je me rappelle ma surprise en comprenant que nous allions à Mystérium, et non en Atlantide.

— Alden cherchait toujours de petits moyens d'aider Cyrah, maugréa Tiergan. Comme si des pinces à cheveux pouvaient racheter la destruction de sa famille !

La pique traversa la pièce, trop émoussée pour blesser. Fitz et Biana grimacèrent quand même.

— Je regrette, leur dit Tiergan. Je déteste remuer tous ces souvenirs. Wylie a traversé tellement d'horreurs… j'essaie de rattraper ce que je peux. Mais j'ai beau faire mon possible…

Il abattit un poing contre la vitre.

Sophie traversa la pièce pour venir poser la main sur son bras. Tiergan n'était pas du genre tactile…

Pourtant, il posa une main sur la sienne.

Elle aurait voulu pouvoir lui garantir que tout s'arrangerait, qu'ils trouveraient une solution.

— Wylie est solide, se contenta-t-elle de dire.

— Je sais. Il n'a pas le choix. Tout comme toi. (Il pressa une nouvelle fois sa main avant de se dégager lentement.) Ma seule consolation, c'est que Prentice, inconscient, n'a pas à assister à tout ça.

— J'allais y venir, déclara M. Forkle. Nous ne pouvons le ramener à une vie où son fils est en danger et où le meurtre de sa femme demeure non élucidé. Il n'y survivrait pas.

— Suis-je le seul à ne pas comprendre comment un meurtre par saut lumineux est possible ? s'interrogea Tam. Un accident, d'accord. Mais ne contrôlons-nous pas seuls notre conscience ?

— C'est ce qui me tracasse aussi, admit Sophie. Sinon, ne devrions-nous pas porter un nexus quel que soit l'âge ?

— Si nous ôtons nos nexus, c'est parce que la technologie ne doit jamais remplacer le pouvoir naturel de l'esprit, décréta M. Forkle. Et parce que dans notre société, personne n'est censé enfreindre la sécurité de son prochain. Mais la triste réalité, c'est que si quelqu'un devait provoquer une douleur violente chez Cyrah alors qu'elle s'apprêtait à sauter, sa concentration aurait été rompue à un moment crucial.

— De même, si quelqu'un avait projeté un second rayon lumineux sur son sentier, ajouta Tiergan, sa conscience se serait divisée à son insu. Une partie de son organisme aurait suivi le premier rayon… et le reste, le second. Sans qu'elle puisse se reformer d'un côté ou de l'autre.

Linh s'enveloppa de ses bras.

— C'est effrayant…

— En effet, acquiesça M. Forkle. La sécurité n'est qu'une illusion. Elle n'existe que si nous acceptons, en tant que société, de l'appliquer par décret. En théorie, cependant, toute situation peut sombrer dans la violence dès l'instant où un individu décide de rompre ce pacte. Chez les humains, j'ai assisté à quantité d'horreurs provoquées par la seule volonté d'un individu, ou d'un petit groupe, de tromper la confiance de son prochain. Le temps est venu pour notre espèce de décider si nous nous laisserons égarer sur la même voie. Mais je digresse. Ce que j'essaie de dire, c'est que oui, hélas, le meurtre par saut lumineux est possible, ainsi que par quantité d'autres moyens.

— D'accord, mais… les rues de Mystérium sont toujours surpeuplées, rappela Dex. Personne n'aurait donc remarqué quoi que ce soit lorsque Cyrah a sauté ?

— On remarque rarement ce qu'on ne s'attend pas à voir, déclara Tiergan. On est trop distrait par notre propre perception de la réalité.

— Y a-t-il des témoins de son saut ? demanda Sophie.

— Pas que je sache, répondit M. Forkle.

— Elle aurait donc pu rejoindre un endroit isolé avant de sauter, fit remarquer Sophie. Peut-être avait-elle rendez-vous dans la zone où le Conseil conserve les affaires de ma famille humaine ? L'endroit était désert quand le Conseiller Terik m'y a emmenée.

— À moins qu'elle ne soit tout simplement pas allée à Mystérium, ajouta Fitz. Nous savons tous que les journaux d'activité peuvent être modifiés. Quelqu'un l'a-t-il réellement aperçue sur place ?

— Oui, répondit M. Forkle. Plusieurs témoins l'ont vue ranger son stand.

— Il y a une liste de noms, ajouta Dex, le doigt posé en bas du document. Est-ce celle des témoins ?

— Oui, confirma le vieil elfe. Pourquoi ?

— La mère de Marella figure dessus.

Il pointa le nom de Caprise Redek parmi une dizaine d'autres.

— Caprise… son audition reste parmi les plus mémorables de ma carrière, dit M. Forkle à voix basse. Elle semblait particulièrement troublée ce jour-là.

La mère de Marella avait subi un traumatisme cérébral quelques années auparavant. Depuis, malgré les efforts d'Elwin, elle était sujette à une forte instabilité émotionnelle. Elle prenait des élixirs pour réguler son état, mais le traitement ne suffisait pas toujours.

— Qu'a-t-elle dit ? demanda Sophie.

— Elle répétait surtout que Cyrah aurait dû se montrer plus prudente. J'ai imaginé alors qu'elle faisait allusion aux précautions relatives au saut lumineux.

Plutôt logique, oui. Et pourtant…

— Maintenant que nous savons que la mort de Cyrah n'était sans doute pas accidentelle, pensez-vous que Caprise ait voulu dire autre chose ? le pressa Sophie.

— S'agissant de quelqu'un d'autre, c'est la conclusion que j'en tirerais, répondit Tiergan. Mais je connais la Caprise des mauvais jours. Elle n'y est pour rien… et elle fait de son mieux. Mais toute raison l'abandonne dans ces moments. Et si l'on considère qu'elle tenait ces propos après avoir appris la nouvelle pour Cyrah, à mon avis il faut vraiment les prendre avec des pincettes.

— Je me demande quand même si Cyrah ne s'est pas rendue ailleurs après sa visite à Mystérium, marmonna Fitz. La coïncidence semble trop commode.

— Mais qui aurait altéré son journal d'activité ? de manda Tiergan. Certainement pas nous. Cyrah elle-même était Flasheuse, et non Technopathe. Quant aux Invisibles, s'ils étaient impliqués dans sa mort, quel besoin auraient-ils d'interroger Wylie ?

— Peut-être travaillait-elle sur un projet qui les intéressait, dont ils espèrent qu'elle ait partagé des informations clés avec son fils avant de mourir, suggéra Tam.

— Mais pourquoi s'en prendre à lui maintenant ? demanda Dex. Pourquoi ne pas l'avoir interrogé à l'époque ?

— Sans doute pour éviter qu'on découvre la véritable nature de la mort de Cyrah, déclara Linh.

— Ou alors, un lien pourrait exister avec ce qu'ils manigancent à travers le Projet Polaris, marmonna Biana.

— Nous aurons beau spéculer toute la journée, nous ne nous rapprocherons pas plus de la vérité, rétorqua M. Forkle.

— Que comptez-vous faire, alors ? demanda Sophie.

— Je… je n'en ai pas la moindre idée.

Le vieil elfe semblait plus las que jamais.

— Gethen saura peut-être quelque chose, vous ne croyez pas ? dit Fitz.

— Très juste ! s'exclama Sophie. Et après l'agression de Wylie, le Conseil aura sûrement à cœur de découvrir la vérité, donc...

— Hors de question de mettre le Conseil au courant, l'interrompit M. Forkle. La peur leur ôte toute lucidité. Or, s'ils apprennent qu'un de leurs citoyens a été capturé et brutalisé, alors qu'il se trouvait qui plus est dans l'un de nos bâtiments les plus sécurisés, ce sera la panique la plus totale. La dernière fois qu'un tel incident s'est produit, ils ont fait de nous l'ennemi public numéro 1, au lieu de se concentrer sur les Invisibles. Et n'oublions pas l'inhibiteur qu'ils ont ordonné à Sophie de porter.

Dex grinça des dents. Le diadème était de sa conception, même si jamais il n'aurait cru que le Conseil l'utiliserait sur sa meilleure amie.

— Tenir tête au Conseil ne nous a pas vraiment servis non plus, rappela Sophie à M. Forkle. Et si Gethen...

— Gethen n'offre pas la solution miracle que tu espères ! aboya le vieil elfe avant de se détourner, les mains dans les cheveux. Je sais que tu veux croire...

— C'est vous qui l'avez qualifié de priorité, le coupa Sophie.

— En effet. Mais les circonstances ont changé. Notre priorité est à présent de protéger Wylie, y compris de l'opinion publique. Ne me dis pas que tu as oublié l'époque où tu étais « la fille qui avait été enlevée » ? Lui souhaites-tu un sort semblable ? Après tout ce qu'il a traversé ?

— Le Conseil accepterait d'étouffer l'affaire, j'en suis sûre, murmura Biana.

— Tout ce dont nous pouvons être sûrs, jeune demoiselle, c'est que nous ignorons justement comment le Conseil réagira. Il convient donc d'agir avec prudence. De nous regrouper, convenir d'une stratégie. Et de ne pas agir avant de disposer d'un plan qui serve les intérêts de Wylie.

Sophie jeta un regard à Tiergan.

— Vous croyez vraiment que nous devrions rester sans rien faire à part mentir et dissimuler des informations ?

Le Télépathe se tourna vers la fenêtre pour contempler les arbres qui ondulaient doucement dans la brise.

— Je pense que c'est à Wylie de dicter la prochaine étape. C'est lui qui devra en subir les conséquences.

Sophie se dirigea vers la porte.

— Très bien, allons lui demander.

M. Forkle lui barra la route.

— Hors de question de le déranger alors qu'il est encore en convalescence.

— Mais il en a pour des jours !

— Ramené à l'échelle du reste, c'est une durée infime.

Le ton du vieil elfe ne tolérait pas de réplique.

— Il faut faire quelque chose, insista pourtant Sophie.

S'introduire dans Lumenaria sans l'autorisation du Conseil semblait impossible – d'autant qu'ils en savaient peu sur la sécurité mise en place dans la forteresse. Et elle ne pouvait s'imaginer communiquer par télépathie avec Lady Gisela au cœur de sa prison ogre… à supposer même que la mère de Keefe accepte de lui parler.

Quelle option leur restait-il, alors ?

— Keefe va tenter de voler la cache de Fintan, déclara-t-elle après quelques secondes de réflexion. Peut-être contient-elle des informations sur Cyrah ?

— Dans ce cas, pourquoi donc s'en prendre à Wylie ? contra Fitz.

— En parlant de Keefe, intervint Tam, ses yeux argent rivés sur Sophie, je sais que tu vas m'en vouloir de dire ça, mais… avant de lui faire confiance, nous avons besoin de déterminer ce qu'il sait. Et je ne parle pas des bribes d'informations qu'il te livre lors de vos soirées drague.

— N'importe quoi ! aboya Sophie.

— Parle pour toi. Je doute que le président autoproclamé du fan-club de Foster accepte de se livrer à des conversations privées sans en profiter pour ravir ton cœur.

— Me ravir… quoi ? Ce n'est pas… je… quoi ?

— Aucune importance, ajouta Tam. Ce qui en a plus, c'est de s'assurer qu'il ne trempe pas dans ce genre d'horreur. Peux-tu me certifier, les yeux dans les yeux, qu'il n'a pas participé à l'agression de Wylie ? Ou que son « avertissement » au sujet de ta famille n'était pas un mensonge destiné à faire diversion ?

Sophie frotta le nœud calé sous son diaphragme.

— Je sais que tu n'as pas confiance en lui…

— Contrairement à toi, l'interrompit Tam. Je sais que vous êtes très proches, tous les deux…

— N'exagérons rien, maugréa Fitz.

— Euh… d'accord… Tout ce que j'en dis, reprit Tam, c'est que nous avons besoin de savoir à qui nous avons affaire, pas seulement ce qu'il veut bien nous révéler. Nous avons besoin de savoir ce qu'il pense, ce qu'il cache, ce qu'il trame.

— Tu veux que je lise dans ses pensées, devina Sophie.

Le Ténébreux confirma d'un signe de tête.

— Les Télépathes respectent un code, mais la protection de Wylie prend le pas sur l'intimité de Keefe.

— Je ne sais même pas si je suis capable de lire ses pensées à distance, plaida Sophie. Sonder la mémoire, ça n'a rien à voir avec les conversations télépathiques. J'aurais besoin d'un contact physique.

Certes, elle était parvenue à fouiller dans les souvenirs de Prentice à travers les murs de sa cellule à Exil… à quelques mètres à peine de distance. Keefe, lui, se trouvait sans doute à l'autre bout de la planète.

— Tu auras plus de chance de réussir avec mon aide, lui rappela Fitz.

— Je peux rester, moi aussi ? demanda Biana.

— À mon avis, nous voulons tous en être, rétorqua Tam. Vous êtes les bienvenus pour la nuit, si ça peut faciliter les choses.

— Hélas, ce n'est pas une option, les informa M. Forkle. Les possesseurs de pendentifs d'identification doivent regagner les Cités perdues au plus vite. J'ai chargé notre Technopathe de brouiller les pistes, mais la couverture ne tiendra pas longtemps. Si nous restons, le Conseil risque de découvrir notre planque. De plus, si vous décidez de suivre ce plan, Sophie et Fitz auront besoin de toute leur concentration pour venir à bout de cette tâche impossible. Je ne doute pas qu'ils auront à cœur de vous en faire un compte rendu détaillé dès qu'ils auront terminé.

— Je n'ai plus de transmetteur, lui rappela Sophie.

— Je t'en fournirai un nouveau.

L'affaire semblait réglée.

Il ne restait plus qu'à rentrer à la maison.

Et à attendre.

En espérant que Keefe ne les déçoive pas.

Chapitre 35

Fitz accompagna Sophie à Havenfield afin de revoir avec elle quelques exercices d'apparentage. Biana et Dex, de leur côté, retournèrent à Rimeshire pour essayer de pénétrer dans le registre en quête des archives de Cyrah et voir si son journal d'activité avait été altéré le jour où elle s'était évaporée. Les chances d'y parvenir étaient minces, ils le savaient.

— Crois-tu qu'on fasse erreur ? demanda Sophie à Fitz lorsqu'ils arrivèrent sur le domaine, étonnamment calme et désert.

Sans doute Cadoc et Brielle avaient-ils forcé Grady et Edaline à rester à l'intérieur.

— D'enquêter sur Keefe, tu veux dire ? demanda Fitz.

Elle hésita à acquiescer – le plan la chiffonnait encore. Mais elle avait d'autres soucis.

— J'ai l'impression qu'on perd notre temps à suivre de mauvaises pistes. D'autant que nous n'avons pas de plan à proprement parler. Enfin… que fait le Comité en ce moment, à part écarter toutes nos suggestions et nous inciter à la patience ?

— Je sais. À mon avis, l'agression de Wylie les a vraiment secoués, plaida Fitz.

— Moi aussi, ça m'a choquée… mais ce n'est pas une raison pour rester les bras croisés. Bien sûr, je ne suis pas aussi proche de lui que le Comité… ce qui vaut peut-être mieux, d'ailleurs. C'est sans doute pourquoi je suis plus lucide sur la marche à suivre.

— Mais encore ? la pressa Fitz.

Sophie détourna le regard et s'arracha un cil gênant.

— Aurais-tu un éclaireur ? demanda-t-elle.

— Pas sur moi. Pourquoi ? Où veux-tu aller ?

Quelque part où on ne devait pas la suivre… et il fallait qu'elle y aille tout de suite, avant de changer d'avis. Aucun garde du corps en vue. Personne ne les savait rentrés. S'ils devaient filer, c'était le moment ou jamais.

Mais comment ?

Atteindre le luminateur installé au troisième étage sans se faire remarquer par Grady et Edaline ? Impossible. Quant à la téléportation… le processus manquait de discrétion, entre le saut dans le vide et le tonnerre assourdissant qui accompagnait leur passage dans le néant.

Il fallait un moyen plus subtil, comme…

Elle courut vers le panacier de Calla, dans l'espoir d'y trouver Lur ou Mitya. Seule la gnomide à la tresse qui aidait Edaline le jour où ils avaient donné des cravattelles à Verdi se trouvait là. À leur vue, elle posa la guirlande de fleurs roses, violettes et bleues qu'elle était en train de nouer.

— Puis-je vous aider ? demanda-t-elle.

Sophie se mordit la lèvre.

— Non merci.

— En êtes-vous certaine ? insista la gnomide. Je suis à votre disposition. Surtout la vôtre, mademoiselle Foster.

Sophie sentit ses joues s'enflammer.

— Mais… je ne connais même pas ton nom.

— Rien de plus facile à régler, s'esclaffa la créature de toutes ses dents vertes. Je m'appelle Flori. Que puis-je faire pour vous ?

— Ne me regarde pas, dit Fitz à Flori lorsque Sophie hésita. Je suis aussi perplexe que toi.

Flori inclina la tête pour étudier la jeune fille.

— Peut-être venez-vous me voir en qualité de Colibri ?

Sophie retint un sursaut.

— Dans ce cas, poursuivit la gnomide, je serai ravie de vous aider. Sans poser de questions. Il n'y a aucune hésitation à avoir. Laissez-moi vous aider, mademoiselle Foster. Ce serait un honneur.

Les yeux clos, Sophie inhala le doux parfum des fleurs de Calla pour s'armer de courage.

— Si j'avais besoin de me déplacer, là, tout de suite, murmura-t-elle, pourrais-tu m'emmener à destination ?

— Où vous voudrez, promit Flori.

Sophie évalua une dernière fois son plan avant de se tourner vers Fitz.

— Tu vas croire que je suis folle.

Il esquissa un large sourire.

— C'est souvent le cas. Mais je pense aussi que tu es géniale… et capable de résoudre bien plus de problèmes que le commun des elfes. J'en suis.

Elle accepta la main qu'il lui tendait avant de s'adresser à Flori.

— Emmène-nous à Éternalia.

Chapitre 36

À l'aide des racines des panaciers, Flori transporta les deux jeunes gens vers la capitale elfique. L'esprit de Calla elle-même semblait les encourager.

Les yeux clos, Sophie écouta la voix ténue de Flori chanter pour animer les racines, les pressant d'aller plus vite dans leur tunnel étroit et humide.

— Je vous attends ici, promit-elle lorsqu'ils firent enfin halte.

Elle ménagea une ouverture à la surface.

— J'ai mon cristal de foyer, lui répondit Sophie, éblouie par la lumière du jour. Inutile de t'attarder sur place.

— Ça ne me dérange pas, déclara Flori. J'aime autant rester ici, l'oreille collée au sol, afin de m'assurer que vous serez bien rentrés par saut lumineux.

La voix étranglée par l'émotion, Sophie la remercia avant de grimper hors du tunnel. Juste avant d'atteindre la surface, elle se retourna une dernière fois pour plonger son regard dans celui, gris et doux, de Flori.

— Je regrette d'avoir mis autant de temps pour t'adresser la parole.

La gnomide sourit.

— Le temps est une notion relative, surtout lorsque le deuil s'en mêle. (Elle tapota les racines à ses pieds.) Un jour, nous échangerons nos souvenirs de ma tante. Quand vous serez prête.

— Tu es la nièce de Calla ? demanda Sophie, interloquée.

— Son arrière-arrière-petite-nièce, pour être exacte. Elle préférait me dire que j'étais la meilleure.

— Elle avait raison. Et… je serais ravie de l'évoquer avec toi un jour.

— Moi aussi, murmura Flori. Allez, maintenant, remplir ce rôle de Colibri pour lequel vous êtes née.

— Comptes-tu enfin me dire ce que tu manigances ? demanda Fitz lorsqu'ils émergèrent du tunnel.

Face à eux, les douze châteaux de cristal des Conseillers miroitaient sous le soleil vespéral.

Sophie attira son ami derrière l'un des grands arbres en forme de palmier dont les immenses feuilles purifiaient l'air ambiant.

— Disons que je commence à perdre patience, chuchota-t-elle. J'ai donc décidé de parler à Oralie.

Elle s'attendait à voir Fitz paniquer.

— Sais-tu quel château elle habite ? se contenta-t-il de demander.

— Si seulement ! Je ne connais que celui du Conseiller Terik, soupira-t-elle, le doigt pointé vers un palais situé à peu près au centre de la rangée.

Ce qui laissait onze possibilités.

Fitz scruta l'horizon, la main en visière.

— Il y en a un, presque tout au bout, dont le sentier est bordé de fleurs roses. C'est peut-être celui-là ?

Oralie adorait cette couleur, en effet... et Sophie n'avait pas de meilleure idée à proposer.

— Et si je me suis trompé, qu'est-ce qu'on dit ? s'enquit Fitz tandis qu'ils s'élançaient vers leur destination. Si c'est la Conseillère Alina qui nous ouvre, par exemple ?

— Je croise les doigts pour qu'on ne tombe pas sur elle... admit Sophie. Et pour que je trouve une excuse géniale dans le cas contraire. On sera vite fixés.

Elle s'empressa de frapper à la porte avant d'avoir pu se dégonfler. Les secondes s'écoulèrent comme autant de siècles avant que le battant ne pivote sur ses gonds pour laisser paraître une Oralie interdite.

— Sophie ? souffla-t-elle.

Ses boucles blondes rebondirent sur ses joues tandis qu'elle entraînait les deux jeunes gens dans le scintillant vestibule. Elle ferma la porte derrière eux avant de la verrouiller à l'aide de cinq lourds cadenas d'argent.

— Pourvu qu'Alina ne vous ait pas vus ! Elle habite à côté.

— Peut-on faire pire, comme voisine ? grommela Fitz.

— Je ne crois pas, non, murmura Oralie d'une voix triste qui interpella Sophie.

L'ex-principale de Foxfire avait dû emménager dans l'ancien château de Kenric. Sophie soupçonnait le Télépathe roux et la douce Empathe d'être secrètement épris l'un de l'autre, même si leurs responsabilités de Conseillers leur interdisaient de s'engager dans une véritable relation à moins de démissionner.

La seule idée qu'Oralie se retrouve à présent seule, après de longues années à vivre aux côtés de son bien-aimé, lui serra la gorge.

— La Conseillère Alina serait déjà en train de tambouriner à la porte si elle nous avait vus.

— Sans doute, acquiesça Oralie avant de vérifier une nouvelle fois les verrous. Et votre présence inattendue, sans garde du corps, les cheveux pleins de terre, signifie que personne n'est au courant de votre venue, j'imagine ?

Sophie se mordit la lèvre.

— Personne, à part la gnomide qui nous a conduits ici.

— Hmm... se contenta de murmurer Oralie en effleurant la joue de la jeune fille.

Sophie s'attendait que l'Empathe essuie un peu de terre restée collée sur sa peau. Mais la Conseillère fit durer le contact, les paupières closes, le front plissé. Elle lisait les émotions de la jeune fille.

— Je crois que je ferais mieux de m'asseoir, finit-elle par dire après avoir écarté sa main.

Sans un mot, elle guida ses visiteurs le long d'un couloir de cristal jusqu'à un salon en losange aux murs incrustés de cristaux roses assemblés en motifs floraux et meublé de sièges et de chandeliers assortis.

Fitz prit place sur l'un des immenses fauteuils ornés de perles avant d'étendre ses jambes sur un repose-pieds couvert de joyaux.

— Biana adorerait cette pièce, déclara-t-il.

— Elle est la bienvenue ici, lui répondit Oralie, qui s'assit en face de Sophie.

— Vraiment ? s'étonna le jeune homme.

— Pourquoi pas ?

— Parce que vous êtes... membre du Conseil. Je ne vous imaginais pas ouverts aux visites.

— C'est vrai de la plupart de mes collègues. On me reproche souvent mon laxisme en matière de sécurité...

Mais il me semble important de nous montrer accessibles. Qui sait ce que nous pourrions apprendre au contact de nos administrés ?

Elle haussa un sourcil à l'adresse de Sophie, qui s'empressa de saisir la perche.

— Nous… nous aurions besoin de rencontrer Gethen, expliqua-t-elle, non sans choisir ses mots avec soin. Je sais qu'il est à Lumenaria, et que la cité tout entière est bouclée en raison du sommet de la paix qui s'y prépare. Mais nous avons vraiment besoin de lui parler.

Oralie fronça les sourcils.

— Vous n'espériez pas le rencontrer aujourd'hui, tout de même ?

— Est-ce possible ? s'enquit Fitz.

— Absolument pas, non.

— Et dans les jours qui viennent ? insista Sophie.

— Je… je ne sais pas.

Les talons scintillants de la Conseillère cliquetèrent sur le sol cristallin tandis qu'elle traversait la pièce pour aller se poster à la fenêtre. Sa silhouette se découpait à contre-jour, élégante et royale dans sa robe à frous-frous roses. Sophie se reprocha de ne pas s'être époussetée avant d'entrer.

— Bien sûr, vous n'allez pas m'expliquer le pourquoi d'une telle urgence ? demanda Oralie.

Sophie consulta Fitz du regard.

— À toi de voir, dit-il.

— Vous feriez mieux de vous rasseoir, marmonna la jeune fille.

Installée sur l'accoudoir du fauteuil le plus proche, Oralie lui fit signe de poursuivre. Sophie entreprit de lui conter toute l'histoire, sans omettre l'intrusion des Invisibles dans la Tour d'Argent, les craintes que nourrissait Wylie sur sa mère et le choix qu'avait fait M. Forkle de ne pas en avertir le Conseil.

— Ne me faites pas regretter ces confidences, implora-t-elle lorsqu'elle eut terminé.

Oralie s'éclaircit la gorge.

— Je n'en ai pas l'intention. Et… je suis sincèrement désolée pour Wylie. Puis-je faire quoi que ce soit pour lui ?

— Oui, répondit Fitz. Vous pourriez nous aider à découvrir la vérité.

L'Empathe lissa les plis de sa robe.

— Je crains que vous ne surestimiez mes pouvoirs. Je ne représente qu'une voix parmi d'autres… une voix peu appréciée, qui plus est.

— Vous faites partie de l'équipe qui a amélioré le sort d'Exillium, lui rappela Sophie. Vous l'avez fait sans l'appui de vos collègues.

— Certes, mais il s'agissait d'un problème que l'argent pouvait résoudre. Aucun rapport avec la question qui nous occupe.

— Je sais, concéda Sophie. Mais il y a forcément un moyen !

— Pas sans en parler au reste du Conseil… ce qui ne serait guère judicieux. Je ne doute pas que certains réclameraient ma démission s'ils m'entendaient, mais la peur nous a inspiré nos pires décisions. D'aucuns pensent que seules les mesures les plus drastiques peuvent venir à bout de nos problèmes.

— Drastiques dans quel sens ? s'enquit Fitz.

— Vous avez déjà pu en avoir un aperçu : renforcement de la sécurité en ville, entraînement défensif pour nos citoyens… Non que ces mesures soient condamnables. Elles sont, hélas, cruellement nécessaires. Mais quelle sera la prochaine étape ? Des restrictions sur l'usage des cristaux afin de réguler plus encore les sauts lumineux ? L'instauration d'un couvre-feu ? Une surveillance toujours plus étroite de nos pendentifs d'identification ? Quand les dirigeants se mettent à soupçonner leurs citoyens, la liberté en est la première victime. Et je pourrais nommer plusieurs Conseillers susceptibles de voir dans ce qui est arrivé à Wylie la preuve que nous devons renforcer notre contrôle sur la population.

— Quelle serait la solution, selon vous ? demanda Sophie.

— Pour être honnête, je n'en ai aucune idée, soupira Oralie. Mais… je pense que ce sont les personnes comme toi qui la détiennent. Des personnes qui n'hésitent pas à poser les questions qui fâchent, à prendre des risques, sans jamais s'avouer vaincues. Pas par soif de pouvoir ni de gloire, mais juste parce que c'est la chose à faire, et elles le savent.

Le compliment avait de quoi gêner. Sophie était partagée entre l'envie de se jeter au cou de la Conseillère… et celle de fuir en hurlant. *Je n'ai vraiment pas besoin d'une telle pression !*

Elle balaya ses atermoiements.

— Puis-je en conclure que vous allez nous aider ?

— Je vais essayer, oui. Mais il va falloir du temps. Je comprends votre hâte, hélas, je ne peux pas résoudre le pro blème d'un claquement de doigts. N'allez pas vous imaginer, si vous trouvez le temps long, que j'aie changé d'avis. Je vous en donne ma parole : je ferai tout ce qui est en mon pouvoir afin d'aider Wylie. Sa vie, les horreurs qu'il a endurées, sont la preuve de mes nombreux échecs. Il mérite un monde bien plus sûr que celui que je lui ai donné.

— Ce n'est pas votre faute, argua Sophie.

— En effet. Mais je n'en suis pas moins responsable.

La Conseillère posa sur elle un regard si bleu et brillant qu'il fallut quelques instants à la jeune fille pour se rendre compte qu'Oralie était au bord des larmes.

— Promets-moi de me tenir au courant si jamais Wylie rencontre de nouveaux problèmes.

— J'aurai du mal à le faire, déclara Sophie. Le transmetteur que vous m'avez fourni avant que nous ne rejoignions le Cygne Noir avait comme par hasard disparu de mes affaires lorsqu'ils me les ont renvoyées.

— Voilà qui leur ressemble bien, dit Oralie avec un petit sourire. Mais je peux donner mon autorisation à n'importe quel appareil. As-tu apporté le tien ?

— Est-ce que le mien conviendrait ? intervint Fitz, tirant le gadget argenté de sa poche. Disons que celui de Sophie... c'est une longue histoire.

La Conseillère appliqua l'index au centre de la face inférieure de l'appareil.

— Vous devez en avoir, de « longues histoires » qui ne remontent jamais aux oreilles du Conseil, tous les deux.

Le transmetteur émit un éclair vert et elle porta le gadget à ses lèvres pour murmurer : « Autorisation accordée. » Une lumière bleue illumina un bref instant son visage.

Elle rendit l'appareil à son propriétaire.

— Voilà qui devrait nous permettre de nous tenir au courant. Je ne vous demande pas de me confier tous vos secrets. J'ai cependant besoin de savoir une chose... (Elle se tourna vers Sophie et lui prit la main avant de murmurer :) Où est Keefe ?

La jeune Télépathe sentit sa gorge se serrer. Oralie devait avoir perçu la crainte qui émanait de son épiderme, car l'Empathe acquiesça en lui pressant les doigts.

— Je ne saurais dire s'il vaut mieux écouter tes doutes ou ta foi en lui, Sophie. Dans un cas comme dans l'autre, ne le laisse pas commettre la même erreur que Kenric.

— Que voulez-vous dire ? murmura à grand-peine la jeune fille.

Oralie lui lâcha la main avant de se détourner.

— Il a sous-estimé Fintan. Comme nous tous. Ne laisse pas Keefe payer le même prix.

Chapitre 37

— Tout va bien ? demanda Grady aux deux jeunes gens qui tentaient de se glisser à l'étage, ni vus ni connus.

Raté !

À peine avaient-ils mis le pied dans le salon que tous les regards étaient tombés sur eux.

Sophie en était encore à chercher un mensonge lorsque Fitz lui grilla la priorité et rapporta leurs découvertes sur Cyrah afin de distraire l'attention des époux Ruewen.

— Est-ce que vous la connaissiez ? s'enquit Sophie dès qu'elle vit blêmir Grady.

— Pas aussi bien que nous l'aurions dû, répondit Edaline en s'enfonçant dans un coussin à côté de son mari. Nous l'avons croisée au fil des ans, mais jamais nous ne l'avons beaucoup côtoyée avant le brise-mémoire de Prentice. Elle nous a contactés par la suite, en dépit de notre retraite. Il lui était difficile de trouver des interlocuteurs qui comprennent son deuil…

— Nous ne l'avons pas vue souvent, ajouta Grady à mi-voix. Elle nous rendait visite de temps en temps. Jusqu'au jour où elle a disparu.

— Le Conseil nous a même demandé si nous ne voulions pas adopter Wylie, murmura Edaline. Mais c'était trop tôt pour nous. Voilà pourquoi nous ne sommes pas allés à la plantation de Cyrah. J'aurais été incapable de faire face à son fils après avoir refusé de l'adopter. Je ne sais pas s'il en a conscience. Mais…

— Tiergan représentait un bien meilleur choix à l'époque, lui rappela Grady.

Sophie alla embrasser ses parents pour les réconforter.

— Eh bien, chuchota Fitz. Je n'avais pas idée de tout ça…

— Je doute que ton père soit au courant, étant donné ses rapports compliqués avec les Endal, argua Grady. Mais c'est étrange, tu ne trouves pas ? Notre monde est si petit… Nous sommes tous reliés les uns aux autres de façon plus ou moins subtile.

— Ne m'en parle pas ! Difficile à suivre quand on vient de débarquer comme moi, maugréa Sophie.

Elle avait beau emmagasiner les informations, il lui semblait toujours avoir un train de retard.

Grady la serra plus fort.

— Tu t'en sors très bien, ma chérie. Et tant mieux si tout reste nouveau pour toi. Il n'y a rien de plus précieux qu'un regard neuf… D'ailleurs, je vais héler Alden afin qu'il m'envoie ses notes sur la mort de Cyrah. Peut-être remarquerai-je un détail qui lui aura échappé ?

L'Hypnotiseur gagna son bureau à l'étage. Son épouse se tourna vers Sophie, le regard circonspect.

— C'est de la terre que tu as dans les cheveux ?

La jeune Télépathe manqua de s'assommer tant elle porta la main rapidement à sa tignasse pour l'épousseter, bientôt imitée par Fitz. Edaline fronça les sourcils, soupçonneuse.

— Je vous croyais à Alluveterre…

— Tout juste, marmonna Sophie. Tu sais combien la forêt souterraine peut être boueuse.

C'était sans doute l'excuse la plus pitoyable de toute l'histoire des elfes. Edaline ne releva pas, cependant.

— Enfin, soupira-t-elle. Inutile d'essayer de vous convaincre de vous reposer le reste de la soirée… Autant économiser ma salive. En revanche, je vais préparer une fournée de crémantines, et j'insiste pour que vous preniez le temps de les déguster.

— Pas besoin de me le dire deux fois ! s'exclama Fitz en esquissant son sourire de star de cinéma. Et je vais m'assurer que Sophie en profite aussi.

— Si quelqu'un peut la persuader de se poser un instant, c'est bien toi, répondit Edaline d'un ton plein de sous-entendus.

Mais Sophie n'était pas d'humeur à analyser ses taquineries.

— Bon, reprit Fitz une fois qu'ils furent dans l'escalier. Toujours d'accord pour faire des exercices de confiance ?

— Je suppose.

Fitz s'esclaffa.

— Tu sais, nos entraînements te feraient sans doute beaucoup moins peur si tu me confiais le secret que tu t'apprêtais à me révéler quand Keefe nous a interrompus la dernière fois. Tu ne croyais tout de même pas que j'avais oublié ?

Sophie baissa la tête afin de dissimuler son rougissement. L'espace d'un court instant, elle avait manqué d'avouer à Fitz le faible qu'elle éprouvait pour lui. Heureusement, l'intervention de Keefe lui avait évité cette humiliation.

— Je pourrais peut-être deviner, lança Fitz sur le palier du premier étage.

— J'en doute.

L'insouciance du jeune homme était aussi agaçante que rassurante.

— Oh, vraiment? rétorqua-t-il en lui barrant le chemin. On parie?

— Je…

La voix de Sophie mourut dans sa gorge, réduite en poussière.

Fitz esquissa un sourire triomphant.

— Ça te faciliterait la vie, tu n'aurais pas à le dire… à supposer que je vise juste.

Faciliter?

Compliquer, oui.

On était à deux doigts de la catastrophe…

Sophie déglutit, la gorge nouée. Sa voix refusa de sortir.

Peut-être avait-il détecté la panique dans son regard?

À moins qu'il n'ait vraiment deviné son secret?

Toujours est-il qu'il recula d'un pas.

— Excuse-moi. J'ai tort de te presser ainsi… surtout après une journée pareille.

— Oui, marmonna-t-elle, avant de lui passer devant.

Venait-il de la rejeter? L'heure n'était certes pas aux questions frivoles… Elle n'en avait pas moins les yeux brûlants et le cœur lourd.

— Attends! s'écria Fitz en la rattrapant à l'entrée de sa chambre. J'ai dit quelque chose qu'il ne fallait pas? Si c'est le cas, je te promets que je ne voulais pas te froisser.

Sophie détourna le regard, en quête d'un prétexte pour changer de sujet. C'est alors qu'elle remarqua des marques sur le tapis floral.

— Je rêve ou ce sont… souffla Fitz.

— Des traces de pas, murmura Sophie.

On était entré par la fenêtre ouverte.

Sophie se plaqua au mur du couloir afin d'échapper aux regards. Si seulement Sandor était là pour charger, sabre au clair !

Privée de garde du corps, elle s'en remit à sa télépathie pour sonder les environs.

— Je ne sens aucune présence. Et toi ?

— Non plus. Tout est calme, lui répondit Fitz à mi-voix.

Trop calme, même… mais peut-être était-ce un effet de sa paranoïa. Sentant sa peur se débattre au sein de son nœud d'émotions, elle ralentit sa respiration afin de recouvrer son sang-froid.

— Minute… où vas-tu comme ça ? s'enquit son ami au moment où elle franchissait le seuil d'un pas résolu.

— Il faut bien qu'on sache ce qu'ils sont venus faire ici ! répondit-elle, fière de sa bravoure.

Tout semblait en place : les tiroirs de son bureau étaient bien fermés, ses vêtements soigneusement rangés dans son placard. Elle suivit les empreintes jusqu'à son lit. Retenant son souffle, elle examina de plus près son oreiller.

— L'œuvre de Keefe, sans doute, déclara Fitz lorsqu'il vit la perle bleu nuit déposée au centre du coussin.

Elle acquiesça avant de l'attraper et d'effleurer le colibri d'argent méticuleusement peint sur le verre.

Seul Keefe était capable d'une telle perfection.

Un scintillement dans l'œil de l'oiseau attira l'attention de Sophie : un cristal de saut temporaire.

Les derniers doutes de la jeune fille s'envolèrent à la vue des trois mots tracés sur les ailes du volatile.

Viens me retrouver.

Chapitre 38

— J'y vais, décréta Sophie.

— Et si c'était un piège? s'inquiéta Fitz.

— J'en doute: Keefe a dû prendre un énorme risque pour venir déposer ce message.

Elle fit rouler la perle de verre sur sa paume afin de la sous-peser.

— Les Invisibles l'y ont peut-être forcé, fit remarquer Fitz. Qui sait jusqu'où ils sont prêts à le pousser? Je doute que ce soit une bonne idée d'obéir à une consigne aussi dangereuse… et franchement inquiétante. Quel genre d'ami s'introduit chez toi par effraction pour laisser une perle sur ton oreiller et t'ordonner de le retrouver, sans prendre le soin d'expliquer ce qui se passe?

— Un ami en sursis, rétorqua Sophie.

Force était pourtant d'admettre que la situation avait de quoi effrayer.

— Il ne pouvait pas te laisser un mot?

— Comment aurait-il pu le justifier si on l'avait surpris avec? Et peut-être ne voulait-il pas perdre son temps à fouiller ma chambre en quête de papier et d'un stylo. Quoi qu'il en soit, il ne se serait pas donné tout ce mal s'il n'avait pas une information importante à me transmettre. Ou bien il est en danger et a besoin de mon aide ! Je sais que c'est risqué. Je sais que l'idée semble terriblement mauvaise. Mais j'y vais quand même. Et je comprendrais très bien si tu ne…

— Tu ne crois quand même pas que je vais te laisser faire ! l'interrompit Fitz.

— Pardon ? s'étrangla Sophie, le regard noir.

— Du calme ! Tout ce que je veux dire, c'est que j'en suis. Je m'accrocherai à ta cheville pendant que tu sautes s'il le faut. Mais on va se faire prendre, cette fois. Tes parents savent qu'on est là.

— Je devrais sans doute leur laisser un mot pour éviter qu'ils paniquent.

— À mon avis, ils paniqueront quoi qu'il arrive, objecta le jeune homme. Mais mieux vaut leur laisser une explication, en effet.

Sophie tira un carnet et un stylo de son sac de cours et fixa la page blanche.

Qu'était-elle censée dire ?

« Les Invisibles m'ont laissé un cristal de saut et j'ai décidé de l'utiliser… qui sait où il m'emmènera et quand j'en reviendrai ! »

Ben voyons.

Après une seconde de réflexion, elle opta pour une formule courte et efficace.

Keefe m'a laissé un message.
Ne vous inquiétez pas : on reste prudents.

— Ça devrait convenir, commenta Fitz. Même si à ta place j'ajouterais sans doute : « Merci de ne pas m'enfermer dans ma chambre pour le restant de l'éternité. »

— Tu peux encore changer d'avis. Je me débrouille très bien toute seule.

— Oh, je le sais bien. J'ai l'intention de me cacher derrière toi à la moindre menace. Mais en tant qu'Apparentés, on est plus forts ensemble.

Il lui tendit la main. Les initiales sur son anneau brillèrent.

Elle laissa le message sur son lit et entrelaça leurs doigts avant de brandir la perle de verre à la lumière pour former un embryon de sentier.

— Une idée de notre destination ?

— Je parie que c'est un endroit qui empeste.

La plaisanterie la détendit un peu.

Tout comme la conviction qu'ils allaient retrouver leur ami.

Ce qui n'empêcha pas ses genoux de trembler lorsqu'elle fit un pas dans le rayon lumineux, confiant leurs vies à Keefe.

— Je le savais ! maugréa Fitz, qui se boucha aussitôt le nez.

Ils venaient de se matérialiser au beau milieu d'une flaque noirâtre et visqueuse, à la surface irisée de bleu.

— De la peau de selkie… Elle se liquéfie à la mue.

Sophie eut un haut-le-cœur.

Une odeur de fromage rance lui collait à la langue. L'air marin n'arrangeait rien, bien au contraire. La plage tout entière était maculée d'un labyrinthe de flaques vaseuses et de fins sillons remplis de gadoue noire qui couraient vers les vagues blanchies par l'écume. Des rochers escarpés pointaient à la surface de l'eau, recouverts de silhouettes sombres et lisses à mi-chemin entre l'otarie et le serpent avec leurs têtes hérissées de vibrisses et leurs longs corps enroulés tels des ressorts.

— Les fameux selkies, je présume ? demanda Sophie tandis qu'une des bêtes les plus imposantes levait la tête pour laisser échapper un grognement féroce.

— Tout juste. On doit être dans la Baie noire, répondit Fitz. Je suis déjà venu ici avec mon tuteur. C'est drôle, les falaises étaient moins hautes dans mon souvenir. Moins vertes, aussi.

— C'est parce que nous sommes sur l'Île d'encre, rectifia une voix derrière eux. Beaucoup plus discret comme point de rendez-vous… enfin c'est ce que je pensais. Je ne me doutais pas que Foster viendrait accompagnée.

Ils firent volte-face pour découvrir Keefe, drapé dans un long manteau noir et adossé contre un monticule rocheux qui saillait au milieu de la plage. Difficile de dire ce qui était le plus troublant, de l'œil blanc brodé sur ses manches ou de son sourire narquois.

— Alors comme ça, c'est officiel ? demanda-t-il. On ne sépare plus les Sophitz ? À moins que vous ne préfériez « Fitzphie » ?

— Ce n'est vraiment pas le moment de plaisanter, protesta Fitz.

— Ha ! Sophie a dit presque la même chose en me voyant à Foxfire. Est-ce que vous finissez mutuellement vos phrases, aussi ?

— Keefe… nous sommes sérieux, déclara Sophie.

— Je le sais bien. Fitz me fait sa grimace des mauvais jours. Quant à toi, tu me bombardes de tout un bazar d'émotions ! (Il agita les mains devant lui comme pour s'éventer. Son sourire s'évanouit.) Ne me dis pas que tu ne me fais plus confiance ? Certes, je me suis trompé dans mes prévisions… mais n'est-ce pas une bonne chose ?

— Parce que tu trouves que torturer quelqu'un, c'est bien ? aboya Fitz.

Keefe blêmit soudain.

— Pardon ?

— Tu n'es pas au courant ? s'étonna Sophie.

— Non, je vous le jure ! C'est Dex ? Pitié, dites-moi que ce n'est pas lui. Ou Biana ? Linh ? demanda-t-il d'une voix brisée.

— Ils n'ont rien, répondit Sophie. C'était…

— Nous ne dirons rien tant que tu ne nous auras pas laissés consulter tes souvenirs, l'interrompit Fitz. Afin de nous assurer que tu n'es pas impliqué.

Keefe leva les yeux au ciel.

— Serais-je ici si c'était le cas ?

— Si c'est un piège, oui, affirma Fitz.

— Ah, pardon, j'oubliais. (L'Empathe se retourna pour apostropher la plage déserte.) Les gars ! On est démasqués ! À l'attaque !

Silence, uniquement troublé par les jappements des selkies.

— Zut, c'est vrai… je suis tout seul ! Savez-vous seulement le mal que j'ai eu à m'échapper ?

— Comment as-tu fait ? demanda Sophie.

— Ne le laisse pas détourner ton attention, intervint Fitz. Il faut s'en tenir au plan. Comme disait Tam…

— J'aurais dû me douter que Mister Frangette était de la partie, grommela Keefe. Laissez-moi deviner : il m'en veut encore de m'être soustrait à sa lecture à la noix ?

— Est-ce que tu t'es regardé ? rétorqua Fitz.

Keefe agrippa ses manches dans une vaine tentative pour masquer l'emblème des Invisibles.

— Ce n'est qu'un COSTUME !

— Prouve-le, le défia Fitz.

— Sinon quoi ? Vous allez déchaîner vos pouvoirs d'Apparentés sur moi ?

— Accorde-nous juste cinq minutes, l'implora Sophie. Le temps de comprendre ce qui se passe réellement. Si tu avais vu ce qu'ils ont fait à Wylie…

Keefe recula d'un pas, comme s'il venait de recevoir une gifle.

— Ils ont fait du mal à Wylie ?

— La formule est faible, répondit Fitz. Ils l'ont drogué, enlevé et brûlé à de multiples reprises.

Keefe scruta le ciel, où des mouettes volaient en cercle.

— Mais il va se remettre ?

— Médoc s'y emploie, murmura Sophie. Elle peut soigner ses blessures. Le traumatisme… c'est une autre histoire.

Le jeune Empathe se mit à faire les cent pas, le teint livide.

— L'ont-ils laissé partir ? Ou s'est-il enfui ?

— Il s'est évadé, répondit Sophie.

— Eh bien, quelqu'un va avoir de sacrés ennuis…

— C'est tout ce qui t'inquiète ? s'emporta Fitz en secouant ses pieds couverts de mucus noir.

— Je dois penser à ma sécurité ! À ma place, tu ferais pareil.

— Jamais je ne serais à ta place, répliqua Fitz.

— C'est vrai que tu as toujours préféré la facilité.

— Que veux-tu dire ?

— Rien. C'est… laisse tomber. (Keefe tourna de nouveau son regard vers les cieux.) Est-ce que Wylie a identifié ses agresseurs ?

— Plus ou moins, répondit Sophie. Il a senti une main invisible arracher son pendentif, puis un champ de force l'emprisonner. Alvar et Ruy, sans doute. D'après lui, ils avaient deux autres complices.

— Donc vous me soupçonnez ?

— Peux-tu nous en vouloir ? demanda Fitz.

— Toi ? Non. (Keefe se concentra sur Sophie.) Toi, en revanche… je te l'ai dit : il y a des limites que je me refuse à franchir.

— Tu n'as jamais précisé lesquelles, murmura la jeune fille. Et je sais combien tu désespères d'arranger la situation.

— Alors comme ça…

Il ne termina pas sa phrase.

— Si tu avais su qu'ils en avaient après Wylie, reprit Fitz dans un murmure à peine audible par-dessus le ressac, les en aurais-tu empêchés ?

— Je vous aurais alertés, afin que le Cygne Noir s'en charge. Comme je l'ai fait pour Grady et Edaline.

— Et si on avait échoué à les contacter ? insista Fitz. Aurais-tu sacrifié ta couverture ?

Keefe hésita. Une seconde, seulement, mais c'était assez.

— Tu ne comprends pas, plaida-t-il. Ces types sont capables de te torturer pour obtenir ce qu'ils veulent ! D'empoisonner une espèce entière afin d'obtenir satisfaction ! Leur réseau s'étend bien au-delà de tout ce que tu peux imaginer. Je n'en ai vu qu'un fragment, et ça suffit à me terrifier. Je suis forcé de prendre des décisions difficiles afin de les combattre !

— J'espère que ça en vaut la peine, cracha Fitz.

— Et moi donc…

Les épaules de Keefe s'affaissèrent, comme pour mieux disparaître.

Un vent salin battait à présent leurs silhouettes. La puanteur des selkies donna un nouveau haut-le-cœur à Sophie.

— As-tu la moindre idée de l'identité de leurs deux complices ? D'après Wylie, l'un d'eux devait être un Rafaleur. Et il les a entendus dire que l'autre maintenait un sentier ouvert.

Keefe chassa le sable incrusté dans sa chevelure.

— Un Rafaleur ? Trix, sans doute. Ce qui implique que l'autre serait Ombre. J'ai l'impression qu'elles travaillent souvent en tandem. Ce ne sont pas leurs vrais noms, bien sûr. J'ai rencontré certains Invisibles il y a quelques jours, mais ils ont refusé de me révéler leur identité… et tous gardaient leur capuche relevée, si bien que je ne pouvais pas voir leurs visages.

— Donc, ils ne te font toujours pas confiance, fit remarquer Sophie.

— Pas complètement, non. Mais Fintan ne fait véritablement confiance à personne, de toute façon. Chacun ne connaît qu'un fragment de ses plans, et ne se voit assigner qu'une tâche unique lors de chaque mission. De cette manière, personne n'est irremplaçable.

— C'est terrifiant, marmonna Sophie. Surtout quand on sait le sort réservé à ta mère.

Keefe haussa les épaules pour signifier son indifférence.

— Des nouvelles du sauvetage qu'ils t'ont promis ?

— Aucune, et je m'en fiche. Je suis parti du principe qu'ils mentaient. Regarde comme ils ont abandonné Gethen. Depuis combien de temps croupit-il en prison ? Tu crois vraiment qu'ils vont tenter de le récupérer ?

— Ils ont essayé dans un premier temps, lui rappela Sophie. Jusqu'à ce que Blizzard lui gèle les ongles. Et maintenant il est enfermé à Lumenaria, réputée imprenable.

— Certes, mais pas une seule fois je ne les ai entendus

évoquer son sort. Et quand j'ai posé la question à Alvar, il m'a répondu que Gethen était « à sa place ».

Fitz et Sophie échangèrent un regard inquiet.

— Ne me dites pas que vous comptiez lui rendre une nouvelle visite ?

— On y travaille, concéda Sophie.

— Si j'étais vous, je n'y croirais pas trop. Ils préfèrent le laisser pourrir dans son cachot. C'est bien la preuve qu'il n'a plus rien à offrir.

— J'espère que tu te trompes, murmura Sophie. C'est notre seule option…

— Euh… pardon, tu m'as oublié ? D'accord, je me suis trompé dans les détails hier, mais je m'occupe toujours de la cache de Fintan. Je finirai par gagner sa confiance.

— C'est bien ce qui m'inquiète, marmonna son amie. Toute confiance a un prix.

— Pas forcément. Je sais ce qu'elle vaut. Je connais mes limites, et je ne les franchirai pas.

— On te croirait plus volontiers si tu nous montrais ce que tu fais avec eux jour après jour, objecta Fitz.

Keefe ouvrit la bouche pour protester, avant de se tourner vers Sophie.

— Tu as vraiment besoin de savoir, pas vrai ?

Elle hocha doucement la tête.

Une vague plus grosse que les autres vint s'écraser contre les rochers, arrachant aux selkies des cris stridents qui manquèrent de couvrir les paroles du jeune homme.

— Je t'accorde cinq minutes pour farfouiller dans mes souvenirs… mais le petit génie reste dehors.

— Pourquoi lui faire confiance et pas à moi ? s'insurgea Fitz.

— Parce qu'elle, au moins, n'a pas l'air à deux doigts de me frapper. C'est à prendre ou à laisser.

Il tendit une main pour sceller le pacte.

Sophie s'avança avec une grimace : elle venait de mettre le pied dans une flaque de peau liquéfiée.

— Charmant, comme endroit.

— Eh, je t'avais prévenue que la prochaine étape impliquerait de la peau de selkie.

— C'est vrai. Mais je ne me doutais pas que tu parlais sérieusement.

— Je suis toujours sérieux, Foster. Surtout quand j'ai l'air de plaisanter. (Il s'éclaircit la gorge, le regard fuyant.) N'oublie pas : cinq minutes. Pas une seconde de plus.

Sophie lui effleura les tempes. Il frémit à son contact.

— Je rêve ou tu es en train de rougir ? lança Fitz.

— Seulement parce que je perçois ce qu'elle ressent ! protesta Keefe.

Sophie leva les yeux au ciel.

— Je ne ressens rien du tout.

Ou bien peut-être ressentait-elle trop d'émotions en même temps ?

Peur, crainte, doute et inquiétude. Mais aussi espoir.

Elle s'autorisa trois secondes afin de calmer ses nerfs et de laisser le chant des vagues noyer toute distraction. Avant de prendre une profonde inspiration, les yeux clos, et d'introduire sa conscience dans l'esprit de Keefe.

Chapitre 39

L'esprit de Keefe était empli de cités.

Sophie en reconnut certaines.

D'autres, non.

Toutes avaient cependant un point commun.

— *Que fais-tu chez les humains?* transmit-elle.

— *Ce n'est pas ce que tu crois.*

— *Tu ne sais pas ce que je crois.*

— *Figure-toi que si. Tes émotions sont tellement fortes que tu pourrais aussi bien brandir une pancarte annonçant: « Voilà ce qui m'inquiète. » Je n'y fais qu'observer les gens. Ça fait partie de mon entraînement d'Empathe… et, oui, travailler avec les Invisibles est tout aussi pénible qu'avec le Cygne Noir. J'ai le choix entre ces séances de travail, les corvées domestiques et des leçons pratiques tellement corsées que notre séjour à Exillium passerait pour des vacances.*

Changement de paysage. L'espace d'un instant, Sophie se crut à Paris, avant de se rendre compte que la tour métallique était blanche et orange.

— *Quand étais-tu à Tokyo?*

— *Hier. Si tu regardes bien les panneaux lumineux, tu devrais pouvoir distinguer la date quelque part. Alors, tu me crois maintenant quand je te dis que je n'avais rien à voir avec ce qui est arrivé à Wylie ?*

— Mais tu comprends pourquoi nous avions besoin de nous en assurer ?

— Ça ne signifie pas que je suis content de savoir que vous discutiez dans mon dos.

— Tu ne nous facilites pas la tâche.

Dans son souvenir, Keefe se tenait debout sur un toit aux côtés de Fintan. À sa place, Sophie n'aurait pu se retenir de pousser le Pyrokinésiste dans le vide.

— Pour ta gouverne, il me dégoûte autant que toi.

— Cesse de lire mes émotions !

— Je n'y peux rien : elles sont impossibles à ignorer. Et crois-moi, je ressens le même mélange de nausée et de fureur chaque fois que je le regarde. Il ne mérite pas de vivre après ce qu'il a fait à Kenric.

— On est bien d'accord.

— Si ça peut te réconforter, je ne le côtoie pas très souvent. C'est Alvar qui supervise mes corvées. Et Ruy se charge de mes cours pratiques. Fintan se contente de m'emmener dans des lieux surpeuplés pour me faire isoler les émotions de chaque individu.

— Pourquoi des humains ? s'étonna Sophie.

Le décor venait de changer de nouveau pour dévoiler une rue débordant de vie, de mouvement, de couleurs… et d'Hommes. Il y en avait tant ! Riches et pauvres, jeunes et vieux. Riverains et touristes. Qui parlaient, riaient, criaient, vendaient bibelots et nourriture. Certains portaient sari et turban. Keefe se trouvait sans doute quelque part en Inde, même si Sophie n'aurait su identifier la ville précisément.

— *Pour commencer, les Invisibles peuvent difficilement sauter d'une Cité perdue à l'autre*, lui rappela Keefe. *À ça s'ajoute mon don de percevoir les émotions humaines à travers l'air, sans besoin de contact. Et puis, Fintan est fasciné par les Hommes. Il a beau les détester, il veut absolument tout savoir d'eux.*

Venait ensuite Londres, Piccadilly Circus pour être exact, où les passants se massaient autour d'une étrange statue ou regardaient des publicités défiler sur une série d'écrans géants.

— *C'est tout ce que tu fais?* demanda-t-elle. *En quoi consistent tes cours pratiques?*

— *À supporter l'arrogance de Ruy. C'était une vraie vedette à Exillium, et comme pour ma part je suis nul en tout, il finit toujours par me dire que je ne suis qu'un minable.*

L'amertume du jeune homme – à qui son père adressait les mêmes reproches – n'échappa pas à Sophie. Quel soulagement, cependant, de savoir qu'il peinait à suivre l'enseignement des Invisibles!

— *Et c'est tout? Tu ne fais rien d'autre?*

— *En gros, oui. Ce ne sont pas les sales corvées qui manquent. Il y a aussi des missions, de temps en temps, comme le jour où ils se sont introduits au Sanctuaire... mais je n'ai pas participé à l'enlèvement de Wylie, de quelque manière que ce soit. Je te le jure, je n'étais même pas au courant. Je suis heureux que vous m'en ayez parlé, ça me permettra de me préparer avant d'y retourner.*

— *Tu ne risques rien?*

— *Non, pourquoi? Je n'ai pas pris part à ce fiasco. D'autres, en revanche, risquent d'être démis de leurs fonctions...*

— *À t'entendre, ce serait une bonne chose?*

— *Bien sûr que oui ! Fintan me sollicitera plus souvent.*

— *Mais pour quoi faire ?*

— *Je ne peux pas me permettre d'y penser, Foster. Je ne peux pas me perdre en conjectures. Je dois prendre les choses comme elles viennent, une mission à la fois, et me battre pour avancer.*

Dans le souvenir, Fintan souriait aux paroles de Keefe. Sophie sentit son estomac se nouer.

— *Je déteste qu'il t'entraîne. Il n'est même pas Empathe !*

— *Je sais. Mais chacun de ces tête-à-tête s'avère précieux si je compte voler sa cache. Il n'y a pas d'Empathe capable de me former, de toute façon. Quand je lui ai demandé pourquoi, il m'a répondu qu'il était « rare de trouver des individus ouverts aux sensations nouvelles ».*

Keefe avait modifié sa voix mentale pour imiter Fintan. Le nœud d'émotions de Sophie se serra si violemment sous ses côtes qu'elle eut de la peine à respirer.

— *Pardon. C'est sans doute difficile à encaisser après toutes les horreurs que tu as vues dans sa tête*, marmonna le jeune homme.

— *Je ne sais pas comment tu fais. Entendre sa voix me donne envie de m'arracher les oreilles, ou de lui arracher les lèvres, plutôt… bref, de griffer quelque chose de toutes mes forces.*

— *Je sais. Je suis soulagé que tu te retiennes de me griffer, moi. Heureusement, il n'est pas très loquace. La plupart du temps, il désigne un inconnu dans la foule et m'ordonne de lui dire ce que je ressens. Ce n'est que sur la fin que l'exercice prend un tour étrange. Avant de me ramener à la planque, il me demande toujours : « Si tu pouvais sauver une seule de ces personnes, qui choisirais-tu ? »*

— *C'est… effroyable.*

— Je sais. La première fois, j'étais persuadé qu'il allait mettre le feu à la ville, et je n'avais aucune idée de la façon dont je réagirais s'il le faisait. Mais il s'est contenté de se gratter le menton, en me demandant d'expliquer mon choix. Il note toutes mes réponses dans un petit carnet qu'il garde dans sa poche. La plupart du temps, il l'oriente de façon à cacher ce qu'il écrit. Mais il y a quelques jours, alors que le vent faisait voleter les pages, il a changé de position. Il semblait établir une liste… mais de quoi, ça, je n'en ai aucune idée. Elle était intitulée : « CRITÈRES ».

Chapitre 40

— *J'imagine qu'il doit y avoir une raison à ta mine effarée ?* dit Keefe tandis que le souvenir suivant s'ouvrait sur un quartier coloré où s'égayaient danseurs et musiciens.

Sophie se mordit la lèvre.

— *Il y a quelques mois, à Everglen, Biana a surpris Alvar en pleine conversation sur son transmetteur. Il a prononcé le terme de « critères ». Il a aussi parlé de « sujets tests ».*

Elle rumina l'information un instant avant d'interroger Keefe.

— *À ton avis, avaient-ils prévu ton entraînement de longue date ?*

— *Sans doute*, répondit Keefe avec un dégoût palpable. *Je me tue à te le dire : je ne suis pas celui que tu voudrais que je sois.*

— *Tout ce que je veux, c'est que tu sois toi-même. Quoi que puisse être le Projet Polaris, il ne te définit pas, pas plus que le Projet Colibri ne me définit, moi. D'autant que je commence à soupçonner leurs plans d'avoir déraillé. Il y a des lustres que le Cygne Noir n'a plus le contrôle de la situation… et il semble que les Invisibles perdent pied, eux aussi. Certes, ce sont eux qui ont lancé le jeu, mais rien ne nous force à jouer selon leurs règles. Or, si nous avons un talent en commun, toi et moi, c'est bien celui d'improviser.*

— *Je suis assez d'accord*, songea Keefe.

Le décor changea pour une petite ville pittoresque, traversée d'une paisible rivière enjambée par un long pont de bois. D'immenses montagnes enneigées se dressaient dans le lointain. L'Autriche, peut-être, ou la Suisse ?

— *Alors... sur quel critère te bases-tu pour choisir qui sauver ?* demanda-t-elle.

— *Ça dépend. En général, je cherche la personne la plus heureuse, dans l'idée qu'elle apprécierait de vivre plus longtemps. Ou je choisis un enfant. Ils sont mignons, si petits et innocents... Dis donc, qu'est-ce que c'est que cette vague sirupeuse que tu m'envoies ?*

— *Tu es surpris ? Tu parles de sauver des enfants !*

— *Il y a dix minutes tu me soupçonnais d'avoir participé à l'enlèvement de Wylie, je te signale. Rappelle-moi de remercier Mister Frangette la prochaine fois que je le croise. Ainsi que le Fitzster.*

— *Si tu avais vu les blessures de Wylie, tu comprendrais nos scrupules.* (Elle s'efforça d'étouffer le flash-back en train de remonter dans sa tête.) *Et puis, en te voyant vêtu de la sorte...*

— *Oui, j'ai bien senti combien tu haïssais cette robe.*

— *Le mot est faible. Je meurs d'envie de la déchiqueter !*

— *Non merci. Je n'ai rien mis en dessous.*

Il s'esclaffa devant le sursaut horrifié de Sophie.

— *Je plaisante ! Mais je prends bonne note de ta réaction. Et pour information, si je porte toujours cette satanée robe, c'est parce que je ne peux pas prendre le risque de la perdre. Fintan a piqué une crise en me voyant revenir de Foxfire sans mon manteau. Il devait être furieux de ne plus pouvoir me suivre à la trace...*

— *Ce n'est pas la seule raison.*

— *Oh ?*

— *Eh oui…*

Les secondes s'écoulèrent.

— *Allez, quoi, Foster ! Je suis le beau gosse qui choisit de sauver des gamins, tu as déjà oublié ? Comment peux-tu me résister ?*

— *Qui a parlé de beau gosse ?*

— *Ça va sans dire. Inutile de protester.*

Elle en était incapable.

Et il le savait.

Et elle détestait qu'il le sache.

— *Si je te révèle cette information, j'attends quelque chose en retour*, décida-t-elle.

— *Ma dévotion éternelle ne te suffit pas ?*

— *Loin de là.*

— *C'est petit, ça, Foster.*

— *C'est le jeu. Si je te dis ce qu'on a trouvé dans ton manteau, j'attends un secret en échange. Je veux voir le souvenir qui t'a fait perdre les pédales et prendre la fuite.*

L'esprit de l'Empathe semblait tout à coup mal à l'aise.

— *Allez, Keefe. Tôt ou tard, tu seras bien forcé de me le dire.*

— *Certes, mais à tout prendre, je préfère « tard » à « tôt ».*

— *C'est ce que tu crois, parce que cacher les choses gênantes semble toujours plus facile. Alors qu'en réalité, ce choix t'oblige à porter ton fardeau tout seul.*

— *C'est toujours mieux que de te le coller sur le dos.*

— *Mais c'est moi qui te le demande !* protesta-t-elle. *Et je te promets que ça ne changera rien.*

— *Oh, ça changera absolument tout. Tu verras.*

— *Marché conclu, alors ?*

Il soupira.

— *D'accord. À toi l'honneur.*

— *Entendu.*

Elle lui décrivit la découverte du disque dans son manteau, la connexion apparente entre le souvenir que Prentice avait du symbole et son chant du cygne, l'empreinte brumeuse laissée par le motif sur le sol de la planque parisienne. Elle en profita pour lui révéler la présence du mouchard dans son ancien transmetteur.

— *Maintenant, à toi !*

— *Ouh là, minute… tu ne peux pas me balancer toutes ces informations sans me laisser une seconde pour les digérer. Il y avait un mouchard dans mon transmetteur ? Comment te l'es-tu procuré ?*

— *Je l'ai accidentellement pris pour le mien, le jour où nous avons fouillé ta chambre et trouvé le message de ta mère. Dex n'est pas parvenu à remonter le signal, mais les Invisibles en étaient sans doute les destinataires. Ce qui expliquerait leur présence, fin prêts, sur le mont Everest.*

— *Encore un coup de la Mère de l'année…* (La conscience du jeune homme s'assombrit sous l'effet de la colère.) *Je ne sais même pas pourquoi ça me surprend encore.*

— *Parce que tu ne l'as pas laissée te briser… et j'espère que tu ne le feras jamais.*

Elle le regarda rassembler ses idées et les mettre de côté, bien à l'abri, avant de demander :

— *Alors, ce disque retrouvé dans mon manteau… c'était un genre de mouchard ?*

— *Pas de l'avis de Sandor et de M. Forkle. Il n'était pas couvert d'enzymes, et il est constitué de crépusculine, un type de roche qui réagit à la lumière stellaire, apparemment. Quant à savoir pourquoi une partie du symbole se trouvait gravée dessus, aucune idée... mais je refuse de croire à une coïncidence. Es-tu sûr de n'avoir jamais vu ce motif?*

— Certain. Mais n'oublie pas que je suis coincé dans leur maison pour les « nouvelles recrues ». Dès que j'aurai mis les pieds dans une vraie planque, je le trouverai. D'ici là, je ferais peut-être bien de perdre ce manteau...

— Très mauvaise idée, surtout après t'être risqué à nous donner rendez-vous aujourd'hui.

— Voilà que tu recommences avec ta fichue logique! Tu ne me facilites pas la tâche.

— Dans ce cas, pourquoi ne pas abréger tes souffrances en me montrant ce souvenir?

— Es-tu sûre d'en avoir fini avec ton sermon?

— Je continuerais volontiers, mais je me retiendrai. (Face à l'hésitation de son ami, elle ajouta:) *Allez, Keefe, tu m'as bien épaulée à travers tout un tas de bizarreries par le passé, non? Je te rappelle que mon ADN est calqué sur celui des alicornes.*

— Certes, mais ça te permet de te téléporter, et même de communiquer avec Silveny, ce qui est absolument génial. Au fait, comment vont Silveny et Greyfell?

— Bien. S'ils étaient là, elle te dirait d'arrêter de gagner du temps.

— Tu veux dire qu'elle serait en train de s'époumoner: « Keefe! Keefe! Keefe! » comme il se doit.

— Tu cherches encore à noyer le poisson!

— C'est si évident que ça? Vous êtes bien fine, Mademoiselle F. Et je suis à peu près certain que tes cinq minutes sont écoulées depuis longtemps, alors...

— Oh, non. Tu ne vas pas t'en tirer aussi facilement. On a conclu un marché, et tu vas t'y tenir.

— Moi qui espérais voir comment tu comptais me punir si je me défilais…

Elle fut tentée de lui énumérer une longue liste de supplices spécialement conçus pour lui. Mais elle ne pouvait pas lui faire ce plaisir.

— Allez, s'il te plaît? insista-t-elle. *J'en ai assez de me prendre la tête sur ce souvenir. Assez de me demander de quel côté tu es chaque fois que la situation dérape. Assez d'entendre Dex me répéter que tu es ma Némésis et que…*

— Minute! Dizznee me prend pour ta quoi?

— Il n'a pas employé ce terme, mais il l'a sous-entendu. On essayait de deviner ce que cachait le Projet Polaris. Il s'est alors demandé si ce n'était pas l'équivalent chez les Invisibles du Projet Colibri, autrement dit si tu n'étais pas conçu pour me mettre hors-jeu.

— Eh bien. C'est…

Il éclata d'un rire incontrôlable.

— Ravie que ça t'amuse.

— Pas toi? Ne me dis pas que tu le crois, quand même!

— Je n'en ai pas envie. Mais que suis-je censée croire? En partant, tu m'as dit que tu n'étais pas fait pour devenir un héros. Et il y a quelques minutes à peine, tu répétais ne pas être celui que j'aimerais que tu sois.

— Bon. On dirait que tu as vraiment besoin de voir ce souvenir, pas vrai?

— Je ne te le fais pas dire.

— D'accord.

La réponse du jeune homme semblait pâteuse, comme si son esprit traînait des pieds. L'instant d'après, cependant, un nouveau flash-back surgit.

Chapitre 41

Il faisait sombre dans la chambre de Keefe. Tellement sombre qu'il avait peine à distinguer la silhouette de sa mère, penchée sur son lit pour le réveiller d'une secousse.

— Maman ? Qu'est-ce qui se passe ?

Sa voix semblait plus aiguë que d'habitude. Il devait avoir neuf ou dix ans.

— Tout va bien, lui répondit Lady Gisela avant de tirer ses couvertures.

Une bourrasque d'air froid enveloppa le garçonnet, qui se recroquevilla aussitôt, frissonnant dans son pyjama amidonné.

— Cesse tes manières, dit sa mère. (Elle lui saisit les poignets pour l'empêcher de se couvrir.) Enfile ça. Là où nous allons, il fera encore plus froid.

Elle jeta un épais manteau noir à son fils qui se redressait lentement.

Les yeux plissés, Sophie s'attendait presque à apercevoir l'emblème des Invisibles. Nulle trace de l'œil blanc sur les manches de la robe, pourtant, dont l'épaisse étoffe engloutit le frêle garçonnet qui titubait, les genoux encore flageolants de sommeil.

La silhouette de sa mère se précisa, plus impeccable que jamais, à mesure que ses yeux s'accoutumaient aux ténèbres. En dépit de l'heure tardive, elle avait les lèvres soigneusement peintes, les cheveux tressés dans une coiffure sophistiquée, et sa cape noire scintillait, parsemée d'éclats d'onyx.

Elle claqua la langue devant le regard hébété de son fils.

— Franchement, Keefe, tu n'es même pas capable de mettre tes chaussures tout seul ?

L'enfant contempla ses pieds nus.

Les yeux au ciel, Lady Gisela s'agenouilla pour attraper une paire de bottes noires souples rangées au pied du lit.

— Pas de chaussettes ? demanda le garçon en s'agrippant à ses épaules alors qu'elle lui ordonnait de chausser le pied gauche. Je ne devrais pas me changer d'abord ?

— Ce ne sera pas long.

Elle lui fit enfiler l'autre botte et ajusta le col de son manteau pour lui couvrir soigneusement le cou.

— Voilà qui devrait suffire.

— Où va-t-on ? demanda Keefe à sa mère, qui traversait la pièce pour aller ouvrir les rideaux. Pourquoi est-ce que papa ne vient pas avec nous ?

— Parce que. C'est notre petit secret. Tu aimes les secrets, pas vrai ? (Elle esquissa un sourire devant sa réaction enthousiaste.) Bien. Dans ce cas, allons-y.

Elle tira une longue épingle en argent de sa tresse. Sa chevelure retomba en boucles soyeuses autour de son visage, adoucissant ses traits. Son regard se fit pourtant dur comme l'acier tandis qu'elle brandissait l'épingle devant la vitre pour laisser la pâle lueur lunaire illuminer la pierre lisse incrustée dans les volutes de métal.

— Le cristal brille ? s'étonna Keefe, un doigt pointé vers l'aura bleuâtre qui nimbait l'épingle.

— Ce n'est pas un cristal. C'est une pierre stellaire, une vraie rareté… ça a son importance. Un jour, il faudra t'en souvenir. Mais pas tout de suite. Ce soir, je te demanderai juste de me tenir la main.

Il obéit, entremêlant ses doigts minuscules avec ceux de sa mère. Un large nexus doré, incrusté de dizaines de diamants, lui recouvrait le poignet gauche.

— Concentre-toi, lui intima Lady Gisela alors qu'ils pénétraient dans le rayon lumineux de la pierre stellaire pour se laisser emporter par le courant froid.

Le souvenir reprit après le saut, devant une porte d'argent luisante engoncée dans des ténèbres enneigées. On avait gravé des runes elfiques dans le métal pour former une inscription que Sophie ne parvenait pas à déchiffrer.

— Où sommes-nous ? demanda Keefe, les oreilles taquinées par une brise glacée.

Lâchant la main de sa mère, il serra les bras contre sa poitrine afin de préserver le peu de chaleur qui lui restait.

— Aucune importance pour l'instant, lui répondit Lady Gisela. Un jour, cet endroit sera la solution aux problèmes de notre monde. Pour l'heure, si nous sommes ici, c'est par mesure de sécurité. Garde tes mains découvertes. Ce sera plus facile si tu as les doigts gourds.

— Pourquoi ?

— Tu verras. Détends-toi, ajouta-t-elle en tapotant les lèvres boudeuses du garçonnet. Ce sera vite terminé.

— Quoi donc ?

— Tu en poses, des questions ! Ne me fais-tu pas confiance ?

Keefe acquiesça, les yeux rivés sur la main qui brandissait l'épingle – comme s'il s'agissait d'une dague, plutôt que d'un accessoire de beauté. La longue tige torsadée du bijou possédait une pointe aussi acérée que celle d'une aiguille.

— Voyons, maugréa Lady Gisela lorsque son fils recula d'un pas. Aurais-je donc élevé un poltron ?

— Non, marmonna Keefe.

— Dans ce cas, donne-moi ta main.

— Pour quoi faire ?

— Pour assurer ton héritage. Tout cadeau a un prix. Maintenant, donne-moi ta main !

— Et si je n'en veux pas, de cet héritage ?

— Tout le monde en veut un. À moins que tu ne préfères donner raison à ton père ?

Piqué au vif par la remarque, Keefe sentit son cœur s'enflammer, brûlant de prouver sa valeur.

— Très bien, mon chéri, dit sa mère lorsqu'il tendit vers elle une petite main tremblante. Même s'il va encore falloir t'armer de courage.

— Je suis courageux.

— C'est ce qu'on va voir.

Les paroles de Lady Gisela résonnèrent dans l'esprit du jeune homme tandis qu'elle lui dépliait les doigts dans le souvenir. Il mourait d'envie de se dégager. Mais les insultes maternelles avaient fait leur œuvre : son besoin de lui faire plaisir dépassait celui de l'interrompre. Il demeura parfaitement stoïque quand elle appliqua la pointe de l'épingle contre le gras de son pouce, hésitant une seconde avant d'effectuer une large incision de la phalange au bout du doigt.

Les dents serrées, Keefe ravala sa douleur. Un large filet de sang écarlate se mit à ruisseler depuis l'entaille.

— On va laisser couler un peu, annonça Lady Gisela. J'ai besoin d'un échantillon pur.

Son fils se contenta de hocher la tête, gagné par le vertige. Jamais il n'avait vu autant de sang. Les nerfs entourant la plaie lui brûlaient, comme trempés dans l'acide.

— Je sais ce que tu te dis, déclara sa mère. Tu te demandes pourquoi je n'utilise pas ton ADN, comme pour le reste.

Les elfes tenaient pour barbare tout acte susceptible de répandre de l'hémoglobine.

— Le sang représente notre force vitale, expliqua Lady Gisela à son fils. La pure essence de notre être. Sans lui, nos corps seraient inertes et glacés. C'est le secret du pouvoir. N'importe qui peut offrir son ADN… nul besoin de courage pour lécher un détecteur. Mais le couvrir de son sang, c'est une autre paire de manches. Ne te sens-tu pas fort en cet instant ?

Keefe ne ressentait que douleur. Confusion. Ainsi qu'une autre émotion qu'il était bien incapable d'identifier. Sophie, elle, le pouvait.

Il se sentait trahi.

Il n'en dit mot, pourtant. Acquiesçant comme le rejeton courageux et obéissant que sa mère voulait voir en lui, il la laissa le guider jusqu'à la porte.

— Dernière étape, dit-elle avant de diriger la main de son fils vers le rectangle clair ménagé dans le métal du battant, tout près de la poignée.

Sophie s'attendit à voir le battant pivoter sur ses gonds alors que Keefe maculait le capteur de sang frais. Au lieu de quoi, un simple clic métallique se fit entendre.

Celui d'un verrou qui se mettait en place.

— Enfin terminé, déclara Lady Gisela, qui recula d'un pas et chassa une mèche de cheveux de ses yeux.

Le sang se consuma sur le panneau, emplissant l'air d'une étrange odeur de barbecue avant de se réduire en cendres et de disparaître sans laisser de trace.

— Voilà ton avenir, Keefe, annonça sa mère en étirant les bras, un regard admiratif posé sur la porte. Ton héritage.

Bien au chaud, en sécurité. En attendant que notre monde soit prêt à changer.

— Pour devenir quoi ? demanda Keefe, occupé à caresser son pouce meurtri, d'où le sang coulait toujours.

Bien entendu, sa mère n'avait pas songé à prendre de quoi le panser.

Pas plus qu'elle ne jugea nécessaire de lui répondre.

Elle se contenta de lui attraper le coude d'une main, brandissant de l'autre son épingle vers le ciel nocturne pour les ramener dans la chambre du garçon.

— Les pierres lunaires se rappellent toujours le chemin par lequel elles sont passées, lui expliqua-t-elle en se recoiffant. Cette information te sera utile un jour.

Keefe n'avait que faire de l'avenir.

Seul le présent l'intéressait.

Et là, tout de suite… sa main le faisait souffrir.

Et ses membres étaient engourdis par le froid. Et son estomac se tordait sous l'effet de la peur et de la douleur.

Tout ce qu'il voulait, c'était se rouler en boule sous sa couette et pleurer.

— Quelle ingratitude ! maugréa sa mère lorsqu'il rejoignit son lit d'un pas titubant. Et quel cinéma ! Même si j'aurais dû m'y attendre, étant donné ton âge. Rends-moi ce manteau avant de te recoucher.

Keefe lui jeta le vêtement et ôta ses bottes d'un coup de pied avant de tirer les couvertures jusqu'à son cou. Sa main blessée laissa une empreinte sanglante sur l'étoffe.

Lady Gisela fronça le nez.

— Je vais devoir trouver un onguent pour que ça cicatrise… sans oublier un produit pour nettoyer cette tache avant que ton père ne la remarque.

— Oui c'est ça, marmonna le garçon en serrant sa main meurtrie contre son torse.

Lady Gisela sortit un transmetteur argenté de sa poche alors qu'il fermait les yeux.

La dernière image qu'il gardait de la scène était celle de sa mère lui caressant le front.

— Ne t'en fais pas, Keefe, murmura-t-elle. L'Effaceur ne va pas tarder.

Chapitre 42

Sophie écarta ses doigts des tempes de Keefe, mettant ainsi fin à leur connexion mentale. Mais les scènes horribles auxquelles elle venait d'assister ne cessaient de se rejouer dans sa tête.

— Keefe, je…

Il n'y avait pas de mots.

Elle se jeta à son cou et le serra de toutes ses forces. Peut-être qu'en l'étreignant à jamais, elle pourrait recoller les morceaux ?

— Je crois que tu viens de ruiner tes chaussures en sautant à pieds joints dans une énorme flaque de peau de selkie.

— Je m'en fiche. Et tu n'es pas obligé de toujours plaisanter, tu sais.

— Je n'ai pas le choix.

Le cœur transpercé par la voix brisée du jeune homme, elle enfouit le visage contre son épaule. Ses larmes trempèrent vite la cape de son ami.

— Je suis désolée, bredouilla-t-elle. Ce n'est pas à moi de pleurer.

— Ni à toi ni à moi. Ce n'était qu'une coupure. Je n'en garde même pas de cicatrice.

Elle s'écarta pour le regarder.

— Tu sais aussi bien que moi que si.

Détournant le visage, Keefe contempla les vagues qui s'écrasaient sur la plage.

— Je ne veux pas de ta pitié.

— Je n'y peux rien. Mais ce n'est pas de la pitié. C'est… je ne sais même pas ce que c'est. Mes sentiments sont trop confus.

Keefe soupira.

— Comme toujours quand il s'agit de moi…

— En tout cas, j'ai surtout envie de faire irruption dans cette prison ogre pour mettre mon poing dans la figure de ta snob de mère. Puis, quand elle aura le nez bien en sang, je lui ferai un laïus sur la force vitale, avant de lui demander si elle se sent toujours aussi puissante.

— Qui eût cru que tu possédais une face aussi obscure ?

— Elle remonte à l'occasion. Que dis-tu de ça ?

Son corps tout entier se mit à trembler sous l'effet de ses émotions contenues, comme s'il dissimulait un monstre prêt à surgir de sa poitrine.

Keefe la prit par les épaules pour la calmer.

— Je te sais gré de ta fureur, Foster. Mais crois-moi, ça n'en vaut pas la peine.

Je n'en vaux pas la peine, voulait-il dire en réalité.

C'était ça, le pire.

— Un jour, je te montrerai comme tu as tort, promit-elle.

— Je suis déjà content que tu ne me repousses pas.

— Tu m'en croyais vraiment capable ?

— Parfois, je me dis que ça vaudrait mieux pour toi.

Il tenta de se dégager, en vain.

— Ce qui vaudrait mieux, ce serait que tu rentres à la maison et que je te sache en sécurité, murmura-t-elle.

Il se garda d'acquiescer. Mais il ne la contredit pas non plus. D'un accord tacite, ils en restèrent là.

— Qu'est-ce qui a fait remonter ce souvenir ? s'enquit Sophie.

— Je n'ai pas retrouvé l'épingle, si c'est ce que tu penses… ce n'est pourtant pas faute de l'avoir cherchée. Le souvenir a ressurgi pendant que je fouillais les affaires de ma mère en quête du collier que je t'ai donné. Elle gardait toute une série d'épingles à cheveux dans son coffret à bijoux… l'une d'elles m'a piqué le doigt, déclenchant la réminiscence. Après ça, j'ai tout mis sens dessus dessous, mais soit elle l'a très bien cachée, soit elle s'en est débarrassée… à moins qu'elle ne l'ait sur elle. J'ai même enduré une conversation avec mon père pour voir s'il s'en souvenait, mais d'après lui les pierres stellaires sont « d'un commun », et jamais il ne lui ferait un cadeau aussi banal. Elle avait dû l'acheter elle-même.

— Sans doute l'a-t-elle fait tailler sur-mesure. Dans ton souvenir, elle parlait d'une rareté. Tu ne sais pas où se trouve cette porte, ni ce qu'elle cache, je suppose ?

— Du tout. Le plus étrange, c'est que les Invisibles semblent eux aussi l'ignorer. Je pensais qu'ils m'y mèneraient dès l'instant où je les rejoindrais, pour me la faire ouvrir. Mais ils n'en ont même pas parlé. Donc, soit ma mère ne leur a rien dit, soit ils n'ont pas conscience que mon sang en est la clé.

— À moins qu'ils n'attendent le moment propice, fit remarquer Sophie.

— Pourquoi suis-je toujours avec eux, à ton avis ? Tu comprends, maintenant ? Quoi que cache cette porte, quoi que ma mère complote… j'en fais partie. Je me raccroche à l'espoir de pouvoir y mettre un terme.

— Qu'est-ce que son projet recouvre, à ton avis ?

— Aucune idée. Mais ma mère n'a jamais rien fait de bon.

— Si, une chose, objecta Sophie. Parmi mes préférées.

Keefe se dégagea, laissant le vent glacial et nauséabond s'engouffrer entre eux.

— Sache que je suis désolé de te le dire, Foster, mais tu choisis bien mal tes amis. Tu as vu comment j'ai agi dans ce souvenir. Quel crétin se laisse faire ainsi sans demander d'explications ?

— Pas un crétin, mais un garçon maltraité et manipulé toute sa vie. C'est le propre de la violence verbale : elle t'épuise petit à petit, jusqu'à ce que tu n'aies plus la force de te battre.

— Je te rappelle que je savais qu'elle me faisait effacer la mémoire… as-tu oublié sa dernière phrase ? J'avais neuf ans à l'époque. Je savais très bien ce qu'était un Effaceur. Je savais ce qui allait se passer. Et je n'ai rien fait pour l'empêcher, parce que j'avais envie d'oublier. J'ai choisi de fermer les yeux.

— J'en aurais fait de même, déclara une voix à l'accent reconnaissable entre tous.

Sophie sentit ses joues s'enflammer. Perdue dans les souvenirs de Keefe, elle avait oublié jusqu'à la présence de Fitz.

— Pardon, marmonna-t-il. Je ne voulais pas m'immiscer dans votre conversation. Mais franchement, Keefe… À t'entendre, un enfant de neuf ans serait déjà adulte. Tu n'étais qu'un gamin. Et tu sais ce que font les gamins ? Ils font confiance à leurs parents, même lorsque leur instinct les alerte… parce que nous serions perdus sans nos parents. Et que se serait-il passé, à ton avis, si tu t'étais opposé à ta mère ? Crois-tu que tu t'en serais tiré sans verser ton sang ?

— J'en déduis que tu épiais les pensées de Foster pendant tout ce temps ? lui demanda Keefe.

— Pas au début, non. Mais lorsqu'elle a sursauté et que je vous ai demandé si tout allait bien, vous ne m'avez pas répondu. Alors j'ai franchi ses défenses afin de m'assurer qu'il ne se passait rien de grave, et… je n'ai pas pu m'empêcher de regarder la suite. Sans cesser de me demander comment je réagirais si ce souvenir m'appartenait… ce que je ferais en apprenant que je me trouvais au cœur d'un projet aussi sinistre. La réponse est simple : je ferais tout ce qui est en mon pouvoir pour y mettre un terme.

Keefe cligna violemment des yeux. Sophie doutait que ce soit à cause du vent sablonneux.

— Rejoindre les Invisibles, c'était la seule solution que je voyais, murmura-t-il. J'ai commis des erreurs, je le sais… et ce n'est sans doute pas fini. Mais mon plan fonctionne. Je fais régulièrement des découvertes. C'est pourquoi je vous ai donné rendez-vous ici. Je ne pourrai pas vous parler ce soir, or, je ne voulais pas perdre une journée entière. Tes parents sont encore en danger… ils ne doivent surtout pas baisser la garde. J'ignore quand Fintan va frapper, mais il a prévu de s'en prendre à eux, j'en suis convaincu. J'ai appris autre chose ce matin, quelque chose d'énorme. Voilà des semaines que Fintan essaie d'obtenir une entrevue avec les ogres en vue d'une réconciliation. Hier soir, le roi Dimitar a enfin accepté.

Chapitre 43

— Es-tu certain que Dimitar n'a pas accepté parce qu'une rencontre avec Fintan lui fournirait l'occasion rêvée de lui trancher la tête d'un coup de son horrible épée barbelée ? demanda Fitz. Parce qu'à sa place, c'est ce que j'aurais envie de faire après le fiasco de l'épidémie. Et je serais d'accord pour qu'il aille au bout. Ils peuvent même éliminer Alvar au passage, si ça leur chante.

— Je ne serais pas contre l'exécution de Brant, non plus, ajouta Sophie, qui tentait de chasser la peau de selkie fondue qui maculait ses chaussures. Et ça vaut pour tous ceux qui ont fait du mal à Wylie, aussi.

— Ne t'en fais pas, à présent qu'il s'est échappé, ils ont déjà une montagne de problèmes, lui assura Keefe.

— Sais-tu quel châtiment ils encourent ? s'enquit Fitz.

— Tout ce que je sais, c'est qu'ils ne vont pas rigoler. D'après Alvar, quand Brant a compris que Sophie était bien la fille qu'ils cherchaient et qu'elle avait vu Alvar disparaître, il a enfermé ton frère dans une geôle avant d'y mettre le feu, à l'exception d'un carré de trente centimètres au centre de la pièce. Il l'a laissé rôtir là une journée entière.

— Bien fait pour lui, répondit Fitz. J'espère que cette fois ils seront plus sévères.

— C'est… dur, quand même.

— Va le dire à Wylie.

Sophie attrapa la main tremblante de Fitz. Si seulement elle avait pu dissiper la colère qu'elle savait monter en lui… La fureur lui avait toujours servi de masque. À force de se cacher derrière, il risquait bien de se perdre.

Elle ne parvenait pas à chasser de son esprit l'image de Keefe prisonnier des flammes, non plus.

— S'ils apprennent que tu es venu ici aujourd'hui…

— Oh, ils le savent déjà, rétorqua le jeune homme. J'ai malencontreusement renversé une enzyme ogre nauséabonde sur les affaires de Fintan en faisant la lessive. Le seul moyen de s'en débarrasser, c'est d'appliquer de la peau de selkie sur le vêtement imprégné. On m'a donc envoyé ici récolter de quoi réparer mes bêtises.

— Il te force à laver son linge ? s'étonna Sophie.

— Une de mes multiples corvées. Voilà ce qui arrive quand on rejoint une organisation qui s'en prend aux gnomes : on se retrouve coincé à tout faire soi-même.

— Et il n'a aucun moyen de savoir que tu es passé par Havenfield avant de venir ici ? s'inquiéta Fitz.

— Aucun. J'ai trouvé comment escamoter cinq secondes sur mon mouchard… par une astuce que Dex trouverait sans doute ridicule, mais qui a le mérite de fonctionner. J'ai profité de ces cinq secondes pour déposer la perle sur l'oreiller de Sophie avant de me rendre ici. Un coup de maître, si vous voulez mon avis.

— Mais il suffit d'une petite erreur… lui rappela la jeune fille. Surtout maintenant que les ogres sont de retour dans le paysage. Le roi Dimitar se souviendra de t'avoir vu à Ravagog. Il essaiera de convaincre Fintan que tu es un traître.

Keefe avait fait diversion lors de leur mission dans la capitale ogre, bombardant le monarque de questions et d'informations erronées pendant que Sophie et Fitz fouillaient la mémoire royale.

Il haussa les épaules, désinvolte.

— Je ne risque pas de rencontrer Sa Majesté Dimitar… et pas seulement parce que son slip métallique me donne des cauchemars. Il a exigé de voir Fintan seul.

— Fintan va se faire tuer, pas de doute ! s'exclama Fitz.

— Pas sûr. Si la rencontre tourne mal, je pense que l'ogre se fera rôtir bien avant d'avoir pu décapiter Fintan. De toute façon, je pense que pour l'occasion, l'humeur est plutôt à « l'ennemi de mon ennemi est mon ami », si vous voyez ce que je veux dire. À moins que ce ne soit « mon ennemi n'est plus mon ennemi s'il est aussi l'ennemi de mon ennemi » ?

— Je suis perdue, avoua Sophie.

— Un peu tordu comme logique, en effet. Ce que je veux dire, c'est que les Invisibles comme les ogres veulent mettre le Conseil à terre. À présent que le roi Dimitar se retrouve entraîné dans des négociations de paix, il doit se sentir pris au piège. Il sait forcément qu'il ne pourra jamais battre le Conseil sans l'aide des Invisibles. Je ne doute pas que les Conseillers disposent de toutes sortes de défenses secrètes connues de Fintan, puisque lui-même en a été un. Et puis, Fintan a bien saisi qu'il avait besoin des ogres pour mettre ses plans à exécution. Je suis donc prêt à parier qu'il va proposer de partager sa science avec les ogres, ainsi que son assistance militaire, à la condition que Dimitar l'aide à renverser le Conseil. Ensuite, ils se retourneront à coup sûr les uns contre les autres, et là, impossible de savoir qui en sortira vainqueur. Mais quelle importance ? D'ici là, tout sera déjà fichu.

— Les ogres et les Invisibles n'ont-ils pas déjà essayé de faire équipe pour déclencher l'épidémie ? fit remarquer Fitz. Ça ne s'est pas très bien passé.

— Certes, mais ils ne se sont pas donné beaucoup de mal, lui rappela Keefe. Les Invisibles sont restés les bras croisés pendant que les ogres faisaient le sale travail, avec l'idée que l'épidémie suffirait. S'ils s'étaient unis pour mener une attaque frontale, ça aurait été une autre histoire.

— Tu crois vraiment qu'ils pourraient renverser le Conseil ? murmura Sophie.

— Oh, que oui. Ne me fais pas dire ce que je n'ai pas dit : les Conseillers sont effroyablement puissants. J'étais un peu estomaqué de voir comme ils étaient préparés lorsque nous nous sommes introduits à Exil. Mais ils sont aussi trop lents. Trop obtus devant quantité de problèmes. Trop récalcitrants lorsqu'il s'agit de faire des choix difficiles. Regarde comme ils ont réagi à l'épidémie : ils ont mené une petite enquête, organisé deux-trois réunions et… c'est tout. Il a fallu qu'on intervienne. Et Calla a dû sacrifier sa vie.

Sophie plaqua les bras le long de son corps pour se retenir de s'arracher les cils tandis que son esprit faisait défiler les visages des Conseillers – certains bons, d'autres cruels ou désagréables. D'autres encore qu'elle ne connaissait même pas.

Aucun d'entre eux ne méritait de mourir.

Quant à Oralie…

La seule idée que la douce Empathe puisse choir entre les mains des ogres – ou des Invisibles – lui donnait envie de sauter à Éternalia afin d'implorer le Conseil de prendre le maquis.

Mais serait-ce suffisant pour les protéger ?

Et quel message leur fuite enverrait-elle au reste du monde ?

D'un autre côté, qu'adviendrait-il, une fois le Conseil renversé ?

— Nous devons les en empêcher, déclara Sophie.

Comment, elle n'en avait aucune idée. Mais… ils ne savaient jamais vraiment ce qu'ils faisaient, et pourtant le succès était chaque fois au rendez-vous.

— Je retrouve bien là la Foster hardie que nous aimons tous ! s'exclama Keefe. Je parie que tu es déjà en train de fomenter un plan génial.

— Pas encore, confessa-t-elle. Aucun intérêt à avertir le Conseil : ils se contenteraient d'affirmer qu'ils contrôlent la situation.

Voire pire : ils profiteraient de l'occasion pour mettre en œuvre certaines des restrictions redoutées par Oralie.

— Peut-être le Cygne Noir aura-t-il des idées ? suggéra Fitz.

— C'est vrai qu'ils se sont montrés particulièrement efficaces suite à l'enlèvement de Wylie ! contra Sophie.

— Tu n'aurais pas manifesté quelque nouveau pouvoir à même de résoudre tous nos problèmes d'un seul coup ? hasarda Keefe.

— Non… et je ne partage pas ton optimisme. Tu ne crois pas que le Cygne Noir l'aurait déclenché en même temps que le reste ?

— Je te rappelle qu'il s'agit d'une organisation qui met toujours des millions d'années avant de passer à l'action, répliqua l'Empathe. J'espère que tu te révéleras être une

Phaseuse. Imagine les folies que tu pourrais faire si tu étais capable de traverser les murs !

— On n'est pas censés mettre au point un plan ? s'impatienta Fitz. Au lieu de mettre la pression à Sophie ?

— Mais c'est toujours Foster qui trouve la solution ! Laisse une seconde à son génial petit cerveau, je suis sûr que ça va venir.

— C'est faux. Je…

Sophie s'interrompit, un début d'idée en train de germer dans son esprit.

Keefe esquissa un sourire satisfait.

— Vas-y, Foster, épate-nous.

Les yeux rivés sur la traînée de boue noire qui maculait le sable, elle déclara :

— Ce n'est pas un plan à proprement parler. Mais l'alliance entre ogres et Invisibles est précaire, non ? Que diriez-vous de la faire capoter, en s'assurant de détruire à jamais leur peu de confiance mutuelle ?

— Qu'est-ce que je disais ! s'exclama Keefe. Je savais qu'elle trouverait la solution. Peut-être qu'on réussira enfin à les pousser à se détruire mutuellement. À quoi penses-tu, au juste ? Convaincre Dimitar que Fintan est allé raconter à qui voulait l'entendre qu'il avait les fesses toutes ridées sous son slip en acier ? Ou remplir la chambre de Fintan de ces affreuses plantes ogres que Lady Cadence nous faisait éplucher en retenue… comment elles s'appelaient déjà ? Des rancines ? Il devrait être furieux contre Dimitar !

— Sais-tu au moins où se trouvent les autres planques des Invisibles ? s'enquit Sophie.

— Minute, intervint Fitz. Ne me dis pas que tu es d'accord avec ses suggestions ?

— Non, elles sont complètement ridicules. Mais avant de trouver quoi faire, mieux vaut savoir à quoi s'attendre, à qui nous aurons accès et de combien de temps nous disposons. Crois-tu que nous puissions découvrir où et quand le roi Dimitar rencontrera Fintan ? demanda-t-elle à Keefe. Si seulement on pouvait gâcher leur réunion, chacun croirait avoir été piégé par l'autre.

— Je… je ne sais pas, marmonna Keefe. S'il y a une chose que j'ai apprise en tant que petit nouveau de la Grande Méchante Rébellion, c'est qu'il ne fait pas bon poser trop de questions. Je réservais les miennes au vol des caches.

— Les caches ont leur importance, bien sûr, admit Sophie. Mais c'est moins urgent. Le sommet de la paix ne va pas tarder à s'ouvrir. Or, j'imagine qu'ils se rencontreront avant.

— Ça semble logique, en effet, concéda Keefe, époussetant son manteau plein de sable. Je tâcherai d'aborder la question des ogres lors de ma prochaine leçon d'empathie. Peut-être qu'après le fiasco de l'enlèvement de Wylie, Fintan se montrera plus ouvert avec moi.

— Sois prudent, l'implora Sophie, l'esprit envahi d'images apocalyptiques. Rien de tout ceci ne vaut d'encourir leur courroux s'ils te démasquent.

— Je contrôle la situation, répondit le jeune homme avant de se glisser derrière les rochers contre lesquels il était adossé à leur arrivée, et dont il ressortit armé d'un seau débordant de liquide noir visqueux. Je ferais mieux d'y retourner. Mon contact se trouve sans doute déjà au point de rendez-vous.

— Nous devrions nous parler plus souvent à partir de maintenant, lui proposa Sophie tandis qu'il sortait de sa poche un simple cristal bleu. Ainsi tu n'aurais plus besoin de fuguer. Quel créneau horaire te conviendrait le mieux ?

— J'ai droit à des pauses pour le petit-déjeuner à l'aube et au crépuscule pour le dîner. L'un ou l'autre devrait aller. Voire les deux. Mais pas ce soir : je suis censé avoir un cours pratique avec Ruy. Et même si la leçon est décalée, mieux vaut faire profil bas.

— Demain matin, dans ce cas, annonça Sophie en s'efforçant de ne pas calculer l'heure à laquelle elle devrait se lever.

— Hourra pour le supplément de tête-à-tête Keefoster ! Tâche de ne pas être trop jaloux, Fitzou. Elle t'aime plus que moi… mais je l'aurai à l'usure. Je suis malin.

— Pas autant que vous le croyez ! gronda une voix derrière eux.

Panique et effroi s'emparèrent de Sophie lorsqu'elle reconnut les intonations suraiguës et couinantes de l'intrus.

Elle fit volte-face pour tomber nez à nez avec les visages furieux de Sandor, Grizel, Alden et Grady.

— Oups… bon, ben, je vous laisse ! lança Keefe, les yeux rivés au sol, avant de tendre son cristal à la lumière pour disparaître.

Pressées dans une moue rigide, les lèvres de Grady s'entrouvrirent imperceptiblement.

— Consignés.

— Pour le restant de l'éternité, ajouta Alden.

Chapitre 44

Grady ne plaisantait pas : la jeune fille fut expédiée dans sa chambre dès l'instant où ils remirent les pieds à Havenfield, avec l'instruction de ne pas quitter la maison avant d'avoir les oreilles pointues.

En dépit de ses avertissements sur l'alliance passée entre les Invisibles et les ogres.

Et de ses explications quant à ce qu'ils avaient l'intention de faire pour y mettre un terme.

Et de ses efforts pour partager le souvenir le plus sombre de Keefe avant de prouver que le jeune homme demeurait digne de confiance.

Parfois, négocier avec Grady se révélait aussi fastidieux que faire découvrir un nouvel aliment à Verdi.

Et à en juger par l'air avec lequel Alden avait traîné Fitz à Everglen, nul doute que le jeune homme devait connaître un sort semblable, même si le sermon de Grizel serait sans doute bien moins brutal que celui de Sandor. Le gobelin monologua pendant une heure et dix-sept minutes – car oui, Sophie l'avait chronométré. La réprimande avait duré si longtemps que la jeune fille en avait perdu toute sensibilité dans le derrière, alors même qu'elle était assise sur le plus doux et le plus confortable des lits.

Apparemment, Alden s'était rendu à Havenfield après que Grady lui avait parlé de Cyrah, et les deux elfes avaient couru à l'étage pour demander à Sophie quelques explications supplémentaires. S'en était suivi un chaos sans nom lorsqu'ils avaient trouvé son mot sur le lit. Hélé dans l'instant, Sandor s'était servi des traqueurs d'urgence placés dans les vêtements de la jeune fille pour la pister. Grizel, quant à elle, avait insisté pour les accompagner, puisque Fitz était placé sous sa responsabilité.

— N'allez pas me dire que vous avez usé de prudence! aboya Sandor, parvenu à la fin de sa tirade. Si ça avait été le cas, vous m'auriez attendu. Et après ce qui est arrivé à Wylie…

— Keefe n'a rien à voir avec son enlèvement, l'interrompit Sophie. Et on a besoin de toi à Foxfire afin de déterminer comment les Invisibles ont pu s'introduire dans la Tour d'Argent, au lieu de perdre ton temps avec moi.

— Vous protéger ne sera jamais une perte de temps! De plus, vous venez de prouver qu'on ne pouvait vous laisser sans surveillance. Lur et Mitya ont pris le relais pour fouiller la tour. Les gnomes ont beau avoir des sens moins aiguisés que les nôtres, ça ne les empêche pas de travailler bien plus vite. À partir de maintenant, vous ne me quitterez plus d'une semelle… peu importent les offrandes laissées par de jolis garçons sur votre oreiller!

Sophie sentit ses joues s'enflammer.

— Ce n'était pas pour ça! Il…

Sandor leva les mains.

— Quelles que soient vos raisons, ma réponse restera toujours la même: partout où vous irez, j'irai.

— Dans ce cas, j'espère que tu aimes cette chambre, déclara Grady en entrant dans la pièce d'un pas vif, Edaline sur les talons.

Sophie ouvrit la bouche pour protester, mais il l'interrompit d'un signe.

— Nous en reparlerons demain matin. Pour l'heure, tu vas dîner et dormir.

D'un claquement de doigts, Edaline invoqua un plateau couvert d'une substance visqueuse à la teinte orange vif. Heureusement, le goût des mets elfiques n'avait que peu de rapport avec leur apparence.

Avec un soupir, Sophie accepta leurs baisers et se laissa enfermer tandis que Sandor allait monter la garde devant sa porte. S'ils paniquaient à ce point à l'idée qu'elle ait pu aller retrouver Keefe, comment réagiraient-ils en apprenant qu'elle avait aussi visité Éternalia ?

— *Tout va bien ?* transmit-elle en étirant sa conscience jusqu'à Fitz après s'être restaurée, douchée et glissée sous les couvertures.

— *Ça va, oui. Même si Grizel insiste à présent pour que je participe à la danse ridicule de Sandor. Elle n'arrêtait pas de parler de pantalons argentés assortis.*

L'image fit glousser Sophie.

— *Peut-être que vous devriez mettre au point une chorégraphie, Sandor et toi.*

— *Pardon, mais si je dois danser, alors tu n'y couperas pas non plus ! Dans la robe la plus scintillante et froufrouteuse tirée du placard de Biana. Sans oublier des talons.*

Elle avait beau savoir qu'il s'agissait d'une taquinerie, l'idée semblait… intéressante. Enfin, pour ce qui était de danser, bien sûr. La robe, ça, non.

— *Et toi ?* demanda-t-il. *Quelle est ta punition ?*

— *J'attends toujours la sentence.*

— *Mince ! L'attente, c'est le pire. Désolé.*

— *Tu plaisantes ? C'est moi qui t'ai entraîné dans cette histoire.*

— *Non, je suis venu de mon plein gré*, lui rappela le jeune homme. *Et je suis content de l'avoir fait. Je crois que je comprends enfin le raisonnement de Keefe. Ce souvenir…*

— *Je sais. À mon avis, je vais en faire des cauchemars pendant un moment. Même si ce n'est rien à côté de ce qui risque de lui arriver s'il se fait prendre.*

— *Pour être honnête, je pense que tu avais raison en disant qu'on aurait besoin de le sauver avant que tout soit fini. Parce qu'il ne va pas s'en tirer facilement, à l'évidence. S'il tente de partir, ils se lanceront à sa poursuite… à supposer même qu'il parvienne à fuir avant d'avoir été percé à jour.*

Sophie attrapa Ella.

— *Comment le sauver alors qu'on ne sait même pas où il se trouve ?*

— *Aucune idée*, concéda Fitz. *Mais… Keefe a raison sur un point : tu trouves toujours la solution.*

— *Merci pour la pression.*

— *Je sais… Promis, je ferai tout pour t'aider. Je voulais juste te dire… tâche de ne pas trop angoisser. Tu sauras quoi faire en cas de besoin.*

— *Comment peux-tu en être aussi sûr ?*

Elle sentit presque la chaleur de son sourire irradier à travers leur connexion mentale.

— *Parce que tu es Sophie Foster. C'est ta spécialité.*

— Je vois que tu as en partie obéi à mes consignes, constata Grady, réveillant Sophie en sursaut. Jamais encore tu n'avais dormi aussi tard depuis que tu habites ici… du moins pas sans sédatifs.

Elle se frotta les paupières.

— Quelle heure est-il ?

— L'heure de déjeuner.

— PARDON ?

Elle laissa échapper un grognement lorsqu'il ouvrit les rideaux, inondant la pièce de lumière.

— Zut… j'ai manqué mon rendez-vous avec Keefe.

— Tant mieux, rétorqua son père.

— Non, pas tant mieux. Maintenant je vais devoir attendre le dîner pour savoir s'il va bien.

— Tu devrais te soucier de toi, plutôt. Nous devons encore discuter de ta punition.

Avec un soupir, Sophie se redressa et tripota son coup fourré.

— Je suis désolée de vous avoir causé autant d'inquiétude. Mais… on n'était pas vraiment en danger, Fitz et moi.

— Chaque minute passée avec ce garçon te met en péril, insista Grady. Libre à lui de risquer sa vie. Mais je ne le laisserai pas t'entraîner, toi, ni Fitz d'ailleurs, dans sa chute.

— Il ne nous entraîne nulle part… Il nous a fourni des informations vitales. Tu ne comprends donc pas ?

— Figure-toi que si. J'ai discuté jusque tard dans la nuit avec M. Forkle pour lui transmettre toutes tes découvertes. Il te demande d'enregistrer tous tes souvenirs, en particulier celui de la porte. Le Comité se chargera de mettre au point une stratégie pour empêcher la formation de cette nouvelle alliance. Ils trouvent très judicieux ton projet de saboter la rencontre entre Dimitar et Fintan. Mais ça ne change rien au fait que tu es allée retrouver un membre des Invisibles sans permission et sans protection… ce qui est intolérable.

— Pas plus que de me punir pour avoir retrouvé un ami, contra Sophie. D'autant que j'avais laissé un mot !

— Parlons-en ! (Grady poussa vers elle le plateau qui contenait son déjeuner.) Ta mère et moi étions juste en bas.

Tu aurais pu nous prévenir. Au lieu de quoi, tu as préféré gribouiller un message à la va-vite avant de fuguer. Pourquoi, à ton avis ?

Sophie détestait quand il avait raison.

— Je n'avais pas le temps de négocier une autorisation, marmonna-t-elle. Je sais que vous cherchez à me protéger, mais Keefe risque sa vie pour nous aider. Alors… quand il me communique des instructions, je les suis, punie ou pas. Même chose pour la stratégie que nous aurons mise au point afin de gâcher la rencontre entre ogres et Invisibles. Et si le Cygne Noir a besoin que je fouille de nouveau les souvenirs de Wylie, que je vérifie l'état de Prentice, que je rencontre Gethen, ou que…

— J'ai conscience de la gravité de la situation, l'interrompit Grady. J'ai même déjà assuré à M. Forkle qu'il n'avait qu'à me héler en cas d'urgence. J'aime autant qu'il se déplace pour nous exposer le problème, mais si ce n'est pas possible, je t'autoriserai à y aller, accompagnée de Sandor.

— Et je ferai en sorte que vous ne vous attardiez pas en chemin, lança le gobelin depuis la porte.

— Je t'autorise aussi à garder ceci. (Grady lui tendit un paquet.) Afin que tu puisses rester en contact avec tes amis et le Cygne Noir.

La jeune Télépathe défit l'épais emballage. Il renfermait un transmetteur neuf, ainsi que la boîte noire dans laquelle M. Forkle avait scellé celui de Keefe.

— Il y est toujours, expliqua Grady. La Technopathe du Cygne Noir n'est pas parvenue à en remonter le signal.

Sophie poussa un soupir de découragement.

— Oui, je sais. J'espérais en tirer quelque information, moi aussi. Mais n'oublie pas : mieux vaut faire chou blanc que subir d'horribles conséquences si l'appareil est toujours actif. Le Cygne Noir a verrouillé l'étui pour cette raison. Tu peux le jeter, ou le réduire en miettes…

— Je serais ravi de le démolir pour vous, proposa Sandor. Mais M. Forkle pense que vous préférerez le conserver.

C'était le cas, aussi ridicule que l'idée puisse paraître. Savoir que le transmetteur existait toujours lui donnait l'impression de pouvoir encore en découvrir les secrets.

— Je ne t'imposerai aucune restriction en termes de communication, ajouta Grady. Et je suis prêt à autoriser les visites de tes amis pour vous permettre de travailler ensemble. En dépit de ce que tu peux croire, ce n'est pas par colère que je t'assigne à la maison. J'essaie juste de te protéger, au risque de passer pour pénible. Je sais que tu es le Colibri. J'aime à penser que je me suis montré de bon soutien jusqu'à présent. Ne t'ai-je pas laissée partir avec Silveny afin de faire restaurer tes pouvoirs ? Ne t'ai-je pas laissée rejoindre le Cygne Noir ? Si tu crois que c'était facile pour moi, tu te trompes. La plupart du temps, je brûle de vous mettre à l'abri, Edaline et toi, en attendant que tout soit fini. Mais ce n'est pas ce que tu veux, je le sais… et je suis fier de te voir si prompte à assumer tes responsabilités. Je tiens juste à te rappeler que tu es aussi ma fille, et que j'aimerais te garder en vie.

— D'accord, mais…

— Mais quoi ? demanda Grady lorsqu'elle ne termina pas sa phrase.

Sophie contemplait les étoiles de cristal suspendues au-dessus de son lit.

— Si je n'étais pas allée retrouver Keefe, te serais-tu mis en colère ?

— Je ne suis pas certain de te suivre.

— Ce que je veux dire, c'est que si j'avais fugué avec Dex ou Biana pour remplir une mission auprès du Cygne

Noir… ou avec Fitz pour faire des exercices d'apparentage… m'aurais-tu punie de la même façon ?

— Bien sûr, répondit Sandor.

Grady ne semblait pas aussi convaincu.

— La question est injuste. Aucun d'entre eux n'est directement impliqué auprès de nos ennemis. Ni ne t'a jamais renvoyée à la maison dans un état de panique totale après t'avoir trahie.

— Pardon, mais on s'est sérieusement disputées avec Biana à Foxfire, il y a quelques mois, tu as oublié ? J'ai couru à la maison en pleurs et je suis allée me terrer dans la grotte, où j'ai fini par être kidnappée, même si Biana n'était pour rien dans mon enlèvement, bien sûr. Et Fitz, qui me tenait pour responsable de ce qui est arrivé à son père, m'a dit un tas de méchancetés qui m'ont fait pleurer. Quant à l'inhibiteur de pouvoirs que Dex avait conçu pour le Conseil, c'est l'une des choses les plus douloureuses et les plus humiliantes auxquelles j'aie jamais été confrontée.

— Alors, quoi ? Veux-tu que je me mette en colère contre tous tes amis ? s'impatienta Grady.

— Non, tout ce que je veux savoir, c'est pourquoi tu es aussi intransigeant envers Keefe. Maintenant que tu sais ce qu'il a traversé… pourquoi ne pas lui accorder le bénéfice du doute ?

Le soupir que poussa Grady sembla le vider de tout son air.

— Bon, puisque tu tiens tant à avoir cette conversation…

— Quelle conversation ? s'enquit Sophie.

Son père haussa un sourcil.

— Celle sur les garçons.

Chapitre 45

— Pardon ? s'étrangla Sophie, qui espérait s'être méprise sur l'expression qu'affichait Grady.

— Bien sûr, c'est toujours gênant d'aborder le sujet avec ses parents, dit-il. Mais n'oublie pas que je suis déjà passé par là avec Jolie. Je sais que ce n'est pas toujours facile de faire face à ses… sentiments.

— Il veut parler de béguins, clarifia Sandor, histoire de parachever l'humiliation.

Sophie poussa un gémissement de frustration.

— Franchement, on est obligés d'en parler ?

Peut-être qu'en s'y prenant bien, elle pourrait se glisser entre Sandor et la porte…

Gobelin et elfe échangèrent un regard.

— Tu m'as demandé pourquoi je me montrais aussi dur envers ce gar… envers Keefe, répondit Grady.

— Il semble avoir une importance particulière à vos yeux, ajouta Sandor. Il se trouve par ailleurs être très joli garçon… pour un elfe.

— MAIS QUEL CAUCHEMAR ! vociféra la jeune fille avant de se laisser retomber sur son lit en dissimulant son visage derrière ses cheveux.

— Je te comprends, fillette. Si ça ne tenait qu'à moi, tu n'irais pas chercher ta liste de prétendants avant d'avoir atteint les cent ans, au moins. Quand bien même, je sais qu'on ne peut rien contre… les sentiments.

— Sauf qu'il n'en est pas question ici. Keefe est mon AMI.

— C'est souvent de cette manière que ça commence, fit observer Sandor. Puis l'amitié tourne à la taquinerie, qui tourne au flirt, et…

— Certes, mais c'est de Keefe qu'il s'agit, l'interrompit Sophie. Au cas où tu n'aurais pas remarqué, il taquine absolument tout le monde. Ça ne veut rien dire. Surtout avec moi.

— Tu en es donc vraiment convaincue ? demanda Grady.

Il jeta un coup d'œil à Sandor lorsqu'elle acquiesça.

— Encore un regard de ce genre, et je vous assomme tous les deux ! les avertit Sophie. Je vous rappelle que je suis armée de mon coup fourré !

— Quel genre de regard ? demanda son garde du corps d'un ton innocent.

— L'air de dire… « n'est-elle pas mignonne ? »

— Mais tu es mignonne ! (Grady lui prit les deux mains pour l'inviter à se redresser.) Es-tu bien certaine que tu n'as rien à me dire ? Je te promets de ne pas paniquer.

— Permets-moi d'en douter. Enfin, peu importe, mais n'es-tu pas en train de me dire que tu n'apprécies pas Keefe, et que c'est la raison de ma punition ?

— Tu es punie parce que tu as failli me donner une crise de nerfs, répondit son père. Et ce n'est pas une question d'appréciation. Il s'agit de ta vie. Tu seras libre de choisir avec qui la partager. Laisse-moi cependant te dire une chose : quiconque tient à entretenir une relation particulière avec toi devra prouver sa valeur. Je ne parle pas seulement de Keefe, même si pour lui la bataille sera plus rude encore. Je te tiendrais les mêmes propos, qu'il s'agisse de… oh, je ne sais pas, Dex, ou Fitz, par exemple.

Sophie s'enfouit le visage dans les mains.

— Je vous en supplie, achevez-moi.

— Voilà qui n'augure rien de bon, déclara Edaline, qui traversait la pièce pour les rejoindre. Ai-je envie de savoir de quoi vous parlez ?

— Des garçons, répondirent Sandor et Grady en chœur.

— C'est bien ce que je craignais.

L'Invocatrice s'assit sur le rebord du lit et tapota le genou de sa fille adoptive.

— Si ça peut te consoler, il a rendu Jolie complètement chèvre avec ce sujet. Tu devrais demander à Vertina de te raconter certaines de ses pires anecdotes.

— Il n'y a aucun mal à s'assurer que Sophie ait conscience de nos attentes concernant ses prétendants, répondit l'Hypnotiseur. Autre chose, fillette : qui que tu choisisses, je lui réserve une très, très longue conversation.

— Dites-moi que c'est une blague, gémit Sophie.

— Ne t'inquiète pas, nous aurons établi un plan d'attaque avant ton premier Gala du Vannage, lui promit Edaline.

— Je sens que je vais vraiment regretter cette question, marmonna Sophie, mais… qu'est-ce que c'est, au juste ?

L'Invocatrice sourit.

— Lorsque tu reçois ta première liste de prétendants, il est d'usage d'organiser une fête et d'y convier toutes les personnes nommées afin de pouvoir effectuer un premier tri. Nous n'avons jamais eu l'occasion de le faire pour Jolie, puisque son choix était déjà arrêté. Mais si tu es indécise, le gala t'offre une occasion amusante de trier le bon grain de l'ivraie. Tout ceci doit te sembler épouvantablement gênant… Nous pouvons en rester là pour l'instant, pas d'inquiétude. Mais je tiens à ce que tu saches que nous te soutiendrons dans ton choix, Grady et moi.

Elle jeta un regard sévère à son mari, qui acquiesça.

— Et maintenant, si nous parlions de sujets qui ne te poussent pas à t'arracher tous les cils ? proposa Edaline, qui tendit à Sophie un parchemin étroitement roulé. Voici ton emploi du temps pour le nouveau programme d'entraînement mis en place par le Conseil. Tu es dans le groupe du mercredi matin, semble-t-il. Ça te fera au moins une sortie hebdomadaire… D'après ma sœur, le Magnat Leto a fait en sorte que tous tes amis soient dans le même groupe.

— Et vous ? demanda Sophie.

— Pas d'attribution pour le moment. Nous sommes toujours assignés à résidence.

Elle embrassa Sophie sur la joue avant de se lever et de lisser l'étoffe de sa robe bleue et blanche.

— Tu sors ? demanda Grady.

Edaline confirma d'un signe de tête.

— Les gnomes vous serviront le dîner dans la cuisine, car je risque de rentrer tard.

— Attends, tu quittes le domaine ? s'étonna Sophie. Ne viens-tu pas de dire que vous étiez assignés à résidence tous les deux ?

— C'est le cas. Je vais juste faire un tour à Alluveterre, où je bénéficierai d'une protection renforcée, sur les instructions de Juline. Elle s'est montrée réticente au début, mais elle culpabilise tellement pour toutes les cachotteries qu'elle m'a faites au fil des ans…

— Elle a intérêt, maugréa Grady.

Edaline lui prit la main.

— Nous savons tous les deux que nous nous sommes trompés sur le Cygne Noir et le rôle qu'il a pu jouer dans le destin de notre fille.

De longues années durant, Grady avait été convaincu que l'organisation avait assassiné Jolie pour le punir d'avoir décliné leurs tentatives de recrutement.

— Que vas-tu faire à Alluveterre ? demanda Sophie.

— J'ai besoin de voir Wylie, d'essayer de l'aider. Je dois bien ça à Cyrah. Il y a longtemps que j'aurais dû le faire, mais je n'étais alors pas assez forte pour remplir mes responsabilités. Mieux vaut tard que jamais…

— Si je peux faire quoi que ce soit… murmura Sophie.

— Je te tiendrai au courant, promis.

Edaline embrassa une nouvelle fois sa fille avant de quitter la chambre avec Grady. Les deux adultes se dirigèrent vers l'étage où se trouvait le luminateur.

— Où croyez-vous aller ainsi ? demanda Sandor en voyant Sophie traverser la pièce.

Elle désigna sa salle de bains.

— Je ne vais quand même pas passer ma vie en pyjama !

— Certes. Je vous laisse faire votre toilette et vous changer. Pour le reste, nous sommes liés comme les doigts de la main.

— Tant que ça me permet d'assister à ta petite soirée dansante… répondit Sophie avec son sourire le plus narquois.

Sandor grommela dans sa barbe lorsqu'elle se mit à secouer les hanches comme l'aurait fait Grizel.

— Je crois que tu lui plais ! lança la jeune fille à travers la porte après l'avoir fermée au nez du gobelin.

Contrairement à ses attentes, Sandor se contenta de laisser échapper un soupir suraigu.

— Grizel ne s'est pas privée de me le faire comprendre. Nous avons grandi ensemble, si bien que tout le monde s'attendait à nous voir en couple un jour. Je suis prêt à parier que c'est pour cette raison qu'elle a rejoint le régiment elfique, alors qu'on lui avait proposé un poste dans la garde rapprochée de notre reine.

Le concept d'une reine gobeline suffit presque à distraire Sophie de la conversation. Presque.

Ses ablutions terminées, elle quitta la salle de bains.

— Donc… j'en déduis que tu n'es pas intéressé ?

— Ce n'est pas la question.

— Alors tu l'es ? Parce que je trouve que vous seriez trop mignons ensemble, tous les deux !

— Je vous assure que non, protesta Sandor. (Il lui emboîta le pas quand elle se dirigea vers son bureau pour en sortir son journal mémoriel avant de retourner s'asseoir sur son lit.) Ravi cependant de vous découvrir une telle science des questions romantiques. Il y a quelques minutes à peine, vous sembliez parfaitement ignorante sur le sujet.

— Je ne suis pas ignorante. Juste… réaliste.

— Tout comme moi. La réalité, c'est que je n'ai pas le temps d'entretenir une relation. Pas besoin non plus. Je fais un bien meilleur guerrier que je ne ferais un mari. Ce que j'ai expliqué à Grizel, à de nombreuses reprises. Et c'est tout ce que je suis prêt à dire sur ma vie sentimentale.

— Je n'en reviens pas que tu en aies une, à vrai dire.

— Et pourquoi donc ? souffla le gobelin. Pour votre gouverne, je suis vu comme un beau spécimen au sein de mon espèce !

— Si seulement Keefe t'entendait ! gloussa Sophie.

— Intéressant que vous pensiez spontanément à lui plutôt qu'un autre.

— Seulement parce qu'il te surnommerait Sandor le Spécimen. Rappelle-moi de lui en parler lors de notre prochaine discussion.

— Je vous fais confiance, répondit Sandor. À ce propos, je vous laisse consigner vos souvenirs seule. Mais ne vous avisez pas de fuguer : je suis juste dehors.

Il regagna son poste. Sophie se glissa sous les couvertures et ouvrit son journal mémoriel, un carnet à couverture pervenche ornée d'un colibri d'argent – un cadeau d'Alden après que des souvenirs implantés dans son cerveau par le Cygne Noir lui étaient revenus, afin de lui permettre de garder une trace de tout ce qui déclenchait ses réminiscences. Elle en feuilleta les pages, ébahie de constater le temps qui s'était écoulé depuis son dernier enregistrement de ce type. Des mois durant, elle n'avait projeté que des indices et secrets qu'elle avait découverts d'elle-même.

Les yeux clos, elle projeta tout ce que Keefe lui avait montré, zoomant sur les détails les plus importants, comme l'épingle de Lady Gisela. La pierre, d'un blanc argenté, avait beau être lisse et ovale, exposée à la lumière elle révélait de fines veines bleues qui dessinaient un motif d'astérisque.

— Le dîner est servi ! lança Grady.

Elle sursauta tandis qu'il traversait la pièce avec un plateau chargé d'une bouteille de jus de luxuriante et d'un bol de ce qui ressemblait à des spaghetti roses.

— Déjà ? (Elle jeta un coup d'œil par la fenêtre : le soleil plongeait vers l'horizon.) Dire que j'ai failli manquer mon rendez-vous avec Keefe. Je sens que je vais avoir du mal à m'en souvenir.

— Je vais rester là, au cas où tu apprendrais quoi que ce soit d'important, déclara Grady, qui se laissa tomber à côté d'elle sur le lit avant de déposer le plateau sur ses genoux.

Sophie le soupçonnait surtout de vouloir espionner la conversation. Elle ferma tout de même les yeux et étira sa conscience comme si de rien n'était.

— *Ce n'est vraiment pas le moment*, lui annonça Keefe.

— *Mais tu vas bien ?*

— *Oui, il faut juste que je reste alerte.*

Sentant l'esprit du jeune homme tenter de se refermer et de se concentrer, elle se retint de poser plus de questions. Un goût amer lui envahit la bouche.

— Il ne peut pas parler pour l'instant, expliqua-t-elle à Grady avant de repousser son repas.

— S'il était en danger, il te l'aurait dit, répondit l'Hypnotiseur en insistant avec le plateau. Goûte au moins ! D'après Flori, il s'agit d'un fruit rare appelé filandrine, qu'elle a cultivé spécialement pour toi. Quand avez-vous commencé à parler, toutes les deux ?

Sophie remua sa fourchette comme pour noyer le poisson.

— Savais-tu qu'elle était la nièce de Calla ?

Il acquiesça.

— Je jurerais que les floraisons du panacier redoublent d'abondance lorsqu'elle chante.

L'image fit sourire Sophie, qui ingurgita une modeste bouchée de filaments roses. Même si ce n'était pas aussi délicieux que le ragoût de rigoufleur, le parfum épicé et acidulé du fruit lui réveillait l'appétit.

Grady profita de cet instant pour attraper le journal mémoriel.

— C'est la fameuse épingle avec laquelle sa mère l'a coupé ?

— Oui… Une idée de l'endroit où elle aurait pu l'acheter ?

— Pas vraiment, non. Ce ne sont pas les possibilités qui manquent… même s'il me semble que les pierres stellaires ont des veines vertes, d'habitude.

— Elle a dit à Keefe que la sienne était rare.

— J'interrogerai les joailliers que je connais en Atlantide, mais je suis prêt à parier que le fabricant refusera de reconnaître son œuvre. As-tu remarqué l'absence de poinçon sur le métal ? La plupart des artisans laissent une marque, en guise de signature.

Il passa à la page suivante, où s'affichait un plan large de la porte métallique engoncée dans les ténèbres enneigées.

— « L'étoile ne se lève qu'à Nocturna », marmonna-t-il en désignant les runes incrustées dans le linteau. C'est ce qui est inscrit.

Sophie répéta la phrase.

— Une énigme, tu crois ?

— D'ordinaire, les énigmes aboutissent sur un « Qui suis-je ? » Je doute que la mention d'une étoile soit une coïncidence.

— Une citation, alors ? Comme le fameux « Suis le bel oiseau à travers les cieux » du Cygne Noir, tiré d'un ancien poème nain ?

— Si c'est le cas, je n'en connais pas l'origine. Mais je suis loin d'être un expert dans ce domaine. Peut-être le Comité pourrait-il demander à ses alliés nains, à toutes fins utiles ?

Pourvu que les nains puissent identifier la citation… Sophie était cependant certaine d'en comprendre au moins une partie.

Quoi que Lady Gisela ait bâti…

Quoi qu'elle ait enfermé derrière cette porte scellée du sang de Keefe…

Son œuvre s'apprêtait à plonger le monde dans les ténèbres.

Chapitre 46

— *Je t'en supplie, dis-moi que tu as appris quelque chose d'utile!* transmit Sophie dès que les premiers rayons de l'aurore pénétrèrent dans sa chambre.

— *Bonjour, ça va très bien, merci, et toi?* songea Keefe. *Tu as décidé de laisser tomber la politesse pour nos rendez-vous? Même pas un « salut »? Un « tu m'as manqué »? Ou un « je n'arrête pas de penser à toi »? Inutile de le nier, au passage.*

Il voyait juste, hélas – même s'il se méprenait sur la raison. La veille, il lui avait révélé avoir entendu Fintan recevoir une communication urgente sur son transmetteur et utiliser le mot « fuite ». Mais Keefe avait dû mettre fin à leur conciliabule avant de pouvoir lui confirmer si ça avait un rapport avec Wylie, car Alvar et Ruy étaient en train de se disputer.

— *Ce que tu peux être mignonne quand tu t'inquiètes!*

Sophie serra les dents.

— *Estime-toi heureux que je n'aie pas encore trouvé le moyen de t'assommer mentalement. C'est sur ma liste de choses à faire.*

— *D'accord, d'accord… Désolé de vouloir détendre l'atmosphère après le cirque d'hier. À mon avis, Fintan tient Ruy et Brant pour responsables de l'évasion de Wylie, puisque le Pyro-*

kinésiste a brûlé l'un de ses liens. Quant à Ruy, il était censé vider les poches du prisonnier. Brant n'a pas l'air préoccupé, mais Ruy est à deux doigts de craquer car Fintan menace de revoir leur rôle dans un projet important… Et non, je ne sais pas du tout de quoi il retourne. Ruy a donc passé la plus grande partie de la nuit à tenter de convaincre Alvar de dire qu'ils étaient tous les trois en faute, ce qu'Alvar refuse de faire.

— Aucun honneur chez les criminels, pas vrai ?

— Absolument, et Alvar protège ses arrières. Si bien que Ruy est allé tenter de convaincre Trix et Ombre. Ce qui semble confirmer mon intuition qu'Ombre était bien la quatrième complice.

— Tu veux bien me rappeler son pouvoir ?

— J'ai dû oublier de te le préciser : c'est une Ténébreuse. Et effroyablement puissante. De quoi faire rougir Mister Frangette… et elle, au moins, n'a pas une coiffure ridicule.

— Je croyais qu'elle se dissimulait constamment sous sa capuche ?

— C'est le cas. Mais en tant que souverain du Pays du brushing impeccable, je sais d'instinct quand je m'adresse à l'un de mes loyaux sujets.

— Je crois bien que c'est la déclaration la plus ridicule que tu aies jamais faite.

— Elle n'en est pas moins vraie. Comment saurais-je autrement que tu es adorablement décoiffée ?

— C'est faux !

Sophie se tapota la tête. Pas de doute : l'épi géant était de retour. Elle se renfonça sous les couvertures.

— As-tu appris quoi que ce soit d'autre ?

— Seulement que ce n'est pas le moment de se montrer trop curieux. Mais une fois tout le monde couché, j'ai défait l'ourlet

de mon manteau et découvert un nouveau disque noir, pile à l'endroit que tu m'avais décrit.

— Décoré d'un autre fragment du symbole ?

— Non, c'était le même motif. Je me suis glissé hors de la chambre pour vérifier toutes les portes et essayer de comprendre l'utilité de ce disque. J'ai fait chou blanc.

— Donc, en gros… on a perdu une journée entière. On n'a strictement rien appris.

— Mince alors, depuis quand t'appelles-tu Miss Pessimiste ?

— Disons que j'en ai assez de toutes ces informations vagues et fragmentaires. Tu dors sous le toit de l'ennemi, mais nous n'avons toujours pas la moindre idée de ce qu'ils préparent.

— Je sais ! J'y travaille. Il faut juste se montrer…

— Si tu dis « patient », je coupe notre connexion.

— Je commence à ressembler au Forklenator, j'en ai conscience. Et par pitié, ne va pas me faire une crise cardiaque, mais… je crois que je commence à le comprendre. Regarde ce qui est arrivé à Wylie. Les Invisibles ont tenté leur coup et se sont plantés. Et maintenant, le Cygne Noir va s'assurer qu'ils ne retrouvent plus pareille occasion.

— N'est-ce pas une bonne chose ?

— Pour nous, si. Mais pas pour les Invisibles. C'est là le pro blème : si Fintan se met à me soupçonner, tout sera fichu pour moi. Je dois veiller à ce que le timing soit absolument parfait.

— Qui êtes-vous et qu'avez-vous fait de Keefe Sencen ?

— Toute cette sagesse serait-elle en train de détruire ma réputation ?

— Un peu. Mais… un Keefe sage a plus de chances de s'en sortir vivant.

— Oh, je compte bien m'en sortir… si la nourriture ne m'achève pas avant. Les primenoyaux que nous venons de

cueillir ont un goût de crotte de banshee. La prochaine fois que je rejoins pour de faux un cercle du mal, rappelle-moi d'en choisir un qui ne soit pas en froid avec les gnomes, d'accord?

Sophie aperçut l'image mentale d'un fruit vert desséché, sorte de croisement entre une grenade et un épi de maïs – rien de bien terrible, à ceci près que les grains étaient recouverts d'une poudre noire qui ressemblait un peu trop à de la moisissure.

— *Tu ne veux pas aller dans la cuisine manger quelque chose de bon et me le décrire en même temps?* demanda Keefe.

— *Sans façons.*

— *Oh, allez quoi, Foster... je meurs de faim!*

Il passa le reste de la conversation à lui détailler toutes les horreurs qu'il avait dû ingurgiter au cours des semaines précédentes.

Keefe reprit ses jérémiades lors de leur rendez-vous du soir, mais Sophie ne pouvait pas lui en vouloir: son dîner consistait en une assiette de feuilles fanées et gluantes au goût de morve.

— *Je garderai des friandises dans ma poche*, promit-elle. *De cette manière, si on se revoit en chair et en os, je pourrai les partager avec toi.*

— *Comme si ta présence ne me manquait pas déjà assez comme ça...*

— *Ne devrais-tu pas plutôt regretter de ne pas être ici, où on se régale et où les tueurs fous ne courent pas les rues?*

— *C'est vrai que c'est tentant. Mais les tueurs fous ont leur utilité. J'ai appris deux ou trois choses de Fintan aujourd'hui... pas ce que j'espérais, mais c'est tout de même important. Il a commencé à se plaindre de Brant et de Ruy, de la frustration qu'il éprouvait à travailler avec des gens qui n'en finissent plus de le décevoir. Avant d'ajouter qu'il comptait sur moi pour réaliser mon potentiel.*

— Quel potentiel?

— Il s'est bien gardé de le préciser. Mais j'en ai profité pour lui demander s'il voulait que je joue les détecteurs de mensonges lors de sa rencontre avec le roi Dimitar, en prétendant craindre que les ogres ne nous roulent dans la farine. Il a paru impressionné par mon raisonnement. Il était content de voir que je me souciais tant de son œuvre… Même si bien sûr il ne m'a pas donné plus de précisions. Mais il a passé son bras autour de mes épaules…

— BEURK!

— Je sais… je brûlais de le repousser, crois-moi. Mais je l'ai écouté docilement tandis qu'il me faisait part de ses inquiétudes sur les ogres. Il aurait confié au roi Dimitar une mission censée prouver sa fiabilité… une sorte de test, si tu veux.

Sophie se redressa d'un bond.

— C'est parfait! Il ne nous reste plus qu'à découvrir quel genre de test pour le faire capoter!

— Je m'y emploie, lui assura Keefe. *Mais j'imagine que les ogres ont prévu de s'en prendre à quelqu'un, alors ne fausse pas compagnie à Gigantor, compris?*

— J'en serais bien incapable. Je t'ai dit que j'étais punie? Je suis coincée dans ma chambre toute la journée, sans rien à faire à part feuilleter mon journal mémoriel. Sandor est juste à côté de moi, là, en train de me dire qu'il veut savoir tout ce que tu racontes.

— Oh, embrasse-le de ma part! Et, non, ce n'est pas ironique. Je suis heureux de savoir qu'il est là pour te protéger. Vous avez tous des gardes du corps, au moins? Fitz? Biana? Dex? Grady? Edaline? Alden? Della?

— Tous, sauf Alden et Della. Mais ils sortent rarement de chez eux, ils sont donc en sécurité.

— Je n'en suis pas si sûr. Le portail d'Everglen est conçu pour bloquer les sauts lumineux qui viennent de l'extérieur. Il n'empêchera pas les ogres de surgir de terre.

Sophie ferma les yeux pour tenter de chasser la vision cauchemardesque dépeinte par Keefe.

— Je demanderai au Comité d'envoyer des renforts chez les Vacker… Des nains, peut-être, afin que le changement passe inaperçu auprès des Invisibles s'ils les surveillent. Bientôt on sera mieux protégés que le Conseil lui-même! Tu ne trouves pas ça injuste?

— Dans quel sens?

— Je ne sais pas. C'est juste que… nous avons passé des heures à préparer Havenfield afin d'assurer la sécurité de ma famille, et dans le même temps, les Invisibles enlevaient Wylie pour le torturer.

— Je suis vraiment désolé de m'être trompé sur ce point. Ils n'arrêtaient pas de parler de ta famille, alors quand Fintan a annoncé qu'ils étaient prêts à passer à la phase suivante, j'ai cru…

— La phase suivante de quoi? l'interrompit Sophie.

— Du Projet Polaris.

— Minute. Les menaces qui pèsent sur ma famille ont un rapport avec le Projet Polaris? Je croyais qu'ils voulaient seulement les enlever afin de faire pression sur moi.

— En partie, sans doute. Mais j'ai comme l'impression qu'ils préparent une sorte de… rassemblement. À croire que Fintan a établi une liste des personnes et des informations dont il a besoin, qu'il coche au fur et à mesure.

Sophie revit soudain la cellule où avait été jeté Dex, dans leur planque parisienne.

Avait-elle été conçue dans ce but ?

— *Tout va bien ?* demanda Keefe. *Je ne t'entends plus.*

— *J'essaie de réfléchir. L'enlèvement de Wylie faisait-il partie du Projet Polaris ? Et la mort de sa mère, aussi ?*

— *C'est ce que je pense.*

À l'entendre, c'était l'évidence même. Pourtant, Sophie n'avait pas envisagé une telle connexion. Un millier de nouvelles questions vint lui tirailler le cerveau.

— *Au fait, comment va Wylie ?* demanda Keefe.

— *Toujours pareil. Edaline lui a rendu visite hier. D'après elle, il est physiquement guéri, mais il a les idées tellement noires qu'ils préfèrent le maintenir sous sédatifs encore un jour ou deux.*

— *Ils ne veulent pas effacer ses souvenirs ?*

— *Wylie nous l'a interdit. Il ne veut pas risquer de supprimer quelque indice susceptible d'éclairer le sort de sa mère.*

— *C'est... très courageux de sa part.*

L'esprit de Keefe retourna à ses neuf ans, à ce soir où, roulé en boule sous sa couette, il avait attendu le passage des Effaceurs.

— *Ce n'est pas comparable*, lui fit remarquer Sophie.

Le jeune homme n'était pas de cet avis. Il enfouit cependant la réminiscence très loin dans sa mémoire et força son esprit à faire bonne figure.

— *Fintan est censé passer ici ce soir pour une réunion stratégique. Mieux vaut ne pas me recontacter avant demain matin. Et attends-toi à ce que je me plaigne de mon petit-déjeuner : nous avons récolté des nœuvets aujourd'hui. Ils ont la même odeur que les pets d'Iggy.*

Apparemment, ils en avaient aussi le goût, même si Keefe oublia presque d'en parler lors de leur connexion suivante, tout excité qu'il était de partager les dernières nouvelles.

Il n'en savait pas plus sur le test imposé aux ogres, le destin de Wylie, les projets des Invisibles concernant Grady et Edaline, le châtiment réservé à Brant et Ruy, la cache de Fintan, ni aucun des sujets qui minaient le sommeil de Sophie.

— *MAIS!* s'exclama-t-il mentalement si fort que sa voix résonna dans la tête de son amie. *J'ai enfin l'autorisation de m'installer dans l'une de leurs planques. Tu parles à présent à un membre initié des Invisibles!*

Chapitre 47

— Alors, Keefe a prêté serment ? demanda Fitz à voix basse tandis qu'ils attendaient sur le campus de Foxfire que débute leur nouvel entraînement. Comme quand on a intégré le Cygne Noir ?

— J'ai eu trop peur de le lui demander, avoua Sophie.

Elle balaya les alentours du regard, soulagée de constater que tous étaient trop distraits par le protocole à suivre pour prêter attention à son petit cercle d'amis ou même à leurs gardes du corps. Elle se rapprocha tout de même de Fitz, Dex, Biana, Tam et Linh avant de poursuivre :

— D'après lui, il doit changer de planque dès cette après-midi.

Un nouveau groupe accéda à la zone de test et la foule avança, interrompant leur conversation. C'était leur première séance d'entraînement pratique au sein d'Exillium : si Sophie et ses amis savaient déjà à quel Hémisphère ils appartenaient, les autres, eux, devaient passer une épreuve écrite avant de recevoir une cape noire frappée d'une empreinte de main colorée.

Rouge pour l'Hémisphère Gauche, bleue pour le Droit et violette pour les Ambi.

Les trois tentes d'Exillium affichaient des couleurs assorties. La vue de leurs dais éclatants, fièrement plantés de part et d'autre de la pyramide, avait quelque chose d'étrangement réconfortant après les années de mépris qu'avait subies l'école.

Sophie ne pouvait cependant s'empêcher de poser le regard sur les volutes d'or et d'argent des tours d'élite. Le Cygne Noir s'en était tenu à sa décision de garder secrète l'agression de Wylie, afin que personne ne se doute de la menace. Même si des dizaines de gobelins avaient été postés parmi la foule – auxquels il fallait ajouter une cohorte de nains secrètement tapis sous leurs pieds –, Lur et Mitya cherchaient encore par quel moyen les Invisibles avaient pu s'introduire dans la Tour d'Argent. Autrement dit, les rebelles disposaient toujours d'un accès secret au campus.

— Peut-être le serment des Invisibles reste-t-il vague ? murmura Linh lorsque la foule s'arrêta de nouveau. Comme celui du Cygne Noir.

— Espérons-le, soupira Biana. J'en déduis que vous avez prêté allégeance, vous aussi ?

Les jumeaux écartèrent un pan de leur tunique pour révéler le monocle en forme de cygne qu'ils portaient autour du cou.

— J'en avais assez que Linh me harcèle, déclara Tam, récoltant un haussement de sourcils exaspéré de sa sœur, accompagné d'une gerbe d'eau. Toi, tu ne perds rien pour attendre !

— Quand tu veux, rétorqua Linh, qui se mit à jongler avec une sphère d'eau.

Fitz laissa échapper un sifflement admiratif tandis que Dex se rapprochait pour plus de discrétion.

— Êtes-vous certains que c'est une bonne idée ? demanda-t-il. Pas votre admission au sein du Cygne Noir, non, ça c'est génial. Mais cette histoire de Keefe qui rejoint « l'une de leurs planques pour de vrai ». Est-il sûr de ne pas finir dans un cachot comme sa mère ?

— Je lui ai posé la même question, répondit Sophie. Il m'a promis de surveiller de près les émotions de chacun. Au moindre signe suspect, il se rétractera.

— Mais comment ? s'inquiéta Biana. Jamais ils ne le laisseront partir.

Fitz échangea un regard concerné avec Sophie.

— Il aura peut-être besoin de notre aide… impossible cependant d'élaborer un plan tant qu'on ne connaîtra pas avec exactitude sa position. Pour l'heure, on ne peut qu'espérer qu'il se montre prudent.

— Alors là, aucune chance, maugréa Tam.

— Sans doute, chuchota Sophie. Il prend cependant un risque insensé pour nous aider. À nous d'en profiter autant que possible.

— Lui as-tu bien dit de traquer les ombres sur le sol de la planque ? s'enquit Tam. Pour voir s'ils utilisent un emblème lumineux, comme à Paris ?

Sophie confirma d'un signe de tête.

— Keefe dispose d'une mémoire photographique. Je lui ai demandé de tout observer avec attention, pour ensuite me communiquer les détails que je projetterai sur papier afin que tu puisses étudier les ombres. Mais tu devras passer à Havenfield pour ça, car je suis toujours punie.

Biana esquissa un sourire narquois.

— Fitz aussi ! Papa lui a interdit de se balader tant qu'il n'aura pas bouclé son dossier matrimonial.

— Malheureusement pour lui, je l'ai terminé hier, rétorqua Fitz d'un ton satisfait.

— Sérieux ? s'exclamèrent en chœur Sophie, Biana, Dex et Linh.

L'intéressé haussa les épaules.

— Ce n'est pas si difficile. Je devais juste répondre à quelques questions intimes.

— Il y en avait un paquet, fit remarquer Biana. Tu ne crois pas qu'en te pressant tu risques de te tromper dans tes réponses ?

— Non, je sais où vont mes préférences. Et puis, ce n'est pas le type de questions que tu crois. Bien sûr, on te demande ce que tu trouves attirant, les traits de caractère que tu apprécies, ce genre de choses. Mais ensuite on passe à la génétique et aux pouvoirs, avant de finir par une série de questions vraiment… profondes. Comme s'ils essayaient de te connaître à un tout autre niveau. Ce qui semble logique, d'ailleurs, puisqu'on remplit le formulaire à seize ans. Les goûts et les couleurs, ça évolue avec le temps… Ils essaient plutôt de découvrir qui tu es vraiment.

— Tu as seize ans ? s'étonna Linh.

Dex grommela une remarque sur l'âge canonique de Fitz tandis que Biana se tournait vers l'Hydrokinésiste.

— Maintenant que j'y pense, vous ne nous avez jamais dit votre âge, tous les deux.

Les jumeaux prirent un instant pour réfléchir.

— Je suis à peu près certaine qu'on a quinze ans, répondit Linh. C'est difficile à dire… la faute à mon père. Il passait son temps à essayer de nous convaincre qu'on se trompait de date de conception.

— Sacré papa ! lâcha Tam, non sans scruter la foule comme pour s'assurer que ses parents n'en faisaient pas partie. Dites, vous connaissez cette fille, là, sur la droite ? Elle n'arrête pas de nous dévisager.

Tous les gobelins portèrent la main à leurs sabres.

— Du calme ! Ce n'est que Marella, expliqua Sophie avant de baisser la voix. C'est sa mère qui a vu Cyrah le jour de son évaporation.

— Et ce n'est pas nous qu'elle dévisage, rectifia Biana. Elle reluque Tam !

Les sourcils haussés, le Ténébreux jeta un nouveau coup d'œil à l'intéressée. Marella balaya sa longue crinière blonde (toujours ornée de quelques tresses) avant de lui adresser le plus aguicheur des sourires.

— Eh bien… marmonna-t-il.

— C'est tout ce que tu trouves à dire ? le pressa Biana.

— Je ne sais pas… (Tam prit une teinte cramoisie des plus surprenantes étant donné son attitude généralement bourrue.) Que veux-tu que je dise ?

— Ce n'est pas son genre, intervint Linh. Il préfère les brunes.

— Comment tu le sais ? s'étonna son frère.

Linh sourit avec suffisance.

— Tu n'es pas aussi malin que tu le crois.

— Suis-je la seule à me demander pourquoi Marella ne traîne plus avec Stina ? s'interrogea Sophie, volant au secours de Tam.

— C'est la grande, de l'autre côté, précisa Biana. (D'un signe de tête, elle désigna la tignasse désordonnée de Stina qui dépassait de la foule.) Son père fait partie du Cygne Noir. Mais n'allez pas croire que ça fait d'elle une fille bien : elle se croit supérieure à tout le monde. Oh non, on dirait qu'elle est dans l'Hémisphère Gauche ! On va avoir l'occasion de la voir frimer, Fitz et moi…

— Qui est sa copine ? demanda Linh. Elle aussi regarde fixement Sophie.

— Vraiment ?

La jeune Télépathe attendit un instant avant de se retourner pour voir de qui Linh parlait. Il lui fallut une seconde pour reconnaître la jolie jeune fille noire qui accompagnait Stina, surtout avec la mèche bleue qu'elle avait ajoutée à sa chevelure lisse.

— C'est Maruca.

— Marella, Maruca… Je ne vais jamais m'y retrouver, grommela Tam.

— Tu n'en auras sans doute pas besoin, décréta Biana. Marella nous évite depuis un moment. Quant à Maruca, je ne lui ai pas parlé depuis des mois… depuis que je lui ai dit que je ne lui faisais pas confiance. Elle est allée répéter tout un tas de secrets pour se venger de moi et de mon amitié avec Sophie.

Tam poussa un sifflement ébahi.

— Vous les filles, vous êtes d'un compliqué…

— Ben voyons ! C'est vrai que c'est drôlement simple, entre Keefe et toi, ironisa Linh avant de lui donner une pichenette sur le front. J'ai peut-être la berlue, mais… vous ne trouvez pas que Maruca a l'air triste ?

Sophie partageait son avis : les prunelles turquoise de la jeune fille semblaient vitreuses, et ses lèvres pulpeuses se pressaient pour former une ligne étroite.

Et elle ne les quittait pas du regard.

— Vous croyez qu'on devrait aller la voir ? proposa Sophie.

Biana secoua la tête.

— Elle n'a qu'à venir ici, si elle a besoin de nous parler.

Maruca ne bougea pas.

Pourtant, elle ne cessa pas de les dévisager.

La scène avait quelque chose de troublant. Sophie fut soulagée d'entendre une voix de stentor attirer l'attention de tous vers le Magnat Leto, en lévitation au-dessus de la foule. S'il manquait un peu d'aisance (ses pieds, en particulier, menaçaient d'effleurer les têtes qu'il survolait), il parvint tout de même à se maintenir en équilibre en dépit de la forte brise qui faisait battre sa cape – marquée d'une empreinte violette – autour de ses jambes.

— Bienvenue pour votre première séance d'entraînement pratique ! lança-t-il. C'est un moment unique dans l'histoire de notre monde ! Je m'entraînerai à vos côtés, aussi dois-je confier la responsabilité de cette session à vos talentueux Instructeurs. Je vous serai gré de leur témoigner toute notre reconnaissance.

Des applaudissements isolés accueillirent les trois silhouettes qui avaient émergé des tentes pour aller flotter à l'endroit où se tenait le Magnat Leto un instant plus tôt – l'une portait une longue cape rouge, la deuxième une bleue et la troisième une violette. Les Instructeurs lévitaient à la perfection, à tel point qu'ils semblaient se tenir debout sur la terre ferme.

— Les membres de l'Hémisphère Gauche s'entraîneront avec moi, annonça l'Instructrice rouge.

Elle avait la voix plus rauque encore que dans le souvenir de Sophie. Sa chevelure auburn était coupée en un carré long asymétrique, et un épais trait d'eye-liner noir soulignait ses yeux bleu pâle pour un effet saisissant.

— Vous pouvez m'appeler Instructrice Wilda.

— Je suis l'Instructeur Bora, annonça son collègue en bleu d'une voix nasillarde qui tranchait avec ses cheveux blonds et lisses, son teint olive et ses traits ciselés. Je m'occuperai de l'Hémisphère Droit.

Il désigna le dais bleu.

— Ce qui signifie, bien entendu, que les Ambi sont avec moi, déclara l'Instructrice violette avec un sourire.

Sa longue crinière noire brillait tellement qu'elle formait comme une aura autour de sa peau cuivrée.

— Je suis l'Instructrice Rohana. Et oui, pour ceux qui se posent la question, il est essentiel de vous entraîner au sein de votre Hémisphère d'appartenance, quelle que soit la répartition de vos amis ou de votre famille. Vous apprendrez tous les mêmes compétences, mais chaque groupe se verra appliquer une méthode adaptée afin d'assurer une efficacité maximale.

— Surtout, ne vous laissez pas décourager si vous ne parvenez pas tout de suite aux résultats attendus, ajouta l'Instructrice Wilda. Le Conseil nous a demandé de nous concentrer sur une compétence en particulier… une compétence qui, pour la plupart d'entre vous, nécessitera d'utiliser votre cerveau d'une façon inédite.

— Les leçons seront harassantes, promit l'Instructrice Rohana. Parfois même déroutantes. L'idée est de vous faire avancer pas à pas afin, à force de temps et de patience, de développer une nouvelle forme de puissance.

Les trois Instructeurs tirèrent chacun un orbe de verre de la taille d'une balle de tennis de leur poche et le brandirent devant eux.

D'un plissement de paupières, ils firent exploser les globes en un million de fragments scintillants.

— Ce que vous venez d'observer est la manifestation d'une compétence appelée canalisation externe ! cria Wilda par-dessus les murmures de la foule ébahie. L'énergie qu'elle permet de manipuler n'est limitée que par la concentration et l'investissement du sujet. Un exemple…

L'Instructeur Bora sortit un orbe métallique de sa poche et le brandit devant lui.

L'orbe explosa à son tour en une pluie de flocons de métal pareils à des confettis – ou des éclats de balle.

— Rien n'échappe à la volonté d'un esprit compétent, décréta Bora. Ni le cristal. Ni le métal. Ni encore la pierre. Ni même la chair ou l'os.

— Je rêve ou… ils viennent d'admettre qu'ils allaient nous entraîner à tuer ? murmura Sophie à ses amis.

— On dirait bien, maugréa Fitz.

— En effet, confirma Sandor, non sans adresser un regard à ses collègues.

Leurs visages demeuraient impénétrables. Étaient-ils troublés ? En colère ?

— Nous percevons votre malaise, annonça Rohana à l'assemblée. Et nous vous en félicitons. La peur engendre la retenue et la responsabilité. Ce qui ne change cependant rien au fait que nous possédons tous cette compétence d'instinct. Les tigres aux dents de sabre possèdent griffes et crocs. Les dragons de Péluda disposent de plumes empoisonnées. Même les minuscules dents des frêles palpitailes renferment du venin. Toutes ces créatures ne craignent pas leurs dons. Bien sûr, certaines s'en servent pour chasser quand d'autres les utilisent pour se défendre. Mais ce choix n'efface en rien l'existence du pouvoir en question.

Sophie comprenait la logique qui sous-tendait son raisonnement, même s'il lui semblait que c'était comme distribuer des armes en espérant que personne n'abatte son prochain.

Elle se rappela alors la remarque de Keefe sur ses leçons pratiques…

Les Invisibles maîtrisaient-ils la canalisation externe ?

— Il est important de noter que la puissance n'a rien de nouveau dans notre monde, leur rappela Wilda. Nombre de nos talents pourraient causer de terribles dommages suivant l'utilisation que nous déciderions d'en faire. Pourtant, nous n'avons pas renoncé à les développer, n'est-ce pas ?

— Nos objectifs sont simples, ajouta Bora. Nous souhaitons vous apprendre à connaître votre force et à y faire appel en cas de besoin. Ensemble, nous voulons montrer au monde que nous en sommes les créatures les plus puissantes, que ça plaise aux autres espèces ou non. Nous n'avons que faire d'armes et d'armures. Seules comptent la puissance de notre esprit, et la discipline et la détermination que nous mettrons à la maîtriser.

Des murmures montèrent parmi la foule, la plupart approbateurs. Sophie ne pouvait cependant oublier les avertissements que Lady Cadence avait adressés au Conseil.

Peut-être les elfes allaient-ils démontrer leur puissance. Peut-être s'apprêtaient-ils à jeter une allumette dans une pièce remplie de bois sec.

— Tu sembles... soucieux, chuchota-t-elle à son garde du corps lorsque les Instructeurs firent signe aux participants de rejoindre leurs tentes.

— Je le suis, répondit Sandor. Comment suis-je censé vous protéger de ce genre d'attaque ? Surtout si c'est votre chair ou vos os qui sont visés... Et puisque le cristal et la pierre sont aussi vulnérables, qu'est-ce qui empêche une personne mal intentionnée de faire sauter le sol sur lequel nous nous tenons, ou de pulvériser le bâtiment qui nous abrite ?

— Nos limitations naturelles, répondit le Magnat Leto, qui venait de se glisser derrière eux. Ce n'est pas un hasard si les Instructeurs ont choisi des orbes de taille modeste pour leur démonstration. Plus grand est l'objet, plus sa destruction requiert de force. Même si notre esprit est capable d'emmagasiner une quantité impressionnante d'énergie, la majorité s'en trouve dilapidée par nos tâches quotidiennes. On peut toujours constituer des réserves, bien sûr, mais ça demande énormément de temps et de discipline. Peu d'individus en possèdent la capacité, ou même la patience. La plupart économisent cette énergie pour les situations désespérées. Rien de plus. Maintenant, je vais me mêler aux autres Ambi. Il ne faudrait pas qu'on me soupçonne d'avoir des chouchous.

Il s'éloigna, non sans leur adresser un clin d'œil, vers l'autre extrémité de la tente violette.

Sophie suivit Tam et Linh vers le fond, où ils avaient pris l'habitude de s'entraîner du temps où ils fréquentaient tous Exillium.

À mi-chemin, les jumeaux se figèrent, les yeux rivés sur deux silhouettes.

Un couple aux cheveux noir de jais et aux iris d'argent.

Leurs parents.

Chapitre 48

— Eh bien, dit M. Song, occupé à tripoter sa broche figurant deux loups préhistoriques à la robe noire et argent qui dressaient la tête avec grâce pour hurler à la lune. Voilà qui est inattendu.

— Oui et non, rétorqua son fils, qui fouilla l'assemblée du regard pour trouver le Magnat Leto.

Le principal affichait une mine… un peu coupable.

— Mais je vais vous faciliter la tâche, ajouta le jeune homme.

Il prit sa sœur par la main avant de s'éloigner. Leur mère l'attrapa par le bras.

— Je t'en prie. Peut-être devrions-nous…

Tam se dégagea d'une secousse.

— Non. Nous ne devrions pas.

Mme Song baissa les yeux au sol, ses doigts fins encore suspendus dans les airs tandis que son mari lui saisissait la main. Le geste de l'homme était empreint de tendresse. Avec douceur, il se mit à lui masser la paume de son pouce.

Il ne faisait aucun doute que ces deux-là s'aimaient. C'était même assez touchant.

Ce qui ne rendait la fureur de son poing serré que plus poignante encore alors qu'il tournait vers ses enfants des yeux assassins.

— Demande pardon à ta mère. Et cesse de te donner en spectacle !

Il jeta un regard inquiet aux autres Ambi derrière eux.

Tam secoua la tête.

— Il n'y a que les apparences qui comptent pour toi.

— Je t'en supplie, implora leur mère alors que les jumeaux se détournaient de nouveau. Je n'ai jamais demandé à subir une telle situation. Je n'ai jamais prétendu m'en être bien sortie, non plus.

— C'est tout ce que nous représentons à vos yeux ? murmura Linh. Une « situation » ?

Sa mère s'éclaircit la gorge.

— Que préférerais-tu être ?

— Rien, rétorqua Tam. Absolument rien.

— Dans ce cas, tu t'y prends parfaitement, gronda son père, qui jeta un regard circonspect à sa frange argentée.

Chacun des jumeaux avait fait fondre son pendentif d'identification et trempé ses cheveux dans le métal en fusion afin de montrer qu'ils n'avaient que faire d'une famille qui les avait abandonnés.

Tam ajusta ses mèches au-dessus de ses yeux.

— Tu aimes ma coiffure ?

Son père secoua la tête. Il ne possédait pas l'arrogance de Lord Cassius, ni son sourire obséquieux, ni même son regard hautain. Il semblait juste fatigué.

— Les enfants sont censés respecter leurs parents, dit-il à voix basse.

Linh tira Tam par la manche pour l'éloigner.

— Le respect, ça se mérite.

— Attendez… S'il vous plaît.

Linh jeta un regard par-dessus son épaule.

— Nous avons attendu plus de trois ans.

— Je sais, murmura leur mère. Vous semblez tellement vieillis…

— C'est ce qui arrive quand on abandonne ses enfants sans toit ni nourriture ! aboya Sophie, incapable de se retenir plus longtemps.

Ce n'étaient pas ses affaires, bien sûr. Mais elle avait déjà vu un de ses amis s'effondrer par la faute d'une horrible famille. Hors de question de laisser le même sort arriver à Tam et Linh.

— Peu importent les excuses que vous vous êtes inventées ou les mensonges dont vous vous êtes convaincus, lança-t-elle aux époux Song, la vérité est là, juste sous vos yeux. Vous avez deux enfants incroyablement doués, intelligents et puissants qui n'ont plus besoin de vous. Et si vous tenez à les côtoyer de nouveau, vous allez devoir le mériter.

— Comment ? demandèrent les deux adultes à l'unisson.

Elle haussa les épaules.

— À vous de le découvrir, autrement ça ne vaudra rien. Venez, dit-elle en prenant Tam et Linh par la main. On a mieux à faire.

Ils rejoignirent l'avant de la tente.

— Je n'en reviens pas, murmura Linh.

Sandor se dressa derrière eux, créant un mur de muscles entre les jeunes gens et leurs parents.

— Pardon, je n'aurais peut-être pas dû m'en mêler, dit Sophie, les yeux baissés.

— Au contraire, tu as eu raison, lui assura Tam.

Linh acquiesça.

— La tête de mon père… c'est le plus beau cadeau que tu pouvais me faire.

— J'aimerais pouvoir en faire plus.

Quelle injustice que Sophie ait connu deux familles aimantes, quand tant de ses amis n'en avaient même pas une ! Sans compter que ses parents génétiques semblaient, eux aussi, extraordinaires – même si elle avait un peu de mal à le croire, étant donné qu'ils avaient accepté de ne jamais rencontrer leur progéniture et de la laisser subir toutes sortes d'expériences.

— Pas possible ! lança une voix derrière eux. Je suis dans le même Hémisphère que la Grande Sophie Foster ? Jamais je n'y aurais cru !

La jeune fille se retourna pour voir un visage familier lui sourire depuis l'un des piliers de la tente.

— Je vous présente Jensi. Jensi, voici Tam et Linh.

— Cool, j'adore tes cheveux ! s'époumona presque le garçon. C'est de l'argent pur ? Et minute, tu viens d'Exillium, c'est là que tu as rencontré Sophie, c'est comment là-bas ?

Le débit du jeune homme – qui semblait perpétuellement sous l'effet d'une dizaine de sodas caféinés – eut vite fait de terrasser les jumeaux.

— Jensi a été parmi les premiers à me guider à Foxfire, expliqua Sophie. Même si on ne s'est pas beaucoup vus dernièrement…

Les joues rebondies de l'intéressé s'empourprèrent. Il passa une main dans ses cheveux bruns désordonnés.

— Désolé, tu es toujours tellement occupée et je me suis dit que ma place était plutôt avec les Baveux, de toute façon.

— Ta place est là où tu le souhaites, lui assura Sophie.

Même si, pour ma part, je n'ai jamais vu la moindre trace de bave sur ton menton.

Avant que Jensi ait pu répondre, l'Instructrice Rohana pénétra dans la tente, les bras chargés d'un énorme sac d'éclabousseurs violets. Les orbes, de la taille d'une balle de ping-pong, ressemblaient à des boules de peinture spongieuses. Sophie se voyait déjà profiter de l'exercice du jour pour en jeter quelques-unes à la figure des époux Song.

— La canalisation externe requiert une connaissance inédite de votre pouvoir, expliqua l'Instructrice en faisant rouler un éclabousseur au creux de sa main. La méthode que vous avez tous apprise dans le cadre de la télékinésie vous enseigne à rassembler l'énergie au plus profond de votre être avant de la projeter avec votre esprit, en la contrôlant comme s'il s'agissait d'une extension de vos membres physiques. Vous devez cesser de penser à cette énergie comme centrale. C'est notre énergie, tout court… et vous n'avez pas besoin de maintenir une connexion afin de la manipuler. Au contraire : elle se révèle bien plus puissante une fois enfouie ailleurs. Par exemple… (Elle plissa les yeux pour fixer l'éclabousseur.) Vous pourriez la cacher ici, la laisser enfler et monter jusqu'à ce que…

L'orbe explosa, maculant l'Instructrice de peinture violette.

— Le concept est étrange, j'en conviens, dit-elle avant de s'essuyer les joues. Il vous faudra du temps avant d'y parvenir. Je serais même prête à parier que la plupart d'entre vous n'arriveront pas à faire exploser le moindre éclabousseur aujourd'hui. Ils sont là pour vous servir de cible, de premier objectif. Mais ne vous en faites pas s'il vous faut tâtonner un peu avant d'avancer. Fiez-vous à votre instinct. Et ne vous étonnez pas si le processus vous semble épuisant. Faites des pauses, au besoin. Tout le monde est prêt ?

Elle tendit le sac d'éclabousseurs à Jensi.

Il en attrapa assez pour Sophie, Tam et Linh avant de passer le sac à son voisin et de s'asseoir à côté de la jeune Télépathe sur l'herbe violette.

— Comme ça, je pourrai peut-être absorber un peu de ton génie, déclara-t-il avant de décrire l'exploit de la jeune fille lors du Grand Championnat d'Éclaboussures aux jumeaux. Elle s'est projetée elle-même ainsi que Fitz contre le mur, les assommant tous les deux au passage!

Linh s'esclaffa.

— Je vois que je ne suis pas la seule à provoquer des désastres!

— Tu devrais venir à Foxfire! s'exclama Jensi. On pourrait organiser une Compétition du Chaos ce serait totalement épique, oh minute est-ce que tu peux revenir à Foxfire?

Linh jeta un regard à la dérobée à ses parents.

— Quand on sera prêts.

— Au travail! lança l'Instructrice Rohana. Déposez votre éclabousseur par terre devant vous et videz-vous la tête. Je préfère ne pas vous donner de consignes précises, mieux vaut que vous trouviez de vous-mêmes vos propres astuces. Tâchez cependant de comprendre que votre corps n'est pas un contenant imperméable qui abrite une source d'énergie. C'est plutôt un pieu fiché dans le sol, marquant l'épicentre de votre nuage d'énergie personnel.

— Ils sont toujours aussi cinglés à Exillium? s'étonna Jensi. Ou ils en rajoutent?

— Ils en rajoutent, répondit Tam.

— Je ne suis pas d'accord… Moi, ça me parle, déclara Linh, qui considérait son éclabousseur, le front plissé. C'est comme l'eau, qui est à la fois à l'intérieur et à l'extérieur.

— Euh… d'accord, dit Jensi.

Tam éclata de rire.

— Ne t'inquiète pas. Je ne comprends pas la moitié de ce que raconte ma sœur.

Sophie se sentait tout aussi perdue. Elle tenta tout de même de visualiser son énergie comme une graine, qu'elle s'imagina planter au centre de son éclabousseur. Elle fredonna mentalement une chanson afin de la faire pousser, laissant l'énergie se propager à travers la peinture comme des racines dans la terre et…

L'orbe explosa dans un geyser de peinture violette.

Jensi brandit le poing.

— Je vous avais bien dit qu'elle allait tous nous battre !

— Les Télépathes ont tendance à maîtriser cette compétence plus vite que les autres, expliqua Rohana avant de tendre un torchon à la jeune fille pour qu'elle se débarbouille. Leur esprit contient naturellement une réserve bien plus vaste, ce qui facilite le transfert d'énergie… même si on pourrait bien se trouver devant un nouveau record.

Sophie jeta un regard au Magnat Leto, qui lui adressa un sourire serein.

— D'ordinaire, je vous dirais de vous reposer, car la plupart seraient vidés par un tel exploit, ajouta Rohana. Mais vous semblez tellement à l'aise que je serais curieuse de vous voir poursuivre.

Elle donna un nouvel éclabousseur à Sophie, non sans lui faire promettre de s'interrompre au moindre mal de tête. La jeune fille se sentait parfaitement bien.

Et lorsqu'elle planta une nouvelle « graine », l'orbe projeta de la peinture partout.

L'Instructrice Rohana hocha la tête.

— Je vous soupçonne de pouvoir abattre une montagne, à condition de rester à l'isolement assez longtemps.

— Pourquoi à l'isolement ? s'enquit Tam.

— Parce que rien ni personne ne viendrait drainer ses réserves.

L'Instructrice offrit un troisième orbe à Sophie, qu'elle fit sauter comme les précédents – même si cette fois il lui fallut plus de temps pour parvenir à ses fins.

Seuls deux autres Ambi parvinrent à l'imiter avant la fin de la leçon : le Magnat Leto et, plus surprenant, Jensi.

— J'ai dû voir juste avec ma théorie de l'osmose ! proclama le jeune homme, sans cesser de bondir sur place. À moins que je ne sois sur le point de manifester des talents de Télépathe ce qui serait génial, même si j'aurais préféré être Phaseur comme mon frère voire Chargeur ou encore...

Il poursuivit son énumération. Sophie, elle, avait cessé de l'écouter, trop consciente des regards posés sur elle.

— Je sais ce que tu ressens, chuchota Linh. Je me suis souvent demandé si je n'étais pas plus puissante que je ne le devrais. Mais j'ai arrêté de m'en faire après avoir inondé Ravagog.

— Oh, c'était toi ? s'écria Jensi.

Linh hocha la tête.

— Pour la première fois, j'étais heureuse de disposer d'un tel pouvoir. Tu feras des choses bien plus grandes avec le tien, dit-elle à Sophie.

La jeune fille la remercia. Pourquoi se sentait-elle aussi... troublée ? Ce n'était pourtant pas la première fois que ses pouvoirs mentaux flirtaient avec l'inquiétant.

Cette compétence recelait tout de même un aspect mauvais – comme si, à travers elle, les elfes oubliaient tous leurs principes pour s'engouffrer du côté obscur.

Ce qui faisait d'elle la mascotte des Ténèbres Nouvelles.

À peine les Instructeurs eurent-ils donné congé à leurs élèves que Jensi courut frimer auprès des Baveurs. Sandor accorda à Sophie la permission de s'attarder pour dire au revoir à ses amis. Tam et Linh traînèrent avec elle, jusqu'au moment où leurs parents firent mine de s'approcher. Ils sautèrent alors, sans demander leur reste.

Les Song semblaient trop intimidés pour aborder Sophie, plus encore lorsque Fitz et Biana l'eurent rejointe, accompagnés de leurs gardes du corps. Fitz en particulier parut contrarié par le triple exploit de son amie. Tout juste était-il parvenu à faire vibrer son éclabousseur.

Sophie était en train de lui donner deux ou trois conseils lorsqu'une voix narquoise s'éleva derrière eux.

— Alors, on attend Dizznee ?

Retenant un soupir, Sophie se retourna pour voir Stina, flanquée de Maruca.

— Qu'est-ce que ça peut te faire ?

— Oh, moi, rien, rétorqua Stina. Mais j'ai pensé que tu aimerais savoir que je l'ai vu attirer Marella à l'écart après le cours. Ils ne cessent de faire des messes basses depuis. Alors, jalouse ?

Sophie leva les yeux au ciel.

— Depuis quand es-tu redevenue amie avec Marella ?

Stina perdit de sa superbe.

— On ne s'est jamais fâchées. C'est juste que… c'est compliqué pour elle, maintenant que je suis devenue Empathe.

— Oh.

Sophie n'aurait su dire qui avait parlé, d'elle, Fitz ou Biana, mais il y avait fort à parier qu'ils le pensaient tous. La famille maternelle de Stina comptait nombre d'Empathes, sa manifestation n'avait donc rien de surprenant. Mais il y avait des années que la pauvre Marella tentait de déclencher ce talent, dans l'espoir de pouvoir enfin aider sa mère à mieux contrôler ses émotions.

— C'est dur, marmonna Sophie.

Stina hocha la tête.

— Si seulement son pouvoir voulait bien se manifester… peu importe lequel. C'est bien plus cruel de passer son temps à se demander « et si ? » Tu vois ce que je veux dire ?

Sophie voyait très bien. Avant d'avoir trouvé quoi répondre, pourtant, elle surprit Maruca en train de la dévisager de nouveau.

Stina donna un coup de coude à son amie.

— Allez, crache le morceau. Sinon pourquoi tu m'as fait venir ici ?

Maruca s'éclaircit la gorge pendant un si long moment que Sophie en eut mal rien que de l'entendre.

— J'aimerais que tu m'emmènes voir Wylie.

Chapitre 49

— Personne n'ira nulle part, décréta Sandor, qui avait déjà posé une main massive sur l'épaule de Sophie.

Grizel et Woltzer en firent de même avec Fitz et Biana.

Son garde du corps sur les talons, Sophie s'approcha de Maruca, en espérant que son regard froid suffise à dissimuler son mensonge.

— Je ne sais pas pourquoi tu me demandes ce service, murmura-t-elle.

— Oh, que si. (Maruca laissa passer un groupe d'élèves de l'Hémisphère Gauche avant d'ajouter :) Stina m'a tout raconté. Les Invisibles s'en sont pris à Wylie, et le Cygne Noir le garde au secret.

— Pas la peine de me fusiller du regard, maugréa Stina. J'ai entendu mon père en parler… or Wylie est de la famille de Maruca. Elle a le droit de savoir ce qui est arrivé.

— Vous êtes parents, Wylie et toi ? s'étonna Biana.

— Je ne t'en ai jamais rien dit à cause des tensions entre lui et ton père. Mais c'est mon cousin issu de germain… Ma mère m'emmenait tout le temps le voir. Elle est dans un état…

— Minute. Tu l'as dit à ta mère ? l'interrompit Stina. Tu m'avais promis de garder le secret !

— C'était avant de savoir de quel secret il s'agissait, rétorqua Maruca. Promesse ou pas, je ne peux pas cacher un tel événement à ma famille !

Elle n'avait pas tort. Certains problèmes étaient trop graves pour qu'on se préoccupe de simples promesses.

Pour autant, Sophie ne pouvait rien pour elle.

— Je n'ai pas le droit d'en parler, chuchota-t-elle. Demande plutôt au père de Stina.

— Voyons, tu sais très bien que mon père restera muet, rétorqua la nouvelle Empathe. Il se contentera de me punir pour l'avoir espionné.

— Il fallait y penser plus tôt, fit remarquer Fitz.

— Parce que tu n'as jamais écouté les conversations secrètes de ton père, peut-être, ironisa Stina.

— Bien sûr que si. Mais je suis toujours prêt à en subir les conséquences si je me fais prendre.

— Qu'est-ce que ça peut faire ? siffla Maruca, impatiente. Ma mère est prête à saisir le Conseil…

— Surtout pas ! s'exclama Sophie.

Elle prit le temps de s'assurer que le Magnat Leto était en pleine conversation avec les Instructeurs à l'autre bout du campus avant d'ajouter dans un murmure :

— Le Cygne Noir ne veut pas que le Conseil l'apprenne.

— Dans ce cas, mène-nous auprès de lui, rétorqua Maruca.

— C'est une menace ? demanda Biana.

Maruca coinça sa mèche bleue derrière son oreille dans un haussement d'épaules.

— Si c'est ce qu'il faut pour que je le voie…

— Tu t'adresses à la mauvaise personne, lui répondit Sophie. Je ne dispose pas du cristal nécessaire pour rejoindre sa planque.

— Quand bien même, si quelqu'un peut agir, c'est toi,

insista Maruca. Toi, l'attrape-soleil, ou le boobrie, ou je ne sais quel oiseau étrange.

— Le Colibri, rectifia Fitz. Même si je regrette un peu qu'ils n'aient pas appelé leur opération Projet Boobrie.

Sophie était trop tendue pour apprécier la plaisanterie.

— Tu surestimes mon influence au sein du Cygne Noir, dit-elle à Maruca. Ils ne m'écoutent jamais ! Et ils se montrent particulièrement obtus quand il s'agit de Wylie.

Maruca se mordit la lèvre.

— Tout ce que je te demande, c'est d'essayer. Je t'en supplie. Je sais que tu ne me connais pas… et que je n'ai jamais été très gentille avec toi. Mais j'ai besoin de le voir. J'ai besoin de m'assurer qu'il va bien, qu'ils ne l'ont pas brisé pour de bon.

Les sanglots dans sa voix eurent raison de la volonté de Sophie.

— Très bien. Une fois rentrée, je hélerai le Comité pour voir s'ils accepteraient d'organiser une entrevue.

— Pourquoi pas tout de suite ? la pressa Maruca.

Sophie désigna les groupes d'élèves qui s'attardaient tout autour d'eux.

— Parce qu'on ne devrait même pas en parler, surtout pas ici.

— Laisse-moi t'accompagner chez toi, alors, l'implora Maruca. Je ne dis pas que je n'ai pas confiance. Mais je pourrais t'aider à les convaincre…

— Elle n'en démord vraiment pas, fit observer Fitz. Ce serait drôle de la lâcher sur le Comité.

Sophie se mit à se masser les tempes.

— S'ils refusent, tu dois me promettre d'en rester là, d'accord ? Ou au moins de trouver quelqu'un d'autre à harceler.

Dès que Maruca eut acquiescé, Sophie sortit son cristal de foyer.

Stina passa son bras à celui de Sophie.

— Je viens avec vous, les filles.

— Moi aussi, annonça Fitz.

— Et Dex ? demanda Biana. Il va nous en vouloir si on part sans lui.

— Tu n'as qu'à rester, suggéra Fitz. Je te retrouverai à la maison dès qu'on aura fini, on en profitera pour échanger nos histoires.

— Oui, moi aussi je veux un compte rendu complet, décréta Sophie, un doigt pointé vers l'endroit où Stina disait avoir vu Dex et Marella en pleine conversation.

Marella leur tournait partiellement le dos, aussi était-il difficile de lire son expression.

Mais la jeune Télépathe aurait pu jurer qu'elle pleurait.

Une fois à Havenfield, dans l'impossibilité de héler M. Forkle (qui tenait toujours le rôle du Magnat Leto à Foxfire), Sophie contacta Granite.

Maruca poussa un murmure de surprise lorsque Sandor et Grizel ouvrirent la porte pour laisser entrer le Télépathe.

— Sacré déguisement !

— Nous sommes bien d'accord, déclara Granite dans un craquement pierreux avant de les suivre dans le salon. Je compte sur vous pour n'en parler à personne.

— Pourquoi ? s'étonna Maruca. Je ne sais même pas qui vous êtes.

— Nous préférons que le public en sache aussi peu que possible sur notre organisation. (Il se tourna vers Sophie.) Où sont tes parents ?

— Dehors, avec le nouveau stégosaure arrivé ce matin. Pourquoi, vous avez besoin d'eux ?

— Pas pour le moment. Mais je suis soulagé de les savoir sains et saufs. Que ce soit bien clair : jamais, en temps normal, je n'accepterais une telle rencontre. Si je l'ai fait, c'est uniquement parce que je sais combien votre famille compte pour Wylie, dit-il à Maruca. Et il se trouve que Médoc a prévu de le sevrer de ses sédatifs demain. Nous l'avons couvé autant que possible, mais il est temps pour lui de revenir à la réalité. Ce sera sans doute réconfortant pour lui de trouver quelques visages familiers à son réveil… si vous pensez en avoir le cœur, vous et votre mère.

— Nous sommes prêtes, lui assura Maruca, qui séchait quelques larmes. Nous ferons tout pour lui. Quand et où avons-nous rendez-vous, et comment…

— J'enverrai les instructions chez vous dès que je me serai entretenu avec Médoc, l'interrompit Granite. Ouvrez l'œil, vous devriez recevoir un parchemin dans la matinée.

— Est-ce que je peux venir aussi ? s'enquit Sophie.

— Mieux vaut ne pas trop l'éprouver, répondit Granite. De plus, je crains qu'il ne soit trop obnubilé par la faveur qu'il vous a demandée s'il vous voit.

— Quelle faveur ? demandèrent Stina et Maruca à l'unisson.

— Ça, c'est classé secret, décréta Granite. Tout comme la visite de demain. Personne ne doit être au courant en dehors de votre famille la plus proche. À ce propos… (Il s'approcha de Stina d'un pas vif.) J'espère qu'à l'avenir vous respecterez l'intimité de votre père. Le fait de surprendre une conversation ne vous donne pas le droit de la colporter à qui veut l'entendre.

— Maruca avait besoin de savoir, répondit la jeune fille, la tête haute.

— Dans ce cas, vous auriez dû en informer votre père et le laisser s'occuper de la situation selon le protocole. Nous appartenons à un ordre, mademoiselle Heks, et devons à ce titre obéir à un certain nombre de règles.

— C'est ce que vous dites à Sophie ? aboya Stina.

— Mlle Foster n'échappe pas aux sermons. Elle constitue aussi une exception : jamais je ne ferais l'erreur de vous placer, vous ou votre père, dans le même panier. Si nous avons des raisons de penser que votre famille met en péril notre sécurité, nous n'aurons d'autre choix que de libérer votre père de son serment. Est-ce là ce que vous souhaitez ?

Stina tenta de feindre l'indifférence, mais Sophie n'était pas dupe.

Pas plus que Granite, apparemment, puisqu'il hocha la tête avant de saluer une dernière fois Maruca et de sauter.

— Tu mènes une drôle de vie, dit la jeune fille à Sophie, contemplant le nuage de poussière calcaire laissé par le départ du membre du Comité.

— À qui le dis-tu, maugréa la Télépathe.

Elle n'était cependant pas au bout de ses surprises. Maruca et Stina parties, Fitz s'apprêtait à prendre congé à son tour lorsqu'ils entendirent frapper à la porte. Sur le porche se trouvait la Conseillère Oralie, vêtue de ses plus beaux atours.

— C'est au sujet de Gethen ? demanda Sophie.

L'Empathe esquissa un sourire.

— Moi aussi, je suis ravie de te voir.

— Pardon, bredouilla Sophie, prenant conscience de son impolitesse, avant d'effectuer une révérence affreusement maladroite. Que puis-je pour vous ?

— Tu pourrais appeler tes parents, déclara la Conseillère tandis que la jeune fille s'effaçait pour la laisser entrer. Nous avons fort à faire. Et, oui, il s'agit bien de Gethen.

Chapitre 50

— Vous nous avez obtenu une entrevue ? demanda Sophie pour ce qui devait être la cinquième fois.

Elle était tellement soulagée de se l'entendre confirmer !

Avec un sourire, Oralie lissa ses boucles déjà parfaites.

— Oui. J'ai obtenu l'autorisation de vous escorter, en compagnie de M. Forkle, dans les donjons de Lumenaria la semaine prochaine. J'attends encore qu'on me précise la date, même si ce sera sans doute le vendredi. Nous n'aurons que quinze minutes avec Gethen, aussi convient-il de bien préparer la rencontre.

— Et moi ? s'enquit Fitz.

Oralie lui prit la main.

— Je sais que vous êtes Apparentés, ce qui pourrait se révéler un atout de taille le moment venu. Mais seuls Sophie, M. Forkle et moi-même avons obtenu l'autorisation de le voir. Aucune exception possible.

— En dehors de son garde du corps, rectifia Sandor.

— Vous pourrez l'escorter jusqu'aux portes de la forteresse, précisa la Conseillère. Les gardes de Lumenaria prendront le relais à partir de là.

Sandor s'approcha d'Oralie d'un pas vif.

— C'est à moi qu'incombe la protection de Mlle Foster.

— J'en ai bien conscience. C'est même moi qui vous ai recommandé pour cette mission. Mais personne n'est autorisé à pénétrer dans le château et à voir les mesures de sécurité mises en place pour le sommet… pas même une personne de votre réputation. D'ailleurs, Sophie et M. Forkle déambuleront les yeux bandés.

— Vous plaisantez ? s'étouffa Sophie. Croyez-vous vraiment qu'on ira raconter ce qu'on aura vu ?

— C'est moins une question de risque avéré que potentiel. N'oubliez pas que les leaders de chaque espèce intelligente seront rassemblés pour ce sommet… Or, ils devront venir seuls, au cas où leurs gardes du corps soient des espions ou des traîtres. Ce qui signifie aussi que nous ne pouvons recourir non plus à nos gardes du corps réguliers. Une nouvelle équipe a été constituée, sélectionnée et entraînée spécifiquement pour le sommet, après être passée par un rigoureux processus de validation de la part des dirigeants de chaque monde. Nous garantissons aussi que personne à part les gardes ou les participants aux négociations ne posera ne serait-ce qu'un orteil à l'intérieur du château maintenant que nous avons commencé la mise en place du protocole de sécurité, afin d'éliminer toute chance de monter une attaque.

— Dans ce cas, comment pouvez-vous mener Sophie et M. Forkle jusqu'à Gethen ? s'étonna Fitz.

— C'est précisément la raison de ma visite, répondit Oralie, se tournant vers Grady et Edaline, apparus au pied de l'escalier et couverts de plumes de dinosaure violettes. Sophie est priée d'assister au sommet.

L'intéressée sentit sa mâchoire se décrocher. Grady, Edaline et Fitz eurent la même réaction – et Sophie aurait juré que tous les gobelins présents dans la pièce avaient poussé un murmure de surprise.

— Je sais… je suis la première étonnée, reprit Oralie. Mais le rôle unique qu'occupe Sophie au sein de nos différents mondes attise la curiosité des autres dirigeants, en particulier celle du roi Enki chez les nains et celle de la reine Hylda chez les gobelins. Quant à Sa Majesté Dimitar, elle a demandé à pouvoir l'interroger suite aux événements de Ravagog.

— Raison de plus pour que je l'accompagne ! contra Sandor.

— Sophie sera parfaitement protégée, je vous l'assure, promit la Conseillère. D'autant qu'en raison de son âge, elle devra être escortée par un parent ou un tuteur.

— Et vous nous préférez M. Forkle ? demanda Grady.

— Non, M. Forkle est invité à représenter le Cygne Noir. L'ordre s'est fait un nom au cours des derniers mois, si bien que les dirigeants tiennent à entendre leur avis sur les négociations. Mlle Foster sera accompagnée de Mme Ruewen, si elle est d'accord.

— Moi ? s'étonna Edaline.

Son mari secoua la tête.

— Ma femme a beau disposer d'une puissance formidable, je suis plus à même de protéger Sophie.

— Possible, répondit Oralie. Mais jamais les dirigeants ne toléreront la présence d'un Hypnotiseur parmi eux. Vous comprendrez leur raisonnement, je n'en doute pas.

— Alors vous me demandez d'envoyer ma femme et ma fille au-devant du danger ? s'insurgea Grady.

— Non, je demande à Sophie et à Edaline si elles seraient d'accord pour participer à un événement susceptible de changer le monde et placé sous haute sécurité, rectifia Oralie. À elles de décider si elles acceptent ou non.

Grady poussa un grognement mais se garda de protester davantage.

— C'est de la folie, tu es d'accord avec moi ? demanda-t-il à sa femme.

— Tout à fait, répondit-elle sans cesser de claquer nerveusement des doigts, faisant apparaître et disparaître une fleur de panacier dans sa paume. Mais ce n'est pas à moi de prendre cette décision. Qu'en penses-tu, Sophie ?

Il sembla à la jeune fille que ses entrailles se bousculaient vers sa bouche.

— Je pense que nous devrions y aller, parvint-elle cependant à bredouiller.

— Dans ce cas, Edaline ne pourrait-elle pas t'accompagner pour voir Gethen ? demanda Fitz, brisant le silence qui s'était abattu dans la pièce.

— Sans doute, répondit Oralie. Mais je ne vous le conseille pas. Je lui ai rendu visite hier lorsque je suis allée négocier avec ses gardes, et il est bien trop pressé de revoir Sophie. La présence d'un être qui lui est cher dans la pièce ne pourra que donner des munitions au prisonnier.

— Oh, me voilà fort rassuré quant à cette fameuse visite, maugréa Grady.

— Et moi donc, grogna Sandor.

— Je me suis assez entretenue avec M. Forkle pour avoir confiance en sa capacité à affronter Gethen, leur répondit Oralie. Quant à moi, je ferai tout ce qui est en mon pouvoir pour les aider.

— Et puis, je sais me défendre, rappela Sophie à la cantonade.

— Personne ne doute de ta puissance, lui assura la Conseillère. C'est bien ce qui fait de toi la cible de Gethen.

— Forkle est vraiment d'accord sur tous les points ? s'enquit Grady.

— Il le sera une fois que je l'en aurai informé, déclara Oralie. J'ai rendez-vous avec lui cette après-midi.

— Un instant… il n'est pas au courant ? s'étonna Edaline. Comment est-ce possible ?

Oralie jeta un regard en coin à Sophie.

La jeune fille soupira. L'heure était venue de se confesser.

— C'est moi qui suis allée voir la Conseillère Oralie pour lui demander d'organiser une entrevue avec Gethen, car je craignais que le Cygne Noir rate une occasion en or. Et, euh… je lui ai aussi parlé de Wylie.

L'aveu alourdit encore plus l'atmosphère, et Sophie eut l'impression de s'être brûlé la gorge.

— Quand ce petit tête-à-tête a-t-il eu lieu ? demanda Grady.

Sophie tripota son coup fourré.

— Juste avant que tu ne me punisses.

Le grognement de son garde du corps lui donna la chair de poule.

— J'en déduis que tu l'as accompagnée, dit Edaline, qui s'était tournée vers Fitz.

Le jeune homme fit deux ou trois pas en arrière au nouveau grondement de Sandor – cette fois imité par Grizel.

— Est-ce pour cette raison que vous aviez de la terre dans les cheveux, tous les deux ? ajouta l'Invocatrice.

— Flori nous a accompagnés, expliqua Sophie. Il ne faut pas lui en vouloir… ni à Fitz. C'est moi qui ai eu l'idée.

Grady se pinça l'arête du nez.

— Je savais que l'adolescence ne serait pas une sinécure. Mais je ne m'attendais pas à un tel cirque.

— Ce « cirque », comme tu dis, c'est ma façon d'empêcher les Invisibles de nuire, s'écria Sophie. Je ne le fais pas pour m'amuser !

Oralie se leva et tira un éclaireur rose de sa cape.

— Je ne m'y connais pas très bien en réunions de famille, dit-elle. Mais j'espère que vous ne vous montrerez pas trop sévères envers Sophie. Elle était parfaitement en sécurité dans mon château. Et elle a fait preuve de sagesse en venant à moi.

Grady ne semblait pas de cet avis. À peine la Conseillère fut-elle partie qu'il renvoya Fitz chez lui avec l'ordre d'avouer ses fautes à Alden. Quant à Sophie, elle écopait d'une semaine à soigner les pattes de Verdi. C'est ainsi que M. Forkle la trouva plongée jusqu'au coude dans la crasse d'orteils de tyrannosaure lorsqu'il se matérialisa dans la prairie.

— Tu connais la raison de ma venue, je suppose, dit-il à voix basse.

Sophie s'essuya les mains sur sa tunique.

— Je sais ce que vous allez me dire…

— J'en doute. (Il s'éclaircit la gorge à plusieurs reprises avant d'ajouter :) Je suis venu te remercier.

— En effet, ce n'est pas ce à quoi je m'attendais.

De minuscules rides joviales se creusèrent autour des yeux du vieil elfe.

— Je ne dis pas que je tiens à vous voir, vous les gamins, désobéir régulièrement à mes consignes ou fuguer au nez et à la barbe de vos gardes du corps. Et ce n'est pas parce que tout s'est bien passé cette fois que tu dois te croire libre de suivre toutes lubies. Mais… dans le cas présent, tu as fait le bon choix.

— Ce qui ne t'exempte pas de ta corvée de pédicure! lança Grady depuis l'enclos voisin.

M. Forkle sourit.

— C'est le prix de la rébellion… Quand on enfreint les règles, il faut en subir les conséquences, même si on a raison. Je suis malgré tout heureux de te savoir prête à défendre tes convictions.

Il s'attarda quelques minutes pour lui adresser un long sermon sur l'importance de planifier avec soin leur entrevue avec Gethen.

— Nous avons une semaine devant nous, conclut-il. Je compte sur toi pour trouver le bon angle d'attaque. Tu endosses enfin le rôle que nous t'avions imaginé. À toi de nous montrer ce dont tu es capable.

Chapitre 51

— *Prépare-toi à vouloir me faire des câlins!* déclara Keefe tandis que Sophie regardait les premiers rayons de l'aube colorer le ciel obscur. *À vrai dire, les nouvelles sont tellement bonnes que tu ne manqueras pas de vouloir m'embrasser… et je serai ravi d'accepter une reconnaissance de dettes.*

— *Dis-moi ce que tu as appris*, lui ordonna la jeune fille, trop fatiguée pour badiner.

Keefe ayant sauté leurs deux rendez-vous de la veille en raison d'une nouvelle dispute au sein des Invisibles, Sophie avait passé le plus clair de la nuit à se ronger les sangs, sans pouvoir établir un plan pour le sauver.

— *D'accord. Mais tu devrais au moins composer un poème épique en mon honneur. Attends, je vais t'aider : « Ode à Keefe Sencen, ce héros adorable et saugrenu. Il n'a peut-être pas les yeux pervenche, mais il a un très joli… »*

— *KEEFE!*

— *Bon, bon, d'accord. Mais souffre que je t'appelle Foster la Grognon tout au long de la conversation. Et accroche-toi, parce que je vais t'exploser les neurones. Prête?*

— *Je le suis depuis cinq minutes.*

— Ça, c'est ce que tu crois. Mais rien ne t'a jamais préparée à un truc aussi énorme.

— VIDE TON SAC !

— OK. Ne va pas te plaindre après. Fintan m'a donné un autre manteau en m'installant dans cette nouvelle planque. Au passage, c'est tellement plus sympa ici ! J'ai une chambre pour moi tout seul... et elle n'empeste pas les ongles de pied pourris !

— Si c'est ça, tes nouvelles, je ne te parle plus jamais de la vie.

— Eh bien, tu es vraiment d'une sale humeur ! Pfff... Tout va bien ?

— Ça va, oui. Mais tu m'inquiètes à me parler de tensions au sein des Invisibles. La dernière fois que Brant a perdu son sang-froid, il a tué Jolie.

L'évocation de la jeune fille sembla imposer aux deux jeunes gens une minute de silence.

— Je suis sur mes gardes, promit le jeune homme. *Et ce n'est pas Brant qui fait des histoires. C'est Ruy qui n'arrête pas de se plaindre de son châtiment pour avoir laissé Wylie s'échapper. C'est difficile d'obtenir des détails, mais Fintan change la disposition de ses pions en vue de son grand œuvre, et Ruy trouve sa nouvelle mission aussi inutile qu'humiliante.*

— Et tu ne sais pas en quoi consiste ce grand projet, je suppose ?

— Hélas, non. Tout comme je n'en sais pas plus sur le test réservé aux ogres, ni sur la rencontre entre le roi Dimitar et Fintan, la cache de Fintan, ni tous les autres sujets sur lesquels ils restent muets... mais avant de sombrer dans la déprime, je te rappelle que j'ai des nouvelles extraordinaires qui méritent une pluie de baisers !

— Si tu recommences à me parler de manteau et d'ongles pourris…

— Mais c'est par là que tout a commencé ! Enfin, pas les ongles d'orteil. Peu importe. Fintan insistait beaucoup pour que je porte mon manteau en permanence maintenant que je suis ici. J'ai songé que ça avait forcément un rapport avec le disque noir que tu as trouvé. Alors, hier soir, j'ai défait la couture inférieure, et bingo ! Nouveau disque, cette fois avec un fragment différent du motif.

Il lui transmit son souvenir de l'inscription : les traits et les flèches correspondaient à un rayon placé de l'autre côté du symbole de Polaris.

— *C'est tout ?* s'impatienta Sophie.

— Bien sûr que non ! Tu me prends pour un amateur ? J'ai aussi trouvé où l'emblème était projeté au sol, comme le souhaitait Mister Frangette. Il n'était pas là à mon arrivée, mais il est apparu quand Fintan se préparait à partir. Il s'agit sans doute de leur version branchée d'un luminateur, puisque la projection vient d'une sphère de cristaux suspendue au plafond. Je ne suis pas parvenu à en déterminer le fonctionnement, et quand Fintan m'a surpris en train de l'examiner, il m'a affirmé que je ne serais jamais capable d'en comprendre le symbole, ni son utilité… à moins d'en détenir la clé. Et c'est LÀ qu'intervient la super révélation de la mort qui tue.

— Vraiment ?

— Réfléchis un peu… à quoi peut servir une clé, à part à actionner une serrure ?

— Euh…

— Eh bien, tu es vraiment fatiguée.

— Grâce à toi.

Sophie se creusa la cervelle en quête d'un autre sens associé au terme « clé ». C'est alors qu'elle saisit.

— *Le symbole serait une carte ?*

— *BINGO ! Avoue, je viens de te pulvériser les neurones.*

Ce n'était pas faux.

— *Mais une carte de quoi ?* demanda Sophie, qui tentait de se remémorer tous les cercles, rayons et flèches. *De leurs planques ?*

— *C'est ce que je pense.*

Son esprit repassa au souvenir du motif luisant sur le sol de pierre sombre que Keefe venait de lui transmettre. Le rayon correspondant au disque placé dans son nouveau manteau dissimulait quelque chose dans le cercle qui l'achevait.

— *De nouvelles runes*, remarqua Sophie.

— *Exact. Au cas où tu n'arriverais pas à lire, il s'agit de Gwynaura.*

— *Encore une étoile.*

— *Encore dans le mille, espèce de petit singe savant.*

Ignorant la taquinerie, elle laissa son esprit parcourir toutes les cartes qu'elle avait mémorisées, dans l'espoir de trouver ce qui distinguait Gwynaura de ses congénères.

Ce n'était pas une étoile particulièrement brillante. Mais à l'instar d'Alabastrine, elle émettait une lumière blanche et pure.

— *Crois-tu que la carte soit basée sur une constellation de leur création ?* demanda-t-elle.

— *Possible. Mais peut-être les étoiles ne sont-elles que des guides. C'est le rôle des polaris, non ? Peut-être Gwynaura mène-t-elle à la planque où je me trouve. Et Alabastrine, à celle de Paris. Peut-être que chaque planque dispose de son étoile et de sa rune pour nous guider à elle.*

— *Mais je ne comprends pas comment ça fonctionne*, déclara Sophie. *La lumière a besoin d'un cristal pour créer le sentier.*

On ne peut pas se contenter de mettre la lueur stellaire en bouteille en espérant atterrir comme par magie dans une planque des Invisibles.

— C'est sans doute ce que sous-entendait Fintan en me parlant de clé. Mais n'oublie pas, il faut un gadget pour projeter le motif. J'espère que le cerveau de Technopathe de Dizznee sera capable d'en tirer les conclusions nécessaires… d'autant que Fintan m'a laissé un indice supplémentaire. Je crois qu'il veut voir si je suis assez malin pour trouver la solution, car il m'a dit : « Tout ce que tu as besoin de savoir, c'est que le code est simple. »

Chapitre 52

— « Le code est simple », marmonna Dex, le regard rivé sur le journal mémoriel où Sophie avait projeté l'intégralité de ce que lui avait montré Keefe. Quel code ?

— Aucune idée, admit-elle. Keefe espérait que tu puisses le deviner.

— Génial.

Dex se laissa retomber sur le lit de son amie sans cesser de répéter la phrase sibylline.

Fitz, Biana et Dex – sans oublier leurs gardes du corps – avaient retrouvé Sophie à Havenfield le matin même pour réfléchir ensemble à l'énigme, pendant que Tam et Linh restaient à Alluveterre afin de suivre le déroulement de la visite de Maruca et de sa mère à Wylie.

— Donc, on a un motif qui est aussi une carte, projeté par un gadget, résuma Dex, et il nous manque une clé sans doute liée à un code censé être simple.

— J'ai mal au cerveau rien qu'en essayant de te suivre, déclara Biana, qui clignotait çà et là sur le tapis floral. Cela dit, si Alvar est capable de comprendre, alors nous aussi.

— Certes, même s'ils lui ont sans doute donné la fameuse clé, lui rappela Fitz. (Il s'affaissa sur la chaise de bureau de Sophie pour caresser Iggy à travers les barreaux de sa cage.) Nous n'avons pas d'autre choix que de jouer aux devinettes. Sans oublier les runes, les noms d'étoiles, les disques noirs dissimulés dans des manteaux ou encore…

— Bon, ce qu'il faut, donc, c'est avancer pièce par pièce, décréta Sophie en tentant de chasser la migraine qu'elle sentait arriver. Keefe avait l'air de penser que le gadget jouait un rôle crucial, c'est pourquoi il tenait à ce que j'en parle à Dex.

Elle passa à la page où elle avait consigné le souvenir que l'Empathe lui avait montré de la sphère de cristaux.

— Tu vois quoi que ce soit susceptible de nous aider ?

— Peut-être qu'avec le gadget sous les yeux, si je pouvais l'ouvrir pour regarder à l'intérieur… répondit Dex. Mais une simple image ne m'apprendra pas grand-chose. Tout ce que je remarque, c'est cette ligne. (Du doigt, il souligna un trait violet lumineux qui traversait la sphère en son centre.) Il pourrait s'agir d'une sorte de scanner.

— Qui ferait quoi ? demanda Fitz.

— La réponse évidente serait qu'il « scanne des trucs », répondit Dex, ce qui collerait avec notre cas, puisque les scanners lisent en général des codes. Peut-être le symbole dissimule-t-il un code ? Le gadget le scanne, et à partir de là détermine le sentier qu'il projette ensuite… peut-être à l'aide de lumière d'étoile correspondante ?

— Ton hypothèse se tient, fit remarquer Fitz. Mais pourquoi ne pas tout simplement utiliser un luminateur ou un éclaireur ?

— Peut-être par souci de sécurité, suggéra Dex. Un cristal peut être perdu ou volé. Alors qu'un tel dispositif ne fonctionnerait qu'avec les personnes que les Invisibles forment. Ou alors, le Technopathe qui l'a conçu n'est vraiment pas dégourdi.

— Je croyais que tu trouvais au contraire leur Technopathe superdoué ? lui rappela Biana. Tu avais l'air impressionné quand on parcourait le dossier d'Alvar dans le registre, en tout cas.

— Il ou elle a employé tout un tas d'astuces auxquelles je n'aurais pas pensé, concéda Dex. Peut-être cet appareil est-il l'œuvre d'un autre Technopathe. Ou alors…

— Ou alors ? le relança Fitz lorsqu'il ne termina pas sa phrase.

— Un instant. J'ai besoin de réfléchir une seconde, répondit Dex.

Il se redressa pour feuilleter le journal mémoriel jusqu'à une page qui représentait le motif.

La seconde de réflexion en devint deux… puis trois, quatre, cinq… Sophie finit par renoncer à compter.

— Laissons-le faire, dit-elle avant de se tourner vers Biana. Est-ce qu'il t'a dit de quoi il parlait avec Marella hier ?

— Ah, c'est vrai, je n'en ai parlé qu'à Fitz ! Je crois qu'il avait décidé de demander à Marella si on pouvait interroger sa mère sur l'évaporation de Cyrah… et qu'elle a paniqué. En partie parce qu'il refusait de lui expliquer pourquoi. Mais surtout parce que sa mère ne supporterait pas un tel stress. Elle va tellement mal en ce moment qu'elle ne peut même pas sortir de la maison. D'après Marella, c'est parce qu'elle a entendu parler des exactions commises par les Invisibles. Et Marella refuse de prendre le risque d'aggraver son état en lui parlant de ces souvenirs douloureux.

— Ce qui est tout à fait compréhensible, murmura Sophie. La situation doit être tellement dure pour elle.

— Je sais. Elle pleurait, d'après Dex. Je m'en veux tellement de ne pas avoir pris de ses nouvelles plus tôt… mais si j'essaie maintenant, elle croira que c'est pour lui soutirer des informations sur Cyrah.

— Sans doute. On doit bien pouvoir faire quelque chose, quand même ! Peut-être que si…

Dex choisit ce moment pour bondir sur ses pieds.

— Tu te rappelles les chaînes arithmétiques que j'ai découvertes dans le dossier d'Alvar ? Tu pourrais les projeter ? demanda-t-il à Sophie.

— Bien sûr !

Elle reprit son journal pour y consigner les quatre chaînes de un et de zéros, tirets, chevrons et astérisques compris.

0-11-<<-1-1-1-0*

*0-1->-1->-111-0

*0->-111->>>-1-0

0-<<-1-1-11-<-0*

Dex contempla les chiffres si longtemps que Sophie s'apprêtait à relancer la conversation sur Marella.

Mais avant qu'elle ait pu ouvrir la bouche, le jeune homme s'esclaffa, le poing brandi :

— Je sais à quoi correspond cet indice !

Chapitre 53

— Ces chiffres, ce ne sont pas des chiffres ! expliqua Dex. Enfin, si, bien sûr… c'est plutôt le motif qui n'en est pas un. Ou alors c'est les deux, suivant l'angle sous lequel on se place.

Il soupira devant leurs mines hébétées.

— D'accord, essayons autre chose, reprit-il. Je peux avoir de quoi écrire ?

Sophie lui tendit un crayon et l'un de ses cahiers qu'il ouvrit à une page vierge.

— Biana, peux-tu me lire la première séquence trouvée dans les données d'Alvar, en prenant soin de m'indiquer les tirets et autres symboles aussi ?

— D'accord. Zéro, tiret, un, un, tiret, signe inférieur, signe inférieur, tiret, un, tiret, un, tiret, un, tiret, zéro, astérisque.

Dex contemplait le résultat avec un sourire triomphant.

— Vous voyez ce qui se passe quand je convertis tous ces caractères en symboles ?

Il brandit son dessin.

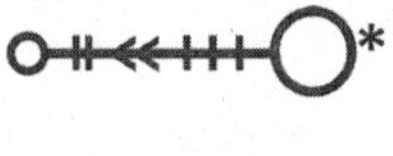

Tous poussèrent un soupir ébahi.

Le motif ressemblait exactement à l'un des rayons du symbole de Polaris – et pas n'importe lequel. Celui correspondant à la planque parisienne, qui se trouvait justement être celle où se trouvait Alvar lorsque son pendentif d'identification avait émis ce code.

— On peut en faire de même avec les autres codes que j'ai trouvés, ajouta Dex. L'astérisque indique lequel des zéros correspond au centre. Vous voyez ?

Il dessina les trois codes restants avant de les présenter à ses camarades. Chacun correspondait parfaitement à l'un ou l'autre rayon du symbole.

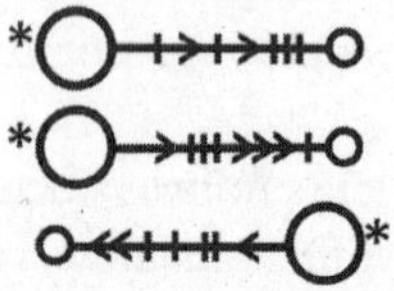

— Comment as-tu deviné ? demanda Fitz, impressionné.

— Grâce à l'indice de Fintan, répondit Dex. Je me suis rappelé avoir dit que c'était trop simple d'utiliser un code à base de un et de zéros. Le plus fou, c'est que ça n'a rien de simple ! C'est un système incroyablement ingénieux. Le code est caché sans l'être, utilisable et scannable quelle que soit sa forme, et en plus, il permet de répertorier sans peine leurs positions. Vous voyez celui du haut ? C'est la planque où s'est rendu Alvar à l'époque où il n'était encore que le Garçon qui avait disparu.

L'estomac de Sophie fit un soubresaut.

— C'est la planque où vient de s'installer Keefe.

Elle n'aurait pas dû s'en étonner – ni s'en inquiéter. Et pourtant…

— Alors les deux autres rayons correspondent à des planques que Keefe n'a pas encore visitées, c'est bien ça? demanda Biana. Est-ce que ça signifie qu'on sait à présent comment les trouver?

— Techniquement, oui, répondit Dex. Nous devrions être capables de trouver toutes les planques qu'on veut, mais…

— J'aimerais en profiter pour préciser qu'aucun de vous ne quittera cette maison, l'interrompit Sandor, rappelant au groupe que quatre gobelins épiaient leur conversation depuis le couloir.

— Ne t'en fais pas, lui répondit le Technopathe. On ne pourrait pas de toute façon. Le seul moyen de faire marcher ce système, c'est de posséder un de leurs gadgets spéciaux pour scanner le code et le convertir en un sentier… à supposer que j'aie vu juste sur le fonctionnement dudit gadget.

— Pourrais-tu en fabriquer un? demanda Fitz.

— Pas sans en avoir un sous la main pour l'étudier, déclara Dex. Quoique, peut-être qu'en bricolant un scanner…

— Là encore, le coupa Lovise, personne ne fabriquera de gadget pour aller s'introduire chez l'ennemi.

Le jeune Technopathe leva les yeux au ciel.

— Ce n'est pas parce que j'en construis un que je vais forcément m'en servir.

Les quatre gobelins lâchèrent un rire narquois.

— Mais bien sûr, rétorqua Sandor. Vous êtes connus pour votre retenue, tous les quatre.

— De toute façon, vous ne pourrez pas m'empêcher d'essayer, répliqua Dex. Même si, pour être honnête, je doute de réussir. Ce système est tellement sophistiqué que je n'ai presque aucune chance de le reproduire sans un exemple sous la main. D'autant que je n'ai toujours pas cerné le rôle des runes. Le gadget pourrait canaliser la lumière des étoiles correspondantes… Mais la planque parisienne se trouvait sous terre, du coup je ne vois pas trop comment ça fonctionnerait. Les étoiles pourraient n'être que le nom des planques… ce qui paraît un peu trop simple.

Sophie soupira.

— Une fois encore, on a fait de nombreuses découvertes, mais on n'est toujours pas plus avancés. Et je ne vois vraiment pas quoi faire à présent.

— On pourrait communiquer toutes ces informations à Keefe, proposa Biana. Comme ça, quand tout le monde sera couché, il pourrait en profiter pour…

— Mauvaise idée, l'interrompit Sophie. Je parie que s'il se rend dans une planque sans le disque correspondant dans son manteau, les Invisibles sauront qu'un intrus s'y est introduit.

— Tu as sans doute raison, marmonna Biana. Ah… c'est tellement frustrant d'être à la fois si près et si loin du but ! Qu'est-ce qui nous échappe ?

Les minutes s'écoulèrent tandis qu'ils examinaient le symbole.

Sophie s'apprêtait à abandonner lorsque Biana émit un couinement étrange.

— Et si c'était ce gadget qui avait permis aux Invisibles de s'introduire dans la Tour d'Argent ? s'interrogea-t-elle. S'ils en dissimulaient un quelque part, ils pourraient sauter à l'endroit choisi, non ?

— Tout dépend du fonctionnement, répondit Dex. La tour dispose de toutes sortes de mécanismes pour empêcher les intrus d'y sauter, mais peut-être le gadget utilise-t-il la lumière de façon différente ?

— Tu ne crois pas qu'il aurait été retrouvé pendant la fouille ? demanda Fitz.

— Pas si les Invisibles l'ont emporté avec eux au moment de repartir, contra Biana. Pourquoi ne pas demander à Tam de chercher dans la tour une empreinte ténébreuse, comme à Paris ?

— Mais il lui faudrait des siècles, protesta Dex.

— Vrai, acquiesça Fitz. Mais c'est mieux que rien. Il pourrait commencer par le miroir Polaris. Avouez que la coïncidence est quand même troublante.

— Ça vaut le coup d'essayer, décréta Sophie. Fintan sera sans doute impressionné quand Keefe prétendra avoir tout trouvé tout seul.

— Tu pourras aussi interroger Gethen à ce sujet, ajouta Fitz. Je n'arrive toujours pas à croire que tu vas le voir sans moi… Quel intérêt à être Apparentés s'ils ne nous laissent même pas travailler ensemble ?

— C'est presque aussi absurde que de nommer un garde du corps avant de lui interdire d'accompagner sa protégée lors des missions les plus dangereuses, lança Sandor depuis le couloir.

— Tout va bien se passer, leur assura Sophie. J'ai déjà tenu tête à Gethen.

Elle s'inquiétait plus de la brièveté de l'entretien. Avec quinze petites minutes à sa disposition, ce serait un miracle de lui soutirer ne serait-ce qu'une seule information.

— Quelle serait la question la plus importante de toutes, à votre avis ? demanda-t-elle à ses comparses.

— Que veux-tu dire ? l'interrogea Fitz.

— Quel est l'élément que nous avons absolument besoin de découvrir, plus que tout le reste ? J'essaie de déterminer sur quoi me concentrer pendant l'entrevue.

La dernière fois, ils avaient tenté d'apprendre tout ce qu'ils pouvaient sur l'épidémie gnome et le sort de Lady Gisela. Cette fois, pourtant, la menace était terriblement fragmentée, diffuse, mystérieuse.

Devait-elle lui demander ce que les Invisibles voulaient à Grady et Edaline ? Ou ce que signifiait l'héritage de Keefe et l'étrange porte dans la montagne ? Devait-elle tenter d'obtenir des détails sur le Projet Polaris, sur son rapport avec les « sujets tests », les « critères » et la théorie de Keefe concernant un « rassemblement » ?

Chaque interrogation semblait cruciale – mais l'étaient-elles assez pour lui servir d'atout dans un jeu aussi délirant ?

Plus elle retournait la question dans son esprit, plus elle se rendait compte combien les Invisibles lui avaient forcé la main. Peu importe ce qu'elle pensait décisif. Tout ce qui importait, c'était ce à quoi eux tenaient – ce qu'ils désiraient si violemment qu'ils étaient prêts à prendre un risque considérable pour parvenir à leurs fins.

Autrement dit, elle devait demander à Gethen ce que les Invisibles voulaient à Wylie.

Chapitre 54

— L'astuce avec Gethen, c'est de lui faire croire qu'on s'intéresse à une chose en particulier pour lui faire baisser la garde autour des données dont on a vraiment besoin, expliqua Sophie à Fitz.

Tous deux fixaient la page qu'elle avait très originalement intitulée « Plan pour piéger Gethen ».

Page qui demeurait vide.

Depuis des jours.

Sophie commençait à craindre qu'elle le reste jusqu'à la fin des temps.

Six jours s'étaient écoulés depuis la visite de la Conseillère Oralie. L'entrevue devait avoir lieu vendredi, ce qui leur laissait quarante-huit heures pour mettre au point leur stratégie.

L'option la plus logique, de l'avis de Sophie, c'était que tout le monde cesse de l'infantiliser et la laisse recourir à sa télépathie génétiquement renforcée. Une suggestion qui, hélas, avait été unanimement reconnue comme la Pire Idée de l'Histoire des Mauvaises Idées. Personne n'était prêt à donner à l'unique Télépathe des Invisibles l'occasion de trafiquer l'esprit de Sophie. M. Forkle se chargerait donc de plonger dans l'esprit de Gethen pour le fouiller, pendant que la jeune fille se trouverait une fois de plus reléguée au rôle de « distraction ».

— Ça ne marchera pas, maugréa-t-elle avant de s'adosser contre son lit.

Elle avait passé tellement de temps assise par terre, à chercher des idées avec Fitz, qu'elle ne sentait plus ses jambes.

— J'ai déjà joué les diversions avec Keefe la dernière fois. Gethen y sera préparé… d'autant qu'il sait combien tout le monde tient à me protéger.

— Dans ce cas, rends la diversion tellement énorme qu'il ne puisse pas l'ignorer, proposa Fitz.

— D'accord, mais comment ?

Et… retour à la case départ.

Dans l'ensemble, le groupe avait fait des progrès pour ainsi dire nuls.

Les réponses de Keefe se faisaient de plus en plus courtes et se terminaient immanquablement par un « faut que j'y aille… cesse de t'inquiéter » avant qu'il ne tourne son attention ailleurs. Certes, il était parvenu à informer Sophie que Fintan lui avait confié une importante mission pour le récompenser d'avoir résolu l'énigme du symbole – après quoi, il s'en était tenu à des « oui », « non » et « relax, Foster ».

De son côté, Dex avait fait plusieurs tentatives pour construire une copie du gadget des Invisibles. Pour l'heure, tout ce qu'il avait réussi à faire, c'était percer un trou dans le plancher de sa chambre. Quant aux recherches de Tam dans la Tour d'Argent, elles avançaient à une allure d'escargot. Le miroir Polaris n'avait rien donné de concluant, aussi le jeune homme en était-il réduit à fouiller chaque pièce une à une.

Linh avait choisi de passer son temps à Alluveterre avec Wylie. Le jeune homme, qu'on avait réveillé lors de la visite de Maruca et de sa mère, n'avait dit mot à personne depuis et ne réagissait qu'aux tours de l'Hydrokinésiste. Linh avait même récolté un demi-sourire lorsqu'elle avait modelé l'eau en une danseuse pleine de grâce qui s'était mise à tournoyer à travers la pièce. Ce qui n'avait pourtant pas suffi à rassurer tout le monde sur la santé mentale de Wylie.

Biana, quant à elle, s'était attelée au projet le plus illusoire : se réconcilier avec Marella – même si elle savait que la jeune fille douterait de sa sincérité. « Je préférais quand vous ignoriez mon existence », s'était jusque-là contentée de lâcher Marella.

Même leurs dernières leçons pratiques avec les Instructeurs d'Exillium s'étaient révélées plus épuisantes qu'enrichissantes. Ils devaient diriger leur énergie sous terre pour provoquer des secousses. Sophie était la seule de leur Hémisphère à avoir réussi l'exercice… en faisant trembler la terre deux secondes durant, un exploit d'autant plus gênant lorsqu'elle le comparait à la capacité qu'avaient les nains de fendre le sol d'un simple coup de pied velu. Ce fameux programme d'entraînement ne serait-il donc qu'un immense fiasco ? Peut-être qu'avec le temps, les elfes parviendraient à impressionner leur prochain. Mais au rythme auquel ils progressaient, il leur faudrait des années.

Les Instructeurs eux-mêmes semblaient découragés.

— La moitié du défi consiste à convaincre l'esprit de s'engager… mais la plupart pensent encore qu'il s'agit de capacités « communes », et préféreraient exercer leurs talents.

Au moins Grady et Edaline avaient-ils trouvé de quoi s'occuper. Ils tenaient des réunions régulières avec Lady Cadence afin d'en apprendre autant que possible sur les ogres avant le sommet de la paix. Ils consacraient en général leurs conversations aux relations politiques complexes nouées entre les différentes espèces. Lorsque Sophie et Fitz descendirent à la cuisine prendre un goûter ce jour-là, pourtant, ils trouvèrent les adultes en pleine discussion sur le meilleur moyen de canaliser le tempérament du roi Dimitar.

— Vous compliquez inutilement les choses, disait Lady Cadence aux parents de Sophie. Tout ce que vous aurez à faire, c'est le traiter comme un égal en intelligence. Les ogres ont beau être différents de nous, ce sont des créatures complexes et sophistiquées, avec leur propre culture, leurs besoins et leurs désirs spécifiques…

— Qui ont tenté d'éradiquer la population gnome, la coupa Sophie. À deux reprises. Leur ont volé leur patrie. Et ont tenté d'affaiblir les Cités perdues en réduisant les gnomes en esclavage. Et se sont alliées avec les Invisibles. Et…

— Je ne dis pas que les ogres n'ont pas commis certaines erreurs, rétorqua Lady Cadence, sous les sarcasmes des gobelins. Ce que je dis, c'est que ça n'annule en rien leurs bons côtés… d'autant que les elfes ne sont pas blancs comme neige non plus. Nous avons attisé les tensions entre nos deux espèces en refusant de prendre le temps de les comprendre, préférant les contraindre à renoncer à certains fondements de leur société. Qui sommes-nous pour leur dicter comment vivre ? Qui sommes-nous pour tirer les ficelles de sociétés et d'espèces différentes des nôtres ?

— Lorsque ces sociétés tentent de faire la guerre à d'autres afin de voler leurs terres, il me semble qu'une intervention s'impose, argua Sandor.

— Non, ce qu'il faut, c'est une médiation, rectifia Lady Cadence. Il faut mettre fin aux combats, certes. Mais ça ne veut pas dire qu'on ne puisse arriver à un compromis plus satisfaisant. Je me suis entretenue avec Sa Majesté Dimitar, et…

— Pardon ? s'écrièrent elfes et gobelins de concert.

— Oh, inutile de pousser des cris d'orfraie ! Je connais Dimitar depuis longtemps. Lorsque j'ai appris qu'il avait accepté de participer au sommet, je lui ai demandé de m'autoriser une visite.

— Vous êtes allée à Ravagog, donc, clarifia Grady.

— Plutôt ce qu'il en reste…

Une ombre grave plana sur les traits guindés de Lady Cadence tandis qu'elle jouait avec sa chaîne de marque – un collier que le roi Dimitar lui avait offert pour assurer sa sécurité lorsqu'elle vivait parmi les ogres.

— Je ne blâme personne pour la destruction de la ville. Mais je suis triste de constater que nul n'a pris le temps de considérer les pertes essuyées par les ogres. Pourquoi croyez-vous que Dimitar a accepté de me rencontrer ? Je suis l'une des rares elfes prêts à l'écouter, à ouvrir les yeux…

— Si on oublie les Invisibles, lui rappela Sophie. Vous a-t-il parlé de sa rencontre à venir avec Fintan ? Et du test que le Pyrokinésiste lui a imposé afin de prouver qu'une nouvelle alliance entre eux était possible ?

— Figurez-vous que oui, il m'en a parlé. Et je l'ai fortement dissuadé de s'y plier. Comprenez bien : Dimitar se trouve dans une impasse. Nombre des restrictions que le Conseil espère imposer par le biais de ce nouveau traité forceront les ogres à changer leur mode de vie.

— Ce qui lui donne le droit de s'allier avec des meurtriers ? demanda Fitz.

— Bien sûr que non, monsieur Vacker. C'est précisément ce que j'ai dit à Dimitar. J'ai tenté de l'aider à trouver une alternative. J'espère encore que le Conseil parviendra à mettre au point un traité à même de ramener la paix dans tous nos mondes, en octroyant par la même occasion aux ogres la liberté de rester fidèles à eux-mêmes. Dans le cas contraire, j'espère que le roi choisira une autre voie que celle de la violence.

— Ben voyons, grommela Sophie.

Lady Cadence claqua la langue.

— Vous me décevez, mademoiselle Foster. J'espérais vous voir apporter un peu de compassion à ce sommet. Après tout, ne seriez-vous pas prête à excuser les humains pour les nombreux griefs que nous avons contre eux ? Or, les Hommes sont les champions de la violence. Oui, les ogres doivent apprendre à partager cette planète de façon pacifique. Et oui, il leur faut assumer les conséquences de leurs actes à l'encontre des gnomes et de toute autre espèce qu'ils auraient malmenée. Mais en nous obstinant à leur imposer des lois qui mettent en péril leur mode vie, nous scellons notre propre sort. Le roi Dimitar apprécie l'aide des elfes… mais uniquement de ceux qui le traitent en ami.

— Pour ma part, je n'ai aucune envie de faire ami ami avec le roi Dimitar, rétorqua Sophie.

Lady Cadence poussa un long soupir.

— C'est une erreur. J'espère que vous changerez d'avis avant qu'il ne soit trop tard.

— À votre place, je n'y compterais pas trop.

Sophie regagna l'étage d'un pas vif.

— Non mais je rêve ! lança-t-elle à Fitz une fois de retour dans sa chambre. Elle voudrait que je fraternise avec un être qui a tenté de me tuer deux fois au moins… un être qui a poussé Calla au sacrifice !

Fitz se laissa glisser au sol avec un soupir.

— Si ça peut te consoler, je doute qu'elle parle de l'inviter à ton Gala du Vannage.

— Merci, j'avais justement besoin de cette image! maugréa Sophie, qui visualisait à présent le monarque musculeux planté au milieu d'une longue file de prétendants.

D'un autre côté, la simple idée d'une longue file de prétendants suffisait à l'effrayer.

— À mon avis, ce qu'elle voulait dire, ajouta Fitz à voix basse, c'est que les ogres se montreraient plus coopératifs si nous ne les traitions pas comme des ennemis. Et elle n'a pas tort. Si le Conseil a l'intention durant le sommet de mener les ogres à la baguette et de les remettre à leur place, cette attitude ne fera que braquer le roi Dimitar.

— Ne viens pas contrarier ma bouderie avec ta logique, grommela Sophie.

Fitz s'esclaffa.

— Je croirais entendre Keefe.

— Vraiment? Mince, il doit déteindre sur moi.

— Pas trop, j'espère.

Fitz avait parlé sur le ton de la plaisanterie. Mais son regard semblait habité d'une flamme qui embrasa les joues de Sophie.

— Je ne sais pas si le monde pourrait supporter un deuxième Keefe Sencen, ajouta-t-il.

Le cœur de Sophie battait tellement fort qu'elle ne saisit que le dernier mot de sa phrase suivante.

— Qu'as-tu dit? demanda-t-elle.

Il ramassa leur feuille de route – toujours vierge – pour tromper Gethen.

— Je disais, et si la réponse, c'était l'amitié? Et si, au lieu de traiter Gethen comme un adversaire, tu lui faisais croire que tu viens en amie?

— Jamais je ne serais crédible, répondit Sophie. Je te rappelle que je lui ai mis mon coup fourré dans la figure.

— Oh, ça, je ne risque pas de l'oublier ! Mais je ne te parle pas d'en faire ton meilleur ami pour la vie. Tu pourrais juste lui proposer une alliance. Lui rappeler que les Invisibles le laissent pourrir depuis des mois dans cette cellule, sans projet de le secourir. Lui proposer un pacte.

— Jamais le Conseil n'accepterait de passer un marché avec lui… et je ne le voudrais pas non plus.

— Je le sais bien, répondit Fitz. Mais tout ce qu'on cherche, c'est une diversion, non ? Quoi de mieux, comme distraction, qu'une offre de mise en liberté ? Parle-lui de Wylie. Dis-lui que nous sommes prêts à faire n'importe quoi pour empêcher qu'un tel incident se reproduise. S'il formule d'autres exigences, fais mine de les prendre en considération. Tu auras une Conseillère avec toi… Mets Oralie dans le coup. Vous n'avez pas besoin d'être sincères, juste de vous montrer assez convaincantes pour le faire réfléchir. Car plus il réfléchira, plus il baissera la garde. Alors, M. Forkle pourra franchir ses défenses et récolter les informations nécessaires. Qu'en penses-tu ? Ça pourrait marcher ?

— J'en pense… que tu es un génie !

Fitz sourit de toutes ses dents, le regard incandescent. Sophie rougit de plus belle.

— Un génie, peut-être pas, dit-il, effleurant ses bagues d'Apparenté. Mais on forme une belle équipe, non ?

Sophie acquiesça.

— La meilleure.

Chapitre 55

— Je n'arrive pas à croire que c'était sérieux, cette histoire de bandeau, grommela Sophie, agrippée aux mains calleuses des gobelins qui la guidaient à travers Lumenaria.

Elle avait déjà bien assez de mal à descendre un escalier de pierre en colimaçon sans se briser le cou les yeux ouverts.

Suivant les instructions d'Oralie, Sandor l'avait escortée à l'aube jusqu'à l'île, où la Conseillère et M. Forkle les attendaient sur la rive rocailleuse. Bercé par le mugissement des vagues sombres, le château scintillant se découpait sur le ciel d'un gris rosé tandis qu'une dizaine de gobelins lourdement armés marchaient à leur rencontre.

Les gardes avaient palpé la petite troupe pour confisquer toute arme ou tout gadget – jusqu'aux bijoux, même – avant de mener Sophie, Oralie et M. Forkle dans la cour principale. Les portes s'étaient refermées avec fracas derrière eux pour les retenir dans la forteresse. La dernière chose que Sophie avait vue avant que les gardes ne lui couvrent les yeux d'un bandeau amidonné était le regard de Sandor lui indiquant qu'il l'attendrait sur place, sans bouger.

Deux paires de mains l'avaient alors attirée en avant pour la faire avancer d'une démarche mal assurée. L'air changeait au fil de leur progression, tour à tour chaud ou froid, doucereux ou salin suivant les pièces. L'escalier dont ils venaient d'attaquer la descente semblait humide et rance. Seul résonnait l'écho de leurs pas lourds qui enflait dans les espaces réduits.

Sophie comptait chaque marche dans une tentative de visualiser une carte mentale de la forteresse labyrinthique. C'était le genre d'information qu'elle serait sans doute ravie, un jour, d'avoir retenue – même si tous ces tours et détours lui rendaient la tâche difficile.

— Une fois dans le donjon principal, vous pourrez voir de nouveau, lui promit le gobelin qui lui tenait la main gauche.

Sophie n'était pas autorisée à connaître leurs noms, aussi avait-elle décidé de les surnommer Gaucher et Droitier.

Gaucher la rattrapa lorsqu'elle trébucha de nouveau. Elle en profita pour s'appuyer contre le mur. La surface, en apparence boisée, grinça sous son poids.

Encore une porte.

C'était la quatrième qu'elle tâtait en quelques minutes – même s'ils avaient pu en passer d'autres en chemin.

— Nous y sommes presque, annonça Droitier d'une voix rauque et sifflante. Encore quelques couloirs, puis une dernière descente.

— Je crois que nous n'avons pas la même définition du terme « presque », fit remarquer Sophie. Je me doutais que l'endroit était immense, mais je ne m'attendais pas à de telles dimensions.

— C'est l'un des éléments centraux de la sécurité, expliqua Oralie. Le donjon de Lumenaria a été conçu pour accueillir les prisonniers diplomatiques, autrement dit des détenus trop précieux pour finir entassés au centre de la terre à Exil. Mais il se devait d'être tout aussi impénétrable.

— Combien de prisonniers y a-t-il ? demanda Sophie.

La Conseillère sembla hésiter avant de répondre.

— Je n'en suis pas sûre, admit-elle.

— Ils sont deux, répondit Droitier.

— J'en déduis que le deuxième appartient à un Secret oublié ? s'enquit M. Forkle.

— Sans doute, répondit Oralie à voix basse.

— S'il s'agit d'un Secret oublié, comment les gardes sont-ils au courant ? s'étonna Sophie.

— Nous nous occupons de lui, expliqua Gaucher. De plus, il est de notre devoir de connaître toutes les menaces et dangers potentiels. Mais nous avons l'ordre le plus strict de ne pas divulguer le moindre détail spécifique à son sujet, pas même au Conseil. Par ici.

Il attira Sophie dans un couloir plus large que les précédents. Les ténèbres semblaient plus diffuses, moirées de gris.

Un filet de sueur dévala l'échine de la jeune fille tandis qu'ils empruntaient de nouveaux virages. Puis les gardes firent halte.

— Pour le dernier segment, je vais devoir vous porter, annonça Gaucher.

Il la souleva par la taille pour la hisser ensuite sur son épaule tel un sac de patates. Sophie sentit ses pieds effleurer la froideur du métal. Les muscles du garde se tendirent contre son estomac : ils entamaient une lente descente. L'air semblait chargé d'humidité et de rouille. Une échelle, sans doute.

— Nous pouvons à présent ôter les bandeaux, déclara Droitier lorsque Gaucher reposa la jeune fille par terre.

Je vous conseille cependant de ne pas ouvrir les yeux trop brusquement.

Sophie obéit à son conseil – ce qui n'empêcha pas la clarté aveuglante de lui transpercer les cornées comme une lame chauffée à blanc. Elle s'était attendue à découvrir une pièce sombre, aux parois rocheuses condamnées de barres de fer. Au lieu de quoi ils se trouvaient dans un espace circulaire, propre, et chaque pierre, d'un blanc argenté, luisait comme si elle avait été taillée à même le soleil.

Tout juste parvenait-elle à concentrer son regard sur les six portes d'argent en arche disposées tout autour de la pièce, et dont aucune n'arborait serrure ou poignée.

Trois des gobelins qui les escortaient apposèrent leurs paumes contre l'un des battants métalliques pour faire apparaître une sorte de panneau de combinaisons.

— Connaissez-vous le code qu'ils sont en train d'entrer ? demanda Sophie à Oralie.

— Pas celui du moment, non. Il change trois fois par jour et est transmis aux Conseillers suivant un ordre aléatoire, afin que personne ne puisse deviner qui aura accès au donjon à un moment t.

— Malin, lâcha M. Forkle.

— Vous n'avez pas idée, lui répondit Droitier.

— Vos quinze minutes débuteront dès la porte ouverte, annonça Gaucher. Pas de prolongations.

— Ne vous en faites pas, ajouta Droitier. Il ne pourra pas vous approcher. Vous serez entourés d'un champ de force qui s'adaptera à vos mouvements.

— Je te demande quand même de rester à mes côtés, intima Oralie à Sophie avant de lui prendre la main. J'aimerais rester en contact avec toi afin de surveiller tes émotions.

— Et n'oublie pas, ajouta M. Forkle. Sous aucun prétexte tu ne dois tenter de lire ses pensées. Peu importent ses provocations.

— Je connais le plan, rétorqua Sophie.

Il était bien conçu. Elle avait juste à s'y tenir.

Pourvu que ça marche…

Carrant les épaules, elle compta jusqu'à trois pour se donner du courage avant de serrer les doigts de la Conseillère.

— Allons-y !

Chapitre 56

Sophie avait répété son discours au moins une centaine de fois. Pourtant, lorsqu'elle pénétra dans sa cellule éblouissante et glaciale, les premiers mots qui s'échappèrent de ses lèvres furent pour demander :

— C'est bien Excalibur que je vois fichée dans la pierre ?

— Ravi de voir que nous n'avons pas anéanti la curiosité naïve de Mlle Foster… pour l'instant, ronronna Gethen depuis le centre de la pièce.

Il était assis en tailleur, tête baissée, comme en méditation – mais ses vêtements gris froissés et sa tignasse blonde graisseuse démentaient son expression sereine. Et si son hématome avait guéri, son nez, lui, semblait tordu pour de bon suite au coup de poing de Sophie.

Il semblait plus maigre, aussi.

Plus pâle.

Plus fou.

Derrière lui, pour toute décoration, un socle de pierre accueillait une épée d'argent étincelante fichée en son milieu.

— Je ne suis pas certaine de savoir de quelle épée il s'agit au juste, répondit Oralie à Sophie, mais chaque cellule dispose d'une lame semblable, emprisonnée dans la pierre de façon permanente.

— C'est ma seule distraction, déclara Gethen, qui les étudia tour à tour de ses yeux perçants. Même si je me doute qu'elle est plutôt là pour amuser les gardes. Ils ont placé des paris sur ma persévérance, j'en suis convaincu. J'ai toujours cru que je parviendrais à résister à la tentation, mais… (Il tendit la main droite pour révéler des ampoules en forme de losanges, comme ceux gravés sur la poignée de l'épée.) Parfois, je suis incapable de résister à un défi.

— Ce n'est pas un défi, mais le rappel constant que quel que soit le pouvoir que vous ayez possédé auparavant, il est à présent aussi inutile que cette lame, rétorqua Oralie.

— Ça, c'est vous qui le dites. Quelle ironie si je devais un jour utiliser cette même lame pour trancher votre ravissante tête ?

Il bondit sur ses pieds pour saisir l'épée. Sophie recula en catastrophe.

Oralie, elle, ne cilla pas.

— L'épée ne bougera pas.

— En êtes-vous sûre ? chuchota Sophie. Une légende existe chez les humains au sujet d'une épée figée dans la pierre, qui a indéniablement fini par tuer des gens. L'histoire viendrait-elle d'ici ? Lumenaria a un peu l'atmosphère de Camelot, maintenant que j'y pense.

Gethen tira mollement sur la poignée avant de glisser un doigt le long de la lame. Une ligne rouge fendit sa peau cireuse.

— Mieux vaut pour vous que je ne trouve jamais le moyen de fendre cette pierre.

— Ce ne sont pas vos pitoyables menaces qui vont m'empêcher de dormir, décréta Oralie.

— Il est vrai que vous dormez toujours sur vos deux oreilles, au Conseil. Dites-moi… qu'en pense ce cher Kenric ?

L'Empathe resserra son étreinte sur la main de Sophie pour l'empêcher de bondir à la gorge du prisonnier.

— Il n'en vaut pas la peine.

— Comment pouvez-vous dire cela ? s'impatienta Sophie, qui brûlait de savoir si son instillation était assez puissante pour violenter Gethen à travers le champ de force.

Sa fureur s'évanouit lorsque Oralie murmura :

— Parce que c'est ce qu'aurait voulu Kenric.

Gethen sourit.

— À l'évidence, cette entrevue vaut toute l'énergie que je consomme en cet instant… même si vous devez être sacrément plus bête que je ne le pensais pour vous imaginer que je ne vous ai pas repéré dans ma tête, ajouta-t-il à l'intention de M. Forkle. Si vous cherchez vraiment à en apprendre plus, vous feriez mieux de vous en remettre au Colibri.

L'avidité qui brûlait dans les yeux du prisonnier suffit à convaincre la jeune fille que ses amis avaient eu raison de la dissuader de fouiller l'esprit du rebelle.

— Je suis seulement venue pour parler, annonça-t-elle, tentant de reprendre le fil de son scénario.

— C'est le moment où tu tentes de me distraire, je suppose ?

— Non, c'est celui où je vous demande votre aide, rectifia Sophie.

Gethen haussa un sourcil et s'adossa nonchalamment contre le mur incurvé.

— Il a dû se produire un événement grave, alors… Je ne suis pas certain de pouvoir deviner quoi. La chronologie a été si souvent relancée, il pourrait s'agir de n'importe quoi.

Sophie se mordit la lèvre pour se calmer avant de réciter sa réplique suivante :

— Ils ont enlevé Wylie.

— Mazette… ils ne sont pas avares en surprises, ces derniers temps, se contenta de dire Gethen. Ils doivent être bien désespérés, pour en revenir à Cyrah.

— Désespérés de quoi ? s'enquit Sophie.

De son index blessé, le prisonnier se tapota le menton, le maculant de sang.

— La même chose que nous tous. Fintan s'y prend différemment, c'est tout. Gisela n'était que cause et conséquence. Stratégie et patience. Fintan, lui, est guidé par ses pulsions… Mais rien de tout ça n'a d'effet sur moi, ici-bas.

— Et vous n'en êtes pas contrarié ? demanda Sophie. Ils poursuivent leur travail pendant que vous, vous pourrissez dans cette cellule.

— Pourrir est un bien grand mot. La nourriture est bien meilleure que tout ce que cultivent les Invisibles, et les gardes m'apportent chaque nuit un oreiller moelleux sur lequel dormir. Et qui se plaindrait d'avoir autant de temps pour se reposer et recharger ses batteries ?

— Vous espérez vraiment qu'on vous croie ?

— Pourquoi pas ? Tu espères bien que je prenne pour argent comptant l'offre que tu t'apprêtes à me faire.

— Je n'ai aucune offre à vous proposer, répondit Sophie. Je suis venue dans l'espoir de trouver un vestige de décence chez vous.

Il suça son doigt meurtri.

— Désolé de te décevoir. Et bien joué, Forkle. Vous m'auriez sans doute eu il y a quelques semaines, mais tout ce repos m'a rendu bien plus puissant. Je prends bonne note de l'information qui vous intéresse, au passage. J'en déduis qu'ils ont enlevé Wylie dans la Tour d'Argent… Que se passe-t-il ? Vous n'arrivez pas à comprendre comment ils s'y sont introduits ?

— Nous y travaillons, aboya Sophie.

— Je n'en doute pas. Mais si vous ne l'avez pas encore deviné, vous ne trouverez jamais. Quand bien même, il vous manque un talent nécessaire pour y parvenir. Quel manque de lucidité, dit-il à M. Forkle. Tant qu'à lui donner des pouvoirs supplémentaires, pourquoi pas chacun d'entre eux ?

— Le mieux est l'ennemi du bien, rétorqua le vieil elfe. Mais vous ne sauriez comprendre.

— Peut-être, si vous preniez le temps d'éclairer ma lanterne. (Gethen se laissa couler sur le sol, les yeux rivés sur le plafond incurvé.) Allez-y, racontez-moi une histoire.

— Peu importe, marmonna Sophie avant de se tourner vers M. Forkle. Économisez votre énergie. Jamais il ne nous aidera à sauver Wylie.

C'était la cheville ouvrière de leur plan.

Gethen pouvait les laisser repartir, ou…

— Le retiennent-ils en otage ?

Sophie acquiesça, les yeux emplis de larmes au souvenir des blessures du jeune homme. L'artifice opéra.

— Voilà plus d'une semaine qu'il a disparu.

— Vous n'approuvez pas cette action, fit remarquer M. Forkle lorsqu'il entendit Gethen jurer.

— Pour ce que ça vaut, non, en effet. C'est un coup déplorable… hasardeux, irréfléchi, et qui finira sans doute aussi bien que l'enlèvement de Mlle Foster. Ce qui ne signifie pas que je vais vous aider.

— Pourquoi pas ? demanda la jeune fille.

— Le Conseil serait prêt à vous témoigner sa gratitude, ajouta Oralie.

— Oh oui, je ne doute pas qu'ils seraient ravis d'ouvrir cette cage afin de me libérer. Peut-être même iraient-ils tirer cette épée de son socle pour me l'offrir en souvenir ?

— Ils seraient prêts à vous octroyer une meilleure situation, rectifia Oralie. Vous pourriez poursuivre votre sentence ailleurs. Quelque part où vous pourriez sentir le passage du temps, par exemple. (Elle tapota le sol de pierre luisante de la pointe du pied.) La luménite maintient votre environnement dans un jour permanent.

— Vraiment ? Je n'avais pas remarqué !

— Oh, que si, rétorqua M. Forkle. Je vois bien le battement de votre œil. Vous n'avez aucune idée de la durée de votre séjour ici. Peut-être auriez-vous dû songer à compter les secondes.

— Voyons voir… Mlle Foster dégage toujours une impression de fraîcheur et de jeunesse. Je ne suis donc pas enfermé depuis si longtemps que ça. Et puis, chaque nouvelle livraison d'oreiller est un indice.

Oralie sourit.

— Ils ne vous l'apportent jamais à la même heure. Ça fait partie de leurs consignes. Parfois, ils laissent s'écouler des jours entiers avant de vous inciter de nouveau au sommeil. Parfois, ce ne sont que quelques heures. Les repas sont tout aussi irréguliers. N'avez-vous pas remarqué comme il arrive que la faim vous torture au point de vous déchirer les entrailles, ou comme le matin semble arriver quelques minutes seulement après que vous ayez fermé les paupières ?

— Nos organismes se nourrissent de rythme et de routine, ajouta M. Forkle. Sans eux, nous dépérissons.

— Charmant tableau que vous me peignez, tous les deux. (Gethen s'éclaircit la gorge.) Mais je suis parfaitement heureux à ma place.

— Dans ce cas, pourquoi votre esprit cherche-t-il désespérément à calculer la date ? demanda M. Forkle. Peut-être commencez-vous tout juste à comprendre combien vous avez été abandonné ?

— Ils ne viendront pas vous secourir, le pressa Sophie. L'offre d'Oralie est votre meilleure chance. Tout ce que vous avez à faire, c'est nous dire où ils retiennent Wylie.

— Ça vous ferait une belle jambe. Jamais vous ne pourriez retrouver la planque.

— Détrompez-vous.

Sophie jeta un regard à M. Forkle : elle avait besoin de son assentiment avant d'énumérer tous les indices qu'ils avaient récoltés sur le symbole de Polaris. La stratégie était risquée. Mais ils avaient besoin de faire impression.

Gethen se massa les tempes.

— Voilà ce qui arrive quand on capture les gens, grommela-t-il. Ça attise chez leurs proches un feu plus incontrôlable que celui du Grand Brasier. À ce jeu-là, on est toujours perdant.

— À vous de remporter la partie, l'encouragea Oralie. Une information, une seule, en échange d'une vie bien plus confortable.

Gethen se leva pour faire les cent pas. Il fit plusieurs fois le tour de la pièce avant de venir planter son regard dans celui de M. Forkle.

— Très malin. Vous m'avez presque eu… mais j'ai saisi votre petit jeu. Vous pouvez sortir de ma tête. (Il se tourna vers Sophie.) Et j'aime autant tenter ma chance ici, merci beaucoup. Ils sont meilleurs que vous ne le pensez.

Les poings serrés de M. Forkle ne laissaient aucun doute quant au fait qu'il avait été bloqué. Et qu'ils étaient à court de stratégies. À court d'idées. À court de temps.

Sophie hésitait entre pleurer ou casser un objet.

— Vous pensiez vraiment pouvoir me battre, avouez? demanda Gethen en les voyant se préparer à partir. Désolé, mademoiselle Foster… je pratique ce jeu depuis bien trop longtemps. Cela dit, vous avez soulevé une question intéressante. Je suis donc prêt à vous faire une offre. Vérité contre vérité. Une venant de moi. Une autre de vous.

— C'est un piège, gronda Oralie.

— Je vous assure que non.

— Comment saurai-je que vous ne mentez pas ? s'enquit Sophie.

— Vous n'avez aucun moyen de le savoir. Mais je n'aurai aucun moyen de savoir que vous êtes sincère, non plus. C'est le jeu.

— Puis-je choisir ma question ?

— D'accord… mais j'ai la priorité.

Sophie échangea un regard avec M. Forkle.

— Entendu.

— Excellente décision. Voici donc ma question. Le sommet de la paix a-t-il déjà commencé ?

Sophie songea à lui mentir… mais sans doute serait-il capable de le deviner. Ce qui garantirait qu'il lui mentirait en retour.

— Non, répondit-elle. Pas encore.

— Mais ça ne saurait tarder ?

— Il s'agit là d'une autre question. À mon tour. Quel était le rapport entre Cyrah et les Invisibles ?

Gethen haussa les sourcils, surpris.

— Je croyais que tu voulais savoir où était retenu Wylie.

— C'était le cas, répondit Sophie. Mes priorités ont changé.

— Intéressant.

— Ce n'est pas une réponse.

— À vrai dire, si : le rapport entre les deux était intéressant. Tu n'as jamais précisé que je devais rentrer dans les détails. Tout comme j'ai manqué de précision concernant la chronologie. Nous avons tous les deux mal formulé nos questions.

Sophie laissa échapper un soupir.

— Très bien. Le sommet aura lieu bientôt. Maintenant, dites-moi ce qui rendait la connexion entre Cyrah et les Invisibles si intéressante.

Il garda le silence assez longtemps pour la convaincre qu'il ne répondrait pas. Avant de lâcher :

— Les pierres stellaires.

Chapitre 57

— *Croyez-vous qu'il mentait ?* transmit Sophie à M. Forkle tandis que leur groupe de gobelins les menaient, les yeux bandés, vers l'escalier en colimaçon.

Le trajet lui semblait encore plus interminable qu'à l'aller, et ses muscles lui brûlaient sous l'effet du dénivelé.

— *Ce serait un curieux mensonge*, fit remarquer le vieil elfe. *Nulle part dans la conversation nous n'avons fait mention de l'épingle de Lady Gisela. Cyrah travaillait toutes sortes de gemmes… Elle s'était spécialisée dans les rubans, mais vendait aussi d'autres accessoires pour les cheveux. De plus, elle était Flasheuse. Peut-être a-t-elle appliqué une sorte de traitement lumineux à la pierre de Lady Gisela pour lui donner son éclat bleuté ?*

— *Mais pourquoi aurait-elle aidé les Invisibles ?* demanda Sophie. *Elle savait que son mari s'était sacrifié pour le Cygne Noir.*

— *Pour être franc, je n'en ai pas la moindre idée. Peut-être nous en voulait-elle de ne pas avoir protégé Prentice ? Peut-être Lady Gisela avait-elle commandé la pierre sans lui en révéler l'utilité ? Peut-être Cyrah avait-elle été contrainte et forcée de la lui fournir ? Les Invisibles ne sont pas au-dessus du chantage. Une mère célibataire, confrontée au mépris de ses congénères, devait être particulièrement vulnérable. Je vais tâcher de voir si les souvenirs de Wylie pourraient nous aider à découvrir le fin mot de l'histoire. Il faudra aussi poursuivre les recherches sur les pierres stellaires.*

— *À moins que tout ceci ne soit qu'un vaste mensonge destiné à nous faire perdre notre temps*, pensa Sophie.

— *Possible aussi. Mais nous ne pouvons ignorer son potentiel.*

— *Et ses propos sur la Tour d'Argent ? Faisait-il allusion à un Ténébreux, selon vous ?*

— *Ça nous arrangerait bien, d'autant que Tam est déjà en train de fouiller les lieux. Mais les agresseurs de Wylie comptaient un Ténébreux, un Éclipseur, un Rafaleur et un Psionipathe… autant de talents dont tu es dépourvue. Et le blocage de Gethen était particulièrement puissant. Son énergie mentale m'a semblé différente. Bien plus forte, plus pure. Tout ce temps passé dans l'oisiveté a dû lui permettre de constituer des réserves.*

— L'anxiété qui émane de vous deux a un rapport avec votre petite conversation secrète, je suppose ? demanda Oralie, se rappelant soudain à leur bon souvenir. Je ne suis pas assez sotte pour espérer que vous me mettiez au parfum. Peut-être accepterez-vous cependant de répondre par oui ou par non à quelques questions simples ?

— Nous ferons de notre mieux, promit M. Forkle.

— Merci. Tout d'abord, je subodore que vous avez découvert quelque indice en rapport avec les pierres stellaires. Est-ce pourquoi ce mot a provoqué une telle réaction chez vous ?

— Oui, répondit M. Forkle. Nous avons découvert un souvenir.

— De qui ? s'enquit Oralie.

— Ce n'est pas une question à laquelle on puisse répondre par oui ou par non, fit remarquer Sophie.

— En effet. Voilà qui va s'avérer plus difficile que prévu, concéda Oralie. Très bien. S'agit-il de quelqu'un que je connais ?

— Oui, répondit M. Forkle. Mais le propriétaire du souvenir est moins important que son contenu. Dedans, Lady Gisela utilisait une épingle à cheveux ornée de ce qu'elle appelait une « pierre stellaire rare » pour sauter dans une planque des Invisibles que nous avons, pour l'heure, échoué à localiser. Elle laissait entendre que la pierre pourrait guider n'importe quel utilisateur au même endroit. Las, l'épingle demeure jusqu'à présent introuvable.

— Je vous remercie de m'avoir facilité la tâche, déclara Oralie. J'en déduis que vous êtes ouverts à quelques questions supplémentaires ?

— Je répondrai à tout ce que vous voudrez, répondit le vieil elfe. Sachez cependant que je parle à l'alliée en vous, non à la Conseillère.

— Autrement dit, vous ne tenez pas à ce que je partage ces informations avec le reste du Conseil ?

— Mon instinct serait de répondre par l'affirmative… même si je pourrais me laisser persuader, à condition que vous me donniez de bonnes raisons de leur faire confiance. Si notre ordre se montre aussi secret, ce n'est pas par goût de l'ombre ou des devinettes, mais plutôt afin d'éviter certains écueils.

— J'entends bien, acquiesça Oralie. J'espère sincèrement que nos groupes respectifs parviennent à travailler en bonne intelligence. D'ici là, je comprends votre besoin de discrétion. Et pour information, chaque garde ici présent est parfaitement conscient que nos faits et gestes doivent rester strictement confidentiels.

— Nous avons prêté serment, confirma Droitier. Ses collègues murmurèrent leur assentiment.

— Je vous remercie, leur répondit M. Forkle.

— Revenons-en donc à nos questions, reprit Oralie après quelques secondes de silence. Lady Gisela a-t-elle tué Cyrah, selon vous ?

C'était la question que Sophie s'était efforcée d'éviter. Elle attendit la réponse du vieil elfe en retenant son souffle.

— Si Gethen ne mentait pas, c'est incontestablement une possibilité, déclara M. Forkle à voix basse. Mais… si les pierres stellaires sont précieuses aux Invisibles, il semblerait logique que Lady Gisela n'en soit pas la seule utilisatrice. Il est par ailleurs important de noter que Gethen a parlé de pierres stellaires au pluriel, et que le souvenir retrouvé n'en montrait qu'une. Donc, pour l'heure, nous ne pouvons prouver quoi que ce soit.

— Sophie a parlé à Gethen d'un symbole qui fasse aussi office de carte des planques des Invisibles, en plus de servir de code secret. J'imagine que tout ceci est vrai ?

— En gros, oui, marmonna la jeune Télépathe. Je bluffais en prétendant avoir saisi son fonctionnement. Dex pense avoir décrypté le système, mais nous ne le saurons avec certitude qu'après avoir mis la main sur l'un de leurs gadgets pour le tester. Tam est en train de chercher si la Tour d'Argent n'en dissimulerait pas un… ou au moins la preuve que les Invisibles s'en sont servis.

— J'aimerais voir le motif en question, dit Oralie. Il faudrait aussi le montrer à la Conseillère Velia, experte en cartographie. Elle pourrait détecter des indices importants.

Elle n'est pas du genre à poser des questions, et sera d'une discrétion infaillible. Seriez-vous d'accord ?

— Si vous pensez Velia à même de nous aider, je m'en remets à votre bon jugement, répondit M. Forkle. Je vous enverrai une copie du motif dès que j'aurai regagné mon bureau.

— Lequel au juste ? demanda Oralie. Se trouve-t-il dans l'une de vos planques ? Ou peut-être plus près de nous ?

— Dois-je en déduire que vous nourrissez quelque théorie quant à mon identité ?

— Ce ne sont pas les théories qui manquent ! répondit la Conseillère alors qu'ils atteignaient le sommet de l'escalier. Mais celle-ci me semble juste.

— C'est un piège, pas vrai ? demanda le vieil elfe. Vous attisez ma curiosité afin de m'attirer dans votre tête pour lire vos pensées. Si je le fais, mes émotions vous donneront la réponse.

— Ce serait bien commode, en effet. Mais je préfère attendre que vous soyez prêt à me le dire. Et ne crois pas que ton silence m'ait échappé, Sophie. J'en conclus que tu es déjà au courant de son secret.

— Ses secrets, rectifia la jeune fille. Je connais deux de ses identités. Je cherche encore à cerner les autres.

— Assez parlé de moi, décréta l'intéressé. Suis-je le seul à m'inquiéter de voir Gethen manifester un tel intérêt pour le sommet de la paix ?

— Non, j'en suis aussi alarmée, admit Oralie. Même en l'absence de contact physique, je l'ai senti avide d'informations.

— Savez-vous pourquoi ? demanda Sophie.

— De ce que j'ai pu apercevoir dans sa tête, dit M. Forkle, je soupçonne les Invisibles d'avoir prévu une action en cas de négociation avec les ogres. Gethen doit penser que ce sera l'occasion pour lui de s'évader.

Les gobelins s'esclaffèrent.

— Ne sous-estimez pas les Invisibles, les avertit Sophie.

— Ne nous sous-estimez pas non plus, rétorqua Gaucher. Notre dispositif de sécurité dépasse l'imagination.

— Peut-être serait-il tout de même judicieux de le renforcer, décréta Oralie.

— Êtes-vous autorisée à nous révéler quand le sommet aura lieu ? demanda Sophie.

— Non… mais vous avez tout intérêt à vous y préparer. Le sommet se tiendra dans deux semaines. Vous serez officiellement informés de la date une semaine à l'avance.

Les gobelins passèrent le reste du trajet à discuter la réorganisation de leurs patrouilles. Bientôt, ils eurent rejoint la cour principale.

— Je veux un compte rendu minutieux, intima Sandor à Sophie lorsqu'elle l'eut retrouvé devant les portes du château, son bandeau retiré et ses affaires restituées.

— Entendu, promit-elle. Mais attendons d'être rentrés à Havenfield. Ainsi je pourrai raconter l'entrevue à tout le monde en même temps.

— Je vais mettre au courant le Comité, annonça M. Forkle. Peut-être devrions-nous nous voir demain, afin de discuter d'une stratégie ?

— Tenez-moi informée, demanda Oralie. J'en ferai de même de mon côté. Nous avons tout intérêt à collaborer là-dessus.

— En effet, répondit M. Forkle, qui effectua un prompt salut avant de brandir son éclaireur à la lumière pour sauter.

— Merci encore d'avoir organisé cette entrevue, dit Sophie à la Conseillère.

— J'espère que ça en valait la peine.

Sophie formula le même vœu en prenant la main de Sandor avant de sauter vers Havenfield.

— Est-ce qu'on devrait…

— STOP! aboya le gobelin, la poussant brutalement derrière lui.

Sabre au clair, il fit volte-face et huma l'air.

— Quelque chose cloche. Terriblement.

Sophie n'avait aucune idée de ce qui pouvait provoquer sa panique.

C'est alors qu'elle vit ce qui l'alarmait.

Des ruisseaux rouges sillonnaient l'un des prés. Un autre était parsemé de taches de la même couleur.

Du sang frais.

Chapitre 58

Sandor couvrit la bouche de Sophie avant de la hisser sur son épaule pour l'empêcher de fuir.

Mais elle devait trouver Grady et Edaline ! Et si…

— Cessez de gesticuler et faites exactement ce que je vous dis, lui ordonna le garde du corps en fonçant vers le bosquet où vivaient les gnomes. J'ai besoin de vous mettre en sécurité afin de fouiller les lieux pour retrouver votre famille. Je vais vous demander de garder le silence, aussi, car je ne sais pas encore à quoi nous avons affaire.

Sabre au poing, il progressait tellement vite que le paysage paraissait flou à Sophie. Elle tenta de garder son calme, de se convaincre que le sang appartenait à l'un des animaux… jusqu'à ce que Sandor ralentisse le pas et laisse échapper un chapelet de jurons gobelins.

Elle se tordit le cou pour suivre son regard et remarqua un ogre ensanglanté étalé sur la pelouse.

Mort.

Elle poussa un cri, et parvint à se dégager des bras du gobelin.

Dopée par l'adrénaline, elle traversa les pâturages sans cesser de hurler le nom de ses parents, la vue teintée de rouge. Les battements de son cœur faisaient écho à la rage qui se débattait dans son estomac. Portant les mains à ses côtes, elle tenta de stabiliser ses émotions. Mieux valait les économiser pour plus tard.

Elle dépassa un nouveau cadavre d'ogre dans la clairière. Puis deux autres.

Le corps suivant appartenait à une gobeline aux cheveux bouclés.

Le garde du corps de Grady!

Sophie s'effondra à genoux avec un cri rauque, incapable de se relever. Une main s'abattit sur son épaule. Son instinct prit le dessus.

Son nœud d'émotions implosa, laissant échapper d'affreuses vagues de ténèbres dont elle martela son agresseur sans relâche. Elle aurait pu continuer à jamais, si une voix couinante ne l'avait tirée de sa fureur.

Lorsque la vue lui revint, elle trouva Sandor écroulé sur le flanc, la mâchoire serrée, le corps secoué de spasmes dus à l'instillation.

— Tout va bien, dit une voix douce derrière elle. Les ogres sont partis.

Sophie fit volte-face et trouva Flori debout près d'un sac de fleurs de panacier.

— Je suis désolée, murmura-t-elle. On m'a dit de vous attendre afin que vous ne paniquiez pas. Je pensais avoir un peu plus de temps pour collecter de quoi soigner tout le monde.

Incapable d'articuler un traître mot, Sophie regarda Flori s'approcher de Sandor pour déposer une fleur sur son torse avant de fredonner une mélodie apaisante. Elle épongeait en même temps la sueur qui perlait sur le front du gobelin à l'aide de sa longue chevelure.

Les traits de Sandor se détendirent à mesure que la douleur quittait son regard.

— Où sont-ils ? murmura Sophie à grand-peine.

Elle n'eut pas besoin de préciser.

— Ils sont en sécurité. Je vous mènerai à eux dès que Sandor sera sur pied.

Elle ajouta d'autres explications, mais le cerveau de Sophie tournait à vide.

Sécurité. Sécurité. Sécurité. Sécurité. Sécurité.

Les secondes s'écoulèrent, interminables – peut-être même des minutes – avant que Sandor ne finisse par relever la tête, tout tremblant.

— Au moins, je sais maintenant que vous pouvez vous défendre, dit-il à Sophie avec un faible sourire.

Elle tenta de lui offrir des excuses, mais le gobelin balaya ses paroles de la main.

— Tout ce qui m'importe, c'est votre sécurité, lui assura-t-il, ses yeux humides rivés sur un point à l'horizon.

Sophie n'eut pas besoin de se retourner pour savoir qu'il contemplait le corps brisé de Brielle.

— Allons, dit Flori, prenant la main de Sophie. Laissez-moi vous mener aux autres.

De son chant, elle ouvrit le sol. Sandor et Sophie la suivirent dans un tunnel humide, sombre et chaleureux. La gnomide noua des racines à leurs pieds.

— Accrochez-vous, dit-elle avant de changer le rythme de sa mélodie.

Les racines obéirent à ses instructions pour les transporter, vite, vite, toujours plus vite – loin dans les ténèbres. Flori agrémenta le trajet de chansons douces, afin de rasséréner la jeune fille. La terreur qui glaçait Sophie ne se dissipa qu'une fois qu'ils eurent émergé dans un petit vallon entouré de grands arbres à l'écorce rouge.

Grady et Edaline se trouvaient déjà là – crottés et ensanglantés, mais assez forts pour serrer Sophie contre eux tandis qu'elle se jetait dans leurs bras avec ses derniers vestiges d'énergie.

Elle éclata alors en sanglots. Son esprit, enfin purgé du nuage d'effroi qui l'obscurcissait, lâcha une déferlante de questions :

— Qu'est-il arrivé ? Êtes-vous blessés ? Est-ce que quelqu'un a hélé Elwin ? Où sommes-nous ? Comment vous êtes-vous échappés ? Que se passe-t-il ? QU'EST-CE QUE LES OGRES FAISAIENT LÀ ?

Elle leva la main pour effleurer une égratignure sur la joue de son père.

— Ça va aller, lui assura Grady. Nous avons eu beaucoup de chance, Edaline et moi.

Il jeta un regard derrière Sophie, qui fit volte-face. Une dizaine de gnomes étaient accroupis au chevet de deux corps. Flori s'affairait à leurs côtés, écrasant des pétales de panacier pour confectionner des cataplasmes et soigner leurs blessures.

— Eux aussi vont se remettre, murmura Edaline, non sans étreindre Sophie de plus belle.

Ensemble, elles contemplèrent les visages ensanglantés de Cadoc et Lady Cadence, inconscients mais en vie.

— Lur et Mitya sont partis chercher Elwin. Ils devraient revenir d'une minute à l'autre.

— Les avez-vous mis sous sédatifs ? demanda Sandor, avant de se pencher sur son collègue inanimé pour lui prendre le pouls.

— Non, c'est l'effet du choc et de l'hémorragie, expliqua l'Invocatrice. Mais leur respiration est forte, leur pouls stable. Tout ce qu'il leur faut, ce sont des soins. Et beaucoup de repos.

Sophie acquiesça, hébétée. Elle tentait de ne pas fixer tout ce rouge.

— J'ai vu Brielle, souffla-t-elle.

Grady se détourna pour sécher ses larmes.

— Elle m'a sauvé la vie. En affrontant quatre ogres en même temps, elle m'a permis d'aller chercher Edaline. Trois d'entre eux ont succombé à sa lame, mais le quatrième s'est montré plus rapide.

Un craquement retentit derrière eux.

Sophie se retourna et surprit Sandor en train de serrer son poing ruisselant de sang. Un énorme trou était apparu sur le tronc d'un des arbres.

— Keefe avait raison, marmonna Edaline. Les Invisibles en avaient bien après nous.

— Vous les avez vus ? demanda Sophie.

Jamais elle ne pardonnerait à Keefe s'il se trouvait parmi eux. Jamais. Pas même s'il s'était contenté de rester à l'écart de la bataille.

— Non, répondit Grady. Mais j'ai entendu l'un des ogres hurler : « Le Pyrokinésiste attend ! » Je ne sais pas s'il parlait de Brant ou de Fintan… peu importe. Ce qui compte, c'est que leur plan a échoué.

Sophie répéta les derniers mots de son père, afin d'en tirer un peu de réconfort.

Une pensée l'obnubilait pourtant. *Ce n'est pas fini.*

Chapitre 59

Les ogres avaient presque gagné.

Ils avaient semble-t-il eu vent de l'absence de Sandor. Disposés à travers les pâturages afin de bloquer toutes les issues possibles, ils avaient attendu l'heure du goûter des animaux, lorsque les seaux de nourriture auraient remplacé les armes. Ils s'étaient même prémunis contre le talent de Grady, bloquant son pouvoir hypnotique à l'aide de bonnets brouilleurs format ogre. Et lorsque Edaline avait tenté d'invoquer des armes issues de la réserve du domaine, les ogres l'avaient neutralisée sans mal, comme s'ils avaient anticipé sa réaction.

Brielle et Cadoc s'étaient battus avec bravoure et férocité. Mais les ogres étaient au nombre de dix.

En quelques minutes, Brielle avait succombé et Cadoc et Lady Cadence subi de graves blessures. Grady et Edaline, quant à eux, s'attendaient à être capturés.

— C'est Verdi qui nous a sauvés, expliqua l'Hypnotiseur avec un sourire sinistre. Elle a chargé à travers son enclos et attrapé un ogre dans sa gueule, en piétinant un deuxième au passage. Les autres ont couru à leur secours, et… je t'épargne les détails. Sache seulement que Verdi a goûté un sacré échantillon de viande d'ogre. Et elle n'a pas apprécié.

— Mais elle va bien ? s'inquiéta Sophie. Ils ne l'ont pas…

— Elle a essuyé quelques coups violents, concéda Grady. Elle va sans doute boiter. Elle a aussi perdu quelques crocs. Mais plusieurs gnomes sont restés à Havenfield pour la soigner, et j'ai pu appliquer une pression sur ses plaies dès que le dernier des ogres s'est enfui.

— Le lâche ! cracha Sandor.

Il serrait la poignée de son sabre tellement fort que la peau de ses doigts semblait prête à éclater.

— Je suis bien d'accord, acquiesça Grady. C'était le meurtrier de Brielle. Il va sans doute garder une cicatrice sur le torse suite à sa dernière attaque. Si jamais je le croise de nouveau…

— Vous n'en aurez pas l'occasion, lui assura Sandor. Nos chasseurs le retrouveront pour le mettre en pièces.

Sophie tenta de ne pas visualiser la scène… en vain.

Elwin surgit alors de terre pour la sauver d'affreux cauchemars, une mallette bourrée à craquer à chaque main. Ses cheveux ébouriffés et ses lunettes de travers lui donnaient l'air d'un savant fou, mais quelques minutes suffirent à ses remèdes pour redonner de la couleur au visage de Lady Cadence et faire ouvrir les yeux à Cadoc.

— J'aurai besoin de les transférer au Centre de soins de Foxfire pour nettoyer leurs plaies et remettre en place quelques os fracturés, annonça-t-il à Lur et Mitya. Pourriez-vous confectionner un brancard afin de les transporter par voie souterraine ? Je crains qu'ils ne soient trop faibles pour un saut lumineux.

Les gnomes se mirent au travail, tressant des branches mortes pour former des civières en forme de nid. Elwin tourna son attention vers Grady et Edaline. Chacun avait besoin d'une dizaine d'élixirs – et Grady souffrait de deux côtes fêlées. Le Flasheur assura à leur fille qu'ils se remettraient sans mal.

— Je vais bien, rétorqua-t-elle lorsqu'il claqua des doigts pour projeter un orbe bleu autour de son visage. Je n'étais même pas là.

— Je vérifie que tu n'es pas en état de choc. Tu n'en es pas loin… aussi te demanderai-je de prendre ceci. (Il lui tendit deux flacons remplis d'un épais sirop vert citron.) Ce ne sont pas des sédatifs, promis.

— Ni cet étrange élixir de bonheur que vous m'avez donné après qu'Alden a eu l'esprit brisé ? s'enquit la jeune fille.

— Non plus. Vois ce remède comme un doudou pour tes nerfs. Il devrait réduire tes frissons. (Du doigt, le Flasheur effleura son bras en proie à la chair de poule.) Et ramener ton pouls à son rythme normal. Rien de plus.

Sophie engloutit le contenu des deux fioles. À peine eut-elle le temps de remarquer le goût mielleux de l'élixir qu'une vague de chaleur se répandit en elle.

— Veux-tu que je jette un œil à Verdi ? proposa Elwin.

— Si ça n'interfère pas avec les soins à donner à Cadoc et Lady Cadence, objecta Edaline.

— Et seulement si vous pouvez supporter la vue de quelques cadavres, ajouta son mari.

Le Flasheur fit la grimace.

— Combien de corps ?

— Neuf ogres, murmura Edaline. Et Brielle.

Tous baissèrent la tête. Sandor frappa de nouveau l'arbre.

— Fais-moi voir, dit Elwin, prenant la main meurtrie du gobelin.

— Auriez-vous un transmetteur? lui demanda Grady. Il faut que je hèle le Conseil pour les mettre au courant.

Il s'éloigna avec le gadget que lui remit le Flasheur.

— Je n'arrive pas à croire qu'ils possèdent des bonnets brouilleurs… assez puissants pour bloquer l'hypnose, qui plus est, marmonna Elwin.

— Une création des Invisibles, sans doute, murmura Edaline.

— Personne ne sait mieux neutraliser un elfe qu'un autre elfe, commenta le médecin.

— Raison pour laquelle vous n'êtes plus en sécurité dans les Cités perdues, annonça Sandor, serrant sa main fraîchement bandée contre son torse. Dimitar n'acceptera pas la défaite… surtout dans pareille situation. Il s'agissait sans aucun doute du test destiné à sceller leur nouvelle alliance.

— Je n'en suis pas si sûre, croassa Lady Cadence depuis sa civière. Aucun de ces ogres ne faisait partie de sa garde personnelle… ni ne portait de chaîne de marque.

— Façon pour lui de prendre ses distances, grogna Sandor. Ça ne prouve pas son innocence, seulement sa prévoyance. Sa prochaine attaque ne saurait tarder. Les ogres sont experts en pistage. Nous devons vous emmener dans un lieu que même Dimitar n'oserait pas visiter.

— Que suggères-tu? demanda Edaline.

— La meilleure option serait Gildingham, répondit Sandor d'une voix grave. Les ogres savent que toute intrusion dans notre capitale vaudrait déclaration de guerre.

— La reine Hylda approuverait-elle notre visite? demanda Grady en les rejoignant. Je croyais qu'elle préférait limiter au maximum les entrées.

— Jamais elle ne refuserait l'asile à une famille elfe dans le besoin, surtout à une maisonnée aussi auguste. Je vais la contacter sur-le-champ pour prendre les dispositions nécessaires.

Sandor sortit un appareil triangulaire de sa poche et se mit à l'écart pour parler à sa souveraine.

Sophie, de son côté, se demandait pourquoi personne ne semblait aborder la question la plus inquiétante.

À présent que les ogres avaient dépêché dix soldats pour attaquer directement une famille elfe au sein même des Cités perdues… ogres et elfes étaient-ils en guerre ?

Chapitre 60

— Laisse la diplomatie au Conseil, ordonna M. Forkle à Sophie lorsqu'elle le héla sur son transmetteur pour lui rendre compte de la tragédie.

— Je crois que nous avons depuis longtemps passé ce point, marmonna la jeune fille.

— Je ne serais pas aussi pessimiste. D'après ce qu'a remarqué Lady Cadence sur ses agresseurs, je ne doute pas que le roi Dimitar proclamera que les coupables ont agi sans son autorisation… ce qui pourrait bien être vrai.

— Vous êtes sérieux ?

— Les Invisibles sont-ils adoubés par le Conseil ? contra le vieil elfe. Je sais que tu es inquiète et en colère… non sans raison. Mais nous ne pouvons laisser la peur ni la rage nous contrôler, ni nous pousser à commettre des actes qui ne feraient que provoquer davantage de victimes et de dégâts. Pas avant d'avoir récolté des preuves. Laissons le Conseil mener son enquête. Et ne t'étonne pas s'ils décident de maintenir le sommet.

Sophie serra violemment son transmetteur.

— Croyez-vous vraiment qu'un traité suffira à empêcher les ogres de tuer des innocents ? Ou de s'en prendre à ma famille ?

— Tout dépend d'où vient l'ordre. N'oublie pas que si Dimitar est derrière l'incident, son implication pourrait servir notre cause. Nous œuvrons à empêcher une alliance entre les ogres et les Invisibles : cette attaque, c'est du pain béni. Fintan sera excédé par leur échec. Quant au roi Dimitar, il sera furieux d'essuyer une aussi lourde perte.

Les paroles du vieil homme auraient été plus apaisantes sans le souvenir du corps brisé et ensanglanté de Brielle.

— Pour l'heure, le plus important, c'est de vous mettre en sécurité, ta famille et toi, ajouta M. Forkle d'une voix douce. Je suis d'accord avec Sandor : Gildingham représente la meilleure option. Veux-tu que je t'apporte un cristal de saut ?

— La reine Hylda nous a déjà envoyé son carrosse, répondit le gobelin par-dessus l'épaule de Sophie, qui avait oublié sa présence. Ils passeront nous chercher dès qu'ils auront récupéré Brielle.

Sa voix faiblit à la mention de sa collègue.

— Toutes mes condoléances, murmura M. Forkle. Brielle était une guerrière exceptionnelle.

— L'une des meilleures, acquiesça Sandor, qui semblait à deux doigts de pulvériser un nouvel objet.

— Quand sera-t-elle intronisée dans le Hall des Héros ?

— Son aurification commencera dès son retour à Gildingham. L'intronisation devrait avoir lieu demain.

— Je dirai au Conseil de libérer les régiments gobelins pour la cérémonie, promit M. Forkle.

— À vrai dire, Sa Majesté va leur donner l'ordre de rester à leur poste, répondit Sandor. Elle juge risqué de laisser les Cités perdues exposées. Dimitar pourrait en profiter.

Le vieil elfe cligna des yeux, ébahi.

— C'est extraordinairement généreux de sa part.

— En effet, répondit Sandor. Mais nous devons plus que jamais travailler de concert.

Sophie avait beau ne pas connaître certains des termes employés, elle devina qu'ils discutaient de funérailles gobelines.

— Puis-je assister à l'intronisation ? demanda-t-elle. Ou bien est-ce réservé aux gobelins ?

— Seul notre peuple y assiste en général, répondit le garde du corps. Mais Brielle est le premier membre des régiments elfes tombé au combat. Il serait bon de montrer à la population que les elfes ont conscience de l'importance de son sacrifice. J'en toucherai un mot à la reine.

— Nous aimerions venir, nous aussi, lança Grady depuis l'autre côté de la clairière.

Assis avec Edaline, il était comme elle trop épuisé pour bouger.

— Je demanderai à Della d'inclure une tenue dorée pour chacun d'entre vous lorsqu'elle remplira les sacoches que nous nous apprêtons à vous envoyer, les informa M. Forkle. Souhaites-tu qu'on t'amène aussi ton lutin pour te tenir compagnie, Sophie ?

— Non, je pense qu'il vaut mieux pour Iggy qu'il reste avec Biana.

La jeune fille doutait que les gobelins apprécient de voir une boule de poils violette et fantasque faire les quatre cents coups dans leur capitale.

— Préviens-moi lorsque vous serez installés à Gildingham, lui intima M. Forkle. De mon côté, je te tiendrai au courant de tout développement. Oh, et, Sophie ? (Il effleura l'écran de son transmetteur, comme pour réduire la distance entre eux.) Je suis soulagé de voir que vous allez bien, tous les trois. Prenez soin de vous.

Son image s'évanouit. Sophie contemplait à présent l'écran vide. Que penser… que faire ?

Elle s'apprêtait à rejoindre Grady et Edaline lorsque la terre se mit à trembler. La jeune Télépathe bondit, craignant une nouvelle attaque.

— Pas d'inquiétude, dit Sandor. Ce n'est qu'Étincelle.

Avec un nom pareil, Sophie ne s'attendait absolument pas à voir un serpent de quinze mètres surgir du sol – surtout pas équipé d'un harnais d'or flanqué de roues par centaines. L'appareil tirait une sorte d'œuf en or géant, couvert de motifs et de symboles sophistiqués.

Les écailles du reptile miroitèrent d'or, d'argent et de rose tandis qu'il exécutait un cercle parfait avant de s'arrêter. L'œuf-calèche stoppa juste devant la petite troupe.

— Étincelle est un titanoboa, expliqua Sandor. Elle a été dressée pour guider la calèche royale à travers les Sentiers impériaux. Sa Majesté Hylda tenait à s'assurer que Brielle regagne Gildingham avec les honneurs qui lui sont dus.

VOUS AVEZ CHOISI DE ME CHARGER DANS LA CARRIOLE DU SERPENT GÉANT DE L'ENFER ALORS QU'ON AURAIT PU SAUTER ?! hurla le cerveau de Sophie en silence.

Elle comprenait cependant le besoin d'honorer Brielle. Si un serpent monstrueux représentait un hommage digne de son sacrifice, elle serait ravie d'emprunter la calèche tous les jours, s'il le fallait.

Elle laissa pourtant échapper un gémissement imperceptible lorsque Sandor les fit passer devant la tête massive d'Étincelle. Le serpent n'aurait même pas eu besoin de se déboîter la mâchoire pour la gober tout entière… D'ailleurs, sa langue fourchue ne cessait d'onduler à proximité de Sophie, comme pour tenter de la goûter.

Une porte indétectable s'ouvrit dans le carrosse. Deux gobelins saluèrent Sandor d'un signe de tête solennel tandis que Sophie et ses parents montaient à bord. L'intérieur ne présentait pas de siège : seul apparaissait un énorme cercueil, avec tout juste la place pour circuler autour.

— Vous feriez mieux de vous tenir, dit Sandor, qui attrapa l'une des cordes dorées nouées au plafond de la calèche pour la tendre à Sophie.

Grady et Edaline l'imitèrent et enroulèrent le cordon autour de leur poignet. De leur main libre, ils agrippèrent leur fille juste avant que les deux gobelins inconnus n'ordonnent à Étincelle de reprendre sa route.

La calèche ne disposait pas de fenêtres. Seule source lumineuse, un orbe doré brillait, serti dans le plafond. Le trajet s'effectua sans le moindre cahot, un peu comme une glissade : il leur semblait presque flotter dans les airs. Un grondement sourd résonnait dans le silence. Sophie compta les secondes et fut surprise de constater qu'ils s'arrêtèrent à la 539e.

— Je ne savais pas que nous étions si proches de Gildingham, dit-elle.

— Détrompez-vous. Une équipe de Technopathes a participé à la conception de l'attelage afin de permettre à Étincelle d'atteindre une allure supersonique. Nous débarquerons une fois Brielle déchargée.

L'un des gobelins avec qui ils avaient fait le voyage ouvrit la porte coulissante, inondant le carrosse d'une lumière onctueuse, avant de sortir le cercueil avec l'aide de son compagnon.

Sophie se concentra sur le paysage – son premier aperçu de la cité gobeline, constituée de bâtiments en or à l'architecture élaborée répartis au pied de collines verdoyantes.

L'ensemble donnait presque une impression de fragilité, avec cette multitude d'arches, piliers, fenêtres et balcons qui semblaient prêts à se laisser emporter par la brise. Un lac aux eaux dorées luisait au loin, relié à une rivière aussi étincelante que le soleil même. Juchée au sommet du mont le plus haut, une pyramide d'or crénelée se découpait contre le ciel.

— Le palais de la reine Hylda, dit Sandor, qui avait suivi le regard de Sophie. Une fois hors de la calèche, vous verrez le Hall des Héros, où Brielle sera intronisée demain. Sa Majesté souhaitait vous inviter à dîner avec elle ce soir, mais je l'ai priée de vous laisser la nuit pour vous acclimater avant de vous imposer quelque formalité que ce soit.

— Elle n'en a pas été offensée, j'espère? s'inquiéta Grady.

— Au contraire, elle semblait soulagée. D'ordinaire, lorsqu'un soldat tombe, notre reine consacre la nuit qui suit à la méditation. Si elle vous a invités, c'était parce qu'elle ne voulait pas manquer à ses devoirs d'hôtesse.

Edaline esquissa un sourire contrit.

— Merci, alors, d'avoir décliné l'offre pour nous. Nous allons devoir nous en remettre à toi pour ce qui est de la diplomatie gobeline.

— Je ferai de mon mieux. Par exemple, lorsque nous sortirons de la calèche et que vous verrez la foule assemblée en contrebas, il serait de bon ton de leur adresser un salut solennel.

— Quelle foule? demanda Sophie.

Mais son garde du corps quittait déjà le carrosse. Elle lui emboîta le pas et constata en effet qu'Étincelle les avait déposés à mi-flanc de l'une des collines, sur un niveau aux rues surpeuplées de guerriers venus les accueillir.

Certains, torse nu, portaient pantalon noir et armes, à l'instar de Sandor. La plupart pourtant arboraient une armure d'or rutilant.

— Par ici, dit-il lorsque Sophie eut adressé à la foule ce qu'elle espérait être un « salut solennel ».

Il appliqua la paume contre un panneau plat sis au centre d'une porte toute proche, encastrée dans la montagne.

— Ne vous inquiétez pas, ma maison est bien plus grande à l'intérieur.

Il n'avait pas menti.

Non seulement la demeure comptait une dizaine de chambres au bas mot, mais chaque élément était conçu pour une personne de plus de deux mètres. Les boutons de porte atteignaient l'épaule de Sophie, et la jeune fille devait se dresser sur la pointe des pieds pour espérer grimper sur la moindre chaise. Tout semblait tellement luxueux ! Tapis scintillants. Rideaux à pompons. Meubles délicatement gravés, tous dans la même nuance de jaune chaleureux.

— J'imagine que ce n'est pas un hasard si tout est en or, hasarda Sophie.

— L'or est un métal faible, expliqua Sandor. Mais nous sommes forts. Nos maisons, nos murs n'ont pas vocation à nous protéger. Nous les élevons afin de bâtir un lieu qui inspire l'admiration… un lieu qui mérite d'être défendu.

— Le résultat est stupéfiant, déclara Edaline. J'avais entendu parler de la cité d'or, mais jamais je ne l'aurais imaginée aussi spectaculaire.

Sandor avança jusqu'à l'une des fenêtres.

— J'aurais préféré que votre visite se fasse sous de meilleurs auspices. Mais c'est bon de rentrer chez soi. Della ne va pas tarder à nous rejoindre avec vos affaires. Laissez-moi vous conduire à vos chambres en attendant.

Grady et Edaline disposaient d'une suite entière, au bout du couloir le plus long. Sophie les serra une dernière fois dans ses bras avant de suivre Sandor jusqu'à sa chambre, meublée d'un lit à baldaquin aux draps d'or. L'heure était sans doute au repos. À peine se trouva-t-elle seule, pourtant, qu'elle en profita pour accomplir une tâche bien plus pressante.

— *Je m'en fiche si le moment tombe mal*, transmit-elle. *J'ai besoin de te parler. TOUT DE SUITE.*

Elle répéta son appel une bonne dizaine de fois avant que la voix de Keefe n'afflue dans sa tête.

— *Est-ce que Grady et Edaline vont bien ?*

Sophie sentit la rage monter aussi vite que l'angoisse dans son estomac.

— *J'en déduis que tu es au courant ?*

— *Seulement depuis quelques heures, depuis que Fintan a reçu une communication du roi Dimitar.*

— *C'est donc lui qui est derrière tout ça ?*

Elle frotta son nœud d'émotions, à présent froid et vide, entièrement drainé par sa dernière instillation.

— *Je l'ignore*, avoua son ami. *Tout ce que nous a dit Fintan, c'est que Dimitar ne sera pas notre allié. Je n'ai eu de cesse de te contacter depuis. Je suis vraiment dés…*

— *Arrête !* l'interrompit Sophie. *Brielle est morte. Toutes tes excuses n'y changeront rien.*

— *Bon, je ne connais pas cette Brielle, mais…*

— *C'était le garde du corps de Grady. Les ogres étaient littéralement à deux doigts de le capturer. Tu étais censé nous prévenir !*

— *Ce que j'ai fait. Simplement, je ne connaissais pas les détails.*

— *Je sais… Mais il faut nous rendre à l'évidence, tous les deux. Si tu ne peux pas nous fournir d'informations plus détaillées, rien de ce que tu fais n'a de sens.*

La remarque le blessa plus vivement qu'elle ne l'aurait cru. Elle refusait cependant de s'excuser.

— *Je fais ce que je peux*, répondit-il.

— *Peut-être. Mais ce n'est pas suffisant. La moitié du temps, tu es dans l'incapacité de communiquer avec moi. On tourne en rond.*

— *Je sais ce que tu ressens… mais je suis tout près du but!*

— *Quand bien même… tu veux que je te dise? Nous aussi. Nous avons déjà saisi le sens du motif, et Gethen nous a fourni un indice de taille sur son utilisation.*

— *Que veux-tu dire?*

— *Que nous allons attaquer les Invisibles, de toutes nos forces.*

— *Mauvaise idée, Foster. Très mauvaise idée.*

— *Je n'en ai rien à faire. Ils ont tenté de m'enlever ma famille. Je refuse de rester les bras croisés une seconde de plus. Tu as intérêt à trouver une échappatoire, Keefe. Avant de te retrouver pris entre deux feux.*

Chapitre 61

Keefe ne l'écouterait pas.

Sophie le savait.

Il pensait qu'elle n'avait pas de plan, qu'elle ne faisait que déblatérer sous le coup de la colère.

Et quelque part, elle craignait qu'il n'ait raison.

D'un autre côté, elle savait qu'il leur fallait trouver le moyen de contre-attaquer avant qu'il n'arrive malheur à un autre de ses proches.

Keefe inclus.

S'il refusait de partir de son plein gré, il leur faudrait monter une opération de sauvetage – sérieusement. Fini d'attendre l'inspiration, dans l'espoir que le plan se dessine de lui-même. Il leur fallait s'atteler à la tâche, trouver une solution, la mettre en œuvre, comme lorsqu'ils s'étaient introduits à Ravagog.

Entre leurs talents, leurs compétences et les informations glanées, il devait bien y avoir moyen de…

Une série de coups retentit à la porte d'entrée de Sandor, interrompant sa réflexion.

Sophie se glissa jusqu'au seuil de sa chambre et fut soulagée de reconnaître la voix de Grizel. La gobeline leur avait apporté leurs vêtements depuis les Cités perdues, semblait-il. Sophie se précipita à sa rencontre pour récupérer l'une des sacoches.

Parvenue au bout du couloir, cependant, elle surprit Grizel en train de sangloter, blottie contre l'épaule de Sandor qui l'entourait délicatement de ses bras.

Sophie recula afin de ne pas interrompre un moment aussi intime.

— Je suis désolée, murmura Grizel d'une voix nouée. Quand j'ai appris la nouvelle, tout ce qu'on me répétait, c'était qu'un soldat était tombé à Havenfield. J'ai cru…

— Je ne mérite pas ta sollicitude, gronda Sandor, furieux. Je n'étais pas là alors que Brielle et Cadoc avaient besoin de moi. Je faisais les cent pas aux portes de Lumenaria, comme un sot.

— Rester auprès de ta protégée n'a rien de sot, répondit Grizel. J'aurais fait de même.

— Ce qui prouve que notre entêtement nous aveugle, l'un comme l'autre, pas que c'était la bonne décision.

Grizel s'esclaffa doucement.

— J'admets l'entêtement. Pour l'aveuglement, cependant… parle pour toi.

— Je… je ne suis pas aussi aveugle que tu le crois.

La conversation avait changé de ton. Sophie devait-elle cesser de les espionner, pour préserver leur intimité ? Impossible, pourtant, de faire bouger ses jambes.

— Je ne pouvais pas empêcher ton assignation auprès de Fitz, murmura Sandor. Mais t'es-tu jamais demandé pourquoi j'ai choisi Brielle pour la protection de Grady ?

— Je… je me suis dit qu'elle était une guerrière hors pair, déclara prudemment Grizel.

— Elle l'était. Mais nous savons tous les deux que cette charge aurait dû te revenir. Avec un talent aussi rare, Grady avait besoin de notre meilleur élément. J'aurais dû t'ordonner de le protéger, et muter Brielle à Everglen. Mais… (Il s'éclaircit la gorge.) Je redoutais ce qui aurait pu arriver si nous vivions si près l'un de l'autre.

— Avais-tu peur que je me joue de toi ?

— J'avais peur que tu gagnes.

La confession avait été murmurée si bas que Sophie doutait presque l'avoir entendue.

— Est-ce si effrayant que ça ? chuchota Grizel.

Sandor se racla une nouvelle fois la gorge, prolongeant l'instant.

— J'ai choisi la vie de soldat. Un soldat ne peut souffrir aucune distraction… rien qui puisse ralentir sa main, ni le pousser à la prudence quand vient l'heure de prendre des risques.

— Moi qui ai toujours cru que les plus forts étaient ceux qui avaient une raison de se battre. Une raison de revenir. Une raison de ne jamais se rendre.

— Peut-être, souffla Sandor. Mais je ne cesse d'imaginer ce que je ferais si tu te trouvais dans ce cercueil. Combien je me sentirais perdu.

Suivi un silence tellement électrique que Sophie se surprit à scander mentalement : *« Un baiser ! Un baiser ! Un baiser ! »* Mais la vraie vie ne semblait jamais aussi romantique que dans les films humains. Le moment s'enfuit.

— Bon, dit Grizel. Je devrais retourner à Everglen. La reine Hylda m'a donné une longue liste de préparatifs pour demain.

La porte tournait déjà sur ses gonds lorsque Sandor lança :

— Je te dois toujours une danse.

— Je n'ai pas oublié, murmura Grizel. Mais je ne veux pas te forcer.

— Ce sera avec plaisir, souffla Sandor. Ne t'attends à rien d'extraordinaire. Mais peut-être qu'un air… doux…

— Doux… répéta Grizel.

L'espoir qui pointait dans sa voix poussa Sophie à jeter un regard dans la pièce. Elle vit la gobeline prendre les mains de son collègue avant de murmurer :

— Un air doux, ça m'irait aussi.

Sandor effleura la joue de Grizel, qui se blottit contre sa paume, les yeux clos, et inspira profondément. Les secondes s'écoulèrent, interminables, sans que ni l'un ni l'autre ne semble s'en soucier. Lorsqu'elle se dégagea, un sourire dansait sur ses lèvres.

— Sois prudente, murmura Sandor.

— Toujours, répondit-elle.

À mi-chemin de la porte, elle fit volte-face et lui adressa un clin d'œil taquin.

— Tu devras quand même enfiler ton pantalon d'argent.

Sandor soupira.

— C'est sans doute le cadet de mes soucis.

Sans un mot de plus, Grizel quitta la maison. Sandor attendit le cliquetis du loquet pour se retourner vers Sophie.

— Je savais que vous nous espionniez.

— Je m'en doutais, répondit la jeune fille, trop excitée pour se sentir coupable. Et pour ta gouverne, je pense que tu as fait le bon choix. Vous êtes si…

— Je vous rappelle que tout commentaire de votre part sur ma vie sentimentale me donne la permission de discuter garçons avec vous, l'interrompit Sandor. Je compte sur votre discrétion. Ce n'est vraiment pas le moment de révéler ce genre de secret.

— Entendu, répondit Sophie. Tout ce que je veux, c'est te voir heureux. Surtout après tous les sacrifices que tu as faits pour moi. Je suis vraiment désolée d'avoir instillé en toi. La prochaine fois, je tâcherai de me retenir le temps de m'assurer que je m'attaque bien à un ennemi.

Le gobelin secoua la tête et lui apporta son sac à dos violet.

— Et si nous nous assurions plutôt qu'il n'y ait pas de prochaine fois ?

Sophie pensait pleurer aux funérailles de Brielle, enfin, à son intronisation, comme l'appelaient les gobelins. Elle avait même fourré plusieurs mouchoirs dans les poches de sa longue robe dorée. Mais l'heure n'était pas à la tristesse. Elle était aux honneurs et à la célébration des exploits de la défunte.

Le Hall des Héros était une sorte d'acropole massive bordée de piliers torsadés et peuplée de statues dorées qui rappelaient à Sophie l'armée de terre cuite qu'elle avait vue dans les encyclopédies humaines : rangée après rangée de gobelins éclatants figés dans des poses héroïques.

L'hommage avait de quoi impressionner par sa beauté, jusqu'au moment où l'on dévoila la statue de Brielle. La sculpture semblait un peu trop réaliste aux yeux de Sophie : chaque détail était reproduit à la perfection, jusqu'à la moindre de ses mèches.

— Ce n'est pas elle, quand même ? murmura-t-elle.

À son effroi, Sandor hocha la tête. Grady et Edaline semblaient moins épouvantés, même s'ils avaient blêmi, eux aussi.

— Son corps a été aurifié, expliqua Sandor. Les elfes nous ont aidés à perfectionner le procédé. Il consiste à transmuer chaque cellule en or, sans laisser la moindre particule de chair ni de sang. Seule demeure une copie parfaite nimbée de puissance, pour célébrer le souvenir de nos soldats. (Il fronça les sourcils devant la réaction horrifiée de la jeune fille.) En quoi est-ce pire qu'envelopper votre ADN autour d'une graine pour faire pousser un arbre portant vos caractères physiques ?

Ainsi exprimée, l'idée semblait un tout petit moins effroyable. Qui était Sophie pour juger la culture d'une autre espèce, après tout ?

Quand même, elle n'aurait pas aimé se promener seule, de nuit, dans le Hall des Héros… et il y avait fort à parier qu'elle ferait quelques cauchemars à base de momies dorées.

Elle s'efforça de dissimuler sa gêne : la reine leur avait octroyé des sièges sur une plate-forme surélevée, en pleine vue du public.

— Vous avez été sages d'assister à la cérémonie, leur annonça Sandor une fois le service terminé. Mon peuple a été profondément touché, je le sais, de voir que les elfes tiennent aux soldats qui les protègent.

— En effet, confirma une voix profonde et rocailleuse derrière eux.

Sandor mit aussitôt un genou en terre.

— Votre Majesté, bredouilla-t-il. Je ne vous avais pas vue.

— C'est parce que je vous ai tendu une embuscade, répondit la reine Hylda avec un jeté de sa chevelure délicatement tressée.

Lissant les revers dorés de sa veste militaire, elle posa son regard gris sur les trois elfes.

— Je vous en prie, nul besoin de telles formalités, leur dit-elle lorsqu'ils s'empressèrent de la saluer à leur tour. Vous n'êtes pas mes sujets.

— Nous vous devons tout de même le respect, répondit Grady avant de se redresser. Votre Majesté comme vos guerriers êtes de précieux alliés.

— Le savoir et la créativité des elfes sont tout aussi précieux pour notre monde, déclara la souveraine. Je vois cet arrangement comme un partenariat vital. C'est pour quoi j'espérais vous emprunter la jeune demoiselle Foster quelques minutes. Le Conseil m'a informée qu'elle participerait au sommet de la paix... auquel cas j'aurais une faveur à lui demander.

Chapitre 62

— Tu as bénéficié d'une audience privée avec la reine des gobelins ? demanda Biana.

Le regard qu'elle échangea avec Dex semblait dire : « Pourquoi sommes-nous encore étonnés ? »

— Nous n'avons pas parlé longtemps, marmonna Sophie, non sans s'assurer que personne ne les écoutait. La reine Hylda voulait juste me demander une faveur.

— Bien sûr, dit Biana avec un large sourire.

En dépit de l'attaque essuyée par les parents de Sophie – que le Conseil avait révélée au public afin d'honorer le sacrifice de Brielle –, M. Forkle était parvenu à convaincre Sandor d'amener la jeune fille à Foxfire pour sa session d'entraînement hebdomadaire. Et à présent que leurs élèves semblaient assez inquiets pour s'entraîner sérieusement, les Instructeurs augmentaient la difficulté des exercices. La différence était palpable : à la fin de la session, près de la moitié des Ambi avaient maîtrisé la compétence du jour et provoqué de petites fissures dans leurs pierres.

Sophie, elle, avait tout simplement pulvérisé la sienne.

L'opération l'avait vidée de son énergie, mais l'épuisement lui faisait du bien. Il était préférable à l'angoisse des cinq jours qu'elle avait passés à arpenter la demeure de Sandor, élaborant stratégie après stratégie pour sauver Keefe avant de les rejeter toutes les unes après les autres, car trop susceptibles de faire tuer tout le monde. Leurs rendez-vous télépathiques étaient tombés dans une routine exaspérante : elle l'implorait de quitter les Invisibles, et il promettait toujours la même chose : « Bientôt ».

Il y avait fort à espérer qu'en travaillant de concert, son petit groupe serait à même de mettre au point une stratégie viable. Le plus difficile restait de les rassembler tous au même endroit, surtout Tam et Linh. Les jumeaux avaient même séché la session du jour. Tam consacrait chaque minute de son temps aux fouilles de la Tour d'Argent, en quête d'un hypothétique indice nécessaire pour emboîter toutes les pièces du puzzle. Quant à Linh, elle craignait de laisser Wylie seul.

M. Forkle s'était senti obligé de rapporter au jeune homme les propos de Gethen sur la mort de sa mère et les pierres stellaires, même s'il s'était gardé de mentionner Lady Gisela, préférant attendre d'en savoir plus sur sa responsabilité effective. L'idée que Cyrah avait sans doute aidé les Invisibles avait tout de même affecté Wylie. À tel point que Granite avait organisé une nouvelle visite de Maruca et de sa mère. « Les gens sont-ils jamais qui ils prétendent ? » s'était interrogé Wylie pendant la rencontre.

— Quel genre de faveur peut bien te demander une reine des gobelins ? demanda Fitz, tirant Sophie de sa réflexion.

Elle laissa passer un groupe d'élèves de l'Hémisphère Droit avant de répondre à voix basse :

— Elle désire que je la soutienne pendant le sommet. Elle m'a donné toute une liste d'amendements qu'elle souhaite faire adopter, en me demandant de choisir pour lesquels voter.

— N'est-ce pas de la triche ? s'étonna Biana. Une sorte de collusion en amont du sommet ?

— Pourquoi ? demanda Fitz. Ce n'est pas un examen.

— Votre frère a raison, déclara Sandor. Le sommet est l'occasion de négociations. Les meilleurs diplomates préparent leurs munitions en avance. Je suis certain que partout, des alliances sont en train de se nouer.

— Suis-je le seul à être estomaqué que les ogres y participent toujours ? demanda Dex. Car enfin… ils doivent bien savoir que tout le monde va se liguer contre eux.

— Le roi Dimitar n'a pas le choix, expliqua Grizel, qui se tenait un peu plus près de Sandor que nécessaire. Il clame son innocence et ne cesse de répéter que l'attaque était l'œuvre d'un groupe de rebelles. Il a même envoyé une lettre de condoléances à la reine Hylda. Il sait cependant que personne ne le croira à moins qu'il ne collabore étroitement avec le Conseil afin de « parvenir à une solution pacifique ».

Elle avait pris le soin d'ajouter des guillemets à la formule, comme si elle ne croyait plus guère à une telle possibilité. Sophie, elle, se raccrochait désespérément à ses dernières lueurs d'espoir.

Certes, l'envie la tiraillait d'envahir Ravagog et d'ensevelir les ogres pour ce qu'ils avaient fait à sa famille. Mais elle ne pouvait s'empêcher de penser aux corps dorés qui hantaient le Hall des Héros.

Combien de gobelins faudrait-il aurifier si elfes et ogres se déclaraient la guerre ?

Combien de nouveaux arbres faudrait-il planter dans le Bois des Errants ?

S'il restait la moindre chance de résoudre le conflit sans céder à la violence, ils se devaient de la saisir.

— Alors, que raconte la liste de la reine Hylda ? demanda Dex.

— Rien que de très banal, souffla Sophie. Elle souhaite que les ogres déposent les armes et s'engagent à suspendre tout entraînement, offensif ou défensif. Qu'ils cèdent les terres limitrophes partagées avec les gobelins. Que le roi Dimitar leur remette le meurtrier de Brielle. Il y avait aussi des éléments en rapport avec le précédent traité. Mais je n'y ai pas compris grand-chose, aussi ai-je donné des copies à M. Forkle et à Oralie afin qu'ils m'aident.

— Vas-tu appuyer ses demandes ? s'enquit Biana.

Sophie répondit par un haussement d'épaules.

Elle comprenait pourquoi la reine Hylda se montrait aussi inflexible. Mais elle ne cessait de se remémorer les avertissements de Lady Cadence sur ce nouveau traité qui menaçait de détruire les fondamentaux de la culture ogre. Si elle n'avait aucune sympathie pour le roi Dimitar, elle savait que des milliers d'ogres innocents seraient affectés par cette politique – y compris les enfants qu'elle avait vus courir dans les rues de Ravagog.

— Disons juste que je suis contente d'avoir le temps de la réflexion, marmonna-t-elle.

Dommage, cependant, que ledit temps soit aussi compté. Le Conseil s'en tenait au calendrier de départ, ce qui ne lui laissait qu'une dizaine de jours pour se décider.

— Pour être franche, je n'imaginais pas que la situation serait aussi complexe. Saviez-vous que les sommets duraient plusieurs jours ? J'ai reçu tout un dossier m'expliquant les règles de notre séjour à Lumenaria : Edaline et moi disposerons d'une chambre privatisée dans le château, mais comme nous n'avons pas droit d'amener nos bagages, nous devons envoyer nos mensurations au Conseil afin qu'ils nous fournissent plusieurs tenues de rechange.

— Oh… soupira Biana. Je parie qu'ils vont te faire confectionner des robes magnifiques ! Tu pourras les garder ?

— Si c'est le cas, je te les offre, promit Sophie.

— Moi qui croyais que vous étiez en train de discuter de choses sérieuses, grommela Marella avec un roulement de ses yeux clairs en s'immisçant au sein du groupe. Alors comme ça, on forme un petit cercle bien louche encadré de gobelins pour discuter… chiffons ?

— J'en déduis que tu nous adresses de nouveau la parole ? demanda Biana.

— Pour aujourd'hui, précisa la jeune fille. Et seulement parce que je sais que vous ne me laisserez jamais tranquille avant d'obtenir satisfaction. Alors… (Elle jeta un regard derrière elle et baissa la voix.) Comme ma mère se sentait plutôt bien hier, je me suis dit : « Allez, je vais lui poser des questions sur Cyrah et obtenir la preuve qu'elle ne sait rien. » Sauf que… (Elle baissa le regard et tapota l'une de ses chaussures, éraflée, contre l'autre.) Faut croire qu'elle se rappelle un détail.

— Lequel ? l'encouragea Dex.

Marella entortilla l'une de ses tresses autour de son index.

— Je vous dirai ce que je sais à une condition.

— C'est ce qu'on appelle du chantage, protesta Fitz. Ou de l'extorsion ? En tout cas, c'est drôlement louche.

Marella haussa les épaules, indifférente à sa remarque.

— Et si on la laissait s'exprimer avant de monter sur nos grands chevaux ? suggéra Biana.

— C'est bien toi la plus intelligente des deux, déclara Marella. Et je ne vous demande rien d'extraordinaire. Tout ce que je veux, c'est rencontrer ce mystérieux M. Forkle dont vous ne cessez de parler.

— Pourquoi ? s'étonna Sophie.

— C'est entre lui et moi.

— Pas si tu me demandes d'organiser une rencontre, rétorqua la jeune Télépathe. Jamais il n'acceptera sans en connaître la raison.

Avec un soupir, Marella serra plus fort sa tresse autour de son doigt.

— C'est bien lui qui a déclenché tous tes talents ?

— La plupart, rectifia Sophie, qui commençait à voir où Marella voulait en venir.

Bras croisés, le sourcil arqué, la jeune fille confirma ses soupçons un instant plus tard :

— J'aimerais qu'il déclenche le mien.

Chapitre 63

— Ce n'est pas de cette façon que ça marche, annonça d'emblée M. Forkle à Marella.

Il ferma derrière elle la porte du bureau circulaire d'Alden. Son choix s'était porté sur Everglen comme lieu de rendez-vous car Havenfield paraissait trop vulnérable, et les Vacker avaient eu la générosité de lui proposer leur demeure.

Il avait aussi fait patienter Marella un jour avant de la rencontrer, occupé qu'il était par un certain nombre d'engagements pris par le Magnat Leto. De toute évidence, le délai avait mis la jeune fille mal à l'aise.

À moins que ce ne soit le regard dur que lui adressait M. Forkle.

— Et je ne fais pas seulement allusion à l'aspect artificiel d'un tel déclenchement. Jamais une information relative à une possible affaire de meurtre ne devrait servir de monnaie d'échange.

— Je sais, maugréa Marella avant de s'enfoncer dans l'un des fauteuils moelleux installés face à l'aquarium géant.

Adossés derrière elle contre la paroi vitrée, Dex, Fitz, Biana et Sophie assistaient à l'entretien tandis que Sandor, Woltzer, Grizel et Lovise attendaient à l'extérieur pour leur accorder un semblant d'intimité.

— Mais j'ai absolument tout essayé, murmura-t-elle. Et je sais que vous avez déclenché les talents de Sophie…

— Mlle Foster représente un cas particulier, l'interrompit M. Forkle.

— J'en ai bien conscience. Mais je me suis dit que… même si ça ne marche pas, au moins je saurai que j'ai fait tout mon possible. Tenez, vous pouvez vérifier la crédibilité de mon information. (Elle tira une épaisse enveloppe cachetée de la poche de sa cape froissée pour la déposer au bord du bureau massif.) Le secret que m'a confié ma mère se trouve dedans. Si vous voulez l'ouvrir en premier, libre à vous.

— Ce ne sera pas nécessaire, répondit M. Forkle. (Sophie, pour sa part, était prête à bondir pour déchirer l'enveloppe.) Peut-être comprendrez-vous ainsi que vous n'aurez pas à en venir à de telles extrémités, si d'aventure vous aviez de nouveau besoin de mon aide.

Il s'approcha d'un pas. Marella tressaillit.

— Auriez-vous changé d'avis ? demanda-t-il.

— Non ! (Elle se redressa sur son siège.) Je me demandais juste si ça allait… euh… est-ce que c'est douloureux ?

— Le déclenchement d'un talent peut provoquer une sensation étrange… mais pas désagréable. N'oubliez pas qu'il est rare que l'individu se manifeste du premier coup. Quelques instants me suffiront pour envoyer de l'énergie mentale dans les aires de votre cerveau dédiées au développement des talents… mais sans doute ne détecterez-vous pas de changement avant plusieurs heures, voire plusieurs jours. À moins que votre esprit ne soit pas encore prêt.

— Y a-t-il un moyen de déclencher l'empathie, spécifiquement ? s'enquit Marella.

— Non. Nos talents dépendent de la génétique. La nature de votre talent est prédéterminée… Et j'ajouterai que la nature se montre souvent bien plus avisée que nous. Il arrive que nous souhaitions tel ou tel pouvoir, avant de découvrir que celui qui se manifeste en fin de compte nous correspond bien mieux.

— J'aurais moins de mal à vous croire si vous n'aviez pas choisi vous-même un milliard de talents pour Sophie, grommela Marella.

— Comme je le disais, Mlle Foster est un cas particulier, même si, pour votre gouverne, je me suis laissé guider par la génétique. Tous ses talents ne découlent pas forcément de mes choix.

— Lesquels ? demanda Sophie. À part la téléportation ?

— C'est sans importance, rétorqua M. Forkle. Ils font partie de toi, au même titre que les autres.

— Dispose-t-elle de talents qu'elle n'aurait pas encore manifestés ? demanda Dex.

— Ne nous dispersons pas ! gronda M. Forkle. Mademoiselle Redek, êtes-vous prête ?

Marella prit une profonde inspiration avant d'acquiescer.

— Très bien. Ne bougez plus. (Les yeux clos, M. Forkle appliqua deux doigts sur chacune des tempes de la jeune fille.) Trois… deux… un…

— Ouh là ! Étrange, comme vous dites, déclara Marella. (Elle se gratta le crâne.) Ça chatouille de partout… et j'éprouve une sensation de chaleur.

— Tâchez de vous vider la tête, lui intima le vieil elfe. Mieux vaut ne pas se concentrer sur le processus. J'essaie d'aiguillonner votre instinct, pas votre esprit actif.

— Entendu, dit Marella. Désolée.

Les secondes s'écoulèrent. Retenant son souffle, Sophie se surprit à souhaiter de toutes ses forces qu'un talent se manifeste. Stina avait raison : même si Marella n'obtenait pas ce qu'elle souhaitait, ce serait un tel soulagement pour elle de savoir le problème réglé !

— Un dernier effort, annonça M. Forkle, le front plissé.

Marella serra les accoudoirs de son fauteuil avec un petit couinement. Puis le vieil elfe recula d'un pas titubant pour venir s'appuyer contre le bureau. Le front baigné de sueur, le souffle court, il semblait avoir grimpé dix étages au pas de course.

— Ouh là, ça tangue ! bredouilla Marella. J'ai le tournis.

— Je n'en suis pas surpris. Je vous ai transmis toute l'énergie mentale que je pouvais, expliqua M. Forkle. Je vous raccompagnerai chez vous dès que le vertige sera passé. Après quoi, il faudra vous reposer. Prévenez-moi quand vous vous sentirez prête.

— Accordez-moi encore quelques minutes, répondit Marella, qui se mit à agiter les doigts devant ses yeux comme pour tester sa vision.

— Alors, on peut ouvrir l'enveloppe maintenant ? s'impatienta Fitz, la main tendue.

— Si vous voulez, dit Marella. Attendez, il faut que je vous explique d'abord. (Elle se racla la gorge avant de poursuivre en se frottant les tempes.) J'ai demandé à ma mère pourquoi elle avait mis en garde Cyrah. Selon elle, c'était parce que Cyrah fourrait son nez dans des affaires qui lui échappaient. Quand je lui ai demandé de préciser, elle s'est levée pour partir. Je croyais qu'elle voulait en rester là, mais… Ouh là, pour le coup, ça tourne très fort, là ! Un instant.

Elle se pencha pour coincer la tête entre ses genoux.

— À votre avis, c'est bon signe ?

— Nous serons vite fixés, lui répondit M. Forkle.

Elle hocha la tête avec précaution.

— Enfin bref, ma mère est revenue me donner ce que j'ai mis dans cette enveloppe, à la condition expresse que je lui promette de ne jamais tenter de m'en servir. Elle l'a trouvé sur l'étal de Cyrah. Ça n'a pas l'air dangereux, mais qu'est-ce que j'en sais ?

Sophie et ses amis se pressèrent autour de Fitz, qui ouvrit l'enveloppe et en versa le contenu dans sa paume moite.

Une pierre stellaire ovale et lisse.

Quand le jeune homme la brandit à la lumière, elle projeta un éclat bleuté.

Chapitre 64

— À nous de trouver où elle mène, décréta Sophie, qui désignait le rai de lumière bleue projeté au sol par la pierre.

Aussitôt, la porte s'ouvrit à la volée et les quatre gardes du corps se précipitèrent dans la pièce en énumérant les mille et une raisons pour lesquelles personne n'irait nulle part.

— Oh, c'est tout le temps comme ça, chez vous ? s'étonna Marella, sans cesser de se masser le front.

— Plus ou moins. (Sophie leva les mains pour obtenir l'attention générale.) Je sais que vous n'êtes pas d'accord. Mais les pierres stellaires gardent en mémoire le dernier endroit visité. Il nous faut absolument découvrir où celle-ci menait. Et puisque les gobelins ne peuvent sauter sans l'aide d'un elfe, vous aurez besoin de nous. Que diriez-vous de choisir un petit groupe, deux elfes, deux gobelins, pour sauter vite fait ? Nous pourrions garder nos cristaux en main, afin d'être prêts à revenir dès notre arrivée en cas de danger. Je suis certaine qu'Alden et Della pourraient nous donner des cristaux pour s'assurer que nous revenons bien ici, en sécurité.

— Bien sûr, déclara Della en se matérialisant tout à coup dans un coin de la pièce.

Depuis combien de temps épiait-elle la scène ?

Les gobelins débattirent quelques minutes avant d'admettre que le raisonnement de Sophie se tenait. Ce qui soulevait une question capitale.

— Comment décide-t-on qui y va ? demanda Fitz.

Chacun se désigna, bien entendu. Les adultes, quant à eux, se prêtèrent à leur cirque habituel, proclamant qu'ils se devaient d'y aller à la place des « enfants ». La discussion tournait en rond, tant et si bien que Grizel, glissant deux doigts à la commissure de ses lèvres, entreprit de transpercer les tympans des belligérants d'un sifflement strident.

— Au moindre cri, je recommence, lança-t-elle en guise d'avertissement. Et je ne m'arrêterai qu'une fois que tout le monde aura la migraine. Soyons un peu logiques, voulez-vous ? Nous avons déjà convenu que deux gobelins seraient de la mission. De nous quatre, les plus hauts gradés sont Sandor et moi-même. Et puisque nul d'entre nous ne peut se séparer de sa charge, et que nous savons tous que Sophie sera forcément de la partie, quoi qu'il arrive, nous devrions emmener Sophie et Fitz, qui resteront derrière nous et feront exactement ce que nous leur dirons de faire. On y va. On voit. On revient. Cinq minutes, maximum.

— Le plan me convient, répondit Fitz avec un sourire à sa sœur, qui faisait la moue.

— Eh bien, s'étonna Marella. C'est bien la première fois que je vois des gens se battre pour courir au-devant du danger !

— Bienvenue dans mon monde, ironisa Sophie. Tu m'en veux toujours de ne pas t'avoir entraînée dans ces histoires ?

La jeune fille secoua la tête.

— Je commence à me dire que je ne suis pas taillée pour. Tu vas vraiment suivre aveuglément un rayon de lumière inconnu, en sachant pertinemment qu'il pourrait te précipiter dans une pièce remplie de tueurs fous ?

— Ce n'est rien comparé à certaines de nos missions, fit remarquer Fitz.

M. Forkle poussa un soupir.

— Je devrais vous accompagner. On peut très bien y aller à cinq.

— Si on commence à raisonner ainsi, alors pourquoi ne pas y aller à six, sept ou huit ? argua Grizel. Plus le groupe sera réduit, plus nous serons rapides et discrets. Et puis, vous n'avez pas l'air très en forme.

Elle n'avait pas tort : le vieil elfe n'avait toujours pas retrouvé ses couleurs.

— Ne deviez-vous pas ramener Marella chez elle ? lui rappela Sophie. Si Caprise est d'aplomb, peut-être pourrez-vous lui poser quelques questions supplémentaires ?

— À vrai dire, ma mère va plutôt bien aujourd'hui, admit Marella. On devrait pouvoir s'entretenir quelques minutes avec elle.

M. Forkle ne semblait guère enchanté par cette perspective, mais il ravala ses protestations.

— Très bien. Prenez soin de laisser la pierre stellaire ici. (La main tendue, il attendit que Sophie lui confie son butin.) Vous n'aurez qu'à laisser quelqu'un d'autre créer le sentier pour vous. Ainsi, nous aurons toujours un moyen de vous retrouver au besoin.

— Ils ont aussi leurs boutons d'alerte, rappela Dex.

Sandor tira son sabre de son fourreau.

— Nous n'en aurons pas besoin.

Grizel dégaina à son tour sa lame, avec force moulinets.

Della écrasa Fitz et Sophie dans une embrassade, leur promettant qu'elle les attendrait avec Alden aux portes d'Everglen. Biana se joignit à l'étreinte, non sans attirer Dex au passage.

— Ben dis donc, marmonna Marella. Vous êtes drôlement câlins, tous.

— Tout va bien se passer, déclara Sophie d'une voix rauque après s'être dégagée.

Fitz lui prit la main. Sandor et Grizel fermèrent le cercle tandis que M. Forkle projetait un pâle sentier de lumière à l'aide de la pierre stellaire. Chacun prit une seconde pour calmer ses nerfs avant de se laisser emporter par la lueur bleutée.

Sophie avait déjà connu des sauts plus froids. Celui-là semblait pourtant étonnamment mouvementé, comme si la lumière faisait partie d'une tempête de neige qui les fouettait en tous sens, pour les disperser. Ralliant sa concentration, elle en enveloppa étroitement Sandor et Grizel. Hors de question de perdre la moindre particule alors que le monde se précipitait à leur rencontre et qu'ils se matérialisaient dans…

Une chambre à coucher.

D'un luxe tapageur.

Toute de velours et de soie, dans des tons rouges et noirs, équipée d'un lit assez vaste pour accueillir dix dormeurs.

— Ce n'est pas vraiment ce à quoi je m'attendais, chuchota Fitz tandis que les deux gobelins humaient l'air.

— La chambre de Fintan, peut-être ? hasarda Sophie, les yeux rivés sur le chandelier de flambeau scintillant qui cascadait depuis le plafond. En tout cas, ce n'est pas celle de Brant : il ne supporte pas la présence du bois.

— Aucune idée, répondit Fitz. Je suis juste soulagé qu'elle soit déserte.

Le lit n'était pas fait. Une bosse attira l'attention de Sophie. Elle s'avança à pas de loup pour écarter les couvertures et découvrir…

— Madame Schlinguette ?

Le gulon en peluche lui rendit un regard vide.

— Alors, on est chez Keefe ? s'étonna Fitz. Je croyais qu'il n'avait pas pris Madame Schlinguette avec lui ?

— En effet, marmonna Sophie. Dans ce cas…

Elle s'approcha de la paroi vitrée pour écarter l'un des rideaux. Loin en contrebas se dessinait une cour désolée traversée d'un sentier au-dessus duquel trônait une arche en fer forgé.

— Ce n'est pas une planque des Invisibles, murmura Sophie. Nous sommes… à Candleshade.

Son cerveau se débattait encore avec l'image d'un Lord Cassius pelotonné avec la peluche préférée de son fils lorsque Fitz emboîta toutes les pièces du puzzle pour en tirer une conclusion bien plus dérangeante encore.

— Mais alors, c'est la preuve que Cyrah a bien confectionné la pierre stellaire sertie dans l'épingle à cheveux de Lady Gisela, non ?

— Pire que ça, répondit Sophie.

Elle prit un moment pour ajouter son effroi au nœud d'émotions qu'elle avait reconstitué au creux de son estomac.

Parcourant la pièce du regard, elle s'assura que Lord Cassius n'était pas dans les parages avant d'ajouter à mi-voix :

— Je crois que c'est surtout la preuve que Lady Gisela l'a tuée.

Chapitre 65

— *J'ai quelque chose à te dire*, transmit Sophie dans la nuit noire.

Elle massait le nœud qui ne cessait de grossir au creux de son estomac. Fitz serra sa main plus fort, plaquant leurs bagues de pouces ensemble.

Après s'être rendue à l'évidence – elle n'avait d'autre choix que d'avertir Keefe de leur découverte –, elle avait demandé l'autorisation de passer la nuit à Everglen. Fitz écouterait la conversation pour l'aider à évaluer la réaction de leur ami. Ainsi, elle n'aurait pas à décider seule s'il avait franchi les bornes de la culpabilité et de l'imprudence.

L'arrangement ne satisfaisait guère Sandor, qui devait retrouver Grady et Edaline à Gildingham. Mais Grizel avait obtenu, à force de taquineries, qu'il lui confie la charge de leurs deux protégés. Si elle avait su que la présence d'une petite amie suffisait à détendre un peu son garde du corps, Sophie aurait tenté de le caser des mois plus tôt.

— A-t-il dit quoi que ce soit ? demanda Biana, qui clignotait sur le tapis de la chambre d'ami.

Sophie commençait à avoir ses habitudes dans cette pièce, à la fois douillette et élégante. Elle semblait systématiquement atterrir là quand la situation se corsait.

— Et s'il ne répond pas, qu'est-ce qu'on fait ? voulut savoir Dex.

— On attend le matin pour essayer de nouveau, marmonna Sophie.

La nuit serait interminable, le sommeil impossible – mais il y avait longtemps qu'elle avait fait une croix dessus, de toute façon. Elle se rendait compte à présent à quel point elle s'était raccrochée aux minces excuses fournies par M. Forkle pour tenter d'innocenter Lady Gisela du meurtre de Cyrah. Las, le doute n'était plus permis.

— *Tu comptes encore passer la nuit à me hurler de rentrer à la maison ?* demanda Keefe.

Elle se redressa d'un bond lorsque les pensées du jeune homme lui envahirent l'esprit.

— *Parce que j'ai beau aimer ton côté fougueux, le moment est franchement mal choisi.*

— *Pourquoi ? Tu n'es pas seul ?*

— *Si. Mais je travaille sur un projet plutôt urgent. Et non, je ne peux pas te révéler ce que c'est. Je ne voudrais pas te donner de fausse joie avant d'être certain que ça fonctionne. Alors épargne-moi ton sermon jusqu'à demain.*

— *Ce n'est pas un sermon*, transmit Sophie. C'est…

Ses mains se mirent à trembler. Biana et Dex se rapprochèrent pour l'encourager.

— *Hmm…* fit Keefe. *Voilà qui semble sérieux.*

— *Hélas ! À mon avis, c'est trop à encaisser pour toi. Mais tu préférerais sans doute que je lâche le morceau. Je ne sais pas quoi faire.*

— *J'en déduis que tu es au courant pour ma mère*, songea doucement Keefe.

Sophie et Fitz échangèrent un regard ébahi.

— *Tu sais déjà ?* demanda-t-elle.

Les pensées du jeune homme s'agitèrent légèrement.

— *Oui. Fintan m'en a parlé il y a quelques jours. Je ne t'ai rien dit parce que tu faisais la tête. Et puis, j'essayais encore de démêler mes sentiments à ce sujet.*

— *Qu'est-ce que ça t'inspire, au juste ?*

— *Je n'en sais toujours rien. J'ai cassé deux ou trois objets… je me suis senti un peu mieux. J'ai boudé un peu, aussi. Mais le pire, c'est que ça ne change rien, en fait. J'avais déjà fait une croix sur elle, depuis longtemps.*

— *Sans doute…* songea Sophie, qui dévisageait Fitz.

Il semblait partager son scepticisme.

Keefe pouvait-il vraiment rester aussi calme ? Ou n'était-il qu'une bombe à retardement ?

— *Alors…* reprit-elle en s'écartant de Dex et Biana qui les harcelaient, Fitz et elle, pour obtenir un compte rendu. *Est-ce que je peux en parler à Wylie ? J'ai promis de le tenir au courant, mais je peux attendre, si tu n'es pas prêt.*

— *Pourquoi Wylie s'intéresse-t-il à ma mère ?*

— *Non, c'est le destin de sa mère à lui qui l'intéresse.*

— *Qu'est-ce que ma mère a à voir avec la sienne ?*

Sophie fronça les sourcils.

— *N'est-ce pas ce dont on parlait à l'instant ?*

— *Je… je ne sais plus au juste.*

Une vague d'amertume se forma dans l'estomac de la jeune fille.

— *Que t'a dit Fintan, exactement ?*

— *Et si tu me disais d'abord ce que tu t'apprêtais à me révéler ?*

Fitz serra la main de Sophie en signe de soutien alors qu'elle rapportait à leur ami tout ce qu'ils savaient sur la pierre stellaire que leur avait confiée Marella : où sa mère l'avait trouvée, comment elle les avait menés droit dans la chambre des parents de Keefe. Elle alla jusqu'à lui annoncer que son père dormait avec Madame Schlinguette. Chaque information supplémentaire résonnait comme un coup de tonnerre dans l'esprit du jeune homme.

— *Alors elle l'a tuée*, dit-il, sa voix mentale atone, son esprit aussi gris que la tempête qui y avait cours.

— *On dirait bien*, confirma Sophie. *Même si techniquement, nous ne savons toujours pas…*

— *Oublie, Foster. Inutile de chercher des excuses fantaisistes. Tu sais aussi bien que moi que ça ne peut pas être une coïncidence si quelqu'un a retrouvé une pierre stellaire très rare qui mène directement à la chambre de mes parents sur le lieu même d'un décès… surtout si Gethen est au courant. Ça ne fait rien. Ou plutôt ça ne me fait rien, à moi. C'est… peu importe. J'ai tourné la page.*

— *Oh, que non*, insista Sophie.

— *Non, tu as raison. Mais je ne peux pas m'attarder dessus pour l'instant. J'aime mieux m'appliquer à détruire tout ce qu'elle a construit, pièce après pièce.*

Un objectif aussi compréhensible qu'irresponsable. Et la preuve que le seul moyen de ramener Keefe chez lui serait de le traîner par la peau du cou.

— *Alors, c'est tout?* s'impatienta-t-il. *Parce que j'ai vraiment besoin de me concentrer.*

Sophie s'apprêtait à le laisser tranquille lorsqu'elle se rappela qu'il n'avait toujours pas éclairci sa part du malentendu.

— *Que croyais-tu entendre quand j'ai mentionné ta mère?*

Son esprit tempêta de plus belle, projetant une ombre ténébreuse entre eux.

— *Je pensais que tu allais me dire que vous aviez perdu sa trace. Dimitar est allé lui rendre visite dans son cachot. Elle s'est évadée.*

Chapitre 66

— Personne ne sait comment elle s'est échappée, je suppose, ni si elle a reçu de l'aide, déclara M. Forkle, qui regardait une créature filandreuse flotter dans l'aquarium à la lumière tamisée.

Alden avait encore eu l'amabilité de leur prêter son bureau afin qu'ils puissent s'entretenir en toute discrétion.

Lorsque Sophie l'avait hélé pour lui rapporter les dernières nouvelles, M. Forkle était encore chez les Redek, où il se reposait après avoir administré une deuxième vague d'énergie mentale à Marella, dont le talent ne s'était toujours pas manifesté.

— Qui aurait pu aider Lady Gisela ? s'interrogea Sophie.

Les Invisibles avaient eux-mêmes pris la décision de l'emprisonner. À part eux, peu d'habitants des Cités perdues semblaient capables d'exfiltrer un détenu d'une prison ogre.

— Quelqu'un a-t-il surveillé le père de Keefe ces dernières semaines ? demanda Fitz.

— Tu crois vraiment que Lord Cassius pourrait être derrière son évasion ? contra sa sœur.

— Je n'en sais rien. Il n'est pas du genre à se salir les mains, concéda Fitz – ce qui était sans doute l'euphémisme du millénaire. Mais ne nous a-t-il pas suggéré de la faire évader ? Et puis… c'est sa femme. Est-ce vraiment si difficile de l'imaginer tentant de la sauver ?

— Tenter, peut-être, mais y parvenir, c'est une autre paire de manches, fit remarquer Biana. Suis-je vraiment la seule à trouver l'idée impossible ?

— L'improbabilité d'une théorie annule rarement sa possibilité, lui rappela M. Forkle. D'autant que Lord Cassius pourrait facilement se faire des alliés. Je demanderai à notre Technopathe d'étudier ses archives en quête d'informations intéressantes.

— Je pourrais aider, proposa Dex.

— Seulement en cas de besoin. Je ne voudrais pas y consacrer trop d'énergie. C'est un revirement inattendu, certes… intriguant, même. Mais rien ne presse.

— En êtes-vous sûr ? demanda Sophie. Nous ne tenons plus seulement tête aux Invisibles et aux ogres. Nous devons aussi affronter Lady Gisela et ses mystérieux soutiens, à présent.

— Nous ne sommes même pas certains qu'ils existent, lui rappela M. Forkle. Elle pourrait très bien s'être évadée de son propre chef. Et si elle fait partie d'un nouvel ordre en marche, pour l'heure, nous partageons les mêmes ennemis.

— Il n'empêche que la situation vient de se compliquer singulièrement, maugréa Sophie.

Elle s'enfonça dans l'un des fauteuils, et M. Forkle prit place en face d'elle.

— Tu as peut-être raison, Sophie. Les défis auxquels nous sommes confrontés se révèlent bien plus complexes que je ne l'avais imaginé. Et je dois t'avouer que depuis notre entrevue avec Marella ce matin, je me demande si je vous ai assez préparés, tous les quatre.

— Que voulez-vous dire ? demanda la jeune fille.

Les mains jointes, il tourna son regard vers la baie vitrée. Dehors, un couple de colibris lunaires voguait sur un petit lac, leurs longues queues ridant la surface scintillante.

— Qu'il est peut-être temps de passer à la vitesse supérieure. J'ai déjà laissé entendre que tu disposais peut-être d'un autre pouvoir latent...

— Je le savais ! l'interrompit Fitz d'un ton triomphant.

— Un truc chouette ? demanda Dex.

— Allez-vous le déclencher maintenant ? s'enquit Biana.

— C'est à Sophie d'en décider.

L'intéressée agrippa les accoudoirs de son fauteuil – celui-là même où elle s'était assise pour entendre toutes les autres révélations.

Les bonnes nouvelles. Les mauvaises. Les plus étranges, aussi.

Difficile de dire dans quelle catégorie tombait celle du jour.

— Tout talent implique une responsabilité, ajouta M. Forkle d'une voix douce. Mais certaines sont plus lourdes que d'autres. Je te disais tantôt que tous tes talents n'avaient pas été sélectionnés par mes soins. Certains résultent de mes manipulations génétiques. Celui-ci m'a demandé une longue réflexion avant de l'inclure... non qu'il soit mauvais. C'est un atout de taille. Mais il pourrait facilement être détourné.

Il plongea une main dans la poche de son manteau pour en sortir un étroit paquet enveloppé de velours.

— Je les garde sur moi depuis le jour où j'ai déclenché tes nouveaux pouvoirs. Je tenais à être prêt, au cas où ce talent se déclarerait spontanément. Jusqu'à présent, il est resté en sommeil... ce qui pourrait signifier qu'il ne se manifestera jamais de lui-même. Penses-y au moment de faire ton choix. À quatorze ans, tu approches de l'âge où les talents cessent de se manifester. Il est donc tout à fait possible que tu n'aies jamais à endosser cette responsabilité, si nous laissons faire la nature. Personne, et surtout pas moi, n'ira te juger pour ta décision. Elle t'appartient entièrement.

Il tendit le paquet à Sophie, qui écarta le tissu moelleux pour révéler deux gants de soie noire.

— Suis-je censée deviner ce que ça signifie ? demanda-t-elle, soulagée de voir que ses amis partageaient sa perplexité. Minute... ne me dites pas que je suis une espèce de Malicia ?

— Une humaine, je présume ? demanda le vieil elfe.

— Si on veut. C'est un personnage issu d'une bande dessinée dont ma sœur raffole, où certains individus possèdent des superpouvoirs issus de mutations génétiques. Chaque fois que Malicia touche quelqu'un, elle absorbe ses pouvoirs... et si le contact se prolonge trop longtemps, elle finit par le tuer.

— Ces humains et leur imagination débordante ! lâcha M. Forkle avec un petit sourire. Non, rien à voir avec cette « Malicia ». C'est même le contraire, à vrai dire : rien ne t'affectera, toi. Mais tu seras capable de renforcer les talents des autres par apposition des mains. Les Optimisateurs sont extrêmement rares.

Dex écarquilla les yeux.

— J'en ai entendu parler ! Mais du coup, ça signifie que le simple fait de se trouver près d'elle nous rendra plus puissants ?

— Dans une modeste mesure, oui, confirma M. Forkle. La plupart ne s'en rendront pas compte. (Il se tourna vers Sophie.) Le vrai coup de pouce vient de la pointe de tes doigts. Ton corps stockera à cet endroit l'énergie, prête au transfert. D'où les gants, même s'il s'agit moins d'une solution idéale que d'une protection ponctuelle, visant à assurer que tu n'optimises pas quelqu'un par accident et que tu disposes de quelques secondes pour te dégager si on tente d'en tirer avantage de façon intempestive. Tu n'auras aucun mal à imaginer combien Fintan et Brant pourraient abuser de ce talent s'ils devaient en avoir vent.

C'était peu de le dire.

— Il n'y a pas moyen de le couper ? De la même façon que je peux fermer mon esprit aux pensées des autres ?

M. Forkle secoua la tête.

— Ce talent fonctionne plutôt comme celui d'un Polyglotte. Tu n'as pas besoin d'ordonner à ton esprit de traduire les autres langues. Il le fait de lui-même. Pareil pour l'énergie stockée au bout de tes doigts. Les seuls moyens d'empêcher son transfert sont de couvrir tes mains ou d'éviter le contact.

Sophie effleura les gants soyeux. La seule idée de devoir les porter en permanence suffisait à lui provoquer bouffées de chaleur et démangeaisons.

— Si ça peut te rassurer, dit Fitz, qui s'était accroupi près d'elle, leur contact n'aura rien à voir avec ce que tu imagines. J'ai porté des gants humains une fois… c'était horrible ! J'avais la sensation de ne rien pouvoir toucher ni attraper. Nos gants à nous sont comme une seconde peau. Essaie-les, tu vas voir.

Après un instant d'hésitation, Sophie enfila les gants. Fin et frais au contact, le tissu semblait épouser son épiderme, léger comme l'air et presque impalpable alors qu'elle pliait les phalanges pour en tester la flexibilité.

Quand Fitz lui tendit la main, elle sentit la chaleur de sa paume, la douceur de sa peau. Les battements affolés de son propre idiot de cœur, aussi.

— À mon avis, tu pourrais porter tes bagues d'Apparentée par-dessus si tu le voulais, dit-il.

— Pareil pour ton bouton d'alerte, ajouta Dex, prévenant.

— À vrai dire, ça risque de lui compliquer la tâche au moment de les ôter pour optimiser un allié, leur rappela M. Forkle. Mieux vaut qu'elle porte ses gants ainsi, par-dessus ses accessoires.

— Je serai vraiment contrainte de les porter en permanence ? demanda Sophie.

— Tout dépendra de la situation, répondit le vieil elfe. À la maison, avec tes amis, ce ne sera pas nécessaire. Mais à l'école, à l'extérieur, ou dans toute situation impliquant un risque, mieux vaut t'assurer d'être bien protégée.

— Est-ce que ce pouvoir m'apportera un bénéfice quelconque, à moi ?

— Oui et non. Tes autres talents n'en seront pas affectés. Mais tes compagnons s'en trouveront plus forts, ce qui constitue un avantage indéniable, surtout pour toi qui as choisi de t'entourer d'un groupe d'amis exceptionnellement talentueux. Imagine tout ce qu'ils pourraient accomplir avec des pouvoirs renforcés ! L'inconvénient, c'est que tu pourrais en faire de même avec tes ennemis.

Les mains sur les tempes, Sophie tenta de peser le pour et le contre.

— Que ferais-tu à ma place ? demanda-t-elle à Fitz.

Il se recoiffa distraitement, le regard fixé au loin.

— Pour être honnête… je n'en sais rien. Nos pouvoirs d'Apparentés s'en trouveraient décuplés… mais jamais je n'accepterais de te mettre en danger juste pour cette raison.

— Je devrais pouvoir te confectionner un gadget capable de te donner plus de contrôle qu'une simple paire de gants, marmonna Dex. Je me demande ce qui se passerait si je modifiais une paire de nexus…

Il continua à marmonner dans sa barbe, lancé dans un discours technique compris de lui seul. Sophie se tourna vers Biana.

— Et toi, qu'en penses-tu ?

— J'en pense… que si tu le fais, ce sera à nous d'être à la hauteur, répondit-elle d'une voix douce. C'est nous qui en bénéficierons. À nous de tout donner pour te protéger.

— Si je puis parler à la place de votre garde du corps absent, dit Grizel, émergeant de l'ombre, sachez que si vous choisissez d'embrasser ce nouveau pouvoir, vous devrez tout faire pour garder le secret.

— Je suis du même avis, dit M. Forkle. Ce qui ne change rien au fait que la décision t'appartient, Sophie. Et que nous te soutiendrons, quel que soit ton choix.

Sophie contemplait ses mains. À quel point ce pouvoir changerait-il la donne ?

Elle songea à Wylie.

À Brielle.

À Kenric.

À Jolie.

À toutes les nuits blanches passées à se ronger les sangs pour sa famille et ses amis. Tout ce qu'elle voulait, c'était assurer leur sécurité – et voilà qu'on lui proposait un nouveau moyen, et capital, d'y parvenir.

— Déclenchez le talent, murmura-t-elle. Je suis prête.

Chapitre 67

— Tu as encore une chance de changer d'avis, annonça M. Forkle, les mains en suspens à quelques millimètres des tempes de Sophie.

Elle prit une profonde inspiration, entourée par ses amis qui lui étreignaient les mains.

— Allez-y.

Dès l'instant où le vieil elfe l'effleura, un torrent de chaleur envahit l'esprit de Sophie. Sensation étrange (comme un rayon de soleil liquide inondant son cerveau), mais aussi familière, qui ramena la jeune fille à l'éclosion de ses précédents talents. À peine consciente à l'époque, jamais encore elle n'avait ressenti le moment précis où le pouvoir s'était déclenché, comme si on avait actionné un interrupteur pour envoyer de nouvelles ondes énergétiques la traverser de la tête aux pieds. Son cœur s'emballa, son souffle se fit court et frénétique… puis le torrent se stabilisa dans ses mains. Des fils de chaleur semblaient se tresser sous la peau de ses doigts pour former une fine couche, parfaitement à sa place. Jamais elle ne s'était rendu compte combien ses mains semblaient vides en leur absence. À présent, elle était enfin complète.

— Il semblerait que ça ait marché, fit observer M. Forkle avant de reculer pour s'affaler sur un fauteuil et masser ses tempes en sueur. Peut-être vaut-il mieux s'en assurer, tout de même ?

Sophie tendit une main à Fitz.

— Prêt pour l'expérience, Capitaine Apparenté ?

Fitz lui adressa son sourire de star de cinéma.

— J'en serais honoré… même si je ne suis pas convaincu par le surnom.

Il lui saisit la main avec sa chaleur et sa douceur habituelles. Leurs doigts s'entrelacèrent et…

— Oh ! C'est comme si… tout le brouillard avait été chassé de mon esprit. Ce qui est d'autant plus étrange que je n'ai jamais eu le sentiment que ma concentration était aussi floue. (Il lui lâcha la main avant de plisser le front.) Ça alors… le brouillard est revenu. (Il lui reprit la main, et son expression se détendit aussitôt.) Eh bien, je ne vais plus vouloir te lâcher, maintenant.

Biana leva les yeux au ciel.

— Du calme, frérot. Lâche mon amie, ou je te tacle comme à la balle-piège.

Fitz s'exécuta, non sans rougir.

Les joues en feu, elle aussi, Sophie laissa Biana prendre la place de son frère… et disparaître aussitôt.

— C'est incroyable ! murmura sa voix désincarnée. Je n'ai même plus besoin d'essayer de repousser la lumière. Elle glisse à travers moi, comme si j'étais en verre.

— À moi ! s'exclama Dex une fois que Biana eut reparu.

— Sophie n'est pas un jouet, gronda M. Forkle.

— Bien sûr, marmonna le Technopathe. Désolé.

— Inutile de t'excuser, le consola Sophie. Moi aussi, je suis curieuse de voir le résultat. Qui sait, peut-être sauras-tu soudain comment construire un de ces fameux gadgets utilisés par les Invisibles ? Ou un de ces nexus spéciaux par lesquels tu parlais de remplacer les gants ?

— C'est vrai ! (Dex enveloppa d'une main moite les doigts de Sophie et ferma les yeux.) Oh, mon cerveau s'active comme s'il travaillait sur cent projets à la fois. C'est… Je n'arrive plus à suivre… Ouh là !

— Tout va bien ? demanda la jeune fille lorsqu'elle le vit tituber, les mains sur les tempes.

— Oui, simple overdose d'informations. Ce serait sans doute différent si je tenais un de mes prototypes en même temps, étant donné que mon talent se concentre toujours sur un détail spécifique. Au lieu de quoi, j'ai vu défiler toute une galerie de souvenirs et de concepts… je ne sais même plus. Tellement d'idées passionnantes… J'ai peur de les oublier toutes.

— Tiens, souffla Biana, lui tendant un carnet et un crayon. Tu pourrais prendre quelques notes ?

— Bonne idée !

Dex se laissa tomber sur un fauteuil et se mit à griffonner furieusement.

— Ce n'est pas douloureux quand tu nous transmets ton énergie, au moins ? demanda Fitz à Sophie.

— Non, tout ce que je ressens, c'est un fourmillement dans les doigts. Je n'ai pas l'impression de perdre mon énergie non plus… mais peut-être qu'il en sera autrement si le contact se prolonge.

— Ton organisme t'enverra des signaux pour te prévenir en cas de surmenage, lui assura M. Forkle. Tu devrais te reposer, cependant. Déclencher un talent est une opération harassante… or ta journée a été chargée.

Sophie fut tentée de protester, mais à peine se fut-elle levée que la tête lui tourna. De retour dans la chambre d'ami, elle eut tout juste la force de se changer et d'attraper Ella avant de s'effondrer sur le lit géant.

Elle sombra dans un sommeil de plomb, dénué de songes, dans lequel elle se serait volontiers complu à jamais si on ne l'avait réveillée d'une secousse.

Elle ouvrit les yeux pour se trouver nez à nez avec un dragon rouge à paillettes.

— Je ne connais pas de meilleur spectacle que la bouille de Monsieur Câlin pour se réveiller le matin ! claironna Fitz.

Sophie manqua de bredouiller que le spectacle de ses yeux pervenche était encore plus beau mais se rattrapa de justesse.

Postée à l'entrée de la chambre, Biana éclata d'un rire cristallin.

— Ce que vous pouvez être ridicules, tous les deux… On ne vous l'a jamais dit ? Allez, habille-toi !

Elle jeta sur le lit une tunique terriblement longue, terriblement ajustée et terriblement rouge.

— Inutile de faire cette tête. C'est une tenue de camouflage, lui expliqua Biana. Plus tu t'habilleras chic, moins on se posera de questions sur tes gants. Et puis le rouge te va si bien ! Tout ce qu'il te manque, c'est un corsage blanc et des leggings noirs… dis-moi que tu en as. Oh, et une paire de bottes à tomber. J'ai juste ce qu'il te faut !

Sophie la regarda partir en courant avec un soupir.

— Elle va faire de moi sa poupée.

— Sans doute, acquiesça Fitz. Mais elle n'a pas tort.

Il devait parler de la stratégie de Biana pour camoufler les gants – stratégie brillante, il fallait bien l'admettre, même si Sophie en avait déjà la migraine.

Le jeune homme ajouta pourtant avec son plus beau sourire :

— Le rouge te va à ravir.

Si elle avait été un personnage de dessin animé, les yeux de Sophie se seraient transformés en cœurs.

— Dépêche-toi de t'habiller ! cria Biana depuis le couloir, épargnant à Sophie le besoin de formuler une réponse cohérente.

— Pourquoi ? On sort ? demanda-t-elle.

— Tout juste.

L'Éclipseuse reparut, armée d'une paire de bottes aux talons compensés vertigineux.

— Figure-toi que pendant qu'une certaine jeune fille dormait comme un loir, j'ai fait un saut à la Tour d'Argent avec Tam afin de voir si je pouvais l'aider. Nous avons enfin découvert comment les Invisibles s'y sont pris pour entrer !

Chapitre 68

— Je croyais qu'on avait déjà écarté la théorie du miroir Polaris ? s'étonna Sophie.

Le groupe, debout au centre du Salon de l'Illumination, se voyait reflété sous tous les angles dans la vingtaine de miroirs qui l'encerclait.

Dex, Fitz, Linh, Alden, Della, M. Forkle, mais aussi Sandor, Grizel, Lovise et Woltzer étaient tous venus voir ce que Biana et Tam avaient découvert.

— On l'avait écartée, en effet, répondit Tam. Crois-moi, j'ai passé tellement de temps à scruter ce miroir que j'en louche encore. Il ne fait que renvoyer la lumière pure. Le reflet suffit à me faire pleurer.

— Alors… pourquoi on est là ? demanda Dex.

— Parce que je suis un génie, l'informa Biana. Je savais que les Invisibles n'auraient pas recours à la solution, beaucoup trop évidente, du miroir. Mais le nom ne pouvait pas être une coïncidence. J'ai donc passé beaucoup trop de temps à contempler mon propre reflet.

— Pour changer… marmonna son frère, déclenchant quelques rires.

Elle l'ignora.

— C'est alors que je me suis demandé : que fait une polaris, au juste ?

— Elle guide les gens ? hasarda Sophie.

Son amie confirma d'un signe de tête.

— Elle montre la voie. Alors, que vois-tu en regardant ce miroir, en dehors de ton reflet éclatant ?

M. Forkle inspira un grand coup.

— Le miroir juste en face !

Tous se précipitèrent, dans la confusion la plus totale, vers ladite glace.

— Le Cimmérien, constata Alden, qui effleura la vitre lisse. Un de ceux dont le sens est le plus difficile à saisir.

— En effet, confirma M. Forkle. J'ai toujours pensé que la plupart de ceux qui essayent de percer son secret sont si troublés par le reflet qui leur est renvoyé qu'ils en oublient leur volonté première.

— On ne peut guère leur en vouloir, maugréa Della, fusillant du regard les ombres qui accablaient son reflet.

— Je ne comprends toujours pas, dit Grizel. En quoi permet-il aux Invisibles d'accéder à la Tour d'Argent ?

— Ils avaient amené une Ténébreuse, expliqua Biana. (Elle poussa Tam en avant.) Allez. Montre-leur de quoi tu es capable.

Les joues empourprées, le jeune homme carra les épaules à l'approche de la glace.

— C'est difficile à expliquer. Le miroir démultiplie les ombres. Alors j'ai décidé de jouer avec, pour voir.

Étirant la main devant la vitre, il ferma le poing pour attirer toutes les ombres de leur reflet collectif au centre du miroir et former ainsi une sorte de trou noir.

— Et là, ne me demandez pas pourquoi, mais mon instinct m'a dicté de faire ceci, poursuivit Tam.

Du poing, il dessina un cercle étroit. Les ombres suivirent le mouvement pour s'enrouler dans une spirale infernale.

— Que regardons-nous au juste ? demanda M. Forkle.

— Je n'en suis pas certain, admit Tam. J'ai tout d'abord cru qu'il s'agissait d'une simple illusion d'optique. Puis j'ai fait ceci. (Plongeant le poing au centre de la spirale, il fit disparaître son avant-bras jusqu'au coude dans un concert de sifflements ébahis.) Et alors, j'ai compris que c'était un passage. La sombrume en mouvement dans le verre en modifie la densité.

Il retira son bras du trou noir et agita ses doigts parfaitement normaux et sains.

— Ne me demandez pas de vous donner une explication scientifique détaillée, d'accord ? dit-il. Mais voilà comment les Invisibles ont eu accès à la tour. Peut-être ont-ils lévité une fois à l'intérieur, afin de ne laisser aucune trace. Mais c'est par ici qu'ils sont entrés.

Engouffrant son corps entier dans le miroir, il disparut derrière la vitre. La petite assemblée laissa échapper un cri de surprise – et les quatre gobelins dégainèrent chacun leur lame – lorsqu'il repassa la tête de l'autre côté.

— Il n'y a pas beaucoup de place. Si vous voulez jeter un œil, il faudra y aller par petits groupes. Pas plus de deux ou trois à la fois. Mais en gros, je me trouve dans une pièce secrète, dissimulée quelque part entre les tours.

— Laissez passer, que je vérifie qu'il n'y a aucun danger avant que quiconque tente l'expérience, décréta Sandor, brûlant la politesse à Sophie.

Grizel bondit devant lui et posa une main sur son torse.

— Je suis plus menue et mes sens sont plus aiguisés.

Sandor s'apprêtait à protester quand sa collègue se pencha pour lui murmurer quelques mots à l'oreille. Il recula avec un hochement de tête.

Tam disparut à travers la glace pour dégager la voie. La gobeline donna une pichenette sur le nez de Sandor avant de se retourner pour examiner la vitre. Elle effleura les ténèbres tournoyantes du bout des doigts avant de hausser les épaules et de bondir à travers, telle une gazelle.

— Ils ont peut-être un système de sécurité pour les alerter qu'on a trouvé leur cachette ? s'interrogea Fitz.

— Je ne détecte aucune technologie, répondit Dex. Pas le moindre signal non plus.

— Ne crois-tu pas qu'ils seraient déjà venus vérifier, si c'était le cas ? demanda Biana à son frère. Voilà plus d'une heure que nous avons trouvé cet endroit, Tam et moi, avant d'aller vous chercher… et de réveiller Sophie au passage.

L'intéressée sentit ses joues s'empourprer.

— Désolée d'avoir fait la grasse matinée.

— Mais oui, tu n'as pas honte de récupérer ainsi après avoir manifesté un nouveau talent ? la gronda Biana.

— Lequel ? demandèrent aussitôt Linh et Sandor à l'unisson.

Sophie montra ses mains gantées.

— L'optimisation.

Linh recula d'un bond et manqua de renverser Della.

— Pardon, bredouilla-t-elle, les bras croisés sur sa poitrine. Ce n'est pas toi… mais j'ai déjà tellement de mal à contrôler mon pouvoir. Je n'ose imaginer quelle catastrophe je pourrais provoquer sous optimisation.

— Décupler ton pouvoir… ça ne serait pas une bonne idée, en effet, renchérit son frère, qui venait de repasser la tête à travers le miroir. À moins d'avoir quelques villes à détruire.

— Pourquoi ai-je le sentiment que ce talent ne va faire que me compliquer une tâche déjà cauchemardesque ? demanda Sandor.

— Parce que c'est le cas, répondit M. Forkle.

Le vieil elfe entreprit d'expliquer le pourquoi des gants et le besoin de garder le secret. Avant de rappeler que ce nouveau talent faisait à présent partie intégrante de Sophie. À jamais.

Grizel passa à son tour la tête à travers le miroir et regarda Sandor droit dans les yeux.

— Je n'y suis pour rien ! Tu sais aussi bien que moi que Sophie aurait fait déclencher ce talent même en ta présence.

— Quand même… je te confie ma protégée un soir, un seul ! maugréa le garde du corps.

— Alors, c'est comment de l'autre côté du miroir ? demanda l'intéressée, pressée de changer de sujet.

Biana brûla la politesse à Tam.

— Ce n'est pas du tout ce que j'imaginais. J'espérais y trouver des meubles sinistres, des gadgets étranges, bref, la parfaite panoplie du grand méchant. Mais ce n'est qu'une petite pièce aux parois de pierre. Elle doit être là depuis la construction de la tour.

— Est-ce à dire que les Invisibles existent depuis des millénaires ? demanda Linh.

— Ce n'est pas impossible, répondit M. Forkle. Même si, à mon avis, elle devait initialement servir un autre but, depuis oublié, et que Fintan ou Brant, voire leur Ténébreuse, est tombé dessus par hasard et a profité de la trouvaille.

— En tout cas, ils sont bien passés par là, déclara Grizel, qui revint dans le Salon de l'Illumination. Leur odeur est partout… mais elle est bien rance. Ils n'ont pas dû revenir depuis l'enlèvement de Wylie.

— Suis-je le seul à ne toujours pas avoir compris comment ils sont entrés dans la tour ? demanda Dex. Donc… ils sont arrivés ici. (Il désigna le plancher du Salon de l'Illumination.) En passant par là. (Il pointa du doigt le Cimmérien.) Où se trouve une pièce secrète. Mais comment ont-ils atterri dedans ?

Biana esquissa un large sourire.

— Va voir par toi-même.

Inutile de le lui dire deux fois : le Technopathe traversa le miroir presque en courant.

— Oh, elle contient un de ces gadgets frappés du symbole de Polaris ! souffla-t-il.

Sophie s'élança à sa suite, Fitz sur les talons, et franchit la glace avec un frisson provoqué par les vagues de froid qui lui transpercèrent la peau au passage. Les trois jeunes gens manquèrent de se marcher dessus dans l'espace exigu.

— Tout va bien, assura-t-elle à Sandor lorsqu'il passa la tête à travers le miroir, qui de l'intérieur ressemblait à un carré noir tourbillonnant. Attends-moi dehors, ça vaudra mieux. On peut à peine bouger ici !

Comment les Invisibles avaient-ils pu faire entrer Alvar, Ruy, Trix et Ombre, sans oublier un Wylie inconscient, entre ces murs étroits et humides ? Ils l'avaient pourtant fait : le motif de Polaris projeté au sol en était la preuve.

— Il y a des runes, fit remarquer Fitz en reculant pour révéler les caractères tracés dans un autre cercle, à l'extrémité d'un rayon. « Pallidrose », on dirait. Encore une étoile ?

— Une solitaire, oui, confirma Sophie, qui se remémorait à l'instant même l'information. Elle aussi émet une lumière blanche et pure, elle colle donc à leurs critères.

Mais comment fonctionne tout ça ? Il doit falloir faire quelque chose, non ?

— Espérons que Dex trouve la réponse, lança Biana de l'autre côté de la vitre.

— Il faudra que je regarde le gadget de plus près, déclara le jeune homme, qui venait de léviter jusqu'au plafond pour effleurer le bord incurvé de l'appareil. Étrange… je ne perçois pas beaucoup de mécanique ici. Je n'arrive même pas à voir comment il s'ouvre.

— C'est peut-être à Tam ou à Biana d'agir, suggéra Sophie. D'après Gethen, le système nécessite l'utilisation de pouvoirs particuliers. Ce sont les seuls qui correspondent.

— On y a déjà pensé tout à l'heure, répondit Biana. J'ai essayé tout ce qui me passait par la tête.

— Moi aussi, admit Tam.

— Peut-être qu'en les optimisant… proposa Fitz.

— Je… tu crois ? bredouilla Sophie.

Son talent était tellement nouveau qu'elle n'y avait pas encore prêté réflexion. Elle ôta malgré tout son gant droit avant d'offrir sa main à Tam. Ne pourrait-elle donc plus jamais toucher quiconque sans ressentir un tiraillement à l'estomac ?

Tam semblait tout aussi nerveux tandis qu'il entrelaçait ses doigts avec ceux de Sophie. Les ombres au sol prirent soudain vie pour former un croquis noir autour du symbole de Polaris.

— C'est fou, murmura-t-il. C'est la première fois que je perçois de telles ténèbres.

Resserrant son étreinte sur la main de Sophie, il suivit les ombres jusqu'à des rayons dont ils n'avaient pas encore déchiffré les runes.

— Je crois qu'ils sont partis par-là, chuchota-t-il. Tu vois cet amas d'ombres ?

Les fragments noirs s'agglutinaient, glissant dans le cercle vide comme autant de peaux de selkie.

Les ténèbres se mirent à onduler comme de l'eau pour former une rune.

— Peut-être…

— Attends ! dit Fitz, attrapant Sophie par le bras alors que Tam posait le pied sur la flaque noire.

Les doigts du Télépathe entrèrent en contact avec la peau de la jeune fille à l'instant même où une bourrasque glaciale s'engouffrait dans la pièce pour les envelopper tous les trois et les emporter au loin.

Chapitre 69

— Que s'est-il passé au juste ? demanda Fitz, toujours agrippé à Sophie, pendant que ses amis tentaient de retrouver l'équilibre sur un sol moussu et irrégulier.

Le symbole luisait sous leurs pieds, unique source de lumière éclairant la pièce humide et sombre où ils avaient atterri. Quelque part au loin, un liquide gouttait, et leurs souffles brouillaient l'air entre eux. Un froid acéré transperçait la tenue de Sophie, qui remercia silencieusement Biana d'avoir insisté pour lui faire porter une épaisse cape noire assortie à ses gants.

— Je… je crois que je nous ai fait sauter à l'aide de la lumière stellaire absorbée par une ombre, souffla Tam. Je ne m'en savais même pas capable. Mais quand j'ai effleuré la main de Sophie, mon instinct a pris le dessus.

— Alors, on est dans l'une de leurs planques ? demanda la jeune fille, qui se hâta de remettre son gant.

Elle désigna une nouvelle rune apparue sous les pieds du Ténébreux.

— Valkonian, chuchota Fitz. Encore une étoile à lumière blanche ?

Sophie acquiesça.

Ses yeux s'habituaient à l'obscurité. Les détails du paysage se révélaient à elle à mesure qu'elle avançait pour mieux voir. La mousse rendait la pierre glissante, et ses chaussures ridicules ne cessaient de se coincer dans les fentes irrégulières. Une lueur plus nette brillait au loin, pourtant, vers laquelle elle progressa avec prudence.

— On dirait des ruines humaines, murmura-t-elle, effleurant un mur humide à moitié effondré.

L'endroit lui rappelait l'Écosse, où elle n'avait pourtant jamais mis les pieds. Un vieux château délabré, dont les fenêtres en verre taillé et fissuré filtraient des rais de lumière gris-bleu. D'épaisses plantes grimpantes recouvraient les pierres ancestrales. Une odeur d'humus et d'iode flottait dans l'air.

— Je ne détecte aucune pensée alentour… et toi ? demanda-t-elle à Fitz, qui répondit par un signe de tête négatif.

— À ton avis, ils sont en train de paniquer à Foxfire ?

— Sandor doit être en train de me localiser. (Sophie palpa soudain sa tunique rouge.) Mince, ce sont les vêtements de Biana ! Ils sont dépourvus de mouchards.

— Dex pourrait pirater notre journal d'activité au sein du registre, fit remarquer Fitz. Ou nos boutons d'alerte.

— Espérons-le, répondit Sophie. Je n'ai pas mon cristal de foyer sur moi, puisque je ne suis pas censée regagner Havenfield tant que les gnomes n'ont pas fini d'installer le nouveau système de sécurité.

Fitz tapota ses poches et étouffa un juron.

— Je n'ai pas pris mon éclaireur non plus.

— Heureusement que je suis là, déclara Tam, sortant un pendentif violet de sa cape. Il ne mène qu'à Alluveterre, mais les gnomes pourront nous raccompagner à partir de là.

— Attends ! dit Sophie lorsqu'il brandit le cristal en quête d'un rai de lumière. Ne devrions-nous pas jeter un coup d'œil aux environs avant de partir ? N'est-ce pas ici qu'ils ont emmené Wylie ?

— C'est l'endroit où ils sont passés en quittant la Tour d'Argent, précisa Tam. Voilà pourquoi les ombres m'appelaient. Mais je doute qu'ils l'aient retenu otage à cet endroit. Il n'y a pas de cellule… pas même un seul mur intact. Et je ne vois pas de corde.

— Peux-tu retenter ton numéro sur le symbole présent ici, pour voir s'ils sont partis ailleurs ? demanda Fitz.

— Mais pourquoi faire escale ici ? s'étonna Sophie. L'emblème de la Tour d'Argent aurait pu les mener à n'importe quelle planque, non ?

— C'est l'impression que j'avais, oui, confirma Tam.

— Dans ce cas, ils devaient avoir une raison de choisir cet endroit précis, poursuivit Sophie. Peut-être n'est-ce qu'une façade dissimulant la vraie planque, et que l'abri se trouve sous terre ? On devrait se séparer pour essayer de trouver un escalier ou une porte cachés.

— Je suis d'accord sur tout, sauf pour se séparer, rétorqua Fitz. Nous devrions rester ensemble afin d'éviter de nous perdre.

— Mais les recherches prendront beaucoup plus de temps ainsi, argua Sophie. Si j'ai vu juste concernant les disques dissimulés dans le manteau de Keefe, sans doute avons-nous déjà déclenché une alarme.

— Raison de plus pour rester groupés, répondit Tam. Je garde mon cristal en main. On ferait bien de se tenir les uns aux autres afin de faciliter un saut d'urgence, en cas de besoin.

Sophie ne trouva rien à redire et fit de son mieux pour se tenir à Fitz. Un motif étrange attira cependant son attention sur les fenêtres.

Elle lâcha son ami pour aller y voir de plus près – rien qu'une milliseconde…

Et évita ainsi d'essuyer la première bourrasque de lumière blanche.

Le rayon d'énergie cuisante forma un mur autour des deux garçons pour les emprisonner dans un étroit champ de force. Ils s'électrocutèrent à son contact en tentant de fuir.

— Il était temps que tu rejoignes la partie ! s'écria Ruy depuis les ténèbres avant de précipiter un second champ de force vers Sophie.

Elle plongea à terre et roula pour l'esquiver. Le projectile la toucha à l'épaule, envoyant dans son bras une décharge aussi brûlante qu'un faisceau d'aiguilles trempées dans l'acide.

Serrant les dents contre la douleur, Sophie rampa derrière un pilier à moitié effondré. Tapie dans l'ombre, elle attendit son adversaire. Elle ne pouvait l'attaquer sans avoir une idée précise de sa position.

Elle laissa la rage monter en elle, bouillonnant avec toutes ses émotions tenues en réserve. Sa vue se teinta de rouge. Elle n'aurait qu'une seule chance, un moment unique, pour abattre Ruy avant qu'il ne la mette en cage.

Le crissement d'une chaussure lui indiqua dans quelle direction viser. Elle bondit de sa cachette, bras tendus, prête à frapper Ruy de toute la puissance de sa fureur.

Quatre silhouettes encapuchonnées l'attendaient pourtant. Même sous leurs capuches, elle pouvait sans peine distinguer leurs visages.

Ruy.

Brant.

Alvar.

Et Keefe.

Chapitre 70

— Toi ? souffla Sophie, soudain vidée de toute combativité par la perspective de devoir affronter son ami.

Le regard paniqué de Keefe ne laissait aucun doute quant à l'horreur qui l'avait saisi à sa vue.

— Non ! hurla Brant, ses traits scarifiés tordus dans une affreuse grimace. (Il venait de saisir le bras de Ruy de son unique main.) Si tu l'enfermes dans un champ de force, elle ne brûlera pas !

Une boule de feu blanche se matérialisa au bout du moignon du Pyrokinésiste, ses flammes ondulant comme des doigts effilés.

— Elle est capable d'instiller, lui rappela Ruy.

— Mais elle ne le fera pas.

Brant relâcha son comparse et attira Keefe à lui pour agiter les flammes sous le menton du jeune homme.

— Elle tient encore à celui-là. Et elle sait que je lui ferai fondre le visage si elle esquisse le moindre geste.

— Il est des nôtres ! s'exclama Alvar.

— Ça, ça reste à voir. C'est d'ailleurs le moment parfait pour le prouver.

Les lèvres cousues de cicatrices du Pyrokinésiste formèrent un embryon de sourire tandis qu'il approchait ses doigts de feu de la gorge de Keefe. De sa main intacte, il fouilla sa cape pour en tirer la broche des Ruewen. Il l'avait volée à Sophie, une éternité plus tôt.

— Trop longtemps, je me suis raccroché au passé. Tu ne crois pas ?

Sophie devina la suite, avant même que Brant ne précipite Keefe vers elle et ne plonge le bijou dans les flammes incandescentes. Les joyaux craquèrent dans une pluie d'étincelles. La broche se mua en fer rouge.

Qu'il appliqua contre la paume de Keefe.

Le jeune homme convulsa dans un terrible hurlement, les yeux baignés de larmes, les dents serrées, à l'agonie.

— Bien, dit le tortionnaire à sa victime, écartant son tison. À toi de lui faire connaître la même douleur. Au cas où tu serais perdue, Sophie, voici comment la suite va se dérouler : tu nous dis où vous retenez Wylie, et je te laisse choisir la zone à marquer par le joli cœur, une que tu pourras cacher sous des vêtements, par exemple. Résiste, et il te refera le portrait comme tu me l'as fait. (Il s'adressa ensuite à Keefe.) Quant à toi, attaque-moi, et je te ferai fondre, membre après membre. En commençant par tes doigts.

Le désespoir hurlait dans la tête de Sophie tandis que son cerveau cherchait frénétiquement une solution.

Quelque part au milieu du chaos, une nouvelle voix se fit entendre.

— *Sophie, tu m'entends ?*

— *Fitz ?*

Les pensées de son ami semblaient étouffées et criblées de friture électrique. Elle était stupéfaite qu'il soit même parvenu à la joindre.

— *Tam est en train d'abattre le champ de force à coups de ténèbres*, expliqua-t-il. *Il devrait pouvoir glisser son ombre par les fissures afin de venir troubler l'esprit de Brant et l'aveugler quelques secondes. Est-ce que ce sera suffisant pour que tu le neutralises à l'aide de ton instillation avant qu'il ne brûle Keefe?*

Sans doute… mais uniquement si elle était prête à tous les frapper.

— *Keefe est trop près de Brant*, tempéra-t-elle. *Je serai forcée de neutraliser tout le monde.*

— *Je ne vois pas d'autre solution. Et toi?*

Elle avisa les flammes qui ondulaient sous le nez de Keefe et la cloque qui suintait déjà au creux de sa main.

— *Feu vert à Tam!* transmit-elle.

Elle puisa alors toutes ses émotions jusqu'à la dernière, qu'elle alimenta de chaque idée noire qu'elle avait jamais entretenue.

Brant tressaillit tout à coup et lâcha son flambeau. Sophie en profita pour libérer ses ondes glacées, dont les bords dentelés déchiquetaient tout sur leur passage.

Les secondes s'étirèrent, interminables, tandis que la réalité se dissolvait dans un torrent de puissance pure – et de fureur.

Une fureur phénoménale.

Elle brûlait de s'y baigner, de s'y noyer, de laisser la colère prendre le contrôle jusqu'à punir tous ceux et celles qui l'avaient jamais fait souffrir, sans exception. Un fil de bonté subsistait pourtant à travers ce déferlement, vestige d'une pensée qui l'ancrait à elle-même.

Keefe.

Le nom de son ami suffit à relever le rideau de ténèbres qui l'aveuglait pour laisser entrer un torrent de lumière incandescente. Elle tomba à genoux et se mit à tâtonner le sol de pierre en quête d'un corps tremblant. Sa vue lui revenait tout juste lorsqu'elle trouva Keefe et l'attira sur ses genoux.

— *Keefe, si tu m'entends, tente de combattre les ténèbres,* transmit-elle. *La douleur n'est pas réelle. Repousse-la, remonte à la surface.*

— Tam a brisé le champ de force, annonça Fitz derrière elle, la faisant sursauter. Il est en train d'étouffer les flammes de Brant. Grâce à l'humidité, seul son manteau a pris feu. Qu'est-ce que je peux faire ?

— Trouve de quoi attacher les Invisibles. Quand les effets se dissiperont…

— Entendu. (Fitz se détourna avant de revenir vers elle.) Ne te laisse pas abattre, Sophie. Tu l'as fait pour le sauver. Pour reprendre ses termes, parfois, les choses doivent empirer avant de s'arranger.

Elle se concentra sur une promesse plus heureuse.

— C'est presque fini.

N'était-ce pas la vérité ?

Quelle immense victoire !

En une après-midi, ils avaient capturé Alvar, Ruy et Brant – trois cadors des Invisibles. Et à présent qu'ils savaient comment faire fonctionner gadget et symbole, ils pouvaient localiser les seize planques restantes.

Et ils avaient récupéré Keefe.

Elle inclina la tête pour observer Tam et Fitz à l'ouvrage. Les deux jeunes gens dépouillaient chaque silhouette de son manteau pour en déchirer le tissu en cordes de fortune afin de lui attacher les mains et les pieds avant de lui bander les yeux et de la bâillonner.

— Il faut partir, lança Tam. Leurs copains doivent se demander pourquoi ils tardent tant. Quant à eux, ils pourraient se réveiller d'une minute à l'autre.

Fitz frappa son frère au visage.

— Voilà qui devrait l'immobiliser quelques minutes de plus.

— Ce n'est pas lui qui m'inquiète, rétorqua Tam. Si le Psionipathe se réveille, il pourrait nous piéger en deux secondes.

Avec un soupir, Fitz abandonna Alvar afin d'étouffer Ruy dans une prise d'étranglement et de lui faire perdre connaissance pour de bon.

Tam en fit de même avec Brant.

— Je maintiens son esprit dans le noir pour l'empêcher d'allumer des feux. Mais je respirerai mieux lorsqu'il sera enfermé dans une cellule ignifugée.

— Et moi donc ! répondit Sophie. Mais on ne peut pas faire sauter Keefe dans cet état.

— Sauter… où ? grogna l'Empathe entre deux respirations laborieuses.

Sophie le serra plus fort contre elle.

— Pardonne-moi… je ne pouvais pas les neutraliser sans te frapper aussi.

Il serra la mâchoire dans un sourire peiné.

— Avoue, Foster… ça te plaît… tout ça. Un peu.

— Jamais de la vie.

Elle se frotta les yeux de ses mains gantées, ravalant ses sanglots.

— Ce n'est pas si terrible, promit-il.

Sophie croisa son regard. La douleur semblait lentement quitter le jeune homme.

Elle revint en force lorsqu'il tenta de déplier sa main noircie et couverte de cloques. La broche paraissait avoir fusionné avec sa peau.

— Rappelle-moi de frapper Brant là où je pense quand il se réveillera.

— Seulement si tu me laisses me joindre à toi, dit-elle. Médoc a tous les remèdes qu'il faut à Alluveterre. Elle pourra te soigner, j'en suis sûre.

— Médoc ? demanda Keefe. Pourquoi pas Elwin ?

— Seul Tam dispose d'un cristal de saut, qui conduit à Alluveterre. On est venus ici par accident… c'est une longue histoire. Je te raconterai tout une fois de retour dans les Cités perdues.

— Son cristal mène à Alluveterre ?

— Oui, pourquoi ?

Keefe ferma les paupières.

— Que se passe-t-il ? demanda-t-elle. Tu as mal ?

— Non, c'est… (Il prit une longue inspiration avant de se redresser en berçant sa main calcinée.) Je ne peux pas vous accompagner. Je sais que vous pensez tout arranger ainsi… mais la vision de Fintan est d'une ampleur inimaginable. Cet incident ne sera qu'un accroc négligeable pour lui. Vous avez encore besoin d'un agent infiltré…

— Crois-tu vraiment que Fintan te fera confiance si tu reviens seul ? l'interrompit Sophie. Rappelle-toi ce qu'il a fait à ta mère, alors qu'elle ne lui avait coûté qu'un prisonnier. Regarde ce que Brant vient de t'infliger ! (Elle lui saisit la main pour l'obliger à regarder sa plaie suintante.) Est-ce vraiment une marque de confiance ?

Keefe détourna le regard, saisi d'un frisson.

— C'est pour cette raison que tu dois me laisser Alvar.

— Ben voyons... hors de question ! gronda Fitz.

— Vous n'avez pas le choix. Je sais que c'est atroce... mais réfléchissez à long terme. Si je ramène Alvar, je deviens le héros qui a sauvé un frère d'armes. Alvar est le moins dangereux pour moi : il m'a toujours cru... tu l'as entendu prendre ma défense quand Brant a produit ses flammes ! Et il n'a jamais tué personne...

— Non, il se contente d'enlever des gens et de les regarder se faire torturer, rétorqua Sophie, excédée.

— Crois-moi, je le lui ferai payer. Mais pour l'heure, il faut la jouer fine. Ruy et Brant sont impliqués dans le grand œuvre de Fintan. Emmenez-les, bouclez-les, laissez Forkle les interroger sans relâche jusqu'à leur faire cracher le morceau. Un morceau forcément partiel. Je me servirai d'Alvar pour garder mes entrées et apprendre le reste. Je ne crains rien. Fintan... m'aime bien.

— Mon vieux, tu ferais mieux de te trouver une autre figure paternelle, le rabroua Tam. Fintan se moque de toi. Il ne te fait pas confiance. Et si tu pars le retrouver, il te détruira.

Keefe roula les yeux à s'en coincer les paupières.

— Tu n'as pas une frange à aller soigner, toi ?

— Déteste-moi autant que tu veux, lui répondit le Ténébreux. Ça ne change rien au fait que j'ai raison. Admets-le tout de suite, et peut-être pourras-tu encore réparer le plus important. Ou tu peux attendre de la perdre. À toi de voir.

— Perdre qui ? demanda Fitz.

Tam secoua la tête.

— Il faut y aller.

— Tam a raison, déclara Sophie. (Elle se releva, chancelante.) Allez, Keefe. Jamais une telle chance ne se représentera à toi. Voilà des semaines que je cherche le moyen de t'éloigner d'eux… on y est. Tu ne risques rien. Quand ils comprendront ce qui s'est passé, tu seras déjà loin. Nous te cacherons quelque part en attendant d'avoir neutralisé toutes les planques liées au symbole. Alors, tout sera fini.

— Mais non, justement, marmonna Keefe. C'est ce que je me tue à te dire. Il y a encore beaucoup à faire.

— Fais-le avec nous, dans ce cas.

Elle lui tendit une main gantée avec un regard implorant.

Après une seconde d'hésitation, il l'accepta.

Il laissa son amie le mettre debout et le soutenir pour l'aider à garder l'équilibre.

— Je sais ce qui compte, Foster, murmura-t-il. Et c'est tout ce qui importe.

L'intensité de son regard sembla figer le temps, donnant à Sophie la sensation de flotter. La réalité revint la heurter de plein fouet lorsqu'il plongea sur Tam pour lui dérober son cristal de saut.

— Que fais-tu ? s'écria Fitz.

L'Empathe se précipita auprès d'Alvar pour le hisser sur son épaule.

— Je pourrai sûrement échanger ce cristal contre les informations nécessaires au vol des caches. À votre place, je resterais à distance, intima-t-il à Fitz et à Tam. Vous ne voudriez pas qu'ils soient réveillés par notre petite bagarre, pas vrai ?

— Neutralise-le avec ton instillation ! hurla Tam à Sophie.

Mais la jeune fille avait épuisé toutes ses émotions en terrassant les autres. Il ne lui restait plus que le choc, doublé d'une tristesse infinie.

— Je t'en supplie, ne fais pas ça, implora-t-elle Keefe.

Si tu pars avec ce cristal, nous serons pris au piège… et Alluveterre compromise.

— Le Cygne Noir peut bien sacrifier une planque, ça vaut largement les informations que j'en tirerai ! rétorqua le garçon. Et tu peux te téléporter. Il doit bien y avoir une falaise dans le coin qui ferait l'affaire.

— On est censés la chercher en trimballant deux corps en prime ? aboya Sophie.

— Sers-toi de ta télékinésie. Tu es la Grande Sophie Foster. Tu trouveras une solution.

— Et toi, tu fais une terrible erreur, l'avertit Tam.

— Possible. Ce ne serait pas la première fois. Heureusement, je suis plutôt doué pour les réparer. C'est ce que je m'apprête à faire. Fiez-vous à moi.

— Comment ? gémit Sophie d'une voix éraillée. Après tous tes mensonges, tes omissions, tes trahisons ? Comment veux-tu que nous ayons encore confiance en toi ?

— Je ne sais pas, murmura-t-il.

— Et je ne sais pas si, cette fois, je pourrai te pardonner, souffla Sophie en retour.

La gorge nouée, Keefe acquiesça, les yeux rivés au sol.

— Oui… je le sens. Tu voulais la preuve que je n'agissais pas pour moi… La voilà. D'accord ?

Non, pas d'accord.

Absolument pas d'accord sur toute la ligne.

— Je regrette, chuchota-t-il. Tu n'as pas idée à quel point. J'imagine que nos rendez-vous télépathiques sont terminés. Je t'en prie, s'il te plaît, sois prudente. Ne quitte pas tes gardes du corps. Je mettrai un terme à tout ceci.

Il semblait bien à Sophie arriver au terme de quelque chose tandis qu'il pénétrait dans l'emblème lumineux de Polaris. Mais au terme de quoi, elle n'aurait su le dire.

— Oh, j'oubliais, marmonna-t-il. Je sais enfin comment fonctionnent les disques noirs. Avec le bon disque et la bonne commande…

Il se positionna sur le cercle dessiné au bout de l'un des rayons du motif et murmura : « Gwynaura. »

La lumière se fit tellement aveuglante que Sophie dut détourner le regard.

Lorsque son éclat se fut dissipé, Keefe et Alvar avaient disparu.

Chapitre 71

— C'était… intéressant, marmonna Tam. Et vous, ça va ?

Fitz semblait nourrir des envies de meurtre.

— On fait aller, répondit Sophie.

Elle porta une main tremblante à la vitre ébréchée de l'une des fenêtres et se mit à contempler la danse des hautes herbes dans le vent.

— J'essaie juste de trouver un moyen de partir d'ici. On risque d'errer un certain temps si on se met en quête d'une falaise.

— Et ma lévitation n'est pas assez puissante pour soulever un adulte inconscient, déclara Tam. D'autant que si j'ai bien compris, on a besoin d'altitude pour se téléporter… Étrange, quand même, ce besoin de tomber en chute libre.

— On pourrait toujours essayer nos boutons d'alerte, suggéra Fitz.

— J'y ai songé, dit Sophie, mais j'ai l'impression que quelque chose, dans cet endroit, doit interférer avec le signal… sinon, Dex aurait déjà débarqué avec la cavalerie, tu ne crois pas ? D'après lui, nos nouveaux traqueurs pouvaient être pistés en toutes circonstances.

— Quelle option nous reste-t-il, alors ? demanda Tam. La télépathie, pour appeler Forkle ?

L'idée n'était pas mauvaise. Mais Sophie en trouva une autre, encore meilleure. Elle n'était pas prête à affronter une scène de panique. Et Silveny lui avait fait promettre de l'appeler en cas de besoin.

Deux transmissions suffirent avant qu'une salve de *« Sophie ! Sophie ! Sophie ! »* surexcités éclate dans son esprit.

L'alicorne eut cependant vite fait de lire son humeur.

Sophie besoin aide ?

Oui, lui répondit la jeune fille. *Je ne sais pas où je suis, mais...*

Trouve ! Trouve ! Trouve !

La voix de l'alicorne s'éteignit. À peine Sophie eut-elle le temps de courir au-dehors qu'un grondement de tonnerre déchira le ciel. Deux alicornes scintillantes à la robe argentée surgirent du vide en planant avant de voler en cercle parmi les nuages maussades.

Sophie ! Amie ! Aide !

Les deux créatures effectuèrent un piqué, les ailes repliées, ralentissant leur chute à la dernière seconde pour atterrir dans les hautes herbes. Pas étonnant que le talent qui permettait à Sophie de remonter les pensées jusqu'à leur point d'origine lui vienne de la partie alicorne de son ADN !

— Merci... murmura-t-elle.

Elle avança avec prudence. Si la confiance de Silveny lui était acquise, Greyfell, le mâle aux ailes bleues, se montrait toujours plus méfiant, surtout à présent qu'il s'apprêtait à devenir père.

Le poil dressé, le sabot nerveux, il posa ses yeux d'un marron profond sur la jeune fille, puis sur le champ désert.

Moi non plus, je n'aime pas trop cet endroit, lui dit Sophie. *On va faire vite. On a juste besoin de charger les prisonniers sur votre dos.*

— Il n'y a vraiment que toi pour dicter tes quatre volontés aux créatures les plus précieuses de notre monde, fit remarquer Tam, qui traînait Brant derrière lui.

— Et je mets leur vie en péril au passage. Si les Invisibles débarquent…

Elle frappa Brant au visage pour s'assurer qu'il ne reprenne pas conscience.

Fitz en fit de même avec Ruy.

Personnes mauvaises ? demanda Silveny.

Les pires, transmit Sophie.

Les pensées de l'alicorne s'assombrirent. *Les mordre ?*

Une fois qu'on sera rentrés, peut-être. Pour l'heure, vous voulez bien vous baisser, tous les deux, afin qu'on puisse les installer sur votre dos ?

— Je reste avec Brant, déclara Tam pendant que Sophie et Fitz l'aidaient à hisser le corps inerte du Pyrokinésiste sur le dos de Greyfell. Vous pourrez tenir avec Ruy sur l'autre alicorne ?

— On va se débrouiller, répondit Fitz. (Il s'adressa ensuite à Sophie.) Mais je préfère que tu restes derrière moi. Ainsi je pourrai faire tampon entre Ruy et toi.

— Je n'ai pas besoin de ta protection, protesta-t-elle.

— Je sais. Mais j'aime mieux te savoir en sécurité. S'il te plaît… Tu n'as pas idée combien c'était difficile de rester coincé dans ce champ de force alors qu'ils t'attaquaient. Rien que d'y penser…

Il hissa Ruy par-dessus l'encolure de Silveny et grimpa sur son dos avant de tendre la main à Sophie. Une fois en place, la jeune fille passa les bras autour de la taille de Fitz en rougissant. Ils étaient tellement collés l'un à l'autre que même une feuille de papier aurait eu du mal à se glisser entre eux.

Prêts ? demanda Silveny.

Vole ! lui intima Sophie.

D'un majestueux battement d'ailes, les deux alicornes s'élancèrent dans les cieux.

Le vent glacial qui leur fouettait le visage et les cheveux les engourdissait – ce dont Sophie était reconnaissante. Si elle avait pu traverser la vie de la même façon…

Silveny tenta de la distraire en partageant quelques nouvelles de l'Opération Bébé Alicorne, toutes positives, heureusement. Bientôt, ils furent assez haut pour plonger.

— Accroche-toi ! lança Sophie à Tam. Et tu as le droit de crier.

— Ne t'en fais pas pour moi, lui assura le jeune homme… avant de laisser échapper une suite de cris et de glapissements lorsque les alicornes se mirent à fondre vers le sol.

Alors qu'ils semblaient à deux doigts de s'écraser dans l'herbe, un grondement retentit, et le vide s'ouvrit devant eux pour les engloutir.

— Rappelle-moi de ne plus jamais perdre mon cristal de saut ! maugréa Tam une fois qu'ils furent dans les ténèbres du néant. Rassure-moi… tu sais comment nous sortir de là ?

Sophie lui confirma d'un signe de tête.

Cependant, elle n'était pas encore prête à retrouver la réalité… surtout pas une réalité dans laquelle Keefe les avait une fois de plus trahis.

Fitz avait dû deviner son hésitation.

— Quoi qu'il arrive, je suis avec toi, lui murmura-t-il à l'oreille. Tu le sais, non ?

— Je le sais.

Mieux encore : elle le croyait.

— Prêt ? demanda-t-elle.

— Plus ou moins. Je n'en reviens pas qu'on ramène des prisonniers.

Sophie partageait son incrédulité.

Sacrée victoire qu'ils venaient de décrocher là.

Pourtant, elle ne doutait pas que son ami était comme elle plus préoccupé par ce qu'ils avaient perdu, tous les deux.

— Allez, dit-elle, resserrant sa prise sur la crinière de Silveny. C'est parti mon kiki.

Son esprit s'emplit d'une image parfaitement nette de la Tour d'Argent, et aussitôt une lumière blanche transperça le néant pour les ramener avec fracas à Foxfire.

Chapitre 72

Sophie s'était préparée à un torrent de larmes, de cris et de sermons, dont ses amis et sa famille n'avaient du reste pas manqué de l'inonder dès leur arrivée. Silveny et Greyfell avaient eu la bonté de survoler à plusieurs reprises le campus afin de laisser le temps à chacun d'évacuer un peu de tension, avant de se poser avec grâce sur la riche pelouse violette.

Tout le monde courut à leur rencontre. Le comité d'accueil s'était élargi pour inclure à présent Elwin, le Conseil au complet, Grady et Edaline, Kesler et Juline, Granite, Spectre et Brume, mais aussi, pour leur plus grand agacement, les parents de Tam et Linh, tous venus les encercler en masse.

On hurla des questions. Exigea des explications. Le calme se fit soudain lorsque l'assemblée remarqua les Invisibles attachés sur le dos des alicornes.

Prenant les commandes, Sandor ordonna à la petite foule de reculer pendant que Woltzer et Lovise déposaient Brant et Ruy au sol avant de monter la garde devant leurs silhouettes inertes. Edaline invoqua la corde la plus épaisse disponible dans le débarras de Havenfield, que Sandor et

Grizel utilisèrent pour ligoter les prisonniers avant qu'Elwin ne leur fasse ingurgiter son sédatif le plus puissant.

— Qu'allez-vous faire d'eux ? demanda Grady d'une voix aussi tremblante que ses mains.

Les yeux rivés sur Brant, il se dressa devant Edaline et Sophie.

— Laissez-nous nous en occuper, lui répondit M. Forkle.

— Nous allons nous en charger, rectifia le Conseiller Emery.

La voix grave de l'Ancien sembla faire taire jusqu'au vent. Les autres Conseillers se rassemblèrent autour de lui, fièrement coiffés de leurs diadèmes, pour faire face aux membres du Comité.

— Les crimes des Invisibles concernent un public bien plus vaste que votre seul ordre.

— Très bien, répondit M. Forkle. Que comptez-vous faire de ces prisonniers ?

— La question est encore ouverte.

Les yeux clos, Emery se retourna pour animer un débat télépathique avec les autres Conseillers.

Tout le monde en profita pour venir se presser autour des trois héros du jour.

— Tu sens le brûlé, fit remarquer Elwin à Sophie.

Il tenta de projeter un orbe de lumière rouge autour de la jeune fille, alors même qu'Edaline l'étouffait dans un câlin.

— Je n'ai rien, lui assura Sophie, sans quitter la pyramide de verre des yeux. Tam et Fitz m'ont aidée à les neutraliser avant que la situation ne tourne mal.

— Nous allons bien aussi, déclara Fitz, à moitié écrasé par les transports de ses parents et de sa sœur. Heureusement que Tam a pu détruire le champ de force de Ruy grâce à ses ténèbres.

— C'est vrai ? demanda Mme Song. Tu es un héros ?

— Pas encore ! rétorqua Tam, levant la main pour interdire à ses parents d'approcher.

Il passa un bras autour des épaules de sa sœur, qui enfouit le visage contre son épaule.

— Vous nous devez de sacrées explications, tous les trois, décréta Dex. Vous m'avez enfermé dans ce fichu cachot, vous vous rendez compte ! Le miroir s'est verrouillé dès l'instant où Tam a disparu. Sandor a dû briser la glace pour me libérer.

Biana les supplia de tout leur raconter par le menu, ce dont Fitz se chargea, au grand soulagement de Sophie qui ne s'en sentait pas la force. Il s'en tint à une version courte, efficace, entièrement concentrée sur leur victoire.

— *Clairement, vous ne nous dites pas tout*, transmit M. Forkle à la jeune fille.

— *Voyez par vous-même.*

Sophie enfonça les ongles dans ses paumes pendant que son esprit repassait l'affrontement dans son intégralité, depuis l'arrivée des Invisibles jusqu'à la dernière trahison de Keefe.

— *Il faut évacuer Wylie d'Alluveterre. Tout de suite. Tam et Linh ne peuvent plus y retourner non plus.*

— *Je suis tout à fait d'accord*, répondit le vieil elfe.

Ses yeux se posèrent un instant sur Granite, qui fouilla ses poches en quête de son éclaireur.

— Si vous voulez bien m'excuser, dit-il aux Conseillers. Je dois m'assurer que mon fils va bien.

— Votre fils ? s'étonna le Conseiller Terik, à qui la gaffe du Télépathe n'avait pas échappé.

— Oui, j'ai un fils, et une autre vie derrière ce masque. Ne me dites pas que vous en êtes étonné. Puissiez-vous un jour apprendre à coopérer avec nous, afin que je n'aie plus à me cacher. En attendant…

Granite sauta, bientôt imité par Brume et Spectre.

— L'une de nos planques a été compromise, expliqua M. Forkle au Conseiller. Heureusement, il semblerait que les Invisibles soient confrontés au même dilemme.

— À une tout autre échelle, quand même ? s'enquit Biana. Si Tam refait son numéro avec les ombres, il devrait pouvoir vous révéler toutes leurs positions, non ?

— Toutes celles connectées au symbole, oui, précisa le Ténébreux. Qui sait, ils en ont peut-être d'autres.

— Dans ce cas, ne devrions-nous pas nous y mettre tout de suite ? demanda Alden. Il ne faudrait pas leur laisser le temps de faire le ménage.

— Il ne faudrait pas non plus se montrer trop hâtif, rétorqua le Conseiller Emery. Réglons d'abord le sort des prisonniers. Nous avons choisi de les emmener à Lumenaria, où nous détenons déjà un de leurs acolytes. Nous espérions profiter du sommet pour envoyer le message que cette infâme rébellion ne serait bientôt plus qu'un sinistre souvenir. Quel meilleur moyen que de présenter ces trois prisonniers défaits aux dirigeants de nos mondes ? Nous organiserons une exhibition le premier soir.

— J'en déduis que vous exercerez aussi un brise-mémoire ? demanda M. Forkle.

— Pas avant la fin du sommet.

— Il sera peut-être trop tard, déclara Sophie, carrant les épaules sous le poids de l'attention générale. Nous avons tout lieu de croire que les Invisibles ont déjà mis en branle une opération plus vaste… dont Ruy comme Brant faisaient partie. Notre seule chance d'y mettre un terme serait de les interroger.

— Qu'est-ce qui vous pousse à le penser ? demanda l'Ancien.

Sophie avait résolu de livrer Keefe à la vindicte. Pourtant… sa voix refusait de coopérer.

Devant le silence de ses deux compagnons d'infortune, elle opta pour une autre tactique.

— Allez-vous vraiment douter de notre jugement, après tout ce que nous avons découvert ? Ne voyez-vous donc pas que nous sommes peut-être un peu mieux renseignés que vous ?

— Pour ce qui est de leurs coups bas, peut-être, répondit le Conseiller Emery, non sans jeter un regard dédaigneux aux deux captifs. Mais nous devons voir plus loin que cette simple rébellion. Nous tentons d'envoyer un message aux autres espèces peuplant cette planète : elles devraient nous craindre et respecter notre pouvoir. Nous ne tenons guère à leur montrer un groupe de misérables bavant et divaguant. Il nous faut paraître forts, supérieurs, même, en toutes circonstances, y compris lorsqu'il s'agit de nos prisonniers. Nous devons montrer au monde que nous avons affronté et neutralisé un ennemi de poids. Et une fois le sommet terminé, nous pulvériserons ces vermines pour en extirper jusqu'à la dernière goutte de vérité. Mais seulement après nous être assurés qu'ils ne portent pas atteinte au respect qui nous est dû.

— Ce qui ne nous empêche pas de les interroger au préalable, rappela M. Forkle au Conseil. Avec un peu d'adresse, nous pourrions glaner des informations cruciales.

— Possible, répondit l'Ancien. Nous examinerons la question après avoir mis au secret les prisonniers et fouillé toutes les planques dont vous prétendez avoir l'accès. Question de priorité.

— *Par pitié, ne discute pas*, transmit M. Forkle à Sophie, qui ouvrait de nouveau la bouche. *Je soulèverai encore la question demain, une fois certains détails réglés. Pour l'heure, mieux vaut se concentrer sur la perquisition des planques.*

— *Très bien*, répondit la jeune fille avant de se tourner vers les membres du Conseil. Accepteriez-vous notre aide pour les raids ?

— Il semblerait que l'opération nécessite l'assistance de M. Song, déclara le Conseiller Emery, ignorant la grimace de l'intéressé devant l'utilisation de son patronyme. Pour le reste, vous devriez regagner vos demeures.

— N'allez pas croire que nous n'apprécions pas votre aide, s'empressa d'ajouter Oralie. Simplement, vous avez déjà pris bien assez de risques. J'aurais aimé épargner cette responsabilité à Tam aussi, mais son talent ainsi que la nature du gadget employé rendent sa présence indispensable. Nous aurons très certainement besoin de votre assistance dans les prochains jours. Profitez de l'intervalle pour vous reposer.

Edaline passa un bras autour des épaules de sa fille.

— Je n'ai rien contre l'idée de te garder au chaud, lui dit-elle d'une voix douce.

Les autres parents acquiescèrent, et tous semblèrent s'en satisfaire – à l'exception de Linh, qui insista pour accompagner son frère.

— Il serait plus sage de vous regrouper, dit M. Forkle à Sophie et ses amis. Ainsi, vous serez plus faciles à joindre en cas de besoin ou de nouvelles.

Alden et Della offrirent d'accueillir tout le monde à Everglen, et la proposition fut vite adoptée.

— Oh, mademoiselle Foster ? lança le Conseiller Terik tandis que ses collègues se préparaient à sauter. Merci d'avoir fait venir les alicornes. Nous sommes heureux de les voir en bonne santé et rayonnantes. Souhaitons-leur le meilleur.

Sa remarque rappela à la jeune fille que Silveny et Greyfell n'avaient aucun intérêt à s'attarder sur le campus.

Elle alla caresser les naseaux soyeux de Silveny.

Sophie bien ?

Grâce à toi, oui.

Le regard profond de l'alicorne sembla la transpercer de part en part pour sonder ses émotions. La créature choisit de s'arrêter précisément sur le sujet que la jeune fille espérait éviter.

Keefe ?

Il… il n'est pas là.

Silveny lui donna un petit coup de ses naseaux.

Bon, dit-elle. *Keefe ! Ami ! Bon !*

Je l'espère, répondit Sophie avant de détacher son regard de celui de l'animal, de peur d'éclater en sanglots.

Elle pleurerait Keefe plus tard. Pour l'heure, elle devait se concentrer.

Vous devriez vous mettre à l'abri, Greyfell et toi… et pensez à vous restaurer au passage. N'oublie pas que tu manges pour deux !

Silveny repoussa la main de Sophie avant de rejoindre Greyfell au trot. Les deux alicornes inclinèrent la tête comme pour saluer la jeune fille, qui leur promit de prendre de leurs nouvelles bientôt.

Bientôt ! acquiesça Silveny, qui s'envola avec Greyfell.

Juste avant de se téléporter, elle lui adressa une dernière transmission.

Keefe bon bientôt!

— Wylie a été transféré. Tout comme Prentice… à titre de précaution, annonça M. Forkle dès son arrivée à Everglen ce soir-là.

Tous veillaient encore en dépit de l'heure tardive, rassemblés dans la salle à manger chatoyante du manoir, une pièce que Sophie n'avait pas revue depuis le jour où Oralie, Bronte et Kenric l'avaient évaluée avant de l'envoyer à Foxfire. Les fauteuils imposants, le lustre majestueux et les fenêtres drapées de soie semblaient bien trop fastes pour une assemblée aussi éreintée, et les plats généreusement disposés sur la table par Della demeuraient intacts – y compris les guimolles.

— Nous les avons installés dans un chalet sous surveillance, haut dans la montagne. Ils pourront poursuivre leur convalescence ensemble, ajouta M. Forkle. Ce transfert soudain ne paraît pas les avoir affectés. Au contraire, même, ils semblent plus détendus que jamais.

— Et Tam et Linh ? demanda Biana. Où vont-ils vivre à présent ?

— Tout a été mis en place pour garantir leur sécurité : ils habiteront ici même, dans les Cités perdues. Ainsi ils ne se sentiront plus isolés. Brume s'est proposé comme tuteur, et le Conseil devrait leur assigner des gardes du corps gobelins. Ils sont par ailleurs autorisés à poursuivre leur scolarité à Foxfire dès la reprise des cours.

Sophie tenta de se concentrer sur les bonnes nouvelles. Le vieil elfe semblait optimiste. Mais…

— Vous ne pourrez plus jamais utiliser Alluveterre comme planque, n'est-ce pas ?

Fitz avait passé les dernières heures à rapporter à leur cercle stupéfait comment Keefe avait volé le cristal de Tam pour aider Alvar à s'enfuir. Personne n'avait su comment réagir – à part Grady, peu avare de commentaires bien sentis à l'égard de « ce garçon ». Alden et Della, eux, demeuraient pantois.

— Jamais, c'est long, répondit M. Forkle. Peu de chose demeure véritablement éternel. Et même si nous regrettons ce revers, ce n'est rien comparé à ce qu'ont perdu les Invisibles ce soir. Car j'ai une autre bonne nouvelle à vous rapporter : grâce à l'aide de Tam, sans oublier celle d'un contingent fidèle de gobelins et de nains, le Conseil a perquisitionné la totalité des seize planques reliées par le symbole de Polaris. Certaines avaient été désertées depuis longtemps, les autres mises à sac tout récemment.

— Elles étaient donc vides ? demanda Fitz.

— Dépouillées et calcinées, oui, concéda M. Forkle. Il faut le reconnaître, ils sont rapides et efficaces : leur retraite a dû être aussi précipitée que destructrice. Mais ne soyez pas aussi chagrinés par cette annonce… Certes, nous aurions aimé mettre la main sur de nouveaux prisonniers et indices, mais l'un dans l'autre, c'est une victoire décisive pour notre camp. Nous avons à présent neutralisé la majorité de leur réseau.

— Est-ce qu'il reste encore des poches de rebelles ? demanda Biana.

— Malin comme il est, Fintan a dû prévoir quelques zones d'évacuation d'urgence. De plus, aucune des planques visitées ne disposait d'une porte marquée « L'étoile ne se lève qu'à Nocturna ».

Sophie massa le nœud en train de se former sous ses côtes.

L'héritage de Keefe se trouvait donc toujours dans la nature, à l'attendre.

Qu'aurait dit la mère du jeune homme, si elle l'avait vu faire aujourd'hui ? Aurait-elle été fière de le voir préférer les Invisibles à ses amis ? Ou furieuse qu'il reste avec les traîtres qui l'avaient emprisonnée ?

— C'est tout ce que nous pouvons faire pour ce soir, déclara M. Forkle. (Il se leva avant de fouiller ses poches pour en tirer son éclaireur.) Brume ne va pas tarder à escorter Tam et Linh ici. Je compte sur vous pour vous coucher et tâcher de dormir.

— Attendez ! le retint Dex. J'ai failli oublier… Gardez-vous toujours l'ancien transmetteur de Keefe ?

— Je l'ai remis à Sophie, afin qu'elle en dispose selon son bon vouloir. Pourquoi ?

— Je n'arrête pas d'y penser depuis que Sophie a testé son optimisation sur moi… Il me semble qu'un élément nous échappe. Est-ce que tu as le gadget avec toi, Sophie ?

— Il est resté à Havenfield, répondit-elle.

— J'irai le récupérer demain, promit Sandor en se levant pour raccompagner Grady et Edaline à Gildingham.

Avant de partir, il adressa un sermon interminable à la jeune fille pour lui rappeler qu'elle ne devait pas quitter Grizel d'une semelle – ni s'aviser de déclencher un nouveau talent.

Fidèle à sa parole, le gobelin revint le lendemain équipé du boîtier noir récupéré dans la chambre de Sophie.

— Est-ce qu'on peut parler à proximité du transmetteur ? s'inquiéta Biana.

Dex ouvrit l'étui et passa l'index sur l'écran argenté.

— Oui, car il n'émet pas le genre de signal auquel je pensais. (Il tapota les quatre coins de l'écran.) Hmm… il recommence à faire des histoires. (Il se tourna vers Sophie.) Ça t'ennuierait de me tenir la main ?

— Bien joué, ironisa Tam.

Sophie leva les yeux au ciel.

— J'ai très bien compris ce qu'il voulait dire.

Elle ôta son gant. À peine leurs doigts se furent-ils effleurés que…

— Oh ! souffla Dex. Sacrée décharge !

Les secondes s'écoulèrent. Il tapota l'écran de plus belle avant d'ordonner à l'appareil : « Contourner. »

Avec un bip, le gadget s'éteignit.

— Qu'est-ce que c'était censé faire ? demanda Linh.

— Aucune idée.

Dex retourna le transmetteur pour en tapoter la face arrière.

Le silence, déjà tendu, se fit agité. Au bout d'une éternité, une voix s'éleva depuis l'écran.

— Mot de passe ?

Chapitre 73

— Quel est le mot de passe ? murmura Biana.

— Je n'en sais rien, avoua Dex. Et je ne perçois aucun moyen de le pirater. Cet appareil doit avoir été conçu par le même Technopathe de génie qui a mis au point tout le système basé sur le symbole de Polaris.

— D'accord, dit Linh. Des idées, les autres ?

— Avec Keefe, il pourrait vraiment s'agir de n'importe quoi, rappela Fitz.

— J'ai une petite idée, déclara Tam, qui adressa un sourire narquois à Sophie.

— Moi aussi, rétorqua-t-elle. C'est sa mère qui a trafiqué le gadget, non ? Quel serait son mot de passe, à elle ?

— Mais elle ne l'a pas mis en place pour son propre usage… elle voulait que son fils le trouve, argua Fitz. N'est-ce pas ce que laissait entendre le message qu'elle lui avait écrit ? Elle aura donc choisi un terme que Keefe puisse aisément deviner.

Il n'avait pas tort. Sophie relut mentalement la missive.

— « Héritage », peut-être ?

— Accès autorisé, répondit le transmetteur.

La jeune fille sentit son sang se glacer dans ses veines.

— Accès à quoi ? chuchota Biana.

L'écran demeurait vierge.

— Il ne devrait pas faire quelque chose ? s'impatienta Fitz.

— C'est le cas, répondit Dex. Il a ouvert une ligne privée.

— Alors, il est en train de héler quelqu'un ? demanda Sophie.

Le Technopathe hocha la tête. Le petit groupe se resserra, les yeux rivés sur l'écran effroyablement vide.

— Est-ce vraiment une bonne idée ? demanda Fitz après une demi-minute qui ressemblait à une éternité.

— Mieux vaut être fixés une bonne fois pour toutes, non ? rétorqua sa sœur. Mais il y a un détail qui me chiffonne. Il a fallu le talent de Keefe et celui d'un Technopathe, optimisé qui plus est, pour trouver l'endroit où entrer le mot de passe. Keefe n'y serait jamais parvenu seul, vous ne croyez pas ?

— C'était difficile pour nous, expliqua Dex, parce que j'ai dû contourner le capteur principal, auquel Keefe aurait eu recours pour s'identifier. Quand j'ai démonté le transmetteur, j'ai remarqué qu'il disposait d'un drôle de rouage bicolore… Ce que je n'avais pas saisi, c'est que sa présence signifiait que le capteur lisait des données différentes de chaque côté. Jusqu'à ce que Sophie renforce mon talent.

— Que peut-il lire d'autre, alors ? demanda la jeune Télépathe.

— Le sang.

Un frisson parcourut le petit groupe.

— Il est toujours en train d'émettre ? demanda Tam.

Dex acquiesça.

— Je doute qu'on réponde, cependant. Lady Gisela avait dû le régler avant son emprisonnement. Son propre transmetteur a dû être confisqué, sinon détruit.

— On doit attendre encore longtemps ? s'enquit Biana.

— Peut-être encore une minute ? proposa Sophie. Par acquit de conscience.

Elle compta mentalement les secondes.

— On va en rester là, décréta Dex à la soixante-quinzième.

Il glissa un doigt sur l'écran, fronçant les sourcils lorsque le gadget émit une lumière bleu pâle.

— Minute… il n'était pas déjà en train de héler ? s'étonna le Technopathe.

— Comment veux-tu qu'on sache ? rétorqua Fitz.

— Ah, je ne comprends rien à ce machin ! On dirait…

— Allô ? claironna une voix brouillée depuis le transmetteur.

En dépit de la distorsion, son timbre demeurait reconnaissable entre tous.

Lady Gisela.

Ils reculèrent d'un bond, au cas où elle pourrait les voir. Mais l'écran restait désespérément vide. La conversation était limitée aux voix.

— Keefe ? demanda Lady Gisela. Il y a quelqu'un ?

Friture sur la ligne.

— Laissez-moi deviner… Sophie ?

— Oui.

La réponse lui avait échappé avant qu'elle ait eu le temps de réfléchir.

— Où est mon fils ? demanda Lady Gisela.

Sophie se tourna vers ses amis. Pour toute réponse, ils lui offrirent des regards vides.

— Il est… là où vous aviez prévu qu'il soit, bredouilla-t-elle.

Une avalanche de craquements et de bruit blanc inonda alors la ligne. Lorsque le son revint, Lady Gisela semblait être arrivée à la fin de sa réponse. Sophie ne saisit que trois mots : « mener la barque ».

— Pouvez-vous répéter ? demanda-t-elle.

— Je disais : jamais je n'ai eu l'intention de laisser cet imbécile mener la barque.

— Vous parlez de Fintan ?

Seule la friture lui répondit.

— Vous êtes toujours là ?

Nouveaux craquements. Puis Lady Gisela :

— Je demandais s'il y avait eu d'autres captures.

— Pourquoi vous répondrais-je ?

— Parce que tu n'as pas idée de ce à quoi tu as affaire. Moi, si.

— Et je suis censée croire que vous allez m'aider ?

— Tout à fait, répondit Lady Gisela. Parce que tu tiens à mon fils. Et que je n'ai pas le choix. Alors, toutes les deux, nous allons endurer cette douloureuse trêve.

Sophie consulta ses amis du regard. Tous arboraient la même expression qui disait : « NE T'AVISE SURTOUT PAS DE FAIRE CONFIANCE À LA MÈRE DE KEEFE. » La jeune fille n'en avait nullement l'intention. Mais rien ne lui interdisait d'essayer de glaner quelques informations.

— Je repose la question, dit Lady Gisela. Où est mon fils ? Avec Brant et Fintan ?

Sophie se mordit la lèvre. Elle pouvait bien prendre ce risque.

— Il est avec Fintan, oui.

— J'en déduis que Brant a été capturé ?

— En quoi son emprisonnement vous préoccupe-t-il ?

— Tu n'as pas besoin de le savoir. Qui d'autre a été pris ? Ruy ? Je prends ça pour un oui, ajouta Lady Gisela devant le silence de son interlocutrice. Maintenant, écoute-moi bien attentivement. Tu vas faire exactement ce que je te dis, si tu ne veux pas le regretter.

— C'est une menace ?

— Un avertissement, plutôt, basé sur des vérités et des expériences que je ne te demanderai pas de comprendre.

— Vous voulez que je vous dise ce que je ne comprends pas ? rétorqua Sophie. Ce que vous avez fait à Cyrah Endal.

La voix de Lady Gisela s'assombrit.

— Tout ce que tu penses savoir ne représente qu'une goutte d'eau déformée dans un océan qui dépasse ton imagination.

— Belle métaphore pour justifier un meurtre !

— Un meurtre, répéta Lady Gisela. Libre à toi de le penser, Sophie. De ne pas me faire confiance. De ne pas m'aimer. Mais en cet instant, nous tenons à la même chose, toutes les deux. C'est pourquoi il faut que tu m'écoutes. Éloigne mon fils des Invisibles.

L'ordre semblait tellement paradoxal que Sophie ne put retenir un éclat de rire.

— J'en déduis que tu as déjà essayé ? demanda Lady Gisela.

— Oui, et j'ai bien peur qu'on ne puisse pas le raisonner. Il est poussé par le besoin désespéré de réparer toutes les horreurs que vous avez commises.

— Tu te trompes de cible. C'est ce qu'ils veulent. C'est leur vision, à eux.

— Je vous croirais plus volontiers si vous m'expliquiez de quoi vous parlez.

— Ça ne ferait que te distraire de l'essentiel. Tu ne pourras pas les arrêter, Sophie. N'essaie même pas. Leur projet est en place depuis bien trop longtemps. Alors, va chercher mon fils avant que tout ne s'effondre, et contacte-moi quand ce sera fait. Et la prochaine fois, prends soin de me héler avec son sang.

Chapitre 74

— Dex a tenté de remonter le signal, je suppose ? demanda M. Forkle, qui examinait le transmetteur, à présent muet, posé sur la table de la salle à manger d'Everglen.

Les yeux rouges et cernés, il portait la même tenue que la veille. Était-ce à cause de l'immense siège dans lequel il était assis, ou de l'effet des baies de froisselle qui se dissipait ? Toujours est-il qu'il semblait plus petit.

— J'ai tout essayé, dit Dex. Même avec un coup de pouce de Sophie, je n'ai rien trouvé.

— Vas-tu en parler à Keefe ? demanda M. Forkle à la jeune fille.

— Je doute que ce soit une bonne idée, répondit-elle. Nous ne sommes même pas parvenus à lui faire quitter les Invisibles alors que c'était l'occasion rêvée… alors imaginez si on lui raconte que sa mère lui demande de partir ? De plus, rien ne nous dit qu'elle ne se sert pas de nous pour mettre la main sur son fils et l'obliger à endosser son « héritage ».

— Oh, je ne doute pas qu'elle agisse par égoïsme, répondit le vieil elfe. Si j'ai bien compris, il semblerait que la fameuse « vision » de Fintan soit indépendante du Projet

Polaris créé par Lady Gisela, laquelle redoute que ladite vision ne fasse dérailler ses propres plans.

— Est-ce qu'on ne devrait pas laisser faire, dans ce cas ? demanda Dex.

— C'est un jeu risqué. Choisissez aveuglément l'un des deux maux, et les conséquences pourraient s'avérer désastreuses. Pour ce qu'on en sait, Lady Gisela représente peut-être l'option la plus sûre.

— Mais elle a sans doute tué la mère de Wylie, protesta Linh.

— Et Fintan a indéniablement tué Kenric, lui rappela Sophie.

— Certes… c'est la peste et le choléra, déclara Biana. Pour ma part, je les neutraliserais tous les deux.

— Difficile, quand on ne sait même pas ce qu'ils mijotent, chacun de leur côté, marmonna Fitz. En dépit de nos recherches, nous n'avons toujours pas la moindre idée de ce que recouvre le Projet Polaris. Quant à la « vision » de Fintan, elle est encore plus mystérieuse.

— J'ai le sentiment que Keefe en est la clé, dit Sophie à voix basse.

— S'il t'entendait, il n'en finirait pas de frimer, maugréa Tam.

Sophie esquissa un sourire. Étrange, comme elle pouvait tout à la fois regretter Keefe et vouloir lui défoncer le crâne.

— Ce que je voulais dire, c'est qu'il doit y avoir une raison pour que Fintan et Lady Gisela se l'arrachent. Peut-être parce qu'ils ont besoin de lui pour ouvrir cette fichue porte dans la montagne… Mais dans ce cas, pourquoi Fintan n'y a-t-il pas mené Keefe dès le début ?

— Un élément nous échappe, intervint Biana. Vous ne croyez pas ?

— Pour changer, grommela Sophie.

Elle se repassa mentalement son échange avec Lady Gisela. Tous ses conseils et avertissements voilés devaient cacher un sens plus profond.

— Enfin, la seule question qui importe vraiment pour l'instant, reprit-elle, c'est de savoir où Keefe serait le plus en sécurité : là où sa mère le veut, ou là où il est en ce moment ?

— Il ne sera véritablement en sécurité qu'une fois mis au courant de ce dilemme, et capable de faire un choix motivé par la connaissance, plutôt que par ses raisonnements hasardeux, rétorqua M. Forkle.

Une remarque d'une logique imparable.

— Je n'ai qu'à lui répéter les propos de sa mère, et voir comment il réagit, décida Sophie. Le reste dépendra de lui.

— Tâche de faire vite, lui intima le vieil elfe. Nous avons encore une montagne de détails à régler.

— Vous voulez que je lui dise tout de suite ? s'étonna Sophie.

— Pourquoi attendre ?

— Qui êtes-vous et qu'avez-vous fait du type qui passe son temps à nous exhorter à la patience ? demanda Tam.

Un sourire triste anima les lèvres de M. Forkle.

— Peut-être ai-je enfin appris à reconnaître le mal qu'il y a à toujours repousser les choses. La hâte a aussi ses travers, bien entendu. Mais il faut savoir distinguer prudence et hésitation. De plus, j'aurai besoin de toute l'attention de Sophie pour la suite.

— Quelle suite ? demanda l'intéressée.

— Chaque chose en son temps, Sophie. Règle d'abord le problème de Keefe.

La jeune fille soupira. Était-elle prête à se lancer dans cette conversation, qui plus est devant témoins ? Elle ferma malgré tout les yeux et transmit le nom de son ami.

La réponse fut immédiate.

— *Foster ? Que se passe-t-il ? Je croyais que tu ne me parlais plus ?*

— *C'était le cas*, admit-elle. *Je te dérange ?*

— *Hmm… accorde-moi une seconde.*

Son esprit demeura silencieux un moment – assez long pour que Sophie s'arrache un cil.

— *C'est bon. J'ai dit à tout le monde que je devais répondre à l'appel de la nature*, répondit-il d'un ton un peu trop fier. *Ça devrait me laisser quelques secondes de tranquillité.*

— *Je n'avais vraiment pas besoin de le savoir.*

— *Rassure-toi, je ne suis pas vraiment en train de faire mes besoins. Je sais qu'on a partagé beaucoup de choses tous les deux, mais je ne pense pas qu'il faille ajouter les excréments à la liste… sauf s'ils sont pailletés et viennent d'une alicorne. Ou s'ils jaillissent comme un geyser des entrailles d'un gulon.*

— *Tu as bientôt fini de parler d'excréments ?* s'énerva Sophie.

Elle secoua la tête pour vider son esprit de ces ravissantes images et recouvrer sa concentration.

— *J'ai quelque chose à te montrer. Tu ferais bien de t'asseoir.*

— *La seule option qui s'offre à moi consiste en une cuvette de toilettes à l'odeur pour le moins douteuse… Cette nouvelle planque est franchement minable. Tout y est crasseux et poisseux… et on est tous coincés dans une pièce minuscule.*

— *Combien êtes-vous ?*

— *À part moi, il y a juste Trix, Alvar et Ombre. Fintan a envoyé les autres ailleurs. Et je commence à avoir l'impression qu'ils sont là pour me surveiller... Ils ne me laissent jamais seul.*

— *Ce n'est pas bon signe.*

Elle s'attendait à des protestations. Au lieu de quoi l'esprit du jeune homme s'assombrit un brin avant de changer de sujet.

— *Que voulais-tu me dire ?*

— *Ah, oui. Accroche-toi, car tu ne vas sans doute pas apprécier.*

Rassemblant sa concentration, elle rejoua la conversation qu'elle venait d'avoir avec Lady Gisela, mot pour mot.

— *Voilà... qui complique la situation*, marmonna le jeune homme. *Il pourrait s'agir d'un piège.*

— *En effet.*

— *Mais tu penses que je devrais l'écouter et fuir ?*

— *Peu importe mon avis. Tu ne m'écoutes jamais, de toute façon.*

La pensée, cassante, blessa l'esprit de Keefe. Sophie n'avait aucunement l'intention de s'en excuser.

— *La vraie question, c'est plutôt : peux-tu réellement fuir ?*

— *Ce sera compliqué*, admit-il. *Mais mon plan d'évasion est toujours viable. Si je m'en sers, cependant, je détruirai tout ce pour quoi j'ai travaillé jusqu'à présent.*

— *À toi de décider ce qui est le plus important.*

L'esprit de Keefe ondula sous l'effet d'un soupir.

— *Que se passe-t-il si je pars ?*

— *Que veux-tu dire ?*

— *Tout le monde me déteste, non ?*

Sophie dévisagea ses amis, assis en silence sur leurs fauteuils luxueux.

— *Tu vas devoir demander pardon*, dit-elle. *Mais je doute qu'on soit capables de te détester… même si ce n'est vraiment, vraiment, vraiment pas l'envie qui nous manque.*

— *Tu aurais pu te passer de ce troisième « vraiment ».*

— *Peut-être. Mais tu l'as bien mérité.*

— *Tu as raison.* (Il se repassa les propos de sa mère une dernière fois avant d'ajouter :) *Je ferais mieux d'y aller… pour l'instant, je veux dire. J'ai besoin de temps pour réfléchir.*

— *Réfléchis autant que tu veux*, répondit Sophie. *Tu sais où me trouver.*

— À vrai dire, tu ne seras plus là si Keefe décide de rentrer dans les prochains jours, l'avertit M. Forkle lorsqu'elle eut coupé la connexion. C'est pourquoi j'ai besoin de toute ton attention. J'ai reçu ce matin un parchemin m'informant que l'envoyé viendra me chercher à 17 heures aujourd'hui pour me conduire à Lumenaria. Sans doute ta mère a-t-elle reçu le même. Les Conseillers ont enfin reconnu que nous devions impérativement interroger Ruy et Brant le plus tôt possible. Aussi ont-ils avancé la date du sommet de la paix. Il commence ce soir.

Chapitre 75

L'escorte de Sophie et Edaline arriva devant la demeure de Sandor à 17 heures précises. La jeune fille fut soulagée de reconnaître un visage familier: Droitier, l'un des gobelins qui l'avaient guidée lors de sa précédente visite à Lumenaria. Le garde s'était vu chargé de la protection personnelle de Sophie pour la durée du sommet. Sa collègue, elle, protégerait Edaline.

Sandor transmit aux deux gobelins une longue liste de procédures à suivre et d'instructions à respecter, sans oublier d'y ajouter une promesse de démembrement au moindre dérapage.

— Nous avons été bien entraînés, lui assura le garde du corps d'Edaline.

Sophie décida de surnommer la gobeline Pompon. Le sobriquet correspondait bien à sa coiffure, ainsi qu'aux mouvements gracieux avec lesquelles elle traversait la pièce pour leur distribuer des vêtements noirs – tunique, pantalon, chaussons et gants – à enfiler avant le départ.

— Cette tenue simple est à porter jusqu'au franchissement de la sécurité, expliqua Droitier. Une fois installées dans vos chambres, vous y trouverez des habits plus appropriés pour le sommet.

— Aurons-nous des chambres attenantes ? demanda Edaline.

— Vous disposerez d'une suite double, lui répondit Pompon.

C'était bien là la seule nouvelle positive. Pour le reste, c'était plutôt déprimant, à commencer par le fait que Sophie n'était pas autorisée à emmener Ella avec elle. Pas de bijoux, non plus, à l'exception de leur pendentif d'identification, si bien qu'elle devait laisser ses anneaux d'Apparentée, son bouton d'alerte et son coup fourré.

— Soyez prudentes, murmura Grady, étranglant sa femme et sa fille dans une étreinte. Espérons que le sommet se termine vite.

— Combien de temps a duré le plus long ? demanda Sophie.

La réponse de sa mère lui fit aussitôt regretter sa question.

— Trois mois.

L'information tournait toujours en boucle dans l'esprit de Sophie lorsqu'elle dut se soumettre aux fouilles des gardes aux portes de Lumenaria. L'énonciation du règlement propre au château ne fit rien pour atténuer son angoisse. Il se résumait peu ou prou à : « En dehors des réunions ou galas auxquels vous êtes tenues d'assister, vous serez enfermées dans vos chambres pour votre sécurité. » Difficile de dire ce qui s'annonçait le plus effrayant : l'enfermement ou le « gala ».

Et dire que le sommet pouvait durer des mois !

Même le trajet jusqu'à sa chambre sembla interminable à Sophie. Pas de bandeau sur les yeux, cette fois, mais le chemin n'en était pas pour autant plus facile à retenir, étant donné le nombre de virages opérés par les couloirs, qui donnaient tous sur des escaliers et des portes identiques.

— Vos chambres ne disposent pas de fenêtres, les avertit Pompon. Le Conseil tenait à vous installer au sous-sol, afin de nous faciliter la tâche.

— En gros, ils nous enferment au donjon, clarifia Sophie.

Droitier sourit.

— Vous trouverez votre hébergement bien plus agréable, je vous assure.

Les chambres étaient magnifiques, en effet, avec leur sol de marbre et leurs murs agrémentés de tableaux et de tapisseries sophistiquées. Des chandeliers ornementés baignaient le tout d'une douce lumière rose, et tous les sièges, moelleux à souhait, étaient drapés d'étoffes luxueuses. Les pièces étaient décorées avec élégance et goût, dans des tons riches et chaleureux. Mais en l'absence de fenêtre, la double suite avait tout d'une cellule.

Pour couronner le tout, la porte disposait de deux serrures : l'une pour empêcher les intrusions… l'autre pour prévenir les fugues.

— Nous allons vous laisser vous changer pour le dîner d'introduction, annonça Pompon. Frappez quatre coups lorsque vous serez prêtes à sortir.

Le verrou se mit en place. Le moral de Sophie tomba au plus bas lorsqu'elle vérifia le contenu de sa garde-robe. Ses « robes de jour » arboraient tellement de frous-frous et de dentelles qu'elles auraient fait passer le bal des débutantes pour un thé entre personnes du troisième âge. Quant à ses « robes du soir », tout aussi élaborées, elles comptaient en plus de longues traînes, des bustiers corsetés et toutes sortes de fantaisies clairement destinées à terrasser la jeune fille.

— Rappelle-moi le rapport avec des négociations de paix ? demanda-t-elle à Edaline, qui l'aidait à agrafer les centaines de boutons minuscules fermant la robe de soie bleu-vert qu'elle avait choisie.

Il s'agissait de sa couleur préférée, et la jupe semblait légèrement moins bouffante que les autres. Le bustier à taille basse était tellement ajusté qu'elle n'était pas certaine de pouvoir s'asseoir. Quant au décolleté, sa ligne à la fois plongeante et pigeonnante avait de quoi la faire rougir.

— La signature du traité par le roi Dimitar n'est pas le seul enjeu de ce sommet, lui répondit Edaline. Il s'agit aussi de rappeler au monde la splendeur de notre culture. Nos richesses, notre beauté et notre assurance sont autant d'outils pour créer une impression de perfection.

— S'ils voulaient que je fasse preuve d'assurance, ils auraient dû m'autoriser à porter des chaussures dignes de ce nom, maugréa Sophie en soulevant ses talons aiguilles vertigineux.

— Dans ce cas, tu devras te contenter d'avoir l'air magnifique… et tellement mature ! Si tes garçons étaient là…

Edaline se garda de finir sa phrase – et de nommer les garçons en question. Sophie la remercia d'une étreinte.

— As-tu bien compris le déroulement de la soirée ? demanda l'Invocatrice avant de frapper à la porte pour prévenir les gardes.

Sophie tripota ses gants bleu-vert.

— Je m'efforcerai de ne pas provoquer d'incident interespèces au moment des présentations. Puis nous irons déguster des plats sophistiqués dans une pièce cossue où tout le monde fera semblant de ne pas mourir d'envie de s'entre-tuer.

Avec un sourire, Edaline passa son bras à celui de Sophie tandis qu'elles entamaient la longue marche qui les séparait de la salle à manger.

— Ils ne se détestent pas tous. La plupart des tensions se concentrent entre les gobelins, les ogres et les trolls. Nains et gnomes se contentent en général de vivre sans se soucier des autres, du moment que leurs homologues leur rendent la pareille.

— Espérons que nous serons assises près d'eux, marmonna Sophie. Et qu'aucun des plats ne nécessitera de couteau.

— J'en suis persuadée. As-tu remarqué qu'on ne nous avait même pas fourni la moindre épingle à cheveux ?

Étant donné les terribles dommages causés par celle de Lady Gisela, la mesure n'avait rien de surprenant.

— On prend un chemin différent de l'aller ? demanda Sophie lorsqu'ils s'engagèrent dans un escalier en colimaçon. Je n'arrive pas à me repérer.

— Inutile d'essayer, lui conseilla Pompon. Les trajets sont volontairement complexes, afin de s'assurer que nul ne puisse retrouver son chemin à moins d'y avoir été entraîné.

— Ou d'avoir beaucoup de chance, ajouta Droitier.

— N'aie pas peur, dit Edaline quand ils s'arrêtèrent enfin devant une double porte dorée, ornée d'arabesques. Contente-toi de sourire et de rester naturelle.

Sophie se sentit tout sauf naturelle quand elle constata la splendeur de la pièce. Si les elfes ne rechignaient jamais à étaler leur fortune, le spectacle prenait là une tout autre ampleur. La salle rappelait un jardin en terrasse au clair de lune, dont chaque fleur fragile, chaque arbre gracieux, chaque plante grimpante, chaque balustrade serpentine – et même jusqu'aux étoiles qui scintillaient à travers le plafond noir tourbillonnant – avait été minutieusement taillé dans des joyaux ou moulé de métaux précieux. Mariage parfait entre nature et art, dont la maîtrise exceptionnelle laissait tous les visiteurs stupéfaits.

Tous, à l'exception d'une personne.

Le roi Dimitar semblait s'ennuyer à mourir, adossé contre le tronc d'un arbre – un panacier, remarqua Sophie. Dommage qu'elle ne porte pas son coup fourré… Le monarque, lui, était vêtu de son habituel slip métallique, la taille cette fois ceinte de joyaux noirs assortis aux pierres serties dans ses lobes d'oreilles. D'un doigt griffu, il effleura nonchalamment les tatouages qui ornaient son crâne chauve.

— Une gamine au sommet de la paix, dit-il lorsque Sophie tenta de le dépasser en hâte. Et on critique mon peuple parce qu'il entraîne ses enfants à se défendre.

— S'il ne s'agissait que de défense, je doute que nous y verrions un problème, rétorqua la Conseillère Alina, qui venait de faire son entrée, vêtue d'une robe opale variant du vert au violet à chaque pas.

— La meilleure défense n'est-elle pas l'attaque ? contra Dimitar, non sans découvrir ses dents pointues.

— Est-ce ainsi que vous appelez les guerriers que vous avez envoyés capturer ma famille ? Des enfants ? demanda Sophie, ignorant la main d'Edaline qui lui pressait le bras.

Le roi Dimitar se redressa dans une flexion de muscles saillants.

— Si j'avais planifié cette opération, votre mère ne serait pas à vos côtés aujourd'hui… Même si je doute que votre famille ait réellement été visée. Le monde ne tourne pas autour de vous, mademoiselle Foster.

Il s'éloigna à pas de géant, laissant Sophie se noyer dans une déferlante de nouvelles questions.

Si Dimitar disait vrai sur ces rebelles non adoubés par la couronne – ce dont elle doutait fort –, qui pouvaient-ils bien viser ?

Lady Cadence ? C'était l'un des plus fidèles soutiens des ogres.

— Vous voilà, mademoiselle Foster !

La voix du Conseiller Bronte la tira de sa réflexion. Elle fit volte-face et trouva son Mentor d'instillation aux côtés d'Oralie et de Terik. Tous trois avaient fière allure dans leurs tenues d'apparat, assorties aux joyaux qui ornaient leurs diadèmes.

Edaline n'avait pas menti : tout, chez les elfes, clamait l'opulence, le pouvoir et l'assurance. On aurait dit une salle entière remplie de rois et reines du bal.

— L'impératrice Pernille se plaignait justement de ne pas avoir encore eu le privilège de vous rencontrer, annonça Bronte. Peut-être nous autoriserez-vous à faire les présentations ?

Sophie acquiesça avant de se laisser entraîner par les Conseillers de l'autre côté de la salle. L'esprit encore préoccupé par le sort de Lady Cadence, elle manqua de trébucher sur une étrange petite créature, sorte de croisement entre un paresseux, un cochon ventru et un petit enfant, avec sa peau duveteuse, son nez retroussé et son petit corps potelé vêtu d'un tutu violet.

— Votre Grâce, dit la Conseillère Oralie dans une élégante révérence. Pardonnez-nous, nous ne vous avions pas vue.

La créature gazouilla une réponse. Il fallut un instant à Sophie pour la comprendre, grâce à son talent de Polyglotte, et se rendre compte qu'elle était face à la souveraine des trolls.

— Je vous présente toutes mes excuses, dit-elle en tentant une révérence maladroite. Jamais je n'aurais dû être autorisée à porter une tenue aussi extravagante… le désastre est inévitable.

L'impératrice Pernille cligna de ses petits yeux jaunes et ronds.

— J'ai rarement l'occasion d'entendre un elfe s'adresser à moi dans ma propre langue… avec un accent aussi impeccable, qui plus est.

Gênée par le compliment, Sophie contempla ses mains gantées.

— Si seulement je pouvais m'en vanter ! Mon talent effectue la traduction sans que je m'en rende compte.

— Intelligente, douée et humble ! Je comprends mieux pourquoi on me vante si souvent votre influence, répondit l'impératrice avant de se tourner vers Oralie. Un mot, Conseillère ?

L'Empathe invita l'impératrice à passer sous une arche ornée de fleurs d'améthyste pour la suivre dans un coin plus isolé de la salle.

À peine Bronte et Terik se furent-ils éloignés à leur tour que Sophie murmura à Edaline :

— C'est donc à ça que ressemblent les trolls ?

Elle les avait jusque-là vu représentés comme des bêtes féroces bardées de muscles et de griffes. L'impératrice Pernille, elle, aurait facilement pu passer pour une marionnette du *Muppet Show*.

— Les trolls vieillissent à rebours, lui souffla Edaline. Leurs corps se ratatinent avec le temps, au lieu de grandir. Et leurs traits s'adoucissent.

— Alors, les trolls les plus vieux ressemblent à des bébés ? demanda Sophie.

— Rien d'aussi extrême. Excuse-moi, j'aurais dû te prévenir.

— As-tu d'autres surprises de cet acabit en réserve ?

— Rien qui me vienne à l'esprit. Ah, si : le roi Enki est glabre, dit-elle en indiquant d'un signe de tête le fond de la salle.

Sophie n'en crut pas ses yeux.

Les nains arboraient en général une longue fourrure hirsute, des yeux bigles et un visage pointu, le tout évoquant des taupes surdimensionnées. Par contraste, leur roi ressemblait à un poulet déplumé. L'aspect granulé de sa peau tachetée de pêche, de brun et de noir paraissait d'autant plus étrange qu'il portait un pantalon de fourrure blanche et soyeuse.

— C'est parce qu'il est âgé ? demanda Sophie.

— Non, c'est un choix de sa part, expliqua Edaline. Pour les nains, l'épilation intégrale de leur roi est un signe de puissance et de force morale. Je n'ai jamais cherché à savoir pourquoi.

Sophie s'efforça de ne pas dévisager le roi, préférant se concentrer sur sa lourde couronne, taillée dans une épaisse coquille opaline. Ayant personnellement rencontré un spécimen de l'espèce de crabe des sables géants dont provenait la coquille en question, elle ne comprenait pas comment le monarque pouvait choisir d'en porter un fragment sur la tête.

Croisant son regard, le roi Enki tapa du pied et lui adressa un salut.

Sophie fut submergée par le reste des présentations. La reine Hylda semblait intrépide et sculpturale dans son armure d'or rutilant. Un gnome que Sophie avait aperçu à Havenfield avait été sélectionné pour représenter son peuple dépourvu de chef. Il portait un costume en pétales de fleurs de panacier.

— Tu te débrouilles très bien, glissa M. Forkle à la jeune fille, émergeant des ténèbres où il s'était tapi. Bien mieux que je ne l'aurais présagé.

— Est-ce ce pour quoi vous m'avez conçue ? lui demanda-t-elle, un sourcil haussé.

Le vieil elfe sourit.

— Je t'ai conçue comme une nouveauté, Sophie. Afin que tu retiennes l'attention. Mais avant tout, pour que tu sois toi-même.

Le compliment, qui n'avait pourtant rien de sentimental, serra le cœur de l'intéressée.

— Merci... murmura-t-elle.

— De quoi ?

— De m'avoir donné cette vie... aussi folle et déstabilisante soit-elle.

À son tour, M. Forkle détourna la tête pour essuyer ses larmes. Lorsqu'il reprit la parole, sa voix fut noyée par une fanfare tonitruante.

Les douze Conseillers se rassemblèrent au centre de la salle pour annoncer le dîner. D'un claquement de doigts, la Conseillère Liora invoqua une table en U couverte de fleurs, de chandelles et d'assiettes sous cloche. Les Conseillers prirent place au milieu, les autres dirigeants s'installant le long des ailes. Sophie fut soulagée de se retrouver entre sa mère et M. Forkle.

Le dîner était composé de fruits gnomes variés, finement coupés et arrangés avec art. Certains avaient un goût de steak, de homard ou d'autres mets luxueux. D'autres offraient une saveur plus riche et rustique. Si aucun convive ne vida son assiette, chacun trouva tout de même de quoi satisfaire ses préférences et sembla rassasié lorsque Liora débarrassa le tout d'un nouveau claquement de doigts.

— Comme il est rafraîchissant de voir nos mondes unis à la poursuite de la paix, proclama le Conseiller Emery alors qu'il se levait pour s'adresser à ses hôtes. Et de saisir cette chance extraordinaire d'échanger nos lumières en bonne intelligence. Le travail à proprement parler commence demain, mais nous tenions à terminer cette première soirée sur un spectacle que nous espérons encourageant pour tous. Comme vous le savez, les problèmes complexes qui affectent notre monde moderne ont mené à la formation d'un certain nombre de groupes au sein des Cités perdues. Si le Cygne Noir s'est montré à la fois raisonnable et plein de ressources, raison pour lesquelles il siège à la table de ce sommet, les Invisibles ont, hélas, déclenché un chaos inimaginable. Leurs initiatives sont particulièrement difficiles à contrer, mais nous disposons enfin d'une preuve que notre victoire est inévitable.

Trois hologrammes apparurent au creux du U formé par la table : Brant, Ruy et Gethen, projetés en direct depuis leurs cellules à l'éclairage aveuglant. Assis dans des positions presque identiques, le dos droit, les jambes croisées, les yeux clos, ils ressemblaient plus à des moines en pleine méditation qu'à des combattants sanguinaires.

Pourtant, sous le regard de Sophie, un imperceptible semblant de sourire incurva les lèvres de Gethen, comme pour lui rappeler combien il était avide d'informations sur le sommet.

Ils trament quelque chose, songea-t-elle alors qu'un groupe de gobelins faisait irruption dans la salle pour murmurer un message urgent au Conseiller Emery.

— Un souci ? demanda le roi Dimitar.

— Ce n'est pas le terme que j'emploierais, répondit l'Ancien, non sans jeter un regard aux autres Conseillers, dont il attendait l'approbation. On m'informe que l'actuel chef des Invisibles, un elfe du nom de Fintan Pyren, a fait son apparition devant les portes du château pour exiger d'assister aux pourparlers.

Chapitre 76

— *Pourquoi ne l'arrêtent-ils pas?* transmit Sophie à M. Forkle pendant que les dirigeants en présence bombardaient le Conseil de questions. *Fintan devrait rejoindre ses petits camarades dans le donjon!*

— *La diplomatie est rarement aussi linéaire qu'elle en a l'air*, lui répondit le vieil elfe. *La reine Hylda comme l'impératrice Pernille demandent qu'on autorise Fintan à participer aux négociations. N'as-tu donc pas écouté?*

Pas un mot. Elle était bien trop occupée à faire le rapprochement entre plusieurs événements effroyables.

L'arrivée de Fintan.

Le fait qu'aucun des prisonniers ne semble particulièrement contrarié de se retrouver en cellule.

L'avertissement de Lady Gisela selon qui c'était « ce qu'ils voulaient ».

Jusqu'au plan évoqué par Keefe – celui auquel Brant et Ruy étaient censés prendre part, et que Ruy considérait aussi inutile qu'humiliant.

Leur capture en constituait-elle la première étape?

— *Ils mijotent quelque chose*, transmit-elle à M. Forkle. *Sans doute une évasion. Le plan parfait: l'occasion, d'un coup d'un seul, d'humilier le Conseil, d'impressionner ou d'effrayer les dirigeants et de récupérer Gethen.*

— *Tu as sans doute raison*, répondit le vieil elfe. *Auquel cas, il serait terriblement risqué d'autoriser Fintan à se rapprocher de ces cellules, n'est-ce pas ?*

Il se leva et s'éclaircit la gorge pour obtenir l'attention de la salle.

— Sachez que selon moi, Fintan devrait avoir voix au chapitre lors des négociations, lui aussi.

La moitié de l'assemblée au bas mot laissa échapper un soupir de surprise – à commencer par Sophie, même si elle voyait où il voulait en venir.

— Tenez-vous vraiment à mettre en péril la sécurité du sommet ? demanda Oralie, ignorant le protocole qui lui dictait de laisser la parole à l'Ancien Emery.

— Non. Je tiens à ce qu'il soit placé sous surveillance rapprochée, dans le petit entrepôt installé dans la cour principale, répondit M. Forkle d'un ton calme. Il pourra y rester jusqu'à la séance de négociations du matin, à laquelle il participera. Maintenez autant de gardes autour de lui que nécessaire… et enfermez-le dans la dépendance dès les pourparlers terminés. Il n'y a aucune raison de le convier aux galas et aux dîners.

— Ni de le faire participer à quoi que ce soit d'autre ! contra la Conseillère Alina. C'est un Pyrokinésiste !

— Absolument. Et la luménite ne brûle pas, lui rappela M. Forkle. N'est-ce pas la raison même pour laquelle les Anciens ont choisi ce matériau au moment de bâtir cette forteresse ?

Oralie se leva, ses frêles mains agrippées aux coins de la table.

— Je n'arrive pas à croire que nous devions en discuter… Ce fou a juré de détruire tout ce que nous avons de plus cher. Qu'avons-nous à gagner en lui offrant une audience ?

— Une mise en perspective, répondit l'impératrice Pernille. Des millénaires durant, nous n'avons suivi qu'une voie, celle des elfes. Mais voilà que les elfes paraissent divisés. Je ne puis imaginer être la seule à me demander ce que les dissidents ont à dire… Surtout quand un point de vue alternatif, celui du Cygne Noir, est déjà présent à la table des négociations. Pourquoi ne pas entendre la voix adverse ?

— Parce qu'elle appartient à un meurtrier ! s'écria Oralie.

— Tout comme la mienne, si l'on se base sur les principes elfiques, objecta la reine Hylda. Et je suis loin d'être une exception. La mort va de pair avec la guerre.

— Vous plaidez en faveur de Fintan ? Vous ? s'étonna le Conseiller Bronte. Alors même qu'il est responsable de la mort de Brielle ?

— C'est précisément pour cette raison que j'aimerais l'entendre. Afin de comprendre pourquoi elle nous a été enlevée.

— Personne ne dit que nous serons en accord avec leur logique, ajouta le roi Enki. Simplement, nous aimerions la connaître. N'est-il pas de notre responsabilité d'étudier les problèmes sous tous les angles possibles avant de prendre une décision ?

Sophie fut surprise de noter que le roi Dimitar ne prenait pas part au débat. Plus étonnant encore, il foudroyait du regard toute personne plaidant pour l'inclusion de Fintan.

Les Conseillers semblaient partager son dégoût. Diplomates comme ils étaient, cependant, ils organisèrent un vote, en prenant soin de préciser que celui du Conseil ne compterait que pour une voix. M. Forkle disposait d'une voix lui aussi, en tant que chef de son ordre. Sophie et Edaline, simples observatrices, étaient exclues de la consultation. Verdict final : quatre voix contre trois pour laisser Fintan assister aux négociations.

— Bien, dit le Conseiller Emery en se massant les tempes. Il semble que nous devions procéder à quelques ajustements. Nous vous demanderons donc de regagner vos chambres, et de bien noter que vous ne pourrez pas les quitter pour le reste de la nuit. Nous devons assurer la sécurité de tous en dépit de ces entorses au protocole.

Droitier et Pompon entraînèrent Sophie et Edaline loin de la foule pour leur faire emprunter une série de couloirs éclairés au flambeau vers les entrailles de la forteresse.

À peine furent-elles enfermées dans leur suite qu'Edaline serra Sophie contre son cœur.

— J'ai cru percevoir que tu discutais par télépathie avec M. Forkle pendant que tout le monde se disputait. Je t'en supplie, dis-moi ce qui se passe. Je suis assez forte pour y faire face, je te le promets.

Aussi longtemps que Sophie avait vécu avec sa famille adoptive, Edaline avait toujours été la plus fragile, brisée par le deuil de Jolie. Plus la moindre trace de faiblesse ne subsistait pourtant dans sa voix alors qu'elle frottait le dos de la jeune fille d'une main assurée.

Sophie se pencha donc pour lui répondre dans un murmure.

— Nous soupçonnons les Invisibles de préparer une évasion. Nous cherchons le moyen de les en empêcher.

Edaline acquiesça lentement.

— Et j'imagine que si M. Forkle n'a pas demandé le transfert des prisonniers, c'est parce que vous craignez que ce soit précisément ce que veulent les Invisibles ?

— À vrai dire, je pense plutôt qu'il savait que le Conseil refuserait net, dit Sophie. Mais oui, tu as raison.

— Qu'attend-il de nous ?

— Je ne sais pas, avoua Sophie.

La formulation d'Edaline ne lui avait pas échappé : elle s'incluait dans les opérations.

— Difficile d'établir une stratégie alors que nous n'avons pas la moindre idée de ce qu'ils pensent, soupira Sophie. Chacun de nos actes risque de jouer en leur faveur.

— Crois-tu que Keefe puisse nous éclairer ?

— Si c'est le cas, je doute qu'il soit au courant des détails. Il va encore se tromper dans ses avertissements, maugréa Sophie.

Elle décida tout de même de le contacter, au cas où.

— *Pile la fille à qui je rêvais de parler !* répondit Keefe.

— *Je n'ai pas le temps de badiner, Keefe. Fintan vient de s'inviter au sommet de la paix. Je suis à peu près certaine qu'il prévoit d'exfiltrer Ruy, Gethen et Brant de leur donjon. Je parierais même que Brant et Ruy sont dans le coup.*

La réponse de Keefe – une belle bordée de jurons – lui aurait valu une sérieuse punition si elle l'avait répétée.

— *J'en déduis que nous avons vu juste ?* demanda-t-elle.

— *Peut-être, oui. Je sais que Fintan est parti en mission… et d'après Alvar, il s'agit d'un projet qu'ils préparent depuis un bon moment. Selon lui, après ça, le monde entier aura perdu foi dans le Conseil.*

L'estomac de Sophie fit un soubresaut. Si seulement elle n'avait pas autant mangé…

— *Bon sang, je suis le champion planétaire de l'idiotie si le cauchemar orchestré à Pallidrose n'était qu'une ruse pour les faire capturer !* grommela mentalement Keefe.

Ses pensées glissèrent vers sa main brûlée, dont les nerfs le torturaient encore. La peau, elle, avait cicatrisé.

C'était sans doute le moment de lui assurer qu'il n'était pas bête… même s'il avait fait pas mal d'idioties.

Mais elle aussi, après tout.

— *Si leur arrestation faisait partie de leur plan, nous sommes tous tombés dans le panneau. Reste à espérer qu'il n'est pas trop tard pour les empêcher de réussir.*

— *J'imagine que tu es au sommet ?* demanda-t-il. *Oublie cette question, bien sûr que tu y es. Tu te trouves toujours au cœur du danger.*

— *J'y suis*, confirma Sophie. *Avec Edaline.*

Un nouveau chapelet de jurons retentit dans sa tête.

— *Pourquoi le Conseil laisserait-il entrer Fintan ? N'ont-ils pas retenu la leçon après la mort de Kenric ?*

— *Ils étaient contre. Mais certains des dirigeants désiraient entendre ce qu'il a à dire. Et d'après M. Forkle, c'était plus sûr que de le laisser approcher des cellules.*

— *Il n'a pas tort. Mais j'ai un mauvais pressentiment, Foster.*

— *Moi aussi. Tu n'as pas d'autre indice à nous donner ?*

— *Pas vraiment, non. J'ai entendu Alvar et Fintan discuter de savoir si quelqu'un allait « remplir ses promesses ». Peut-être quelqu'un d'autre est-il censé contribuer à la mission ? Le roi Dimitar ?*

— *Possible. Même s'il semblait plutôt furieux à l'arrivée de Fintan.*

Sophie tenta de se concentrer sur les cercles que sa mère traçait sur son dos afin de garder les idées claires, au lieu de paniquer.

— *Il n'est pas trop tard pour les contrer*, songea Keefe,

dont l'esprit bourdonnait d'une énergie nouvelle. *Fais profil bas, garde les yeux ouverts et ne t'éloigne pas de Sandor.*

— *Sandor n'est pas là. Lumenaria dispose de sa propre force de sécurité.*

— *Peux-tu leur faire confiance ?*

— *Aucune idée. Mon garde semble gentil.*

— *Ce n'est pas suffisant. Si Fintan dispose d'un complice dans la place, il ne serait pas étonnant qu'il fasse partie des membres de la sécurité. N'hésite pas à déchaîner ta fureur sur le moindre individu louche, d'accord ? Je te rejoins dès que possible.*

— *Vraiment ? Comment ?*

— *J'y réfléchis encore. Je ne sais pas si je pourrai entrer dans le château, mais je dois bien pouvoir me cacher dans un coin de l'île.*

Sophie en doutait, mais elle avait une question plus importante.

— *Et tes baby-sitters ?*

— *J'y travaille déjà. C'est ce que je m'apprêtais à t'annoncer quand tu m'as contacté : j'ai décidé de quitter les Invisibles. Ce soir.*

Chapitre 77

Sophie s'écarta d'Edaline, submergée par un torrent d'émotions. Elle hésitait entre le rire, les larmes et l'envie de déchiqueter les coussins chichiteux disposés sur son lit.

D'un côté, Keefe allait quitter les Invisibles.

De l'autre… POURQUOI NE POUVAIT-IL PAS SE DÉCIDER AVANT DE DÉLIVRER ALVAR, DE VOLER LA CACHE ET LE CRISTAL D'ALLUVETERRE, BREF, QUAND IL N'Y AVAIT PAS DE DANGER MORTEL À S'ÉCHAPPER ET AAAAAAHHHHHH !

— *Eh, Foster*, l'apostropha Keefe, lui rappelant que leurs pensées étaient toujours connectées. *Je ne t'en veux pas de piquer ta crise… mais je te promets de me racheter. Pour tout. Dès ce soir.*

Elle s'enfonça dans les coussins de son lit. S'asseoir, voilà qui semblait une bonne idée.

— *Je sais que tu veux aider… mais venir à Lumenaria est une très mauvaise idée. L'île n'est rien de plus qu'une plage rocailleuse et glaciale, sans doute surveillée par une patrouille de gobelins. Alvar et les autres s'attendent peut-être à te voir débarquer. Tu ferais mieux de rejoindre la demeure de Sandor à Gildingham, où se trouve Grady. Avec eux, tu seras en sécurité.*

— *Pardon, mais je doute d'être en sécurité, seul dans une pièce avec ton père et Gigantor.*

Des bribes de conversation sur « les garçons » traversèrent l'esprit de Sophie.

— *Hmm… tu n'as pas tort.*

— *C'est donc décidé!* décréta Keefe. *J'arrive aux portes de Lumenaria dès que j'aurai pu sortir d'ici. Peu importent les patrouilles, je trouverai le moyen de leur échapper. Je veux être près de toi… comme ça, si tu as besoin de moi, je pourrai t'aider.*

Sophie aurait pu lui citer un millier de raisons pour lesquelles l'idée semblait catastrophique. Mais elle avait d'autres soucis.

— *Comment comptes-tu fausser compagnie à tes geôliers?* demanda-t-elle. *Tu m'as dit que ce serait difficile.*

— *Sans doute, oui. Et je sais que je n'ai fait que me planter royalement ces derniers temps. Mais cette fois, c'est différent. Je retrouve mon terrain de jeu préféré. Et la Team Foster-Keefe va l'emporter!*

— Vous semblez fatiguées, leur dit M. Forkle lorsque Sophie et Edaline prirent place autour de la grande table pour le petit-déjeuner protocolaire le lendemain matin.

Bel euphémisme. Elles avaient passé de longues heures à discuter de Keefe, après quoi le cerveau de Sophie avait passé le reste de la nuit à lui jouer cauchemar sur cauchemar.

Mais elle savait que le roi Dimitar écoutait leur conversation.

— Je n'ai pas eu le droit d'amener Ella, répondit-elle à M. Forkle. Comment peut-on dormir sans peluche? Je ne savais pas quoi faire de mes bras.

La plaisanterie fit rire la reine Hylda et l'impératrice Pernille. Sophie se félicita de sa réponse. Elle ne se doutait pas que les deux souveraines l'épiaient aussi.

— *Le moment est mal choisi pour les cachotteries*, transmit M. Forkle tandis que la jeune fille malmenait sans conviction l'une de ses pâtisseries, maculant de chocolat ses gants de soie.

Elle lui transmit la décision de Keefe avant d'ajouter :

— *J'ai essayé de prendre de ses nouvelles depuis, mais il ne répond pas.*

— *Les Invisibles ne peuvent rien faire pour t'empêcher de communiquer avec lui. S'il t'ignore, c'est uniquement pour se concentrer.*

Techniquement, les Invisibles avaient bien un moyen de faire taire Keefe à jamais… hors de question d'y penser, cependant. Non, non, non.

— *Je préférerais qu'il ne vienne pas ici*, dit-elle à M. Forkle. *C'est bien trop risqué, et s'il le fait, c'est uniquement par souci de se racheter.*

— *C'est un besoin essentiel pour lui. N'as-tu donc pas encore compris ? C'est ce qui vous rend aussi compatibles, tous les deux. Chacun pousse l'autre à croire en lui-même. Ne t'avise pas de ramollir maintenant, simplement parce que tu le crois trop fragile. Plus tu le laisseras prouver sa valeur, plus il en prendra conscience.*

Leur conversation fut interrompue par l'arrivée d'une troupe de gobelins venus les escorter, eux et les autres hôtes, dans une pièce nommée le Cercle. Le trajet était long. Sophie maudit ses talons ridicules – et sa robe bleu argent bien trop bouffante – tandis qu'ils traversaient une dizaine de salles différentes pour s'engager dans un interminable escalier en colimaçon.

Le Conseil les attendait dans la salle la plus haute de la tour, installé autour d'une table ronde que Sophie soupçonna d'avoir inspiré la légende arthurienne. Vingt-et-une chaises étaient disposées à intervalles réguliers : douze pour le Conseil, trois pour Sophie, Edaline et M. Forkle, une pour chaque dirigeant des autres espèces intelligentes, et une qui resta vide – jusqu'à ce que la troupe de gobelins ait entièrement couvert le mur de la salle, épaule contre épaule. Quatre gardes supplémentaires firent alors leur entrée, encadrant une silhouette dont chaque pas bruissait d'un cliquetis métallique.

— Désolé pour le retard, déclara Fintan, agitant une main enchaînée avant de s'asseoir sur son siège avec fracas. L'endroit est sécurisé à mort.

Le teint d'Oralie vira au même vert que la robe simple dont elle était vêtue – peut-être en hommage à Kenric ? Les elfes portaient toujours du vert, la couleur de la vie, pour assister aux plantations.

Le Conseiller Emery se leva et s'éclaircit la gorge.

— Comme vous le savez, cette pièce est conçue pour nous rappeler que nous sommes tous égaux. Nous allons débattre. Nul doute que les esprits vont s'échauffer. Mais que cela ne nous empêche pas de nous écouter et de nous respecter mutuellement. Nous partageons tous un même but : celui d'un monde uni, où nos peuples puissent coexister en paix, dans un équilibre idéal entre liberté et maintien de l'ordre…

— Le voilà, le plus grand mensonge des elfes ! l'interrompit Fintan, qui se releva à grand-peine, entravé par ses chaînes. Nous parlons de liberté et d'égalité… mais exigeons autorité et supériorité. Et pourquoi pas ? Après tout, nous sommes meilleurs, à tous les niveaux. Plus intelligents.

Plus puissants. Nous disposons de talents et de compétences qu'aucun d'entre vous ne saurait même comprendre.

Les autres dirigeants poussèrent des cris indignés. Sophie s'enfonça dans son siège.

Elle avait souvent entendu les elfes vanter leur supériorité, et ce refrain l'avait toujours mise mal à l'aise. Mais le proclamer avec une telle audace devant les autres espèces était aussi inconvenant qu'insultant.

Fintan posa ses mains enchaînées sur la table luisante.

— Inutile de vous offusquer, lança-t-il par-dessus le vacarme. La supériorité, c'est surfait. Nous sommes coincés : nous devons résoudre tous vos problèmes, en ménageant les désirs et besoins de millions de personnes différentes afin qu'elles soient satisfaites de leurs vies. Pourquoi croyez-vous que nous sommes ici ?

— Avant de vous remettre tous à crier, intervint le Conseiller Bronte, rappelez-vous que vous avez choisi d'autoriser la présence de Fintan. Peut-être comprenez-vous enfin pourquoi nous œuvrons si dur afin de le faire taire ?

— Mais je ne me tairai pas ! hurla le Pyrokinésiste. Parce que nos anciens usages sont dépassés… et ce depuis des siècles. Ce monde n'a pas besoin de diplomatie. Ce dont il a besoin, c'est d'un leader volontaire, efficace, à même de vous offrir de vraies solutions. Quelqu'un qui n'ait pas peur de faire des choix difficiles. Qui soit prêt à changer les choses. Soyons honnêtes : combien d'entre vous s'attendent à voir la plupart de leurs revendications ignorées pendant ces négociations ?

— Et combien préféreraient subir les conséquences d'un plan mal conçu ? contra le Conseiller Emery.

— Tu sembles perdue, murmura M. Forkle à Sophie.

— Je ne comprends pas pourquoi ils laissent Fintan déblatérer ainsi, chuchota-t-elle en retour.

— Parce qu'ils prennent très au sérieux leur principe d'égalité absolue. Sans doute espèrent-ils aussi qu'il se saborde lui-même.

— Mais ne devraient-ils pas au moins le forcer à parler du traité ogre ? demanda-t-elle. N'est-ce pas la raison de notre présence ici ?

— Absolument, répondit M. Forkle, qui se leva aussitôt de son siège pour s'adresser aux autres dirigeants. Vous voilà témoins de la folie des Invisibles. Ils n'ont pas de solution à vous offrir. Ils ne font que hurler à la lune et attiser la révolte, afin de vous faire perdre de vue les vrais enjeux. N'oublions pas que si nous sommes ici aujourd'hui, c'est parce qu'un monarque a décidé de violer le traité signé par son peuple, principalement mû par les conseils des Invisibles. (Il avait brièvement désigné le roi Dimitar.) Vous avez dû entendre parler de la terrible épidémie lâchée par les ogres sur les gnomes, dans une pitoyable tentative pour réduire cette espèce en esclavage. Ce n'était hélas pas la dernière des trahisons. Il y a quelques jours à peine, un petit groupe d'ogres s'est attaqué à une innocente famille elfe, tuant l'un des fidèles gobelins qui assuraient leur sécurité.

— Ce dernier impair a été commis sans mon aval, protesta le roi Dimitar avant de se tourner vers Sophie et Edaline. Je ne puis vous contraindre à me croire, et je ne m'excuserai pas non plus pour un acte dont je ne suis pas responsable. Permettez-moi cependant de vous offrir le peu que je sais : les Invisibles nous ont proposé une alliance, évoquant un tout autre test pour évaluer ma fiabilité.

— Mais encore ? demanda Sophie.

Dimitar foudroya Fintan du regard.

— Peu importe. Tout ce qui compte, c'est que j'ai décidé de ne pas m'y soumettre, et ce, après avoir reçu de sages conseils de l'une de vos semblables. Celle-là même qui se trouvait à Havenfield au moment de l'attaque.

— Lady Cadence ?

— Ne trouvez-vous pas commode que quelques ogres rebelles, contestant ma décision de me séparer des Invisibles, prennent pour cible un groupe où figure précisément la personne qui m'a encouragé à rejeter l'offre de Fintan ?

— Oh bon sang ! s'esclaffa le Pyrokinésiste. Qui eût cru que les ogres savaient aussi bien tisser leurs histoires ?

Il était la nonchalance incarnée, à l'exception d'un tiraillement discret dans sa mâchoire.

Les traits de Dimitar demeuraient durs comme l'acier – aucune trace de doute ni de remords. Jamais Sophie ne serait assez inconsciente pour se fier au roi des ogres. Ce qui ne voulait pas dire qu'il mentait à tous les coups.

Et l'idée qu'il existe deux menaces ogres – l'une ourdie par le roi, l'autre par une rébellion émergente – ouvrait un nouveau champ de possibilités horrifiques.

— Quoi qu'il en soit, reprit M. Forkle d'un ton autoritaire, rebelles ou non, ça ne change rien au fait que les ogres sont devenus violents, incontrôlables et volontairement désobéissants. Or, s'ils veulent pouvoir partager cette planète avec nous, ils doivent accepter de se contrôler. Voilà ce dont nous sommes venus discuter aujourd'hui, et non de je ne sais quelle folie brandie par cet agitateur afin de détourner l'attention générale. S'il est là, c'est uniquement pour provoquer des remous et flatter son ego.

Il désigna Fintan d'un revers de manche dédaigneux.

— Ne trouvez-vous pas absurde d'entendre un tel discours sortir de la bouche d'un chef de la rébellion ? demanda

Fintan. Un elfe dont la confiance dans le Conseil est si ténue qu'il refuse de se présenter devant eux sous sa véritable identité. Un elfe qui recourt à des pseudonymes et des masques, et mène ses projets dans l'ombre. Peut-être aime-t-il à se croire meilleur que moi, mais nous nous ressemblons par bien des aspects. Et si tous les deux, nous avons gagné un tel pouvoir, c'est parce que les peuples de cette planète, quelle que soit leur espèce, cherchent désespérément un guide, un leader, afin de survivre à la crise imminente. Notre monde a des problèmes bien plus graves qu'une rébellion ogre. Je puis même vous dire que si le roi Dimitar s'est tout d'abord montré ouvert à mes propositions, c'est motivé par un sujet qui vous contrarie tous de plus en plus, jour après jour. Si vous croyez que le Conseil pourra vous offrir une solution à ce problème, attendez-vous à une amère déception. Les Conseillers se contenteront de bafouiller avant de regagner leurs châteaux scintillants… peut-être même effaceront-ils le problème de leur mémoire, afin de prétendre qu'il n'a jamais existé.

— Et de quel problème parlez-vous au juste ? demanda le roi Enki.

Le regard posé sur Sophie, Fintan esquissa un sourire qui lui donna le frisson.

— Ce problème, ce sont les humains.

Chapitre 78

— Que faire, demanda Fintan, d'une espèce assez intelligente pour construire et créer, et pourtant assez bête pour orchestrer sa propre ruine ? De créatures tellement violentes qu'elles ne cessent de faire la guerre… à leurs semblables ? De créatures qui détruisent tout ce qu'elles touchent, y compris cette planète que nous sommes tous contraints de partager ? De créatures si prolifiques qu'elles ont épuisé la majorité des terres fertiles, et que les Conseillers eux-mêmes refusent de classer comme intelligentes ? De créatures à qui nous n'imposons aucun traité, aucun code d'honneur, aucune loi en dehors de leur propre logique biaisée ? De créatures qui n'ont même pas connaissance de notre existence ?

Il parcourut la table du regard avant de s'arrêter une nouvelle fois sur Sophie.

— À leurs yeux, nous ne sommes rien de plus que des légendes, des histoires à dormir debout. Nous sommes magiques. Mythiques. Le fruit de leur imagination féconde. Qu'ils découvrent notre existence, et leur seule réponse sera la violence. Pourtant, qu'a fait le Conseil à ce sujet ?

— Encore une astuce pour nous distraire des problèmes qui nous occupent, déclara le Conseiller Emery. À ce train-là, le sommet risque de se prolonger pour l'éternité.

— Impossible, rétorqua Fintan. J'ai un timing précis à respecter.

— Pour quelle raison ? s'enquit la reine Hylda.

— Pour réaliser ma vision.

Un rire déchira le silence, mêlé à de lents applaudissements moqueurs. Sophie nota avec surprise qu'ils venaient du roi Dimitar, qui se leva pour prendre la parole.

— Je dois dire qu'il nous délivre là un discours bien plus passionné que lorsqu'il m'a parlé pour la première fois de sa « vision »... Laquelle, à l'époque, s'appelait encore Projet Polaris.

— Oui, j'ai dû simplifier les choses après votre retentissant échec, l'informa Fintan.

— Pour un échec, c'en était un. (Dimitar se tourna vers le représentant des gnomes.) Nous savons tous que je me suis laissé convaincre de déclencher l'épidémie. Aussi cruel que cela puisse paraître, j'étais persuadé d'agir dans l'intérêt de tous sur le long terme. J'ai depuis compris que les promesses des Invisibles ne sont guère plus fructueuses que l'obstination avec laquelle le Conseil refuse de reconnaître les inquiétudes des uns et des autres. Ne faites pas la même erreur que moi : ne vous laissez pas embobiner par ses jolis mensonges. Il vous offrira le soleil et la lune... à condition que vous obéissiez à ses ordres. En fin de compte, vous n'en tirerez que deuil et ruine. Il en va de même avec les propos de tous les autres elfes présents à cette table. Tous ces ordres nouveaux n'ont d'intérêt que pour eux. Pourquoi, sinon, dédieraient-ils leurs talents et leurs compétences à mener des opérations meurtrières et à altérer leur progéniture pour en faire des armes ?

— Je ne suis pas une arme ! s'écria Sophie devant son regard assassin.

— Je ne sais pas ce que vous êtes, mademoiselle Foster. Peu m'importe. Vous et vos amis avez détruit la moitié de ma ville, ce pour quoi vous avez reçu l'amnistie en lieu et place de châtiment. Vous vous êtes introduite dans mon esprit, à deux reprises, sans avoir à en subir de conséquences significatives. Votre existence même ne viole-t-elle pas les lois elfiques les plus fondamentales ? Pourtant vous voilà, participant à des négociations pour un traité de la plus haute importance, siégeant à égalité avec les grands de ce monde. Je ne crains pas le Conseil, je crains ce qu'ils vous laisseront devenir. Plus que tout, je redoute de voir jusqu'où Fintan est prêt à aller pour vous arrêter. Et je ne veux pas y être mêlé.

— Qu'essayez-vous de dire ? demanda le Conseiller Emery.

— Que j'ai cherché sans relâche les prétendus bénéfices dont j'irais profiter sous la coupe des elfes. Et je n'en vois aucun. Mais je ne suis pas assez naïf pour me croire capable de vous tenir tête, pas plus que je ne suis prêt à m'allier de nouveau avec des rebelles égoïstes. Des semaines durant, j'ai vu mon peuple souffrir des conséquences de mes erreurs de jugement. C'est terminé. Tout ce que je veux, tout ce pour quoi je suis venu à ce sommet, c'est un traité permettant à mon peuple de rester isolé. Laissez-nous nos terres, laissez-nous vivre, et je vous garantis que vous n'entendrez plus jamais parler de nous. Établissez un traité spécifiant ces termes, et je le signerai sans hésiter.

S'ensuivit une discussion des plus stériles. Au douzième tour de table, le roi Dimitar laissa échapper un rire.

— Je vous propose de disparaître, en vous accordant tout ce que vous souhaitez au passage, et pourtant vous continuez à débattre et à hésiter ?

— Je pense, avança le Conseiller Emery, prudent, que la situation prend un tour assez inattendu, et ce un peu trop vite. Je vous propose donc un court interlude afin de permettre à chacun de digérer ces développements.

Droitier et Pompon s'empressèrent d'aller enfermer Sophie et Edaline dans leur suite. M. Forkle persuada les gobelins de le laisser leur tenir compagnie.

— Je ne comprends pas ce qui se passe, dit Edaline avant de s'effondrer sur l'un des canapés du salon.

M. Forkle prit place dans un fauteuil.

— À mon avis… Dimitar a vécu trop longtemps avec la conviction que les ogres étaient l'espèce supérieure, et le projet de déclencher l'épidémie afin de prendre le pouvoir. C'est pourquoi il s'est laissé abuser par Fintan… et maintenant qu'on l'a remis à sa place, il essaie de limiter ses pertes et de protéger son peuple. Ce qui n'a rien à voir avec toi, Sophie. Les événements de Ravagog étaient inévitables et nécessaires.

— Je sais, marmonna la jeune fille.

Elle n'appréciait pas pour autant d'être traitée de monstre – surtout par l'un des êtres les plus effrayants qu'elle ait jamais rencontrés.

D'un autre côté, le roi Dimitar qui s'était exprimé au Cercle n'avait rien à voir avec la bête sanguinaire qu'elle connaissait. Il s'était montré plus éloquent. Logique, même. À l'évidence soucieux du bien-être de son peuple. Bien plus conforme au souverain décrit par Lady Cadence. L'idée que Sophie ait pu contribuer, dans quelque mesure que ce soit, à le convaincre que l'isolation totale représentait la meilleure solution la rendait malade.

— Avez-vous remarqué combien des dirigeants présents ont acquiescé lorsque Fintan s'est lancé dans sa tirade sur les humains ? demanda Edaline à voix basse.

— Tous, à l'exception de Dimitar, répondit M. Forkle. Et je ne serais pas étonné qu'il ait simplement refusé d'appuyer Fintan. Les humains représentent pour nous un véritable casse-tête : des créatures que nous n'avons pas le droit d'aider, équipées d'armes assez puissantes pour détruire la planète entière.

— Quelle solution proposez-vous ? s'enquit Sophie.

— Elle est en cours de développement, admit M. Forkle.

— Et Sophie a un rôle à jouer dedans ? le pressa Edaline.

— À elle d'en décider. Elle mène sa vie comme elle l'entend, à présent. Depuis un moment déjà.

— À moins que Fintan ne mène sa « vision » à son terme, maugréa l'intéressée, l'estomac noué.

« C'est ce qu'ils veulent. »

Lady Gisela parlait-elle de leur potentielle évasion, à supposer qu'elle aurait bien lieu ? Ou faisait-elle allusion à quelque projet bien plus vaste et sinistre ?

— Peut-être devrais-tu profiter de ces quelques instants pour prendre des nouvelles de Keefe, suggéra M. Forkle. Plutôt que de te rendre malade à force de questions insolubles.

Il n'avait pas tort, même si le cœur de Sophie semblait s'être logé dans sa gorge tandis qu'elle lançait sa transmission.

En l'absence de réponse…

— *J'ai failli attendre, Foster !*

Les yeux de Sophie s'emplirent de larmes qu'elle s'empressa de retenir d'un battement de paupières. Edaline la serra contre elle afin de contenir ses tremblements.

— *Tu es sauf ?* demanda-t-elle.

— *Mieux que ça : libre ! Et GELÉ. J'ai dû abandonner tous mes manteaux, et cette caverne ne fait rien pour bloquer le vent comme elle le devrait. Enfin, c'est une grotte marine… c'est tout ce qu'on lui demande de faire !*

— *J'en déduis que tu es là ?*

— *Oui. Les patrouilles de sécurité semblent ignorer l'existence de cette caverne. Si tu as besoin de moi, je suis tout près. Tu n'as qu'à m'appeler, et je trouverai le moyen de te rejoindre. D'ici là, je vais travailler ma régulation de température corporelle, en espérant que cet endroit ne soit pas le domicile d'une bestiole pleine de crocs et de griffes.*

— *Comment t'es-tu échappé ? Était-ce aussi compliqué que tu le craignais ?*

— *Un peu moins. Un peu plus. Mais j'ai réussi. Et toi… comment ça se passe, le sommet ?*

— *J'ai l'impression que tout part en vrille.*

Elle venait d'aborder les étranges discours de Fintan et de Dimitar lorsque Droitier et Pompon frappèrent doucement à la porte pour les avertir que la séance reprenait.

Dernier arrivé au Cercle, le roi Dimitar refusa de prendre son siège.

— J'ai dit ce que j'avais à dire, annonça-t-il à l'assemblée. Je n'ai aucune raison de débattre davantage. J'ai précisé les termes que je souhaite voir appliqués par ce traité. Nul doute que vous les trouverez plus que raisonnables.

— Comptez-vous réellement quitter la coalition des espèces intelligentes ? demanda le Conseiller Emery.

Le monarque confirma d'un hochement de tête.

— Tant que vous laissez mon peuple en paix.

— Comment savoir s'il ne s'agit pas d'un stratagème pour échapper à notre supervision, afin de construire des armes et de vous entraîner en vue d'une invasion de grande ampleur ? demanda la reine Hylda.

— Si ce n'est que ça, je serai heureux de recevoir la visite de Lady Cadence à tout moment. Ceci répond-il à vos inquiétudes ?

— Aux miennes, oui, répondit le roi Enki en premier.

— Et aux miennes aussi, confirma l'impératrice Pernille.

La reine Hylda fut la suivante à acquiescer, suivie du représentant gnome, dont le nom officiel semblait être Thalès le Semeur.

— Nous n'y voyons pas d'objection non plus, déclara le Conseiller Emery, avant de se tourner vers M. Forkle. Et vous ?

— Étrange décision, répondit le vieil elfe. Mais je ne vois aucune raison de m'y opposer. Je suggérerais par ailleurs d'ajouter un paragraphe simplifiant d'éventuelles renégociations, au cas où les ogres changeraient un jour d'avis.

— Et moi ? demanda Fintan. J'ai droit au vote dans ces pourparlers. C'est de la folie. De la folie pure, irréfléchie. Nous devrions laisser la nuit nous porter conseil.

— Mon peuple a besoin de moi, protesta le roi Dimitar. Et pour être honnête, si je dois subir ce genre de simagrées un jour de plus, je m'arracherai les dents dans le seul but d'avoir quelque chose de tranchant à vous jeter à la figure. Pour ce que j'en sais, la question requiert une majorité simple, dont je dispose déjà, et non absolue. Préparez le traité !

— Comme vous voudrez, répondit le Conseiller Emery. (Il roula les manches de sa tunique d'argent avant d'accepter le parchemin vierge que venait d'invoquer Liora.) La nuit va être longue.

— Pas si vous écrivez vite, rétorqua Dimitar. Je vais vous simplifier les choses. Pas de jargon légal incompréhensible. Pas de vides juridiques ni d'amendements. Tout ce qu'il nous faut, c'est une simple liste de commandements. Par exemple : je n'agirai pas à l'encontre d'autres espèces intelligentes, à la condition que vous autorisiez mon peuple à vivre à l'écart.

Et c'est ainsi que le roi Dimitar dicta une liste d'exigences simples et directes, à laquelle aucun des dirigeants ne s'opposa, et que l'Ancien Emery consigna avec zèle. La scène aurait apporté soulagement à tous, n'était la tension palpable chez Fintan. Même M. Forkle semblait s'en être aperçu.

— On est pressé ? lança-t-il lorsque le Pyrokinésiste demanda l'heure pour la troisième fois.

— Bien au contraire, lui assura Fintan.

Pourtant, il pâlit lorsque le Conseiller Emery marqua la fin du document avec force fioritures.

— Voulez-vous y jeter un œil avant de signer ? demanda-t-il à Dimitar.

— Non. (Le monarque saisit le stylo et griffonna son nom.) Voilà.

Un à un, ses homologues apposèrent leur signature. Sophie ne quittait pas Fintan des yeux. Il avait beau demeurer impassible et ne plus se préoccuper de l'heure, de minuscules gouttes de sueur dévalaient son front.

— Portez ceci dans la salle des archives et faites-le sceller, ordonna le Conseiller Emery à l'un des gobelins en lui tendant le parchemin signé. Et sonnez la cloche pour marquer la fin officielle des négociations.

— N'oubliez pas de ramener Fintan dans sa cellule, ajouta Oralie, qui d'un signe ordonna à une dizaine de gardes de l'encercler. Siéger à cette table ne vous absout en aucun cas de vos crimes. Vous serez retenu ici jusqu'à ce qu'un tribunal détermine votre sentence finale.

Fintan roula les yeux au ciel.

— Comme c'est prévisible.

Un carillon si assourdissant qu'il en ébranla les murs retentit à travers le château.

— Sommes-nous libres de partir ? demanda Edaline

pendant que Sophie tentait de rattraper tout le monde dans le couloir.

Avaient-ils réellement arrêté le leader des Invisibles et bouclé un accord de paix ogre en moins de cinq minutes?

Il fallait croire que oui, car l'Ancien Emery acquiesça.

— Même si j'espère que vous resterez pour le gala.

— Le gala, murmura Fintan, si bas qu'il pensait sans doute ne pas avoir été entendu.

Mais la remarque n'avait pas échappé à Sophie. Elle l'observait avec une intensité telle qu'elle avait manqué la réponse d'Edaline annonçant qu'elles allaient rester. Dans les yeux du Pyrokinésiste, le soulagement ne faisait aucun doute.

— Ainsi, vous allez faire la fête toute la nuit? dit-il avec un sourire tandis que les gobelins l'entraînaient ailleurs.

— Tu devrais partir, déclara Sophie à Edaline lorsqu'elles furent de retour dans leurs chambres. Fintan avait l'air bien trop content de lui. Et il est à présent enfermé dans le donjon, là où il souhaitait être. Il ne s'inquiète plus de l'heure. Je parie qu'il avait besoin de retenir les dirigeants ici jusqu'à une heure convenue avec ses complices. Voilà pourquoi il paraissait aussi nerveux de voir le roi Dimitar accélérer la procédure… Maintenant, en revanche, il sait que tout le monde va rester pour le gala.

« C'est ce qu'ils veulent. »

— Et en quoi mon départ changerait-il quoi que ce soit?

— Ainsi je te saurai en sécurité, pendant que je cherche une solution.

Edaline serra les mains gantées de sa fille.

— Je ne partirai pas sans toi, inutile donc de perdre notre temps à en débattre. Devrions-nous transmettre tes craintes au Conseil?

— Je doute qu'ils nous écoutent. Ils n'en finiraient pas de pérorer sur la sécurité impossible à contourner.

— Il faut admettre qu'elle est exceptionnelle, dit Edaline. Mais je sais combien tu as l'instinct aiguisé. Si tu penses qu'il y a un problème, nous ne pouvons l'ignorer. Si seulement j'étais aussi douée que toi en stratégie ! Tout ce qui me vient à l'esprit, c'est d'assister au gala et de parler à Oralie. C'est elle qui a organisé la rencontre avec Gethen, elle devrait pouvoir convaincre le Conseil une fois de plus.

— Sans doute, souffla Sophie avant de se diriger vers la porte.

Edaline l'attrapa par la main pour la retenir.

— À vrai dire, je préfère que tu attendes ici. Si Fintan a prévu de commettre un sale coup, il y a de fortes chances qu'il te concerne. J'ai bien vu comment il te regardait pendant les négociations : comme un prix qu'il meurt d'envie de décrocher. Tu devrais donc rester entre quatre murs, loin de lui. Je t'en prie, Sophie… Profite de ce moment pour établir des stratégies de secours. Ou discuter avec Keefe. Voire les deux.

— D'accord, accepta Sophie à contrecœur. Mais si tu n'es pas de retour dans quinze minutes, je pars à ta recherche.

Edaline déposa un baiser sur la joue de sa fille et lui coinça une mèche rebelle derrière l'oreille.

— Je t'aime tellement, ma chérie. Merci de m'accorder ta confiance.

Chapitre 79

Chaque seconde paraissait une heure, et lorsque huit minutes eurent passé, Sophie était prête à se taper la tête contre les murs de marbre.

Elle en avait passé deux à se débarrasser de sa robe ridicule pour enfiler la tenue noire, simple, qu'elle portait à son arrivée. Puis elle avait consacré le reste à faire les cent pas, son cerveau en ébullition.

Un tel faisceau de questions sans réponses signifiait toujours qu'un détail leur échappait. Une, en tout cas, la tracassait tout particulièrement : *Comment les Invisibles prévoyaient-ils de quitter leurs cellules ?*

Elle avait vu les verrous inébranlables.

Les lourdes portes de métal.

Et la luménite ne brûlait pas, ce qui rendait le pouvoir de Fintan inutile.

Elle tenta d'imaginer ce qu'elle ferait si elle était prise au piège. Son esprit ne cessait de revenir à son dernier entraînement pratique.

Les éclabousseurs qu'elle avait fait sauter.

La pierre qu'elle avait pulvérisée.

Elle passa une main tout autour de la porte.

« Je vous soupçonne de pouvoir abattre une montagne, à condition de rester à l'isolement assez longtemps », lui avait dit l'Instructrice Rohana. Était-ce pour cette raison que Gethen semblait aussi satisfait dans sa cellule ? Avait-il profité de son incarcération pour se reposer et accumuler des réserves afin de fracturer la porte ?

Une faible secousse agita soudain le sol. L'esprit de Sophie lui jouait des tours… Mais non. Les cristaux du lustre ondoyaient suite à l'impact.

Le mouvement était tellement subtil qu'elle ne l'aurait sans doute pas remarqué si elle n'y avait pas prêté attention.

Mais elle était attentive.

Sous son regard, une minuscule secousse agita de nouveau les cristaux.

Peut-être quelqu'un marchait-il à l'étage au-dessus ? Ou le vent était-il assez fort pour remuer le château. Ou alors…

Quatre dangereux prisonniers étaient peut-être en train de s'évader.

Pourquoi maintenant ?

S'il ne s'agissait que d'embarrasser le Conseil aux yeux des autres dirigeants, pourquoi ne pas s'échapper dès l'instant où le sommet avait débuté ?

« C'est ce qu'ils veulent », lui avait dit Lady Gisela – avant d'ajouter autre chose. Que Sophie avait pris pour une métaphore, ou de l'exagération. Peut-être s'agissait-il pourtant d'un autre avertissement ?

« Ramène mon fils avant que tout ne s'effondre. »

Selon Keefe, Fintan voulait abattre le Conseil. Or, tous ses membres étaient réunis sous le même toit… ainsi que Gethen. Lequel avait passé des mois à constituer ses réserves.

Gethen est à sa place.

Le planqué parfait, caché dans le seul endroit auquel ils n'auraient pu avoir accès autrement. Peut-être même était-ce lui, la personne censée remplir sa promesse.

Mais… si Gethen démolissait le château… ne finiraient-ils pas tous écrasés par les décombres ?

Fintan savait que le Conseil l'arrêterait, il l'avait laissé entendre à Oralie. Il avait aussi ralenti le processus de paix, afin de s'assurer que tout colle à la chronologie qu'il avait établie. Il n'était pas suicidaire. Alors pourquoi voulait-il se trouver au donjon au moment crucial ? Pourquoi ordonner à Brant et Ruy de se laisser capturer ?

Ruy.

Un puissant Psionipathe, capable de les protéger sous un champ de force ! De les maintenir sains et saufs. D'assurer leur survie.

La perfection avec laquelle ils avaient tout planifié avait de quoi rendre malade – et plus encore la quantité d'indices qu'elle avait négligés. Les signes avant-coureurs étaient là tout du long. Elle n'avait pas été assez attentive.

Le sol se mit à trembler une nouvelle fois. L'heure n'était plus aux questions.

Il n'y avait plus aucun doute.

Les secousses n'étaient que le début.

— *KEEFE !* transmit-elle. *Si tu m'entends, reste à l'écart du château ! Gethen s'apprête à le démolir. C'est ça, la « vision » de Fintan !*

Elle transmit le même message à M. Forkle, en l'implorant de lancer une évacuation. Avant de marteler la porte, pour exiger qu'on la laisse sortir.

Devant le silence de ses gardes, elle rassembla sa force mentale et s'imagina l'insuffler dans le verrou et les pierres qui l'entouraient. L'énergie s'enfonça, de plus en plus profond, étroitement enroulée, tel un ressort remonté. Il n'y avait plus qu'à lâcher prise.

Renversée par le souffle de l'explosion, la jeune fille se rattrapa à une table proche, le corps tremblant, et contempla les débris de sa porte désormais ouverte.

Si elle était capable d'une telle destruction avec aussi peu d'entraînement ou d'énergie…

« C'est ce qu'ils veulent. »

Elle traversa le couloir au pas de course tandis que le sol tremblait de plus belle. Que faire ? Elle pouvait se frayer un chemin jusqu'au donjon… où elle devrait se battre, à quatre contre une. Si elle arrivait à temps.

La secousse suivante fut plus forte et projeta des filets de poussière dans les airs. Trop puissante pour être ignorée, mais trop faible pour être perçue par quiconque à part elle – surtout pas d'une foule de convives occupés à déguster des plats succulents et à admirer le paysage majestueux qui les entourait sans cesser de s'auto-congratuler pour la victoire fraîchement remportée.

Parmi eux se trouvait Edaline.

Sophie bifurqua, son choix arrêté, et emprunta des couloirs au hasard en pressant l'allure. Le labyrinthe, comme vivant, s'étirait, s'allongeait et se transformait, dans une tentative désespérée de lui barrer la route.

Elle trouva un escalier familier, mais la plupart des portes sur lesquelles il donnait étaient verrouillées. Elle finit par opter pour un couloir éclairé de flammes bleues. Pourvu que la présence de lumière soit bon signe…

Plus elle courait, plus les secousses augmentaient en nombre et en puissance, jusqu'à fissurer la pierre. La poussière lui irritait les poumons et les yeux – à moins que ce ne soit la panique –, ce qui ne l'empêchait pas de crier sans relâche le nom d'Edaline.

Nouvelles portes. Nouvel escalier. Nouveaux couloirs. Nouvelles secousses, qui gagnaient en intensité, tel le tonnerre lointain se mêlant à la tempête.

Elle tenta de localiser mentalement Edaline, mais la peur pulvérisait sa concentration. Elle était à deux doigts de craquer lorsqu'elle perçut un nouveau son.

Des pas.

— EDALINE ?

— SOPHIE ? hurla M. Forkle.

Elle s'élança vers sa voix, grimpant l'escalier quatre à quatre avant de s'écraser contre le corps ventru du vieil elfe.

— Edaline est avec vous ? haleta-t-elle.

— Non… elle est partie à ta recherche. Oralie a ordonné aux gobelins de courir au donjon après lui avoir parlé. Mais personne n'est revenu… puis les secousses ont commencé.

Voilà qui expliquait l'absence de gardes à sa porte. Elle n'osait imaginer ce qu'étaient devenus Droitier et Pompon.

— Les Conseillers tentent d'évacuer le château, expliqua M. Forkle, qui lui attrapa la main pour lui faire faire demi-tour. Je vais te montrer un raccourci.

Sophie se dégagea violemment.

— Pas avant d'avoir trouvé ma mère.

— J'espère qu'elle t'attend à la sortie. Je lui ai dit que je t'y enverrais si je te retrouvais.

Pourtant, lorsqu'ils l'atteignirent, ils ne trouvèrent aucun signe d'Edaline.

— Je vais la retrouver, promit M. Forkle. Rejoins la plage, éloigne-toi autant que possible du château. Difficile de dire jusqu'où les débris risquent de tomber.

— Je ne partirai pas sans ma mère !

Il lui bloqua la route.

— Nous savons tous les deux qu'elle ne serait pas d'accord. Va te mettre à l'abri. Je vais la retrouver et la sortir de là.

— Comment pouvez-vous en être sûr ?

— Je t'ai bien retrouvée, non ?

Techniquement, c'était plutôt l'inverse… mais l'heure n'était pas au chipotage. Il était temps d'agir. D'espérer. De faire confiance.

Elle suivit donc ses instructions et sortit dans la cour. Posant les yeux sur le château jadis étincelant mais à présent terni, avec ses murs vacillants et traversés de fissures illuminées de l'intérieur, elle s'arrêta net.

Elle ne pouvait risquer de passer sa vie à se demander : *Et si j'étais restée ?*

Elle fit volte-face et se précipita à l'intérieur, la main gauche collée au mur, dans l'espoir de retrouver son chemin au retour. Toujours plus vite, elle courut sous une pluie de poussière et de gravillons, les pierres lézardées sous ses pieds.

Elle tenait bon. Une secousse particulièrement violente la renversa soudain. Avec un cri, elle tomba à genoux sur le sol accidenté.

— Sophie ? lança Edaline. C'est toi ?

Aussitôt, la jeune fille bondit sur ses pieds pour se remettre à courir, sans se soucier de la toux qui lui déchirait les poumons, du vent qui lui fouettait le visage… Edaline apparut alors, haletante, couverte de poussière, sa ravissante robe à présent sale et déchiquetée.

L'Invocatrice se jeta au cou de sa fille pour l'étreindre alors qu'elle l'entraînait vers la sortie.

— Il n'y a pas une minute à perdre !

Elles prirent leurs jambes à leur cou.

Mais elles n'étaient pas assez rapides.

Elles venaient d'atteindre l'une des grandes salles lorsque le sol s'effondra sous leurs pieds, projetant leurs cœurs dans leurs gorges au moment de la chute.

Elles s'écrasèrent à l'étage inférieur, dans une averse de pierres – chacune assez grosse pour les tuer.

Les yeux rivés sur l'avalanche qui s'abattait sur elles, Sophie tenta de la repousser à l'aide de sa télékinésie. Mais le torrent de gravats était trop puissant. Il les aurait anéanties si Edaline ne l'avait fait disparaître d'un claquement de doigts.

— Incroyable, murmura-t-elle, tremblant sous l'effort. Jamais je n'avais expédié d'objets aussi énormes dans le vide. Mais ça a marché… Allez, viens, le château risque de s'écrouler d'un moment à l'autre.

À peine avaient-elles fait quelques pas qu'une autre secousse fit exploser le mur tout proche, projetant de nouveaux débris vers elles.

D'un autre claquement de doigts, Edaline élimina les pierres. Mais l'exercice commençait à lui coûter.

— Attends, dit Sophie, ôtant l'un de ses gants. Je vais t'aider.

Edaline la serra plus fort.

— On va s'en sortir. Je te le promets.

— Ensemble, répondit Sophie.

Et elle l'entraîna de plus belle en avant. Pas à pas, elles se frayèrent un chemin hésitant à travers le labyrinthe. Edaline usa de son pouvoir optimisé pour faire disparaître tous les projectiles qui tentaient de les écraser. Elles finirent par repérer une fissure à travers laquelle luisait l'océan. Elle n'était pas assez large pour les laisser passer, mais Sophie insuffla ses dernières réserves d'énergie dans la pierre pour leur ménager une ouverture.

Dans un ultime effort, elles enjambèrent les débris avant de progresser au milieu des rochers, dans la nuit froide et brumeuse, pour atteindre une petite crique, où les vagues noyaient le gros du vacarme.

— On devrait être en sécurité ici, murmura Sophie, blottie contre sa mère pour se réchauffer.

Edaline, qui l'entourait de ses bras, se mit à sangloter en silence sur son épaule. Sophie l'étreignit de toutes ses forces, lui promettant que tout serait bientôt fini, le regard rivé sur les vagues noires qui roulaient sur le rivage.

Elle allait fermer les yeux lorsqu'elle aperçut quatre silhouettes qui traversaient la grève, drapées de noir.

Lorsqu'elle cligna des paupières, les ombres avaient disparu.

Chapitre 80

— Vous voilà ! lança une voix étranglée par l'émotion.
Lentement, Sophie se força à émerger.

Difficile d'y voir clair avec toute la crasse et la poussière qui obstruaient ses pauvres yeux desséchés. Au bout de quelques secondes, pourtant, les contours du monde se précisèrent, et elle se trouva nez à nez avec un joli blondinet penché sur elle.

Le sourire de Keefe, à la fois époustouflant et déchirant, s'évanouit lorsqu'il murmura, en lui caressant la joue :

— Quand je ne vous ai pas trouvées, parmi les survivants Edaline et toi…

— Edaline ! s'écria Sophie.

Elle se redressa d'un bond – un afflux de sang lui inonda le cerveau. Elle prit une profonde inspiration pour s'éclaircir la tête, parcourut la petite plage du regard jusqu'à…

— Ça a l'air d'aller, dit Keefe.

Il s'accroupit auprès de l'Invocatrice, dont il essuya la joue contusionnée et maculée de sang à l'aide de sa tunique sale.

Edaline remua à son contact, toujours endormie. Sophie décida de la laisser se reposer.

— Est-ce que tout le monde a pu sortir ? chuchota-t-elle.

— Hmm… Le Conseiller Terik est gravement blessé. Je crois qu'il risque d'y laisser une partie de sa jambe… à moins qu'elle ne soit déjà perdue ? Je n'en suis pas sûr. Quand j'ai vu tout ce sang, j'ai dû foncer pour éviter de vomir sur tout le monde. Mais Elwin s'occupait de lui. Il devrait s'en sortir. Médoc est là aussi. La plupart ne sont que légèrement blessés… des coupures, des égratignures. Quelques os fracturés. Rien de mortel. Même si j'ai entendu dire que nombre de gobelins se trouvaient dans le donjon quand tout a commencé. Pour l'instant, aucun n'en est revenu.

Sophie frémit.

Le mouvement la fit tousser. Elle n'en avait pas fini de recracher de la luménite… Keefe se rapprocha pour lui tapoter le dos jusqu'à ce que sa quinte se dissipe.

Elle s'appuya contre lui, absorbant sa chaleur.

— De quoi j'ai l'air ?

— Ravissante, comme toujours. Mais, euh… (Il lui passa un doigt sur le front et lui en montra l'extrémité, maculée de rouge.) Veux-tu que je te conduise à Elwin ?

— Non, mieux vaut qu'il se concentre sur les cas urgents. Est-ce que Grady est là ? Ou Fitz et Biana ?

— L'île est bouclée, y compris pour les familles et les amis, le temps que les nains stabilisent les ruines… même si Biana est parvenue à s'y introduire quelques minutes. Satanés Éclipseurs ! Elle vous cherchait toutes les deux, et elle s'est déchaînée contre moi quand elle m'a vu. Elle ne devait pas savoir que j'avais déjà quitté les Invisibles, alors elle m'a abreuvé de menaces et de coups de poing. Mais je ne l'ai pas volé… Je mérite même bien pire. (La gorge nouée, il passa plusieurs minutes à recouvrer sa voix.) Tous ces mois-

passés avec eux, je pensais jouer parfaitement mon rôle. Je parie qu'ils m'avaient percé à jour dès le début. Ma mère avait raison : ils avaient tout prévu.

Il enfonça violemment son poing dans le sol, projetant du sable tout autour d'eux.

Sophie le serra plus fort.

— Ce n'est pas ta faute, Keefe. Aucun d'entre nous n'a deviné ce qu'ils mijotaient.

— Peut-être, mais moi je vivais parmi eux ! Je les aidais. Et tout ce que j'en ai tiré, c'est ça.

Il plongea la main dans sa poche pour en tirer deux billes de verre. L'une contenait sept minuscules cristaux colorés. L'autre en comptait neuf.

— Tu as subtilisé les caches ? murmura Sophie, qui les regardait rouler sur la paume de son ami.

À eux deux, les gadgets renfermaient seize Secrets oubliés.

— C'est ma seule réussite dans cette affaire. Dire que j'en étais tellement fier… Mais quelle importance ? Non, franchement, qui se soucie d'une poignée de vieux secrets poussiéreux, quand certains peuvent faire ça ?

Il désigna le château en ruines derrière eux.

— C'est quand même une sacrée avancée, lui assura Sophie. Je sais que ça n'en a pas l'air… mais les secrets contenus dans ces caches sont forcément importants. C'est une victoire !

— Elle est bien mince, maugréa le jeune homme, le regard baissé.

Elle l'attrapa par le menton pour le forcer à la regarder dans les yeux.

— Tu dois lâcher prise. Ne laisse pas cet attentat détruire ce que nous avons là.

— Qu'avons-nous donc ?

Elle ignora son air sombre.

— Un nouveau départ. Une nouvelle piste. Une nouvelle arme dans ce combat.

Ainsi qu'un nouveau monde.

Sophie se força enfin à contempler le paysage dévasté. Le château majestueux n'était plus qu'un amas de ruines. En plissant les yeux, elle pouvait presque y voir une main géante et noueuse qui sortait de terre tandis que la bête à laquelle elle appartenait tentait de se frayer un chemin vers la liberté.

Le spectacle semblait envoyer un message : les Invisibles venaient d'annoncer au monde entier qu'il devait les craindre.

— Tu ferais bien de prévenir Fitz que tu vas bien, dit Keefe d'une voix douce. Je ne t'avais pas encore trouvée quand j'ai croisé Biana. (Il détourna de nouveau le regard pour essuyer ses larmes.) Si tu n'avais pas été sauve…

— Mais c'est le cas, martela-t-elle.

Les yeux clos, elle visualisa le beau visage de Fitz alors qu'elle lui transmettait :

— *Je vais bien, et Edaline aussi. Préviens Grady de ma part, s'il te plaît. Je te tiens au courant très vite, promis.* Voilà, j'ai prévenu Fitz. As-tu vu M. Forkle ?

À ce nom, Keefe grimaça.

— Qu'y a-t-il ? demanda-t-elle.

La douleur qui tordait le visage de son ami lui dit tout ce qu'elle avait besoin de savoir. Malgré son épuisement, elle s'efforça de se relever, et Keefe l'aida à garder l'équilibre.

— Eh, dit-il. Il n'est pas mort, d'accord ? Il a juste… disparu.

— À cause de moi ! Je l'ai envoyé chercher Edaline… avant d'y retourner la trouver moi-même !

— On respire, Foster. Tâche de te rappeler que tu étais « portée disparue » il y a encore quelques minutes. Or, tu vas bien. La plage est vaste, les débris nombreux.

Elle tenta d'adopter son point de vue. Mais sa nausée refusait de se dissiper.

— Y a-t-il d'autres disparus ? demanda-t-elle en se préparant au pire.

Elle n'était cependant absolument pas prête à entendre la réponse qui suivit.

— Oralie.

Le monde se mit à tanguer.

— Il faut les retrouver !

Le souffle court, la poitrine déchirée par les pleurs, elle s'élança en titubant, pour s'effondrer aussitôt.

— Bon, tu ne veux pas t'appuyer sur moi ? On peut fouiller la plage ensemble, lui proposa Keefe.

Elle secoua la tête.

— Il n'y a pas une minute à perdre. S'ils sont blessés…

Les yeux clos, elle laissa sa concentration bouillonner avant d'étirer sa conscience à travers l'île. La plage était noire de monde… mais aucune trace des disparus, aussi dispersa-t-elle ses pensées vers les décombres, et…

— Je crois que je sens quelque chose ! Un signal faible, mais bien présent.

— Peux-tu l'isoler ? On en informera les nains, et dès que la structure sera stabilisée, ils pourront entrer…

— Que veux-tu dire ?

— D'après le roi Enki, il est trop dangereux de s'introduire sur le site pour l'instant. Tous les fragments encore debout sont lardés de fissures qui compromettent leur intégrité. Impossible de savoir si ça va tenir ou non… surtout avec ce vent. Selon lui, la situation devrait être réglée à l'aube.

— Il sera trop tard, répondit Sophie. Ils sont forcément blessés. Sinon, pourquoi ne seraient-ils pas avec nous ?

Keefe se passa une main dans les cheveux, chassant poussière et sable de ses mèches ébouriffées.

— Quelles sont les chances que je t'en dissuade ?

— Parfaitement nulles.

— Dans ce cas, je t'accompagne. (Il jeta un regard à Edaline, toujours plongée dans un sommeil agité.) Elle va paniquer si elle se réveille seule.

Avec un hochement de tête, Sophie écrivit : « Je vais bien, suis partie chercher Forkle » dans le sable, en espérant que ce message lui crée moins de tracas que le précédent.

Puis elle se dirigea vers les décombres.

— Pas par-là, dit Keefe. (Il lui prit la main pour l'attirer dans les ténèbres.) Les nains travaillent un peu plus loin. S'ils nous voient, ils nous empêcheront d'approcher du château. Il va falloir se glisser par-derrière et trouver une autre entrée.

Ils marchèrent en silence : Sophie était trop occupée à se raccrocher au lien télépathique ténu qui la guidait.

— On dirait que c'est solide, déclara Keefe, le doigt pointé vers une porte en arche à moitié obstruée par un pilier abattu. Peux-tu courir ? Il ne faudrait pas qu'on se fasse repérer.

— Accorde-moi une seconde. (Elle respira plusieurs fois à fond et envoya de l'énergie vers ses jambes.) C'est bon.

Keefe acquiesça et jeta un œil au coin de la structure.

— Je crois que la voie est libre. On y va !

Le sol semblait onduler sous leurs pas, mais l'entrée ne bougea pas d'un pouce tandis qu'ils s'y engouffraient pour atterrir dans un couloir sombre et poussiéreux.

— Il faut trouver un moyen de monter, chuchota Sophie, qui s'efforçait d'ignorer les battements affolés de son cœur.

La vue des murs et du sol fissurés faisait remonter des images de la destruction.

— J'ai l'impression qu'ils sont au-dessus de nous.

Keefe lui pressa la main.

— Ça va aller ?

— Oui.

Malgré tout, et à son soulagement, il ne la lâcha pas lorsqu'il prit la tête de leur duo pour leur frayer un chemin précaire à travers le labyrinthe.

Ils trouvèrent un escalier trop branlant pour être emprunté.

— Et par lévitation ? demanda Keefe en montrant un trou béant dans les marches. C'est peut-être la meilleure solution… Mais seulement si tu t'en sens capable.

— C'est bon, répondit Sophie avant de rallier sa concentration.

Keefe la serra fort tandis qu'ils flottaient. Sophie le soupçonnait de la porter plus qu'elle ne se soulevait elle-même. Elle poussa cependant de toutes ses forces contre la gravité.

— Arrêtons-nous ici, murmura-t-elle. Ils sont à cet étage.

Elle désigna la gauche. Keefe passa devant.

— Juste une question, dit-il, avançant avec précaution dans un couloir particulièrement sombre. Est-ce normal que je ressente une telle décharge chaque fois que je te touche la main ? (Il s'éclaircit la gorge devant l'ambiguïté de sa remarque.) Ce que je veux dire, c'est que tes émotions ont toujours été fortes… mais là, elles atteignent des sommets.

— C'est parce que j'ai manifesté un talent d'Optimisatrice. Je suis censée porter des gants, mais je les ai enlevés pour aider Edaline.

Elle s'attendait à le voir proclamer crânement qu'il l'avait toujours su.

— Alors, cette décharge, c'était une lecture encore plus nette de tes émotions ? se contenta-t-il de lui demander.

— Sans doute. Pourquoi ?

— Pour rien.

Elle lui jeta un regard à la dérobée, et surprit l'esquisse d'un sourire dans la lumière tamisée.

Elle hésitait encore à répéter sa question lorsqu'une voix faible s'éleva au milieu des ruines.

— Il y a quelqu'un ?

— Oralie ? s'écria Sophie avant de s'élancer vers l'origine de l'appel.

Elle enjamba des fragments de murs et de meubles pour atteindre une porte dorée. Derrière, une zone sinistrée où gisaient des tables renversées, des arbres minéraux fissurés, des balustrades torsadées et des fragments épars de voûte étoilée. L'air portait un parfum de pierre poussiéreuse et de nourriture gâtée, sans oublier une odeur effroyablement métallique.

— Par ici ! lança Oralie.

Ils trouvèrent la Conseillère dans un coin dégagé, penchée sur une silhouette sombre. Ses mains, luisantes et rouges, étaient pressées contre…

— NON ! hurla Sophie.

Elle vacilla si violemment que Keefe dû la retenir pour l'empêcher de s'effondrer.

La masse avachie près d'Oralie bougea alors pour lever la tête, confirmant le terrible pressentiment de Sophie.

— Vous, les gamins, vous n'auriez pas dû venir, murmura M. Forkle d'une voix sifflante.

Chapitre 81

— Il faut vous conduire à Elwin, s'écria Sophie avant de se jeter à genoux près du vieil elfe.

Elle tenta de comprendre ce qu'elle voyait.

Du rouge partout… qui dégoulinait de sa bouche, ruisselait sur ses bras et son front. Mais le pire, c'était son ventre.

Oralie faisait de son mieux pour comprimer la plaie, mais l'entaille était tellement large et profonde… et si proche des organes vitaux.

— Elwin n'y pourra rien, déclara M. Forkle. Crois-moi, j'en sais assez sur le sujet. Parfois, il n'y a pas de guérison possible. Même pour les elfes. Ceci est mon chant du cygne.

Secouant la tête, Sophie attrapa une nappe sur l'une des tables renversées.

— Aide-moi à le soulever, Keefe, et ensuite va chercher Elwin. En nouant cette nappe autour de sa taille, on devrait pouvoir comprimer la plaie assez longtemps pour vous laisser le temps d'arriver. Fais venir Médoc, aussi. Et quelques gobelins pour le transporter. Et…

— Sophie, pour une fois, ton obstination n'y fera rien, l'interrompit M. Forkle. Je viens d'avoir la même conversation avec Oralie. Il faut me laisser partir.

— NON ! protesta la jeune fille, les joues ruisselantes de larmes. Non… ils n'ont pas le droit. Ils ne peuvent pas vous emporter.

— Ce ne sera pas aussi terrible que tu le penses.

Sophie s'efforça de ne pas s'attarder sur l'horrible gargouillement qui brouillait la voix du vieil elfe.

— Je ne comprends pas cette blessure, dit-elle à Oralie. On dirait presque qu'il a été poignardé.

La Conseillère détourna le regard.

— Ce n'est rien, je vais le lui dire, dit M. Forkle, qui tendit les mains pour saisir celles de Sophie.

Ses doigts étaient froids et glissants… et tellement rouges… Elle eut le plus grand mal à se concentrer sur ses paroles.

— Je suis le principal fautif. Tu n'avais de cesse de me dire combien Gethen était important. Et je freinais des quatre fers. Je me trompais de priorité. J'aurais dû passer mes journées devant sa cellule, pour m'introduire dans son esprit.

— Je ne comprends pas, est-ce que Gethen…

— L'épée, souffla Oralie.

C'était tout ce dont elle était capable. Mais c'était suffisant.

En démolissant le château, Gethen avait dû libérer l'épée sise dans la roche de sa cellule.

« Quelle ironie si je devais un jour utiliser cette lame pour trancher votre ravissante tête ? »

— Il a mis sa menace à exécution, souffla M. Forkle. Mais j'ai paré le coup avec un tour télépathique… le même que j'avais utilisé pour le repousser le jour où, déguisé en joggeur, il avait fait irruption devant ta maison humaine pour t'enlever. Puis j'ai neutralisé Brant. Gethen n'a pas aimé, alors il s'est vengé.

— Minute… vous avez « neutralisé » Brant ? demanda Keefe, écarquillant les yeux lorsque Oralie désigna une masse emmaillotée dans un coin de la pièce.

Un corps.

— M. Forkle m'a défendue contre lui alors même qu'un énorme pan du plafond s'abattait, murmura la Conseillère.

Elle appliqua un coin de nappe propre sur la plaie sanguinolente du vieil elfe.

— Et vous êtes certains que Brant est vraiment… demanda Keefe. Après que Fintan…

— Il a eu le crâne complètement écrasé, dit Oralie. Il y avait de la matière grise partout.

Quelque chose clochait dans cette information, même si Sophie n'arrivait pas à mettre le doigt dessus. Tout ce qu'elle entendait, c'était le souffle laborieux du vieil elfe, qui se faisait toujours plus lent, plus rauque.

Difficile de voir au-delà du sang. Le corps de M. Forkle semblait dans un étrange entre-deux. Comme si l'effet des baies de froisselle commençait à se dissiper, sans s'effacer tout à fait.

— J'aimerais que vous me fassiez une promesse, tous les trois, dit-il d'une voix éraillée. Je vais vous demander d'ôter mon corps d'ici. Que personne ne le voie. Et vous devez me jurer de ne pas faire de plantation au Bois des Errants. Personne ne doit savoir.

— N'est-ce pas inévitable, pourtant ? demanda Sophie. Les gens finiront par comprendre, lorsque vos autres « vous » auront disparu, non ?

— Le Comité dispose d'un plan de secours. Tu le constateras bien assez vite. Et ne t'inquiète pas : ils feront en sorte que tu obtiennes les réponses que je te dois. Les secrets ne meurent jamais.

Il pressa un objet rond et froid dans la paume de Sophie. Le gadget qui contenait les informations dont il voulait se souvenir.

— Donne-le à Granite. (Il se tourna vers Oralie.) Préparez-moi une graine. Enveloppez-la d'un de mes cheveux et confiez-la à Sophie afin qu'elle la mette à l'abri. Elle saura quand et où la planter.

— Comment ? demanda la jeune fille. Et pourquoi parlons-nous de tout ça… Vous n'allez pas mourir !

— Si, Sophie. Mais ce n'est pas grave. J'en ai fait tellement plus dans cette existence que je n'aurais pu l'imaginer. J'ai vécu cinq vies. Je suis prêt à les rendre. Mais avant, j'aimerais que tu me promettes de ne pas laisser cet événement te changer. Ne glisse pas dans l'abîme amer et furieux que la mort ouvre en nous. Ce n'est pas un lieu productif. Il n'a aucune raison d'être. Je suis en paix avec moi-même, je te le promets. J'ai remporté plus de victoires que de défaites. Je m'en satisfais. J'aimerais qu'il en soit de même pour toi.

Ses yeux imploraient la jeune fille de le tranquilliser, mais elle ne parvenait pas à formuler sa réponse.

C'était beaucoup trop à encaisser.

Et bien trop difficile.

M. Forkle agrippa la main de Keefe.

— Elle a plus que jamais besoin de vous. Ne laissez pas cet événement la briser.

— Je vous le promets.

Le vieil elfe acquiesça. Les yeux clos, il prit ensuite la main d'Oralie.

— Prenez soin de mon Colibri.

— Non, murmura Sophie. (Elle lui secoua doucement l'épaule.) N'abandonnez pas. Tenez encore un moment.

— Drôle de chose, que le temps. Une fois parti, il a disparu. Avant de passer dans les mains d'un autre. Tu accompliras de grandes choses avec, Sophie. Des choses merveilleuses, incroyables. Je ne serai malheureusement plus là pour les voir, j'en suis navré. Mais que ça ne t'empêche pas de les vivre. De rêver. Te battre. Aimer. Prendre des risques. Autorise-toi à goûter le bonheur.

— On doit bien pouvoir faire quelque chose ! protesta Sophie.

— Tu l'as déjà fait, dit-il. Merci d'avoir eu le courage de me trouver une dernière fois. Tu m'as fait le don d'un au revoir.

Il toussa de nouveau – un son horriblement grinçant et sifflant. Sophie pleurait trop fort pour l'entendre pousser son dernier soupir.

Mais elle vit sa poitrine s'immobiliser.

Et sentit les bras de Keefe l'entourer. Elle s'effondra contre son épaule alors qu'il la serrait de toutes ses forces.

Chapitre 82

Oralie tint sa promesse et trouva le moyen de faire disparaître le corps de M. Forkle – ainsi que celui de Brant – de Lumenaria avant l'arrivée des nains venus les aider à sortir des décombres. Quelques jours plus tard, elle rendit visite à Sophie, à Havenfield, pour lui remettre la graine d'Errant, logée dans un médaillon doré.

À présent que les nouvelles mesures de sécurité étaient en place – des portails plus hauts encore que ceux d'Everglen, sans oublier une tripotée de défenses souterraines –, Sophie était de retour à la maison, où elle tentait de ne pas se laisser hanter par les souvenirs.

— Vous savez le pire ? murmura-t-elle alors qu'Oralie s'apprêtait à partir. Je ne sais même pas à quel « lui » cet arbre correspondra.

Oralie hésita un instant avant de se rapprocher pour prendre la jeune fille dans ses bras.

— C'est sans doute pour cette raison qu'il t'a confié la graine, chuchota-t-elle. Le moment venu, ce sera le dernier secret qu'il partagera avec toi.

— Peut-être, marmonna Sophie. Je passe mon temps à me dire qu'il ne me verra jamais soigner Prentice. Après toutes ces années à attendre…

Oralie s'éclaircit la gorge avant de se dégager lentement.

— Des nouvelles du Comité concernant le plan d'urgence ?

— Pas encore.

Elle avait transmis le gadget de M. Forkle à Granite, mais de ce qu'elle en savait, le Télépathe n'avait pas tenté de l'ouvrir.

— Ils se montrent terriblement vagues… mais je devrais y être habituée, à force.

La Conseillère esquissa un sourire triste.

— Parfois, il vaut mieux que les choses ne changent pas.

— Et parfois, il le faut.

Le changement était un thème récurrent dans le monde des elfes.

Il était trop tôt pour dire si l'attentat de Lumenaria servirait à unir tous les dirigeants… ou à les diviser. Pour l'heure, ils œuvraient de concert afin d'aider le Conseil à reconstruire et à se remettre de la catastrophe. Elwin et Dex collaboraient sur une prothèse pour le Conseiller Terik. Quant aux nains et aux gnomes, ils déblayaient toujours les décombres. Plus rien ne serait jamais comme avant.

Sophie passa le plus clair de son temps à la maison, tapie sous les branches ondulantes du panacier de Calla, à écouter le doux chant de ses feuilles. Les choses auraient-elles été différentes si elle avait pensé à emporter quelques-unes de ses fleurs curatives avec elle ? Elle s'efforçait de ne pas trop y songer.

Ses amis lui rendaient visite, bien sûr – Keefe le premier. À l'évidence, il prenait la promesse faite à M. Forkle très au sérieux. Il refusait de lui dire où il résidait, prétendant qu'il valait mieux pour leur sécurité à chacun qu'elle n'en sache rien. Il lui assura cependant que le Comité l'avait installé dans un lieu où ni les Invisibles, ni sa mère ne pourraient le retrouver.

Il avait pour nouvel objectif de « ne plus jamais ignorer quoi que ce soit », et avait à cet effet établi de longues listes de souvenirs datant aussi bien de son enfance que de son séjour chez les Invisibles. L'exercice ne servait pas à grand-chose, si ce n'est qu'il l'aidait à se sentir mieux. Sophie, de son côté, tenait à être la mieux armée possible lorsque viendrait le temps de contacter Lady Gisela afin de savoir ce qu'elle attendait de son fils.

Fitz venait souvent, lui aussi. Ses visites étaient plus informelles, et le plus souvent prétexte à lui apporter un petit cadeau pour la faire sourire. Ce jour-là, il s'était surpassé : il lui avait offert une breloque en forme de dragon rouge étincelant, baptisée Mini Câlin.

— Biana croyait se souvenir que tu possédais un bracelet à breloques, dit-il, déposant le minuscule dragon au creux de la main gantée de la jeune fille.

— Elle a raison.

Grady et Edaline avaient acheté le bijou alors qu'elle avait été déclarée morte, pour l'accrocher à l'une des branches de son Errant et venir y ajouter chaque année une nouvelle breloque, comme pour Jolie. M. Forkle s'en était servi à plusieurs reprises pour lui faire passer des messages secrets. Mais peut-être ne valait-il mieux pas faire part à Fitz de ces souvenirs plutôt glauques, afin de ne pas ternir son merveilleux cadeau.

Il s'assit auprès d'elle, adossé au tronc de Calla, et examina l'image qu'elle fixait dans son journal mémoriel.

Quatre figures drapées de noir qui sautaient au loin lors de la destruction de Lumenaria.

Quatre.

Elle n'avait pas rêvé, elle en était certaine.

Fintan.

Ruy.

Gethen.

Et… qui ?

Elle avait imaginé qu'il s'agissait de Brant, avant d'apprendre qu'il était déjà mort à ce moment-là. Alors, qui ?

Peut-être Alvar les avait-il retrouvés ? Sophie nourrissait cependant une autre théorie, bien plus terrifiante. Selon les gobelins, le donjon renfermait un autre prisonnier, lié à un Secret oublié.

Or, aucun corps n'avait été dégagé des décombres.

Lorsqu'elle avait partagé sa théorie avec Oralie, la Conseillère aux joues roses avait blêmi, avant de lui faire promettre de n'en parler à personne. Mais jamais Sophie ne cesserait d'échanger avec ses amis.

Ils n'avaient guère semblé heureux d'apprendre qu'ils se trouvaient face à un nouvel ennemi potentiel. Keefe avait pourtant vite eu fait de remarquer que les caches contenaient peut-être l'identité du mystérieux prisonnier. Dex travaillait dur afin de venir à bout de leur verrou. Nul doute qu'il y parviendrait bientôt.

— Tu sais, j'ai bien réfléchi, dit Fitz, tirant Sophie de sa réflexion.

Il referma le journal mémoriel et le déposa au sol.

— Tu me dois une faveur.

— Vraiment ?

— Mais oui ! On avait passé un accord, tu te rappelles ? Si, au bout d'un mois, tu n'avais pas décidé quelle faveur me demander, on inversait les rôles. Et même si ça me chagrine de te le dire, le mois est écoulé.

— Je savais que ce marché allait revenir me hanter, soupira Sophie. J'aurais dû inventer n'importe quoi sur le moment, pour en finir.

— Sans doute. Mais tu ne l'as pas fait, alors… c'est moi qui y gagne ! (Il secoua ses cheveux et lui adressa son plus adorable sourire.) Et je dois dire que je comprends ton hésitation. C'est une décision d'importance. Après tout, je pourrais très bien aller à l'évidence et te forcer à me faire part de ce satané secret dont tu n'arrêtes pas de repousser la révélation.

Sophie sentit sa gorge s'assécher.

— Tu as toujours aussi peur de me le dire, pas vrai ? C'est peut-être la preuve que ça doit arriver.

Il plongea son regard aigue-marine dans les yeux de Sophie comme pour l'empêcher de se détourner. Elle déglutit, tellement fort que la planète entière devait l'avoir entendue.

— Ou bien, ajouta-t-il, on pourrait sauter la conversation.

— Pour faire quoi ? demanda-t-elle, non sans maudire sa voix grinçante.

— Des idées ?

Il était à présent si près qu'elle sentait son souffle lui réchauffer les joues.

Il se pencha un peu plus… et quelqu'un s'éclaircit la gorge. Très bruyamment.

— Je vous dérange, peut-être ? demanda Keefe.

Il haussait un sourcil taquin – mais ne souriait pas. Il semblait agité. Très agité, même.

Fitz s'adossa contre l'arbre, dans une position nonchalante qui jurait avec sa moue contrariée.

— Je mets au point de nouvelles tactiques pour rendre Sophie dingue. J'ai dû passer à la vitesse supérieure en ton absence. Et toi ?

— Encore une liste ? demanda Sophie, qui désignait le papier dans la main de Keefe.

La question sembla le rendre plus malheureux encore. Il tordit la feuille si fort qu'il manqua de la déchirer.

— Bon, ce n'est qu'une hypothèse, alors… tâchez de ne pas paniquer tant qu'on n'en aura pas fait le tour, dit-il avec précaution. J'étais à deux doigts de la garder pour moi, mais je ne voudrais pas le regretter plus tard, s'il s'avère que j'ai raison.

— Je ne suis pas du tout en train de paniquer, là, ironisa Sophie.

Keefe prit une profonde inspiration.

— D'accord, allons-y. D'après toi, le roi Dimitar pense que les ogres qui ont attaqué Havenfield en avaient en fait après Lady Cadence. Et je ne comprenais pas pourquoi ça me chiffonnait. Mais j'ai songé aujourd'hui que si Dimitar a raison, et que cette attaque ne visait pas Grady et Edaline, alors ça signifierait que les Invisibles n'ont jamais poursuivi ta famille. Pourtant je les ai entendus en parler. Souvent. C'est ce que recense cette liste : les onze fois où je les ai entendus évoquer un projet concernant ta famille.

— Qu'essaies-tu de dire ? demanda Fitz.

Les yeux clos, Keefe pâlit un brin avant de reprendre la parole.

— Le hic, quand on regarde cette liste, c'est que j'ai consigné mot pour mot ce que je les ai entendus dire. Or… jamais il n'est question de « Grady et Edaline ». C'est toujours « la famille ». J'ai toujours pensé, puisque tu vis avec eux… et que Grady est tellement puissant… qu'il s'agissait forcément d'eux. Mais… ce n'est pas ta seule famille.

Sophie bondit sur ses pieds, soudain glacée jusqu'aux os.

— Tu veux dire qu'ils parlaient de ma famille humaine ?

— Tout ce que je dis, c'est que c'est possible. Mais tu prends régulièrement de leurs nouvelles, non ? Alors...

Elle secoua la tête et frotta son nœud d'émotions afin de contenir sa panique.

— Je n'ai pas vérifié depuis un moment. Il s'est passé tellement de choses, j'ai oublié, et...

Elle courut à l'intérieur, Fitz et Keefe sur les talons, pour sortir son omnisciente du tiroir de son bureau.

— Montre-moi Connor, Kate et Natalie Freeman, murmura-t-elle, déclinant les nouvelles identités de ses parents et de sa sœur.

L'omnisciente se réchauffa dans ses mains, avant d'afficher un message en lettres rouges.

Un seul mot, terrifiant.

Introuvables.

Chapitre 83

— Respire, lui intima Keefe.

Il fallut une seconde à Sophie pour se rendre compte qu'elle retenait son souffle.

Elle inspira violemment, avant de tousser, la poitrine serrée.

— Pourquoi seraient-ils introuvables ? murmura-t-elle.

— Ce terme peut signifier tout un tas de choses, lui assura Fitz. Peut-être ont-ils changé de nom ? Tu n'étais pas censée connaître leur nouvelle identité, je me trompe ? Peut-être les Conseillers s'en sont-ils aperçus, et les ont-ils rebaptisés. À moins que mon père ne l'ait fait après l'intrusion des Invisibles dans le registre. C'était difficile de savoir avec précision quels dossiers ils avaient consultés.

Ou peut-être n'était-ce justement qu'après avoir découvert où se cachait sa famille que les Invisibles avaient décidé de s'introduire dans le registre…

— Je vais héler mon père pour voir s'il sait quoi que ce soit. Un instant.

Fitz disparut dans le couloir. Sophie l'entendit murmurer dans son transmetteur tandis qu'elle serrait le bras de Keefe, les yeux rivés sur l'omnisciente.

— Bon, je n'étais pas loin de la vérité, annonça Fitz en les rejoignant quelques minutes plus tard. Ils n'ont pas changé de nom, mais leurs dossiers ont été effacés après le piratage, par acquit de conscience. Or, les omniscientes consultent les journaux d'activité contenus dans le registre, voilà pourquoi elle affiche « introuvables ». Pas de dossier, pas de journal d'activité. Logique, non ?

Sophie acquiesça et continua à respirer lentement et profondément. *Fausse alerte*, tentait-elle de se convaincre.

Mais l'affaire ne semblait pas réglée. Pas dans l'immédiat. Pas tant que…

— Je veux les voir, déclara-t-elle. Peux-tu demander leur adresse à ton père ? Peu importe s'il se fâche. J'ai besoin de les voir.

— D'accord, une seconde, répondit Fitz avant de se glisser une nouvelle fois dans le couloir.

Cette fois, la conversation dura plus longtemps.

— Tout va bien se passer, Foster, lui assura Keefe en chassant une larme rebelle sur sa joue. Quel que soit le problème, on va l'identifier et trouver une solution.

— Mon père ne peut pas me donner l'adresse, expliqua Fitz. Mais il dispose d'un cristal qui mène chez eux. Si tu es prête, il peut t'y emmener tout de suite pour vérifier rapidement si tout va bien.

— J'y vais, répondit-elle en dégrafant sa cape.

Sa tunique, son pantalon et ses gants soulignaient toujours son allure elfique, mais il n'y avait pas une minute à perdre.

— Je t'accompagne, décréta Fitz.

Il jeta sa cape sur le lit à côté de la sienne.

— Moi aussi, renchérit Keefe, qui l'imita.

— Et moi donc, annonça Sandor, émergeant des ténèbres.

À présent qu'il passait plus de temps en compagnie de Grizel, elle l'aidait à se montrer plus furtif.

— J'en suis aussi, déclara justement la gobeline, apparue à ses côtés.

Sophie n'avait pas la force de les contredire.

— D'accord, d'accord… Tâchez juste de ne pas avoir l'air trop gobelinesque.

— Pardon ? demanda Sandor tandis qu'elle courait au rez-de-chaussée pour ouvrir la porte.

— Je te promets, Sophie, que tu n'as aucune raison de t'inquiéter, lui assura Alden en la prenant dans ses bras pour une étreinte. Prête ?

Elle était tout sauf prête. Elle prit tout de même la main qu'il lui offrait, et le reste du petit groupe referma le cercle avant d'avancer comme un seul homme dans le rayon de lumière bleue pour disparaître.

La maison était plus grande que ne l'imaginait Sophie. Quoique petite pour les elfes, elle faisait au moins trois fois la taille de leur ancienne demeure de San Diego. De style Tudor, elle semblait tout droit sortie d'un conte de fées – surtout flanquée comme elle l'était d'une épaisse forêt d'arbres à feuilles persistantes. Pas d'autres maisons alentour : on n'était pas dans un quartier résidentiel. Deux voitures étaient malgré tout garées dans l'allée, et il y avait de la lumière dans l'une des chambres à l'étage.

— Tu vois ? dit Alden. Tout est calme et paisible.

— Peut-être, répondit Sophie. Mais j'ai besoin de les voir.

Alden l'attrapa par l'épaule pour l'en dissuader.

— Très mauvaise idée. Tu sais qu'il est impossible pour les Effaceurs d'éliminer tous les souvenirs. Il suffit d'un seul détail et…

Il claqua des doigts.

— Je n'ai pas dit que j'allais me montrer à eux, protesta la jeune fille. Certains rideaux sont ouverts. J'ai juste besoin d'y jeter un coup d'œil. Afin de m'assurer qu'ils sont bien là. Jamais ils ne sauront que je suis venue, promis.

Alden soupira.

— Sois prudente… et ne te laisse pas voir.

Avec un hochement de tête, Sophie traversa la pelouse au pas de course, Fitz et Keefe sur les talons. Sandor et Grizel se tenaient prêts à intervenir, à quelques mètres de distance.

La petite troupe manqua d'avoir une attaque lorsqu'un chien se mit à aboyer dans le jardin. Son hurlement, profond et rocailleux, devait être audible à des kilomètres à la ronde.

— Crois-tu qu'ils vont sortir ? demanda Fitz tandis qu'ils se jetaient au pied de la verrière principale pour se cacher dans les buissons.

— Dans ce cas, on n'aura qu'à sauter dès que la porte s'ouvrira, promit Sophie, qui brandissait déjà son cristal de foyer.

Elle fut surprise de constater comme elle tremblait – même si ça n'avait rien d'étonnant : elle n'avait pas été aussi près de sa famille humaine depuis plus d'un an. Presque deux, même.

Elle comprenait aisément pourquoi elle ne devait pas se montrer à eux. D'ailleurs, elle n'en avait pas envie… non parce qu'elle craignait qu'ils la reconnaissent.

Mais parce qu'elle savait combien elle souffrirait si eux ne la reconnaissaient pas.

— On respire, lui intima Keefe.

Il passa un bras sous le sien pour l'attirer plus près de la fenêtre.

— C'est bien calme de ce côté, murmura Fitz. Tu peux peut-être glisser un œil ?

Sophie acquiesça et se lança dans un compte à rebours mental.

Trois… deux… un !

Elle se hissa sur ses genoux, en prenant soin de ne pas faire dépasser sa tête du rebord de la fenêtre plus que nécessaire.

— Tout est en ordre ? demanda Fitz lorsqu'elle ne bougea pas.

Elle fronça les sourcils.

— La maison est dans un de ces désordres… Jamais ma mère ne la laisserait dans un état pareil.

— Les gens changent, argua Keefe, qui se redressa pour regarder à son tour.

— Sans doute.

Sophie avait pourtant appris à écouter son angoisse, car elle signifiait en général que son instinct avait un train d'avance.

Deux véhicules dans l'allée.

Un chien qui aboyait, tôt le matin, sans personne pour le faire taire.

Une maison en désordre.

Trop calme.

Introuvables.

Tout ça n'augurait rien de bon.

— Il faut que j'entre, décréta Sophie.

Elle ignora les protestations de Sandor et se dirigea vers la porte d'entrée pour en secouer la poignée.

Verrouillée. Mais ses parents gardaient toujours une clé de secours, dissimulée sous le plus petit des pots de fleurs.

Avant d'avoir pu changer d'avis, elle ouvrit la porte et se glissa à l'intérieur.

Chaque pas, chaque nouveau détail la décourageait un peu plus. La vaisselle accumulée dans l'évier devait dater d'une semaine au moins. Tous ces papiers éparpillés sur les tables et le sol…

— C'est bien calme, fit remarquer Keefe derrière elle.

— Trop calme, chuchota-t-elle.

Pas la moindre pensée humaine ne claironnait dans sa tête. Même si les cerveaux des Hommes se calmaient pendant leur sommeil…

L'escalier craqua sous leurs pas, mais personne ne s'éveilla. La chambre de maître était vide. Le lit défait. Les lumières allumées.

— Ils sont peut-être en vacances, dit Fitz d'un ton qu'il espérait optimiste.

C'est Sandor qui mit fin à leur incertitude, depuis le rez-de-chaussée.

— Le jardin empeste la cendre. La maison aussi.

Les yeux clos, Sophie acquiesça, les larmes qu'elle retenait dévalant enfin ses joues.

Les Invisibles utilisaient de la cendre pour couvrir leurs traces.

— Ils sont venus ici, murmura-t-elle. Ils les ont enlevés. Mais pourquoi ?

Ce n'était pas juste pour la contrôler. Dans ce cas, ils l'auraient prévenue dès l'instant où ils avaient mis la main sur sa famille. Au lieu de quoi, ils avaient gardé le secret. L'avaient laissée le découvrir par elle-même. Croisant même peut-être les doigts pour qu'elle reste dans l'ignorance.

Keefe l'attrapa par les épaules, le visage sombre et déterminé.

— Je ne sais pas ce qui se passe. Mais on va les retrouver, d'accord ? On va les ramener. Je te le promets.

— Mais on ne sait même pas où ils sont… ni par où commencer, lui rappela Sophie, submergée par des sanglots qu'elle ne combattit même pas.

Elle était tellement lasse de se battre.

Lasse de perdre.

— Il doit bien y avoir un indice, déclara Fitz. On va tout mettre sens dessus dessous s'il le faut. Puis on va les retrouver, les ramener et s'assurer qu'ils vivent heureux et en sécurité et qu'il ne leur arrive plus jamais rien de mal, OK ?

Non, pas OK.

Jamais ce ne serait OK.

Les Invisibles détenaient sa famille !

— « Nocturna », ça ne vous dit rien ? demanda une voix tremblante.

Une voix féminine. Derrière eux. Ils poussèrent une exclamation de surprise.

— C'est ce qu'ils ont dit. Ils ne savaient pas que j'étais cachée ici… L'un d'eux parlait de tendre l'oreille pour traquer les pensées… alors j'ai fait le vide dans ma tête. Et je les ai entendus dire : « Emmenez-les à Nocturna. »

— Nocturna ? répéta Keefe.

Sophie fit volte-face pour remonter la piste de pensées humaines paniquées jusqu'à leur propriétaire.

Là.

Dans le mur, derrière eux, une porte s'était entrouverte. Un placard, sans doute, ou une salle de bains.

— Vous pouvez sortir, promit Fitz. Nous sommes là pour vous aider.

Les secondes s'écoulèrent avant que le battant pivote sur ses gonds pour laisser paraître une jeune fille.

Elle était plus grande que dans le souvenir de Sophie. Plus mince, aussi. Ses cheveux bruns étaient coupés court, à présent. Mais en dépit de ces transformations, la jeune Télépathe l'aurait reconnue entre mille.

Sa petite sœur fronça les sourcils, comme si elle se débattait pour trouver quoi dire.

Avant de murmurer, en croisant son regard :

— Sophie ?

Remerciements

Hourra, vous êtes toujours là ! J'en déduis que vous me parlez toujours !

(À moins que vous ne vous raccrochiez à l'espoir que je ne sois pas assez cruelle pour interrompre l'histoire ici. Mais après ce que je vous ai fait à la fin des *Invisibles*, vous auriez dû vous y attendre. *Mouahahahahaha !*)

Je sais combien ces fins dramatiques mettent votre patience à l'épreuve… Et je vous promets que je ne le fais pas pour vous torturer ! (Même si c'est la cerise sur le gâteau.) Chaque tome d'une série s'apparente à un chapitre d'une histoire bien plus vaste… et la bonne nouvelle, c'est que de nouveaux tomes vous attendent à l'horizon !

Et si cette série continue de grandir, c'est bien grâce à vous, les enfants. Sans vous pour lire l'histoire de Sophie et vous passer le mot avec enthousiasme comme vous le faites, il y a longtemps que j'aurais dû y mettre le point final. Alors, merci, merci, merci !!!

De même, jamais je n'aurais pu aller au bout de l'écriture pour le moins stressante de ce livre sans le soutien d'un groupe de personnes extraordinaires.

Miles, je ne sais pas comment te remercier de supporter mon planning d'écriture délirant, ainsi que mon caractère un peu grincheux (OK, pas qu'un peu) après toutes ces nuits passées à retravailler mon premier jet jusqu'à 4 heures du matin. Tu mérites le prix du Mari Le Plus Compréhensif Du Monde.

Maman et papa, je vous dois sans conteste le prix des Meilleurs Promoteurs de l'Histoire pour avoir défendu la cause de mon livre à grosso modo toute personne vous ayant côtoyés plus de cinq secondes. Et aussi pour avoir préparé des centaines de cupcakes pour mes soirées de lancement.

Laura Rennert, tu mérites le prix du Super Agent – ainsi que toute l'équipe chez Andrea Brown Literary et chez la Taryn Fagerness Agency – pour la persévérance avec laquelle tu maintiens ma carrière sur ses rails.

Liesa Abrams Mignogna, ton trophée est en forme de Batmobile, parce que tu es la Batgirl des éditrices. Merci de ne pas m'avoir étranglée quand j'ai pris du retard sur le planning, et d'avoir toujours cru en Sophie et sa bande. Je tiens aussi à donner le prix de la Maison d'Édition La Plus Géniale à toute l'équipe de Simon & Schuster, en particulier Mara Anastas, Mary Marotta, Jon Anderson, Katherine Devendorf, Julie Doebler, Emma Sector, Carolyn Swerdloff, Catherine Hayden, Tara Grieco, Jennifer Romanello, Jodie Hockensmith, Faye Bi, Lucille Rettino, Michelle Fadlalla, Anthony Parisi, Candace McManus, Matt Pantoliano, Amy Bartram, Mike Rosamilia, Christina Pecorale, Gary Urda et toute l'équipe des ventes. Le prix de la Couverture La Plus Splendide est attribué à Karin Paprocki et Jason Chan. Je ne sais pas comment vous faites pour vous surpasser en permanence ainsi, mais sachez que je vous adore.

Cécile Pournin et toute l'équipe des éditions Lumen méritent le prix de la Maison d'Édition Française Incontestablement Géniale pour leur enthousiasme sans faille et le soin apporté à cette série. Mathilde Tamae-Bouhon, quant à elle, remporte le prix de la Traductrice de l'Année pour le courage avec lequel elle s'attelle à mes livres d'une longueur délirante. Je tiens aussi à remettre le prix des Fans Internationaux d'Exception à mes lecteurs français, qui attendent si patiemment la version traduite.

Kari Olson, je te dois le prix du Génie de la Réflexion pour m'avoir aidée à résoudre cette intrigue, mais aussi pour la constance avec laquelle tu as su me convaincre de ne pas sauter de ma corniche estampillée « jamais je n'en aurai fini avec ce livre ». Quant à Victoria Morris, je te remets le prix de la Fabuleuse Bêta-Lectrice pour l'avoir dévoré tellement vite et m'avoir couverte d'encouragements au moment précis où j'en avais le plus besoin.

Le prix du Meilleur Groupe de Soutien revient à Erin Bowman, Lisa Cannon, Christa Desir, Debra Driza, Nikki Katz, Lisa Mantchev, Sara McClung, Ellen Oh, Andrea Ortega, Cindy Pon, CJ Redwine, James Riley, J. Scott Savage, Amy Tintera, Kasie West, Natalie Whipple et Sarah Wylie. (Et à tous ceux que j'aurais oubliés, je donne le prix d'Ami Le Plus Magnanime pour vous remercier de votre compréhension quand mon cerveau sous pression me fait constamment défaut.)

Je me dois enfin d'offrir le prix des Champions Toutes Catégories à tous les enseignants, documentalistes, blogueurs et libraires qui font tant de miracles pour soutenir la croissance de cette série, en particulier Mel Barnes, Alyson Beecher, Katie Bartow, Lynette Dodds, Maryelizabeth Hart,

Faith Hochhalter, Heather Laird, Katie Laird, Kim Laird, Barbara Mena, Brandi Stewart, Kristin Trevino, Andrea Vuleta, parmi tant d'autres. Si je vous citais tous, ce livre doublerait en épaisseur, et le dos de mes lecteurs en pâtirait terriblement. Je me contenterai donc de vous applaudir, tous autant que vous êtes.

Applaudissements

Bien. Maintenant, fini de pérorer, et retour à l'écriture. À nous deux, tome 6 !